개혁적
진보의
메아리

개혁적 진보의 메아리
경제학자 김기원 유고집

초판 1쇄 발행 / 2015년 12월 7일
초판 3쇄 발행 / 2019년 10월 23일

엮은이 / 김기원추모사업회
펴낸이 / 강일우
책임편집 / 정편집실·박대우
조판 / 박지현
펴낸곳 / (주)창비
등록 / 1986년 8월 5일 제85호
주소 / 10881 경기도 파주시 회동길 184
전화 / 031-955-3333
팩시밀리 / 영업 031-955-3399 편집 031-955-3400
홈페이지 / www.changbi.com
전자우편 / human@changbi.com

ⓒ 김기원추모사업회 2015
ISBN 978-89-364-8601-3 03300

개혁적
진보의
메아리

김기원추모사업회 엮음

경제학자
김기원
유고집

창비

간행사

　김기원 교수. 제가 갖고 있는 깊은 인상은 '황야의 총잡이'입니다. 2012년 여름 당시 김상곤(金相坤) 경기도 교육감이 대표 편집한『더불어 행복한 민주공화국』출판기념회에 필자의 한 사람으로 참석했을 때, 벨트를 느슨하게 매서 밑으로 약간 처진, 헐렁한 바지에 두 손을 찔러넣고 행사장에 들어오는 모습이 영락없는 총잡이였습니다.

　그렇습니다. 김기원 교수는 이 시대의 총잡이였습니다. 참여연대의 재벌개혁운동을 통해 본격적인 재벌 비판을 처음으로 시작했는가 하면, 한편으로 재벌 대기업 노동조합들의 '노동귀족적' 운동에 대해서도 뼈아픈 비판을 가하곤 했습니다. 진보개혁주의자로서 재벌 비판이야 당연하다손 치더라도, 아군이라고도 할 수 있는 노동운동에 대한 비판은 많은 진보개혁주의자들을 불편하게 했습니다. 하지만 김교수는 이 '불편한 진실'을 과감하게 드러냈고, 그것이 비록『조선일보』에 의해 왜곡되어 많은 논자들의 공격을 받을지라도 꿋꿋하게 힘주어 말했습니다.

　대중을 무조건 추수할 수는 없지 않은가. 또『조선일보』의 왜곡이 겁

나서 진실을 외면할 수는 없다. 보수수구세력에 악용될 위험이 있더라도 진보개혁세력을 바로 세우는 일이라면 그냥 있을 수는 없을 것 같다.

(〈프레시안〉 2011.08.09)

이처럼 김기원 교수는 진정 용기있는 총잡이, 참지식인의 표상이었습니다. 그의 빈자리는 바로 지식인의 참용기의 빈자리입니다. 이제 이 사회에서 누가 그런 그의 용기를 대신할 수 있을지 안타까운 마음 금할 길이 없습니다.

그러나 김기원 교수는 단지 용기만 있는 마구잡이 총잡이가 아니었습니다. 누구보다 철저하게 준비하고, 치밀한 논리로 무장했습니다. 우리나라 경제의 핵심문제가 재벌임을 직시하고서 그 뿌리부터 파헤치고자 '미군정기 귀속재산'을 박사학위 주제로 삼았습니다. 이 박사학위 논문에 대해 당시 어느 학회에서 한 토론자가 "이 주제에 관한 완벽한 연구입니다!"라고 논평했던 기억이 있습니다. 그 박사논문의 교정을 본 저 또한 그 치밀한 논리 구성에서 마치 『자본론』을 처음 읽을 때 느꼈던 것 같은 벅찬 감동을 느끼기도 했습니다. 연구실 구석에는 발로 뛰어 구한 대우·현대·삼성의 내부자료들이 수북이 쌓여 있었으며, 2011년 한진중공업 사태 당시에는 희망버스의 불편한 진실을 찾고자 회계학 공부를 별도로 했다는 얘기도 들었습니다.

김기원 교수의 이러한 치열함은 이 유고집에도 그대로 녹아 있습니다. 이 책 『개혁적 진보의 메아리』는 김교수가 2011년부터 운영하던 블로그(http://blog.daum.net/kkkwkim)의 글들 중 일부를 엮은 것입니다. 평소에 귀찮다고 휴대전화도 사용하지 않던 그가 블로그를 시작한다고 할 때 좀 의아했는데, 이유인즉 우리 사회에 대해 더 자유롭게 발언하고 싶은데 신문 칼럼은 기회나 지면의 제약이 있어서 블로그를 하겠다는 것이었습니다(후에는 페이스북도 열심히 했습니다). 그런 만큼 블로그의 글들은 경제민주화와 노동문제를 넘어 정치·사회 등 여러 영역으로 확장되었고, 글 자체도 아주 편하게 쓰여졌습니다. 2012년에 출간한 『한국의 진보를 비판한다』는 그 가운데 일부를 다듬은 것으로, 역시나 개혁진보진영에 대한 성찰이 핵심이었습니다.

2013년 9월부터 베를린에서 연구년을 시작하면서는 '베를린통신'으로 블로그를 이어갔습니다. 김교수는 외국어에도 남다른 재능을 갖고 있었지만 처음 거주하는 독일에서 딱 1년 만에 41편의 '베를린통신'을 쓴 것은 가히 천재나 철인(鐵人)이 아니고는 불가능했을 작업입니다.

아! 그러나 불행하게도 김교수는 천재이긴 했지만 철인은 아니었습니다. 외국생활의 긴장 속에 연구년의 원래 목적인 향후 북한 연구를 위한 자료수집에 더해 독일에 비춰 우리를 성찰하는 '베를린통신'에도 그렇게 많은 열정을 쏟았으니, 그 누구인들 버텨낼 수 있었겠습니까? 그러니 여기 이 글들은 그가 생명을 바쳐 빚어낸 것이라 아니할 수 없습니다.

'베를린통신'을 쓰면서 김기원 교수는 이 글들을 출판하지 않을 것이라고 말했다고 합니다. 그러나 남은 자들은 그의 목숨으로 태어난 이 글들을 그대로 묻어둘 수 없었습니다. 그래서 블로그를 시작한 이후 독일에 가기 전까지 쓴 100편의 글들 가운데 『한국의 진보를 비판한다』에 수록한 것 이외의 글들과 41편의 '베를린통신' 중에서 주제별로 선정작업을 거쳐 이 유고집을 마련했습니다.

주제는 크게 네가지로 분류했습니다. 블로그의 글들이 엄밀한 연구계획 속에서 집필된 학술적 글들이 아니라 그때그때 시사적이거나 특별한 영감이 떠오른 사안들에 대해 쓴 단편들이기 때문에 전체적으로 일관된 체계를 갖고 있지는 않습니다. 그러나 크게 보아 경제민주화, 노동, 정치와 사회, 북한과 통일 문제로 구분할 수 있습니다.

제1부 '경제민주화란 무엇인가'는 역시 김기원 교수의 본업인 경제민주화와 재벌개혁 문제에 관한 글들을 모았습니다. 제2부 '노동, 그 진실을 찾아서'는 진보개혁진영을 바로 세우기 위해 김교수가 가장 용기 있게 제기한 노동귀족 문제를 중심으로 엮어보았습니다. 제3부 '한국 정치와 사회의 새로운 프레임을 찾아서'는 김교수가 2007년 대선 당시 『한겨레』 대선모니터링단 단장을 할 정도로 열정과 식견을 가진 정치문제와, 블로그를 하면서 새롭게 관심을 넓힌 사회문제에 관한 글들을 정리하였습니다. 끝으로 제4부 '통일을 지향하며'는 김기원 교수가 수년 전부터 관심을 갖고 향후의 연구주제로 삼고 있던 북한문제와 통일문제를 다룬 글들을 모았습니다. 모은 글들에 대한 간략한 해제가 각 부 앞에 실려 있으니 참고하시기 바랍니다.

편집과 관련하여 유념할 점은 주제별로 엮다보니 글이 쓰인 순서대로 묶이지는 않았다는 것입니다. 글 끝에 집필시기를 적어 이를 보완했습니다. 또한 블로그 글쓰기의 자유로움을 살려 어미나 호칭은 통일하지 않았고, 독자의 편의를 위해 일부 글에는 원고에 없는 소제목들을 달았습니다.

여기서 한가지 강조하고 싶은 것은, 이 글들이 단편적인 글들이고 학술적이지 않다고 해서 우리에게 주는 메시지가 약하다고 할 수는 없다는 것입니다. 오히려 학술저작들이 근본적인 만큼 그 메시지가 멀게 느껴지는 면이 있는 반면에, 이 글들은 바로 우리 앞의 현실을 다루고 있기 때문에 그 메시지가 더욱 직접적이고 강렬합니다. 그만큼 저자의 숨결을 피부로 느낄 수 있을 것입니다.

아울러, 비록 책의 분량을 고려하여 이 유고집에는 블로그 글 중 일부만 수록했지만, 여기에 실리지 않은 글들이라고 해서 읽을 가치가 없는 것은 아닙니다. 그것들은 주제가 너무 개별적이어서 싣지 않았을 뿐 우리에게 주는 영감의 크기는 결코 작지 않습니다. 그런 만큼 여유가 있는 독자들은 여전히 우리 곁에 있는 그의 블로그를 방문해서 나머지 글들도 일독하실 것을 권하는 바입니다.

이 유고집을 마련하기 위해 김기원추모사업회의 운영위원 여덟 사람이 수고를 했습니다. 고인의 부인이신 이수희 선생님과, 친구들을 대표하여 윤승용, 김명호 님이, 고인이 생전에 활동한 학회들과 연구소를 대표하여 김윤자, 조영탁, 김상조, 김용복 님이, 그리고 그저 후배로서 고인에게서 많은 도움을 받았던 제가 기꺼이 참여하였습니다. 이들의 수고에도 불구하고 고인의 깔끔했던 성격에 비추어 원고의 선정과 편집이 너무 허술하지나 않을까 걱정입니다.

그러나 출판을 흔쾌히 수락하고 원고 정리와 교정 과정에서 편자들의 오류를 꼼꼼히 바로잡아준 창비 편집진이 이런 걱정을 많이 덜어주었습니다. 염종선 이사를 비롯하여 창비 편집진께 깊은 감사를 드립니다. 모쪼록 김기원 교수의 생의 마지막 열정으로 탄생한 이 유고집이 우리 사회를 조금이나마 밝히는 등불이 되기를 바라 마지않습니다.

2015년 11월
김기원추모사업회의 마음을 모아
정원호

제3부_ 한국 정치와 사회의 새로운 프레임을 찾아서

제4부_ 통일을 지향하며

제1부

경제민주화란
무엇인가

고(故) 김기원 교수는 실천적 경제학자다. 재벌개혁을 비롯한 경제민주화를 위해 엄밀한 연구에 매진했을 뿐만 아니라, 시민단체 활동과 대중적 글쓰기를 통해 이를 현실에 반영하고자 했다. 이 유고집의 제1부를 '경제민주화란 무엇인가'로 잡은 것은 당연하다.

학문적 엄밀성과 대중성을 조화시키는 것은 정말로 어려운 일이다. 김기원 교수가 재벌개혁과 경제민주화에 대한 상투적인 주장을 일일이 깐깐하게 검증하면서도 누구나 이해할 수 있도록 친절하고도 깔끔하게 서술한 것은 대중적 글쓰기의 표본이라 할 만하다.

김기원 교수의 경제민주화 개념 내지 진보사상의 요체는 2012년에 출간된 『한국의 진보를 비판한다』의 10장과 11장에 담겨 있는데, 여기서는 그와 겹치지 않는 선에서 다양한 주제의 글들을 모았다.

먼저 제1장 '경제민주화의 과제들'에서는 타성에 젖은 우리의 생각에 경종을 울리는 4편의 글을 소개한다. 「관계 단절의 자유」는 한국사회 곳곳에 만연한 갑을관계의 문제를 보여준다. 「'히든챔피언'과 자긍심」에서는 중소기업 발전을 위해서는 중소기업 스스로의 경쟁력 향상 노력도 필요함을 강조하고, 「세금의 정치학」은 보편적 복지의 전제조건인 증세에는 심각한 조세저항이 따를 수 있음을 경고한다. 「한국사회의 문화혁명을」에서는 경제민주화를 위해서는 우리의 생각·의식·문화도 바뀌어야 한다는 사실을 지적한다.

한편 제2장 '재벌개혁은 재벌 거듭나기'는 '냉철한 이성과 뜨거운 가슴'을 가진 김기원 교수의 진면목을 보여준다. 「이재용 씨 아들과 경제민주화」와 「베를린 필 공연과 삼성의 횡포」는 재벌개혁이 재벌타도가 아니라 총수 일가와 재벌그룹과 한국경제 모두를 살리는 길임을 설득하고 있다. 「2012년 대선의 재벌해체 논란」에서는 이정희 후보를 비롯한 일부 진보진영 인사들의 생경한 재벌해체 주장이 논리적으로나 국민정서적으로 잘못된 것임을 호소한다.

– 김상조

제1장
경제민주화의 과제들

1. 관계 단절의 자유

이 글에서는 갑을관계의 본질적인 문제를 정리해보려고 합니다. 불평등한 갑을관계가 발생하는 근본원인을 '관계 단절의 자유'가 존재하지 않기 때문이라는 점에 초점을 맞추어 따져보려는 것입니다.

노예의 문제를 생각해봅시다. 귀족이나 미국 남부의 농장주 등 노예소유주는 노예가 마음에 들지 않으면 채찍질하거나 노예를 팔아버릴 수 있었습니다. 심지어 멋대로 죽여버리기도 했습니다. 주인은 노예와의 관계를 쉽게 단절할 수 있었지요.

반면에 노예는 자신의 신분을 벗어날 수 있는 가능성이 극히 제약되어 있었습니다. 미국 남부 흑인노예의 경우 미국 북부나 캐나다로 도망을 치기도 했습니다. 그리고 스파르타쿠스나 사노(私奴) 만적('왕후장상이 씨가 따로 있느냐王侯將相 寧有種乎'를 외친 인물)처럼 반란을 일으키기도 했습니다. 하지만 이건 극히 예외적이었고, 반란을 일으킨 노예들은 대개 실패하고 처형되었습니다. 이러니 목숨을 걸지 않고선 아리스토텔레스가 '살아 있는 도구'(animated instruments)라고 규정한 노예의 신분을 벗어날 수 없었습니다. 다시 말해 주인-노예의 '관계를 단절할 자유'가 노예에게는 존재하지 않았던 것입니다.

서로의 관계가 마음에 들지 않더라도 그 관계를 자유롭게 청산할 수 없는 상황에서 불평등은 지속되는 것입니다. 이게 역사상 존재하는 다른 불평등 관계의 밑바탕에 깔려 있는 문제점입니다.

남편-아내 관계를 살펴봅시다. 남편은 아내에 대해 '칠거지악(七去之惡)'이라는 죄명을 씌워 쫓아낼 수 있는 반면에 일단 출가한 아내는 시댁 귀신이 되어야 하는 조선시대에는 남편-아내가 부당한 갑을관계가 되는 것이지요.

이슬람 사회도 마찬가지입니다. 쑤니(Sunni)파 이슬람에선 남편이 아내에게 "나는 너와 헤어진다"라고 세번 선언하면(at-talāq bi al-thalāthah) 이혼이 성립합니다. 반면에 아내가 이혼을 요구하려면 많은 제약이 따릅니다. 이런 상황에선 남편-아내의 관계가 불평등한 갑을관계가 될 수밖에 없지요.

오늘날에는 과거 조선시대 같은 여성억압은 존재하지 않습니다. 그리고 여성들의 일자리도 늘어나 이혼하더라도 살아갈 길이 많아졌습니다. 따라서 한국 부인들에겐 부당한 갑을관계를 단절할 자유가 주어졌습니다.

〔통일 전〕동독과 서독을 비교해봅시다. 많은 점에서 동독인들의 삶이 서독인보다 열악했지만, 남녀관계는 사정이 달랐다고 합니다. 동독 여성은 직업을 갖는 비율이 서독보다 훨씬 높았습니다. 따라서 이혼하더라도 여성들은 살 길이 있고, 또 북한처럼 국가가 이혼을 억제하지도 않았습니다. 그리하여 성적 관계에서도 동독 여성과 동독 남성의 관계는

갑을관계가 아니라 훨씬 자유로웠다고 합니다. 다큐멘터리 「공산주의자가 섹스를 더 잘하나?」(Do communists have better sex?)에 따르면 동독 여성의 성적 만족도가 서독보다 높았다네요.[1]

예전에 저는 서독보다 동독에 FKK(Freikörperkultur), 번역하자면 '자유로운 몸의 문화'(인체 해방문화, 여기서는 누드 해변)가 훨씬 더 발달해 있었음을 소개한 바 있습니다.[2] 남녀 성관계 면에서도 동독이 더 여성에게 유리했습니다. 그건 바로 계약 단절의 자유와 연결되어 있다고 할 수 있습니다.

자본주의의 갑을관계는 어떠한가

이제 자본주의 사회의 노사관계를 봅시다. 근대자본주의 사회의 인간관계는 형식적으로는 자유로운 관계입니다. 그 관계 속에서 등가교환이 이루어집니다. 카를 맑스(Karl Marx)도 이걸 『자본론』(1867~94) 앞부분에서 지적한 바 있지요.

노사관계도 마찬가지입니다. 형식적으로 노동자와 자본가는 언제든지 서로의 계약관계를 단절할 수 있습니다. 자본주의 초기에는 사정이 그러했습니다. 자본가는 노동자를 마음대로 쫓아낼 수 있었습니다(오히려 (생존의 위협을 받는) 노동자들이 함부로 직장을 떠나지 못하는 경우가 있었습니다). 그러나 오늘날 현실을 보면 대체로 노동자는 쉽게 자본가로부터 떠날 수 있는 반면에, 자본가가 노동자를 해고하는 것은 그리 자유롭지 않습니다. (노조의 힘이 센) 큰 회사에선 이사가 되기 전엔 함부로 직원을 자르지 못합니다.

그렇다면 자본가-노동자 관계는 자본가가 을이고 노동자가 갑인 관계일까요? 실제 자본가 중에 그리 느끼는 경우가 전혀 없지는 않겠습니다만, 그렇다고 보기에는 뭔가 이상하지요.

왜 이렇게 되었을까요? 그건 원래 자본가와 노동자의 힘이 상이하기 때문입니다. 자본가는 재산을 갖고 있고, 노동자는 무산(無産)계급입니다. 따라서 자본가는 노동자가 떠나가더라도 버틸 수 있는 반면에, 노동자는 계약관계에서 벗어나면 살길이 막연합니다. 게다가 자본가는 기존의 노동자가 떠나가더라도 쉽게 다른 노동자를 구할 수 있습니다. 맑스가 상대적 과잉인구라고 부른 실업자들이 대기하고 있기 때문입니다. 요즘은 해외로 공장을 옮길 수도 있습니다. 물론 노동자들도 새로운 일자리를 구할 수 있습니다만, 그 과정을 버티는 힘이 자본가에 비해 취약합니다. 자본이 해외로 움직이는 것에 비해 노동자가 해외로 움직이는 것은 상대적으로 어렵습니다.

나라마다 정도의 차이는 있지만 결국 오늘날 모든 자본주의 국가는 자본가가 노동자를 함부로 해고하지 못하게 만들어놓았습니다. 정당한 해고 사유가 뒷받침되지 않으면 부당해고로 재판에 회부됩니다. 노동자들은 노동력이라는 상품의 소유자임과 동시에 인권을 존중받아야 할 인격체이기 때문입니다.

이뿐만이 아닙니다. 노동자들은 노조라는 조직을 만들어 자본가와 계약조건을 협상하게 되었습니다. 이 역시 노동자를 보호하기 위한 장치입니다. 노조의 파업은 일시적으로 계약을 단절하는 행위입니다(직장폐쇄는 여기에 대한 자본 측의 대항수단이지요). 노조의 파업권을 통해 노동자에게 관계 단절의 자유가 확대된 셈입니다.

이리하여 노사의 갑을관계 문제가 상당히 해소되면서, 기존의 갑을관계가 변모하기 시작했습니다. 거대기업에서 노조의 보호하에 있는 생산직 노동자들이 자본가와 거의 맞먹는 힘을 갖추게 된 경우도 생겼습니다. 한편 노조의 보호를 받지 못하는 화이트칼라의 힘은 몹시도 취약해서, 일부 화이트칼라가 블루칼라로 자리바꿈하는 일까지 생겨났지요. 최근 현대자동차에서 일어난 일입니다.[3] 1987년 노동자 대투쟁 이전에는 화이트칼라-블루칼라가 갑을관계였는데, 이제 노조가 있는 거대기업에선 그 관계가 비교적 대등해졌습니다.

자본가 대 노동자가 아닌 정규직 대 비정규직

1990년대 중반에 거대기업 노조 간부로부터 들은 이야기입니다. 자기 회사 부장이 노조에 와서 '자기를 자르지 말라고 경영진 고위층에 압력을 행사해달라'는 부탁을 하더라는 것이었습니다. 화이트칼라가 블루칼라로 변신하거나 회사 부장이 노조에 부탁을 하는 모습은 우리 사회의 노사관계가 뭔가 잘못되어 있음을 보여줍니다. 인력의 효율적 배분이 이루어지지 않고, 회사의 규율이 작동하지 않는 것이지요.

어쨌든 이제 한국의 거대기업에선 자본가가 계약관계를 단절할 자유가 크게 제한받게 되었습니다. 한국이 다른 나라보다 그 제한의 정도가 더 심하지요.[4] 한진중공업이나 쌍용차 사태를 보십시오. 따라서 적어도 거대기업 정규직 노조에 대해서는 원론적인 자본과 노동 사이의 갑을관계가 희미해져버렸습니다. 특히 정권이 바뀌면 경영책임자도 같이 바뀌는 공기업에서는 상대적으로 자본의 힘이 취약하고 노조의 힘이 강력합니다.

반면에 정규직 노조는 사내하청 노동자들에 대해 갑의 지위를 누리게 되었습니다. 연봉을 2배 가까이 받을 뿐만 아니라 힘든 일은 사내하청에 떠맡기니까요. 게다가 그 사내하청 노동자들의 월급도 공장 밖의 협력업체에 비해선 낮은 편이 아니므로, 사내하청 노동자들은 자신의 지위를 포기하기도 어렵게 되었습니다(단절의 자유 상실). 이리하여 한국의 거대기업에선 자본가-노동자 사이의 갑을관계가 정규직-비정규직 사이의 갑을관계로 전환된 셈입니다.

한편, 사회보장제도도 노사관계와 관련이 있습니다. 사회보장제도는 모든 사람들에게 최소한의 인간다운 삶을 보장하는 제도입니다. 그런데 이는 동시에 노동자들로 하여금 노사관계 단절의 자유를 보장하는 제도이기도 합니다. 회사를 그만두더라도 살길이 제공되니까요. 회사를 그만두어도 최소한의 인간다운 삶이 보장된다면 회사의 부당한 처우를 참을 필요가 없어집니다. 따라서 자본가는 노동자들에게 적절한 대우를 보장해야만 회사에서 일을 시킬 수 있게 되었습니다.

여기서 한가지 문제가 발생합니다. 자유란 좋은 것이지만 세상 뭐든지 지나치면 곤란한 것과 마찬가지로 자유도 지나치면 사회문제를 일으킵니다. 관계 단절의 자유도 그렇습니다. 노동자들이 누리는 관계 단절의 자유가 지나치면 기업에서 일하려는 사람이 별로 남아나지 않겠지요. 일하는 보람 자체 때문에 일하는 사람 빼고는 누가 힘들게 일하려 하겠습니까. 그러면 사회가 존립할 수가 없습니다.

결국 사회보장(복지)을 국가가 어느 정도 제공하는 것이 바람직한가라는 문제가 등장합니다. 미국은 흑인에 대한 복지 제공에 백인이 반대하기 때문에 복지가 취약하지만, 북유럽은 상대적으로 복지가 잘 갖춰져 있습니다. 북유럽에선 노동윤리 역시 잘 갖춰져 있지요. (제가 만난 스웨덴 학자는 프로테스탄트 윤리를 그 원인으로 지적했습니다만 정확한 이유는 잘 모르겠습니다.) 따라서 복지제도를 악용해 노동자가 함부로 노사관계를 단절하지는 않습니다.

북유럽 역시 복지제도를 이리저리 변형해왔습니다. 말하자면 균형해(解)를 찾아서 계속 움직이고 있는 것입니다. 우리는 복지가 너무 미비하기 때문에 복지 과잉으로 인한 노사관계 단절 과잉을 걱정할 단계는 아닙니다. 하지만 노동윤리와 복지의 적절한 조합에 대한 고민은 미리부터 해두는 게 좋겠지요.

자본가-노동자 사이의 관계가 유산자-무산자라는 원론적 관계로부터 바뀌어온 부분도 주목할 필요가 있습니다. 기업을 일으킨 자본가라고 반드시 돈이 많은 게 아닙니다. 요새는 은행 돈이나 친척 돈 등 남의 돈으로 기업을 일으키는 경우도 많습니다. 이런 기업가, 특히 중소기업가들은 별로 힘이 없습니다. 따라서 자본가-노동자 사이의 관계를 옛날 도식처럼 모두 갑을관계로 파악하는 건 무리라고 할 수 있겠습니다.

방송사나 영화제작사와 유명 배우·탤런트 사이의 관계도, 굳이 따지자면 노동자인 후자가 오히려 '갑'의 지위에 서 있습니다. 드라마나 영화의 흥행이 유명 배우·탤런트에게 달려 있는 이상 그들의 막대한 개런티 요구를 받아들일 수밖에 없지요. 반대로 제작사는 대박을 터뜨리지 않는 한 돈에 허덕이고, 일반 영화 제작진은 쥐꼬리 같은 임금에 만족해야 합니다. 여기서도 자본과 노동의 일반적인 갑을관계는 성립하지 않는 셈입니다.

인질로 잡힌 중소 하청기업의 운명

노사관계에서 갑을관계는 이처럼 불분명해졌습니다. 이걸 변증법에선 '대립물의 상호침투'라고 합니다. 대신에 거대기업과 중소 하청기업 사이엔 갑을관계가 분명하게 드러나고 있습니다. 얼마 전 문제가 된 남양유업 사태가 그 대표적인 경우이지요.[5] 이것은 본사와 대리점 사이의 관계인데, 모기업과 하청업체 사이에서도 갑을관계의 문제가 마찬가지로 심각하지요.

이렇게 자본 사이의 관계에서 나타나는 갑을관계 중에는 경제학에서 흔히 인질(볼모hold-up) 문제로 파악하는 게 있습니다. 대리점이나 하청업체(협력업체)가 본사나 모기업에 인질로 잡힌 게 있어서 꼼짝 못한다는 것입니다. (이런 인질 문제는 기업과 노동자 사이에도 발생하고, 이는 장기고용계약이나 연공年功임금제 등과도 관련됩니다. 하지만 갑을관계와는 무관하므로 여기서는 생략하겠습니다.)

예컨대 대리점이나 하청업체가 본사나 모기업과의 사업을 위해 일정한 투자를 했다고 합시다. 일단 그렇게 투자를 한 이상 쉽게 계약관계를 단절할 수 없습니다. 그 투자를 다른 데 쓸 수 있다면 사정이 다르겠지만, 대체로 그런 투자는 모기업과의 특정한 관계를 위한 것입니다(자산특정성specificity of assets). 다시 말해 그 투자는 본사나 모기업에 제공된 일종의 인질인 셈입니다. 투자한 게 아까워서 쉽게 거래관계를 단절하지 못하는 것이지요.

예를 들어, 현대차 쏘나타의 생산부품을 만드는 어떤 하청업체가 있다고 합시다. 그 하청업체는 현대 쏘나타의 특정 부품을 위한 설비를 갖추어야 하는데, 그 설비를 폴크스바겐 부품을 위한 것으로 활용하기는 쉽지 않습니다. 결국 그 하청업체는 공장을 때려치우지 않는 한 현대차의 부당한 단가인하 요구 등을 감수할 수밖에 없게 되는 것이지요. 대리점의 경우 일정한 장소에 점포를 얻은 것만 해도 큰 투자이고, 또한 제품에 걸맞은 인테리어 따위도 마찬가지로 인질 성격의 투자입니다. 그러다보니 본사나 모기업은 일단 그런 인질을 잡고 나서 그걸 악용해 불리한 거래관계를 강요하는 것입니다. 이런 행태를 기회주의(opportunism)라고 합니다(원칙 없이 강자 편에 붙는 기회주의와는 다릅니다).

이건 그냥 시장에 맡겨둘 수가 없고, 국가가 개입해서 부당한 관계를 시정하려는 노력을 해야 합니다. 그게 2012년 대선에서 화두가 되었던 경제민주화의 중요한 한 부분이지요.

한편, 국가의 개입만이 아니라 다른 방식으로도 인질과 관련된 갑을관계를 바로잡을 수 있습니다. 노동자들이 연대하듯이 대리점들이나 하청업체들이 힘을 합칠 수 있습니다. 남양유업 사태에서 대리점들이 협의회를 결성하자 남양유업이 물러선 게 바로 그런 경우입니다. 인질에 의한 협상력 약화를 '을'들의 연대를 통해 보완한 것이지요.

또한 갑을관계에서 을이 여러 갑과 거래하게 되면 을의 협상력이 높아집니다. 예컨대 현대차의 하청업체가 부품을 폴크스바겐에도 공급할 수 있게 되면 현대차가 부당한 단가인하를 강요하기 힘듭니다. 인질로 되어 있던 자산이 인질 상태에서 풀리는 것이지요.

일본에서는 자동차 모기업과 하청업체 사이의 관계가 한국과 달리 덜 착취적입니다. 거기에는 문화적 요인도 있겠지만, 일본에는 자동차 모기업이 한국보다 훨씬 많아서 갑이 지나치게 부당한 거래를 요구하면 을이 다른 갑을 찾을 수 있기 때문입니다.

다만 한국의 을들이 외국 업체와 거래하려면 그만큼 을의 경쟁력이 높아져야겠지요. 을의 경쟁력이 높아지려면 을의 노동자 숙련도 향상이 필수적입니다. 그러기 위해선 을에서 노동자들이 오래 근무할 수 있어야 합니다.

하청업체와 거대기업 노동자 사이의 '생활격차' 또한 축소되어야 합니다. 거대기업의 임금을 억지로 조절할 수 없는 상황에선 조세복지체계의 강화를 통해 노동자 사이의 생활격차를 축소해야 합니다. 이리하여 중소기업의 경쟁력이 향상되면 자연히 거대기업에 대한 협상력도 높아지고, 이로써 부당한 갑을관계에서 벗어나 을도 정당한 댓가를 받을 수 있습니다. 그 결과 거대기업 노동자와 중소기업 노동자 사이의 임금격차도 완화됩니다. 이게 복지(2차분배)의 강화가 1차분배 문제를 바로잡는 경로인 셈입니다.

한편, 거대기업-하청기업 사이에는 인질 이외의 문제도 존재합니다. 꼭 투자를 통해 인질이 잡혀 있는 상태가 아니더라도 불공정한 갑을관계를 감수하기도 하는데, 이는 갑을관계 속에 들어가지 못하는 상황이 오히려 더 열악하기 때문입니다.

중소기업 중에는 스스로 세계시장을 개척하는 기업도 있습니다. 하지만 좁은 내수시장에서 과당경쟁 상태에 놓여 있는 독립 중소기업도 많습니다. 이런 기업들은 부당한 착취를 당하더라도 차라리 거대기업의 하청을 받기를 원합니다. 착취를 당하며 간신히 명맥을 유지하더라도 그나마 안정적 판로가 유지되기 때문입니다. 따라서 이 경우에도, 인질 상태에서만큼은 아니더라도 관계 단절의 자유가 상당 정도 제약을 받게 됩니다.

노동자가 기업에서 열악한 대우를 받더라도 고용되기를 원하는 경우는 실업자 상태로 있는 것보다는 그래도 낫기 때문입니다. 이와 비슷하게, 거대기업의 횡포하에 놓이더라도 일감이 없어서 쩔쩔매는 것보다는 낫기 때문에 하청계열 속에 편입되는 것이지요. 외국에서는 성매매 여성이 혼자서 고객을 유인하는 일을 하기도 합니다. 길가에 서 있다가 자동차 타고 가는 남자들을 상대하는 것이지요. 그런데 이건 고객 확보가 불안정합니다. 그래서 차라리 포주의 지배하에서 착취받는 걸 택하는 성매매 여성도 많습니다. 비유가 적절치 않습니다만, 중소기업 중에 거대기업과의 갑을관계를 택하는 경우도 마찬가지인 셈입니다.

결론적으로 인질 문제와 무관하게 모기업-하청기업 사이의 관계를 개선할 필요가 있습니다. 자본주의 사회가 노동자의 인권을 보장하기 위해 여러 제도를 발전시켜온 것과 마찬가지로, 모기업-하청기업 사이의 관계 개선을 위해서도 제도 개선이 필요한 것이지요.

기업 간 갑을관계, 어떻게 개선할 것인가

제도개선책 중 하나는 앞에서도 언급한 하청기업의 단체협상권입니다. 또한 영세자영업과 내수 중심 독립 중소기업들의 구조조정을 통해 이들의 경영환경을 개선해야 합니다. 그래서 부당한 갑을관계 속에 있는 중소기업들에게 새로운 살길을 제공해주고, 아울러 부당한 갑을관계 개선을 요구할 협상력을 제고해야 합니다.

앞에서 노동자 간 생활격차의 축소와 중소기업 경쟁력 강화를 위한 복지 확대의 필요성을 언급한 바 있습니다. 복지의 확대는 '좀비 중소기업'의 구조조정을 용이하게 해주고, 노동자뿐만 아니라 하청 중소기업에 대해서도 부당한 갑을관계에 대한 저항력 즉, 계약 단절의 자유를 강화한다는 점에서도 의미가 있습니다.

이야기가 꽤 길어졌네요. 다소 지루한 느낌을 받았을지도 모르겠습니다. 어쨌든 이리하여 노사관계와 거대기업-중소기업 사이의 갑을관계를 살펴보았습니다. 그리 단순하지 않은 변증법적 관계임을 알 수 있었고, 제 나름의 해결책도 제시해보았습니다.

그런데 갑을관계는 경제 이외의 영역에서도 나타납니다. 한국에서 정치인·관료·법조인·학계·언론계와 기업의 관계는 전형적인 갑을관계입니다. 기업은 사업을 계속하는 이상 이들과의 관계를 단절할 수 없습니다. 게다가 정치인 등은 일방적인 공격무기를 갖고 있습니다. 그래서 삼성 같은 재벌은 이런 사회 유력층을 모시기 위한 특별조직을 갖추고 있습니다.

이 관계 역시 단순하지 않아, 삼성쯤 되면 사회 유력층을 이데올로기적으로 포섭하거나 약점을 잡는다든가 해서 자기 말을 듣게 만드는 힘을 갖게 되었습니다. 삼성이 갑의 지위를 갖는 측면이 있는 것이지요. 가까운 예로 삼성은 『중앙일보』라는 자신의 언론기관을 갖고 있고, 많은 사회 유력층을 자기 편으로 만들어놓아 일부 유력층의 공격은 다른 유력층을 동원해 막아낼 수 있습니다. 경우에 따라선 그들을 멋대로 주무르기도 하지요. 예컨대 2005년 삼성의 정관계 로비와 비자금을 폭로한 김용철(金勇澈) 변호사의 인터뷰를 보면 삼성이 재정경제부장관 임명에 힘을 행사한 이야기까지 나오지요.[6]

고 노무현(盧武鉉) 대통령이 "권력은 시장으로 넘어간 것 같다"라고 한 말은 바로 이런 일들을 지칭한 것입니다.[7] 삼성왕국이니 삼성공화국이니 하는 말도 그래서 나온 것입니다. '변증법'이라는 말을 쓴 이유를 이해하시겠습니까.

재벌 문제는 재벌총수의 문제, 재벌과 중소기업의 문제만이 아니라 삼성 같은 재벌이 나라를 멋대로 주무르는 문제까지 포함합니다. 이걸 바로잡으려면 일단 사회 유력층이 재벌로부터 독립해 자신의 직업적 긍지를 지켜야 합니다.

이밖에도 많은 갑을관계가 존재합니다. 일반인들은 잘 모르지만 정치인, 관료 들에게는 기자가 갑입니다. 기자가 정치인, 관료에 대해 좋지 않게 신문에 써대면 치명적인 타격이 될 수 있습니다. 기사 한줄에 국회의원 선거에서 떨어지기도 하고 장관 목이 날아가기도 하지요. 또 정치인, 관료에게는 기자와 관계를 단절할 자유가 없습니다. 재미있는 사례 한가지만 소개할까요.

예전에 어쩌다 꽤 알려진 정치인 몇몇을 비롯해 신문사 간부들과 함께하는 저녁자리가 있었습니다. 그 자리에서 신문사 간부가 술이 약간 취해 정치인들에게 좀 함부로 대했습니다. 그런데도 그 정치인들은 꼼짝 못하고 신문사 간부의 비위를 맞추느라고 쩔쩔맸습니다(적어도 저에겐 그렇게 보였습니다). 정치인이라면 권력자인데, 그 권력자 위에 또다른 권력자가 있었던 것이지요. 그 정치인 중에는 진보파로 널리 알려진 정치인도 있어서 그에 대해 불쌍한 마음도 들었습니다. 그래서 누구한테도 잘 보일 필요가 없는 제가 한마디 했습니다. "기자들은 정치인이 비위 맞춰준다고 좋아하지 않는다"라고 말입니다. 그랬더니 그때부터는 신문사 간부가 좀 조심을 하게 되었습니다.

나중에 생각해보니 '기자들은 기삿거리를 주는 정치인을 좋아한다'고 덧붙여야 했습니다. 물론 기삿거리를 줄 정도의 정치인이라면 상당한 경지입니다. DJ가 이걸 잘했다는 이야기를 들은 바 있습니다. 이게 안 되면 나름의 비전이나 정책, 전략·전술을 제시할 줄 알아야 하겠지요. 어쨌든 유명 진보파 정치인이 을의 처지에서 너무 기개가 부족한 것이 아쉬웠습니다. 큰 정치인이라면 을의 처지에서도 기죽지 않고 호탕한 모습을 보여야 할 텐데 제가 보기엔 그 진보파 정치인은 그런 자질이 부족했습니다. 노무현 대통령은 『조선일보』에 굴하지 않았지요.

이처럼 우리 사회에는 여러가지 갑을관계가 존재합니다만, 사회 각 부문의 권력들이 상호 견제해서 특정한 갑이 나라 전체를 함부로 주무르지 않도록 해야겠지요. 그런 토대 위에서 민주주의와 시장경제를 발전시켜가는 것이 사회 전체에 퍼져 있는 부당한 갑을관계를 바로잡는 길이 아닐까 싶습니다.

이상 나름대로 제시한 '갑을관계의 변증법' 해설을 마치겠습니다. 혹시 필요하다면 나중에 내용을 추가할까 합니다.   [2013.08.03.]

2. '히든챔피언'과 자긍심

지난주에는 중앙대 독일유럽연구센터의 '독일유럽연구 최고위과정'에 다니는 분들이 베를린을 방문했습니다. 중앙대 독일유럽연구센터는 독문학과의 김누리 교수가 주도하는 곳으로 독일정부의 지원을 받는 곳입니다. 이 베를린 현지연수팀은 베를린의 이곳저곳을 방문했는데, 그 중 부어메스터 오디오(Burmester Audiosysteme, 이하 BA) 회사를 방문할 때 저도 동참했습니다. 오늘은 거기서 보고 느낀 걸 말씀드릴까 합니다.

BA는 독일의 유명한 '히든챔피언'(hidden champion)의 하나라고 할 수 있겠습니다. 히든챔피언이란 헤르만 지몬(Hermann Simmon)이라는 사람이 같은 이름의 책을 써서 유명해진 말로서, 분야별 세계시장 점유율 1~3위로 연 매출액 40억 달러 이하의 강소(强小)기업을 가리킵니다. 히든챔피언은 한국에서도 TV 등을 통해 널리 소개된 바 있습니다. 지몬에 따르면 2012년 현재 전세계 히든챔피언 숫자는 2,734개이고, 그 중 절반이 독일 소재 기업이라고 합니다.

한국에는 왜 히든챔피언이 없을까

인구 100만명당 히든챔피언 수는 독일이 16개, 일본 1.7개, 미국 1.2개, 한국 0.5개, 중국 0.1개로 파악되고 있습니다. 독일이 압도적인 셈이지요. 중소기업이 비교적 탄탄한 걸로 알려진 일본도 독일에 감히 견줄 바가 못 됩니다. 독일의 중간층(Mittelstand, 중소기업)이란 말이 적어도 학자들 사이에선 번역이 거의 필요 없는 용어가 될 정도인 것도, 바로 이런 히든챔피언의 광범한 존재와 무관하지 않습니다.

물론 독일에는 미국의 애플이나 한국의 삼성 같은 초거대기업은 없습니다. 세계적인 자동차회사는 폴크스바겐 등 여러개가 있지만 애플이나 삼성보다는 세계적인 위상이 낮습니다. 그러니 너무 기죽을 필요는 없습니다. 예전에는 대만과 한국을 비교하면서 한국은 대만에 비해 중소기업이 부진해서 큰일이라는 말이 많았습니다. 이 말은 일면 사실입니다. 하지만 제가 20년 전 토오꾜오대학에서 대만 교수와 이야기를 나눠보니, 그는 대만에선 한국과 같은 거대기업이 취약해서 문제라고 말했습니다.

누구나 남의 떡이 커 보이기 마련입니다. 문제는 거대기업과 중소기업 어느 하나가 부진한 게 아니라 양자 사이의 균형이 아닐까 싶습니다. 대만에서는 거대기업이 좀더 커나갈 필요가 있고, 한국에선 중소기업이 좀더 발전해야겠지요.

한국에선 거대기업이 중소기업의 희생을 바탕으로 커왔고, 나아가 거대기업이 정계·관계·법조계·언론계·학계를 멋대로 주무르려 하면서 오염시키고 있어서 큰 문제이지요. 이게 제가 늘 말해온 재벌의 독재체제 문제입니다. 한국에서는 거대기업만이 아니라 중소기업도 제대로 발전해야 하고, 이를 위해선 독일의 히든챔피언 사례가 참고가 될 것입니다. 다만 외국 사례를 그냥 그대로 한국에 적용하기는 쉽지 않습니다. 그 기본정신을 참고하면 되겠지요.

어떻게 하면 독일의 히든챔피언을 한국에서도 발전시킬 수 있을지에 대해서는 여러 사람들이 논한 바 있습니다. 예컨대 성균관대 유필화(劉必和) 교수의 『매일경제』 칼럼도 그 한 예입니다.[8]

저는 이 분야에 정통한 경영학 전문가는 아닙니다. 그리고 겨우 달랑 한곳 히든챔피언을 방문하고 일반론을 펼치는 것은 어불성설일 수 있습니다. 다만 평소 독일 경제에 대해 조금이나마 알고 있는 지식과 한국

경제의 문제점에 대한 사고를 바탕으로 한두가지 느낀 점을 말씀드릴까 합니다.

사장이 직접 함께한 공장 투어

원래 저희는 오후 3시에 BA를 방문하게 되어 있었습니다. 그런데 베를린 연수팀이 오전 일정이 길어져 30분가량 지각했습니다. 제시간에 도착한 저는 그 30분 동안에 미리 기다리고 있던 회사 측과 따로 이야기를 나눌 수 있는 행운을 가지게 되었습니다.

사실 저는 베를린 연수팀이 돈 들여서 참가하는 행사에 돈 한푼 안내고 곁다리로 끼어든 형편이었습니다. 따라서 회사 방문 시에 제가 따로 질문할 시간이 거의 없을 걸로 예상하고 한두가지 간단한 질문만 준비해 갔습니다. 그런데 의외로 질문할 시간이 어느정도 생긴 셈이었습니다. 그래서 미리 인터넷에서 읽고 간 회사 관련 글과 예전에 공장 인터뷰를 할 때 주로 던지던 질문들을 바탕으로 몇가지를 확인했습니다. (공장(회사) 인터뷰를 어떻게 해야 하는지에 대해선 과거 일본 교수들과 함께 한국과 일본의 공장, 주로 자동차공장과 조선소를 돌아다니면서 옆에서 배운 일이 있었습니다. 이에 대해선 글 말미에 보충하겠습니다.)

BA는 직원 약 50명으로, 세계 최고급 앰프, 씨디플레이어, 스피커, 자동차 오디오를 생산하는 기업입니다. 앰프, 씨디플레이어, 스피커는 수천만원짜리로서 마니아들에게 팔리는 제품입니다. 자동차 오디오는 부가띠, 포르셰, 벤츠에 장착되는 제품으로 가격이 1,500~7,500유로 정도라고 합니다. 여기서 부가띠(Bugatti)라는 이름을 들었을 때 무슨 자동차인가 했는데, 나중에 기억을 더듬어보니 이건희(李健熙) 회장이 소유하고 있는 최고급 명차의 하나였습니다(차 한대에 수십억원까지 한다고 합니다).

BA는 1977년에 창립된 회사로서 현재 50개국에 수출하고 있고, 수출의 비중이 80%이며, 고급 자동차 오디오에선 거의 독점적 지위를 누리고 있다고 합니다. 매출이 얼마인지를 물었는데 어쩐 일인지 그것은 밝히지 않고 잘나가고 있다고만 했습니다(인터넷 자료를 보니 2000년 매출이 1천만 유로였고, 그후 급상승하고 있다고 합니다).

아까 회사 측 사람들이 기다리고 있었다고 했는데, 그들은 다름 아닌 회사 창립자이자 사장인 디터 부어메스터(Dieter Burmester) 씨와 홍보를 담당하는 그의 딸이었습니다. 회사 사장이 직접 손님을 맞아 공장 투어를 하면서 설명을 하고 질의에 응답하는 식이었던 것입니다.

이때까지 저는 독일 공장을 네곳 방문했는데, 사장 또는 공장장이 직접 설명을 한 곳은 통일 이후 미국의 다우(Dow)가 인수한 동독의 거대한 석탄화학 콤비나트 BSL(Buna Sow Leuna Olefinverband)이라는 회사뿐이었습니다. 당시 저는 다른 한 사람과 둘이서 그 회사를 방문했는데, 동독 시대에 근무했던 직원까지 네명을 배석시키고 공장장이 직접 두시간 동안 파워포인트를 써가면서 설명해주었습니다. 그리고 설명과 질의응답이 끝나자 역시 공장장이 직접 차를 몰면서 공장 이곳저곳을 구경시켜주는 것이었습니다.

한국과 일본 여러 공장을 다녀보았지만 이렇게 융숭한 대접을 받은 적이 없었습니다. 제가 유명한 정치인이나 높은 관료도 아니고 또 많은 인사가 몰려간 것도 아닌데, 너무나 성의있게 응대를 하는 것이었습니다. 아마도 한반도가 통일이 되면 북한의 석탄화학공장을 재편할 때 자신들의 경험을 전수 또는 판매할 가능성을 염두에 두었고, 또 제가 미리 질문지를 보냈기 때문에 그냥 형식적으로 들르는 사람은 아니라고 판단했기 때문이 아닐까 싶었습니다.

　그렇더라도 이렇게 성의있게 사람을 대하는 것은 그 사회의 문화적 성숙도를 나타낸다는 느낌을 가진 바 있습니다. 덴마크의 노동부, 경총, 노조를 저 혼자 방문했을 때도 비록 최고책임자가 응대하지는 않았지만 대단히 성의있는 설명과 답변을 들었습니다. 그때는 독일처럼 누가 중간에서 연락을 취하지도 않았고, 그저 제가 이메일로 질문지를 보냈을 따름인데 성의있게 응대해준 것이었습니다. 회사나 공장을 방문해서 인터뷰하려면 '백'(back)을 동원하지 않고선 힘든 한국과는 사정이 많이 다르지요.

기술이 아니라 문화를 판다

　이야기가 약간 삼천포로 빠졌습니다만, 어쨌든 BA에서 사장이 직접 열정적으로 설명하는 모습은 그만큼 인상적이었습니다. 알고 보니 사장은 그럴 만한 인물이기도 했습니다. 그의 이력이 그의 열정을 말해주었습니다.

　자신의 이름이 회사명이기도 한 부어메스터 사장은 원래 열정적 음악가로서 고교 무렵부터 전문 록밴드에서 기타리스트로 활약했습니다. 1999~2007년엔 '패스트퍼펙트'(Past Perfect)라는 밴드에서 연주·작곡 활동을 했습니다만 2007년 이후에는 회사일이 너무 바빠져서 연주활동을 못하고 있다고 합니다.

　그는 연주활동을 하면서 생계를 위해 엔지니어 교육을 받았습니다(그는 파흐호흐슐레Fachhochschule를 거쳐 베를린 공대를 졸업했습니다).[9] 그리하여 처음엔 의료측정계기를 만드는 일을 했는데 음악에 대한 관심 때문에 오디오 제작에 나섰다고 합니다. 도대체 제대로 된 하이

파이(hifi) 오디오가 없어서 자기가 직접 제작에 나선 것이지요.

창립 당시엔 은행이나 상공회의소 같은 곳에서 문전박대를 당했다고 합니다. 그들에게 6,000마르크(1970년대 우리 돈으로 대략 300만원쯤으로 환산됩니다)짜리 씨디플레이어를 만들겠다고 하니, 그들은 자기 딸에게 사준 300마르크짜리도 아주 좋다고 답하더랍니다.

그는 기술을 파는 게 아니라 문화를 판다고 했습니다. 회사 내에는 "귀를 위한 예술"(art for the ear)이라는 표어도 걸려 있었습니다. 그는 "최대의 회사"(the biggest company)가 아니라 "최고의 회사"(the best company)를 지향한다고 했는데, 어디선가 들은 듯한 표현이지만 그에게선 그 말의 진심이 느껴졌습니다. 예술가는 당대에는 인정을 받지 못하는 경우가 많은데, 다행히 그는 엔지니어이기도 했기 때문에 한대 한대 팔아서 조금씩조금씩 제작 물량을 늘려갔습니다. 그리하여 마침내 10년 정도 지나서 수지를 맞출 수 있게 되었다고 합니다.

제품의 부품들은 95%가 독일산이고 케이스 같은 것만 외국에서 수입합니다. 고품질 부품을 조달받을 수 있기 때문에 최고급 오디오를 만들수 있는 것이지요. 독일에는 일종의 산업클러스터가 잘 형성되어 있는데, 다른 나라에서 히든챔피언의 숫자가 크게 떨어지는 이유도 이런 게부족하기 때문이 아닐까 싶습니다. 다만 BA의 부품 생산자들이 계속해서 고급 부품을 공급해줄 수 있을지는 장차의 과제인 것 같습니다.

공장은 그리 크지는 않았습니다. 아마도 3시 반이 퇴근시간인지 4시쯤에 공장 투어를 시작할 때에는 대부분이 퇴근하고 몇명만 작업하고 있었습니다. 제조공정의 마지막에는 인간의 귀로 직접 테스트를 하게 되어있다고 하는데, 사장 자신만이 아니라 음악적 재능과 공학적 기능을 겸비한 직원들이 있어서 그런 테스트를 제대로 할 수 있는 것 같았습니다.

사장의 나이를 물어보니 67세라기에 자식이 어떻게 되냐고 했더니, 옆에 서 있던 여직원이 셋째딸이라고 했습니다. 그 딸이 후계자 수업을 하고 있느냐고 물으니 웃기만 했습니다. 나중에 인터넷 자료를 보니 이미 후계자는 따로 결정되어 있었습니다. 학생 때부터 부어메스터 오디오에 미쳐서 온갖 허드렛일을 하면서 돈을 모았다는 우도 베서(Udo Besser)라는 인물이 회사에 들어와서 사장의 눈에 들어 후계자로 결정된 모양입니다.

기업에서는 후계자 결정이 큰 문제입니다. 재벌가에선 억지로 자식에게 그룹을 물려주려고 온갖 불법을 자행하지요. 그리고 그 자식이 능력이 없으면 회사는 위기에 처합니다. 중소기업도 마찬가지입니다. 다만 중소기업은 능력보다 열의가 더 중요하기 때문에 일찍부터 후계자 수업을 열심히 하면 기업이 계속 발전할 가능성이 큽니다.

BA는 자식이 아니라 사장 자신처럼 음악에 열정을 갖고 있는 인물을 전문경영자인 후계자로 결정한 것 같습니다. 다만 우도 베서 씨가 사장의 사위가 되었는지는 확인하지 못했습니다.

히든챔피언의 첫번째 요건: 자긍심

공장 직원들은 하루 8시간씩 1주에 40시간 일하고 1년에 30일의 휴가를 즐긴다고 했습니다. 그래서 사장 자신은 휴가를 얼마나 즐기느냐고 물었더니 금년엔 너무 바빠서 휴가를 즐기지 못했다고 합니다. 시간과 영혼을 회사에 바치고 있는 셈이지요.

사실 BA가 독일의 강소기업을 제대로 대표하고 있는지는 잘 모릅니다. 게다가 BA의 특징을 한국에 어느 정도 적용할 수 있을지는 더욱 어려운 문제입니다. 그래서 단정적으로 말할 수는 없습니다만, 한두가지 결론을 내볼까 합니다.

첫째, 독일에서 BA를 포함해 중간층이 강한 데에는 독일인이 갖고 있는 '직업적 자긍심'이 작용하고 있다고 생각합니다. BA의 사장이 '최고의 회사'를 지향한다고 하는 게 그것을 나타냅니다. 게다가 사장은 자기가 하고 싶은 분야인 음악을 사업화했습니다.

독일인 모두가 자기가 좋아하는 분야에서 일을 하고 있지는 않을 것입니다. 하지만 블루칼라도 독일은 한국에 비해 엄청난 자긍심을 갖고 있다고 들은 바 있습니다. 화이트칼라에 대해 콤플렉스를 느끼지 않는 것이지요. '너희와 우리는 다르다'고 생각할 뿐이라는 것을 독일인에게서 들은 바 있습니다. 기능인과 관련된 마이스터(Meister) 제도도 그런 현상을 반영하지요.

이렇다보니 모두가 대학에 가려고 하는 게 아니라 일찍부터 공장에서 일을 하고, 그들이 숙련되어 세계적인 기술력을 갖춘 히든챔피언의 밑바탕이 되고 있는 게 아닌가 싶습니다. 사실 대졸자와 고졸자의 학력별 임금격차가 한국보다 작을 뿐만 아니라 사회적·문화적 차별도 덜한 것 같습니다. 대대로 내려오던 푸주한의 자식이 대학에 가겠다고 하니 집에서 반대하는 일도 있다고 할 정도입니다.

한국은 대학을 나오지 않으면 시집 장가도 가기 힘들다고 할 정도이고 또 대학별로도 차별하니, 많은 이들이 자긍심을 갖기 힘듭니다. 특히 숙련기술자가 자긍심을 갖기 힘들면 히든챔피언이 많이 탄생할 수가 없지요. 더 나아가 한국에선 사회 유력층도 직업적 자긍심이 취약합니다. 그래서 국어학자 이희승(李熙昇) 선생 같은 딸깍발이 정신을 갖춘 학자도 찾기 힘듭니다. 아니, 관료·기자·검사·학자가 재벌 돈을 넙죽넙죽 받아 챙기는 것도 바로 직업적 자긍심의 결여 때문입니다.

이렇게 직업적 자긍심을 취약하게 만든 것은 아마도 일제의 식민통치가 중요한 하나의 요인일 것입니다. 식민지 권력과 타협해야만 출세할 수 있었으니 민족의 기개가 살아날 수 없었고, 직업적 자긍심도 뻗어나가기 힘들었습니다. 박정희(朴正熙) 치하에서도 마찬가지였습니다. 고도성장이라는 가치 앞에 모든 것을 종속시켰고, 그의 독재체제를 싫어하는 문화인, 판검사, 기자는 제대로 커나갈 수 없었습니다. 이들이 자긍심을 꺾고 권력과 타협하는 순간 사회는 타락하지요.

한국의 뉴라이트 세력이 식민지 시대, 박정희 시대의 긍정적 요소를 부각시키려 애쓰지만 우리가 바람직한 선진사회로 나아가려면 오히려 그 시대의 부정적 요소를 극복해야 한다는 것을 강조하겠습니다. 직업적 자긍심의 회복도 그중 하나입니다.

엘리트의 자긍심이란 허세나 교만과는 다릅니다. 허세나 교만은 열등감이 밑바닥에 깔린 처지에서 자신을 과도하게 내세우는 것입니다(극과 극은 통합니다). 건전한 자긍심을 가진 사람은 다른 사람의 직업적 자긍심도 존중하게 되는 것이니, 허세나 교만과는 정반대지요. 엘리트가 제대로 된 자긍심을 갖지 못하면 일반대중도 직업적 자긍심을 갖기 힘듭니다. 사회·문화가 그리되어버리니까요. 이런 상황에선 히든챔피언도 커나가기 어렵고, 바람직한 선진사회도 연목구어(緣木求魚)입니다.

한편, 부어메스터 사장처럼 자기가 하고 싶은 일에 몰두할 수 있으려면 사회보장제도가 제대로 갖춰져야 합니다. 부어메스터 씨는 사업을 벌여 10년가량은 적자 상태였다고 했습니다. 그런데도 자신과 가족이 최소한의 생활을 영위할 수 있었으니 그 사업을 계속할 수 있었던 셈입니다.

교육과 의료 등에 대한 사회적 보장은 이처럼 히든챔피언이 커나갈 수 있는 기반이기도 합니다. 다만, 복지가 잘된다고 곧바로 히든챔피언이 우후죽순처럼 늘어나지는 않습니다. 복지가 더욱 발전한 북유럽에 대해 히든챔피언을 강조하지는 않으니까요. 그러니 복지는 일종의 필요조건이지 충분조건이라고 하기는 어려울 것 같습니다.

히든챔피언의 두번째 요건: 기업 간 임금격차 완화

그다음, 독일의 히든챔피언이 발전한 배경에는 거대기업과 중소기업 사이의 임금격차가 크지 않다는 점도 작용합니다. 사장에게 BA 직원의 임금수준을 물어보았습니다. 그랬더니 대기업과 차이가 나지 않고, 또 그래야 우수 인력을 유치할 수 있다고 했습니다.

이렇게 된 데에는 독일의 노조형태가 산업별 노조라는 게 작용하였습니다. 이는 같은 산업에 종사하는 노동자들은 숙련도가 같은 한 같은 임금을 받기로 산업 전체에서 결정하는 체제를 말합니다. 물론 거대기업에선 산별노조에서 결정한 수준을 상회하는 플러스 알파를 보태기도 합니다. 또 근래에는 산별노조에 포함되지 않는 기업이라든가 외국인들이 일하는 미니잡(mini-job)도 많이 생겼습니다. 하지만 한국처럼 제조업 중소기업에서 거대기업의 절반도 안 되는 임금을 받는 경우는 거의 없습니다. 그리하여 중소기업에서도 쉽게 이직하지 않게 되고, 이렇게 숙련도가 축적됨으로써 중소기업의 경쟁력도 높아집니다. 그런 중소기업이 바로 히든챔피언입니다.

한국에서 산업별 노조가 제대로 작동하는 경우는 전교조 이외에는 거의 없습니다. 대개가 기업별 노조이고, 이름은 산별노조라도 실제로는 기업별 노조입니다. 따라서 대기업과 중소기업의 임금격차를 노조 체제를 통해 바로잡을 길이 없습니다.

한국에서도 여러분들이 산업별 노조를 만들려고 오랫동안 노력했습니다. 그러나 제가 여러번 말씀 드렸듯이 그건 헛수고입니다. 이미 거대기업과 중소기업 사이의 임금격차가 굳어진 상황에서 임금수준을 비슷하게 만드는 산업별 노조를 거대기업 노동자들은 받아들일 수 없는 것이지요. 이는 노동자들이 석가, 공자 같은 성인이 아닌 한 불가능합니다.

그렇다고 아무 해법도 없는 것은 아닙니다. 사회적 임금(복지)을 높여서 실질적인 생활격차를 줄이면 됩니다. 그러면 중소기업 노동자의 근속연수가 늘고 숙련도가 향상되어 경쟁력이 높아질 수 있습니다. 이리하여 거대기업과의 교섭력이 커지고 아예 세계시장을 상대로 사업을 벌일 수도 있지요.

BA 방문을 통해 제가 느낀 것은 이 정도입니다. 앞에서 말씀드렸듯이 한국이 무슨 기발한 정책을 통해 독일식 히든챔피언을 대대적으로 쉽게 보급할 수는 없습니다. BA도 정부의 특별한 지원정책 덕분에 발전한 기업이 아닙니다. 건전한 직업적 자긍심을 발전시키고, 복지를 확대해 노동자 사이의 생활격차를 줄이는 것은 한국사회 엘리트와 대중이 할 수 있는 일입니다. 그게 독일식 히든챔피언을 한국식으로 발전시키는 길로도 이어질 것입니다. 물론 이것도 말처럼 쉽지는 않습니다. 직업적 자긍심을 짓밟고 복지공약을 걷어차는 박근혜(朴槿惠)정부의 모습을 보십시오.

독일에선 연구기관과 산업계의 연계가 잘 발달한 것 같다는 점을 덧붙여 말씀드립니다. 예컨대 독일의 프라운호퍼(Fraunhofer)는 22,000명 정도가 근무하는 연구기관으로서 산업체가 주문하는 연구 프로젝트를 진행합니다. 이런 연구기관의 존재가 히든챔피언의 산실이 되고 있다고 보는 학자도 있습니다.

일본의 공장 방문에 관한 기억

일본인 연구자들과의 공장 방문에 대해서도 말씀드리겠습니다. 한국에선 학회 같은 데서 공장을 견학하면 그냥 회사 측 홍보 비디오를 보고 현장을 둘러보면서 즉흥적으로 질문을 던지는 게 보통입니다. 그런데 공장 인터뷰는 공장 견학과는 차원이 다릅니다. 우선 질문서를 미리 보내고, 현장에서 질문서를 둘러싸고 질의응답을 하게 됩니다. 일본은 이런 공장 인터뷰 면에서 아마도 세계 최고 수준이 아닐까 싶습니다.

일본은 서구에 비해 사상과 이론의 발전이 뒤처졌습니다. 그리하여 독창적인 사고 대신에 실증적인 연구에 중점을 두게 되었습니다. 경제적으로 볼 때 추격성장(catch-up) 방식을 택한 것도 이와 마찬가지 맥락입니다.

일본 기술자들은 초기 공업화 단계에서 서구의 공장을 방문하고 나와선 몇몇이 함께 기억을 되살려 공장 설비를 그려냈다고 합니다. 그걸 바탕으로 일본에 돌아가 공장을 모방해 만들어낸 것이지요. 그러니 일본에는 사실을 꼼꼼하게 따지는 실증조사가 발달해 있습니다. 반면에 서구에서는 독창적인 이론틀을 만들어내는 것이 꼼꼼한 실증보다 더 중요합니다. 이건 문화적 전통이 바탕이 되어야 하기 때문에 하루아침에 이루어질 수 없습니다. 그런데 일본은 이제 추격성장 단계는 끝났고 독창적 사고를 만들어내야 할 단계에 도달했는데, 그걸 잘하지 못함으로써 정체 상태를 맞고 있는 게 아닌가 싶습니다.

어쨌든 일본에서는 공장 인터뷰가 대단히 철저히 이루어집니다. '듣고 이해하기', 즉 청취(聽取) 조사에 관해 유명한 학자가 쓴 책이 있을 정도입니다. 원래 일본인들은 공부를 열심히 하는 편이지만, 공장 조사의 경우 밥 먹을 때도 인터뷰 조사에 관한 이야기를 나누고, 심지어 밤늦게까지 보고 들은 것을 서로 확인해 제대로 된 공장의 상(像)을 그려갑니다. 저도 같이 다니면서 숨이 가쁠 정도였습니다.

한국 분들 중에도 공부 열심히 하는 사람들이 많을 것입니다. 그러나 공장 조사를 일본 연구팀처럼 하는 경우는 아직 보고 들은 바 없습니다. 실증조사도 열심히 하지 않고 독창적인 사고를 할 교육·연구체계도 갖춰져 있지 않은 상태에서 우리도 거의 추격성장 단계가 끝나가고 있습니다. 혹여 우리는 일본보다 더 정체하고 갈등도 더 많아지지는 않을까요? 일본은 정체 상태에 있긴 하지만 갈등은 우리보다 훨씬 적지요.

[베를린통신 8·2013.10.27.]

3. 세금의 정치학: 증세를 우습게 보지 말자

오늘 『조선일보』는 세제개편 문제에 따른 박근혜 대통령 지지율 관련 기사로 신문을 도배했습니다.[10] 한국갤럽의 여론조사에 따르면 박대통령 지지율이 54%로, 이번 세제개편 소동으로 인해 지난주에 비해 5%가량이나 떨어졌습니다. 특히 중산층의 대표라 할 수 있는 화이트칼라의 경우에는 지지율이 52%에서 38%로 14%포인트나 급락했습니다. 한국의 여론조사는 왜곡될 가능성이 높기 때문에 무조건 신뢰할 수는 없습니다. 그러나 박대통령이 급히 세제안을 수정한 것을 보건대 이 여론조사가 크게 틀린 것으로 보이지는 않습니다.

이번 세제개편, 특히 중산층 증세에 대해 민심 이반이 일어난 데에는 기본적으로 조세의 형평성 문제가 자리 잡고 있습니다. 고소득층과 거대기업에 비해 중산층에 세금이 부당하게 높게 부과되고 있다는 느낌을 주었기 때문입니다. 게다가 사람들이 별로 주목하고 있지 않는 부분들이 있습니다. 박근혜정부 출범 이후 복지 재원 마련을 위해 국세청을 통해 국민들에 대한 세금공격이 대대적으로 가해지고 있다는 사실입니다.

얼마 전 몇사람과 자리를 같이했는데, 거기서 세금 이야기가 나왔습니다. 놀랍게도 모두들 자기 자신이나 가까운 주위 사람이 '세금공격' 〔세무조사〕을 받고 있었습니다. 과거 여러해 동안의 납세기록을 모두 뒤져, 때로는 어처구니없이 세금을 추징당하고 있었습니다. 대부분 중산층이었는데도 말입니다. 어쩌면 이런 세금공격이 조세형평성 문제보다 더 민심 이반을 불러오는 이유인지도 모른다는 생각이 들었습니다. 그러면서 '세금의 정치학'이라는 문제를 생각해보게 되었습니다.

진보개혁파 지식인들이 잊고 있는 한가지

박근혜정부의 증세안이 발표되자 민주당〔현 새정치민주연합〕은 처음에 '세금폭탄'이라는 반응을 내놓았습니다. 노무현정부 때 종합부동산세에 대해 새누리당이 세금폭탄이라면서 공격한 것을 역으로 이용한 것입니다. 그러자 진보개혁파 쪽에선 민주당의 이런 반응을 비판했습니다.[11] 과거 새누리당의 잘못된 정치를 답습하는 정략적 반응이라는 것이지요. 그리고 복지 확대를 위해선 증세가 필요한데 '세금폭탄'이라는 저차원적 대응을 해서야 되겠느냐는 것이었습니다.

이런 비판에 직면해 민주당은 더이상 '세금폭탄'이라는 식의 공격은 하지 않게 되었습니다. 그러나 민주당의 공격과는 무관하게 민심은 많이 이반했습니다. 국정원 댓글사태에서는 별로 동요하지 않던 박근혜 대통령 지지율이 몇푼 안 되는 월 1만원 남짓의 증세에 기우뚱거린 것이지요. 사실 민주당의 '세금폭탄' 공세는 바로 이런 민심 이반을 어느 정도 느끼면서 이루어진 것이었습니다. 그러니 국가의 장래를 생각하지 않는다는 비판을 받아야 했지만, 권력투쟁의 장에서는 다소 이해가 가는 정략적 대응이었습니다.

그런데 여기서 한가지 생각해볼 문제가 있습니다. 진보개혁파 지식인들은 민주당을 비판하면서 증세의 당위성을 설파했습니다. 복지 확대를 위해서 증세하지 않고 무슨 다른 방안이 있느냐는 것이었습니다. OECD에 비해 낮은 복지수준을 고려할 때, 한국의 증세는 불가피합니다. 하지만 대부분의 진보개혁파 지식인들이 고려하지 않는 것이 '세금의 정치학'입니다. 다시 말해 이들은 증세를 좀 우습게 보고 있습니다. 증세가 말처럼 그리 쉽지 않다는 점을 잘 깨닫지 못하고 있다는 것입니다.

'사람은 부모를 죽인 원수와는 타협해도 자기 재산을 뺏어가려는 쪽과는 절대로 타협하지 않는다'고들 합니다. 영화 「대부」(프랜시스 포드 코폴라 감독, 1972)에는 어떤 마피아 세력이 다른 마피아 거두(말런 브랜도 분)를 죽이고 그 아들과 협상하려는 전략을 선택하는 장면이 나옵니다. 이런 전략을 생각할 수 있는 것은 바로 저 경구가 얼마간 진실을 반영한다는 뜻일 것입니다. 사람들의 조세저항은 그리 만만치 않습니다. 한국의 진보개혁파는 당위론에 몰두하는 탓에 현실의 문제를 가볍게 여기는 경향이 있습니다. 조세 문제도 마찬가지입니다.

역사를 돌이켜봅시다. 1789년 프랑스혁명이 발발한 직접적 계기는 국왕이 증세를 위해 삼부회를 소집한 일이었습니다. 박정희정부의 몰락에는 1977년 부가가치세 도입이 일정한 역할을 했습니다. 미국에서 아버지 부시(George H. W. Bush)가 재선에 실패한 데에도 공약을 어기면서 증세한 것이 영향을 미쳤습니다.

이처럼 증세는 정권의 운명을 좌우할 만큼의 위력을 갖고 있습니다. 그래서 많은 나라에서 증세 대신에 (직접적 부담을 덜 느끼는) 국채를 발행해 재원을 조달해왔습니다. 일본의 부채비율이 GDP의 2배를 넘어서고, 미국과 유럽의 많은 나라에서 자꾸만 국가채무가 늘어가는 것은 바로 이런 정치적 이유 때문입니다.

'개혁이 혁명보다 더 어렵다'는 말이 있습니다. 이 말은 여러 뜻이 있습니다만, 증세와 관련해서는 혁명정권이 조세저항을 개혁정권보다는 쉽게 돌파할 수 있습니다. 권력을 집중하고 있기 때문입니다. 반대로 혁명정권이 아닌 오늘날의 대부분 정권들은 증세 문제에 과감하기 어렵습니다.

세금의 정치학 없는 복지확대론은 '앙꼬 없는 찐빵'

박근혜정부의 세제개편안 발표 이후 어떤 증세가 바람직한가 하는 논의들이 있었습니다. 고소득층의 구간을 세분화해서 증세를 한다든가, 거대기업의 법인세율을 높인다든가, 부가가치세율을 유럽 수준으로 높여간다든가 하는 여러 안들이 제시되었습니다. 그런데 이런 방안들 중에 제대로 정치적 고려를 하고 있는 경우를 아직 보지 못했습니다. 이런 논의는 현실의 무게를 제대로 파악하고 있지 않은 논의라 할 수 있겠습니다.

제가 『한국의 진보를 비판한다: 노무현정권과 개혁진보진영에 대한 성찰』(창비 2012)이라는 책에서 강조한 것은, 한국의 진보파들이 목표를 실현하기 위한 전략·전술에 대한 고려가 부족하다는 점이었습니다. 그래서 제가 노무현정부의 정치문제까지 분석해보았던 것입니다. 증세 문제도 마찬가지입니다. 당위론도 중요하지만 목표를 실현하기 위한 전략·전술론도 중요합니다. 그게 없으면 자민당에게 정권을 도로 내준 일본의 민주당 꼴이 되는 것입니다.

많은 진보파들이 북유럽의 고부담-고복지를 주창합니다. 그런데 제가 견문이 짧아서인지는 모르겠습니다만, 그런 고부담-고복지가 정치적으로 어떻게 가능했는지에 대한 한국의 연구는 잘 보이지 않습니다. 앞으로 스웨덴. 덴마크, 노르웨이, 핀란드 등에 대한 '증세의 정치학' 연구를 기대하겠습니다. 그것 없는 복지확대론은 '앙꼬 없는 찐빵'입니다.

보론 세금의 정치학

2013년 8월 20일자『경향신문』과『한겨레』모두에서 '세금의 정치학' 문제를 다루었습니다.『경향신문』은 저의 며칠 전 페이스북 글과 이철희(李哲熙), 오건호(吳建昊) 박사의 주장을 소개했습니다.[12] 그리고『한겨레』에서는 양재진(梁在振) 교수팀과 공동으로 복지정책에 대한 인식조사를 수행한 결과를 발표했습니다.[13] 양교수는 이 조사에서 중요한 결론을 제시하고 있습니다. 복지국가의 제도적 기반을 다지기 위해선 비례대표제 도입(강화)을 위한 정치개혁과 산별화를 향한 노동개혁이 필요하다는 것입니다.

앞서 말씀드린 대로 저는 산별노조는 좋은 일이지만 이미 노동시장의 이중구조가 고착된 한국 상황에서 실질적인 산별화는 불가능하다고 생각합니다. 거대기업 노조가 자신의 이익을 크게 양보하게 될 산별노조를 받아들이는 것은 그들이 모두 석가, 공자 같은 성인군자이기를 기대하는 일이기 때문입니다.

그럼에도 불구하고 비례대표제의 강화는 불가능한 일이 아니며 우리 모두가 노력해야 할 과제일 것입니다. 안철수(安哲秀) 의원의 어설픈 제안과는 달리 우리나라 국회의원 숫자가 그리 많은 게 아니기 때문에, 일단 소선거구 국회의원은 그대로 두고 비례대표 의원 숫자를 크게 늘리면 되지 않을까 싶습니다(그래야 소선거구 국회의원의 반발을 줄일 수 있습니다). 이게 제가 말한 '증세의 정치학', 더 폭넓게 말하면 '복지의 정치학'입니다. 2012년 말에 한국에서 출간된『하버드 경제학자가 쓴 복지국가의 정치학』(에드워드 글레이저 외 지음, 전용범 옮김, 생각의힘 2012)에서도 미국과 유럽 복지제도의 차이를 비례대표제 같은 정치제도와 인종문제로 설명하고 있습니다.

'세금의 정치학'과 관련해, 여기에 한가지 덧붙여 소개하겠습니다. 2012년에 일본에서 출간된 『북유럽 모델』(北歐モデル, 翁百合 外 著, 日本經濟新聞出版社 2012)에서는 스웨덴과 일본을 비교하면서 스웨덴에서 고부담(고세율)이 가능했던 이유로 다음의 세가지를 제시합니다.

1) 조세와 사회보장 씨스템이 지방분권형으로 되어 있기 때문에, 수익과 부담의 관계가 알기 쉽게 되어 있다.

2) 복지는 고령층에 편중되지 않고 현역 세대에도 혜택을 주는 구조로 되어 있다. 일례로 아동수당, 육아휴업급부, 실업수당 등이 있다.

3) 정치와 정부에 대한 신뢰감이 높다.

이 요소들이 '본격적인 증세의 정치학'이라고 할 수는 없겠지만, 어쨌든 참고해볼 만합니다. 그렇다면 증세, 재벌·노동개혁, 남북관계 혁신 같은 커다란 과제가 정치적으로 어떻게 가능할까요? 저의 단편적인 생각으로는 크게 세가지 방식이 있습니다.

하나는 미국 루스벨트(Franklin D. Roosevelt) 대통령 때처럼 진보개혁세력이 국민의 압도적 지지를 받을 때입니다. 두번째는 독일 비스마르크(Otto von Bismarck) 수상처럼 보수세력이 혁명을 막기 위해 도리어 진보개혁정책을 적극적으로 수용할 때입니다. 세번째로는 북유럽처럼 진보·보수 정당 간의 거리가 좁혀져 진보개혁정책을 초당파적으로 추진할 때입니다.

제가 2012년 대선 당시 『한겨레』 칼럼 등을 통해 적극적으로 주장했던 '거국통합내각'은 이 셋 중 마지막 방안에 속하겠지요. 당시 문재인

(文在寅) 후보는 이걸 강력하게 밀지 못하고 엉거주춤한 자세를 취함으로써 승기를 놓쳤다고 생각합니다.*

[2013.06.22.]

---

* 이에 관해서는 두개의 칼럼 「거국통합내각을 생각해보자」(http://blog.daum.net/kkkwkim/195)와 「또 하나의 패인 분석」(http://blog.daum.net/kkkwkim/200)을 참고해주세요. 또한 2013년 8월 20일자 『중앙일보』 사설에는 국민 10명 중 6명이 복지 확대를 위한 증세에 반대한다는 여론조사 결과가 소개되었습니다. 여론조사를 맹신해서는 안되지만, 이 역시 '증세의 정치학'이 필요하다는 점을 보여주고 있습니다(「국민 40%만 "세금 더 내더라도 복지 늘리자"」).

4. 한국사회의 문화혁명을

얼마 전 독일의 출판사 BPB(Bundeszentrale für politische Bildung)에 몇권의 책을 주문했습니다. 그런데 여기서는 책값을 미리 받지 않고, 책을 보내면서 고지서를 첨부합니다. 그 고지서에 따라 주문자가 은행을 통해 책값을 송금하는 방식이지요.

이런 후불제 방식은 처음 접하는 터라 상당히 놀랐습니다. 물론 은행의 신용카드도 일종의 후불제입니다. 하지만 신용카드를 만드는 과정에서 보통 일정한 신용도 체크를 거칩니다. 그런데 BPB에서 서적을 주문할 땐 그냥 책을 받을 주소만 입력할 뿐이지 다른 체크 과정은 없습니다.

돈을 떼먹으면 어쩌려는 것인가 하는 의문이 들 수밖에 없었습니다. 돈을 떼먹는 사람들에 대해 나중에 사회에서의 공적 활동을 제약하는 씨스템이 작동하는지는 모르지만, 이런 방식은 사회구성원들 사이의 신뢰의 두터움을 드러내는 것 같았습니다.

독일에서는 병원비 지불방식도, 서적 주문보다는 약간 엄격하지만 기본적으로 후불제입니다. 치과에서 진찰을 받고 나왔는데, 간호사가 그냥 집으로 가라는 것이었습니다. 제가 보험증을 제시했기 때문에 병원과 보험회사가 그들끼리 결제를 하는 줄 알고 편안한 마음으로 집으로 돌아왔습니다. 나중에 보니 계산서가 집으로 날아왔습니다. 그 계산서에 따라 병원에 송금하고 나서 그 대금을 보험회사에 청구하니 일정비율을 환급해주었습니다. 한국처럼 병원에서 개인부담액을 바로 받으면 될 텐데 귀찮기는 했습니다. 이렇게 불편한 점도 있지만, 이 역시 나중에 환자가 송금해줄 것이라는 신뢰가 자리 잡고 있음을 보여주는 씨스템인 셈입니다.

독일 지하철에 개찰구가 없는 것도 마찬가지입니다. 표를 확인하는 개찰구 없이 자유롭게 지하철을 탈 수 있게 되어 있습니다. 그러니 표 없이도 탈 수 있는 것이지요. 그런데 만약에 많은 사람들이 표를 끊지 않고 탈 것 같으면 이런 씨스템은 작동할 수 없습니다.

한국은 물론이고 이딸리아·프랑스·영국에서는 독일과 달리 개찰구를 거치도록 되어 있습니다. 이 나라들은 독일식 씨스템으로 하면 표를 끊지 않고 타는 행위, 좀 어려운 말로 하면 도덕적 해이(moral hazard)가 훨씬 더 많이 나타날 것이기 때문에 개찰구를 만들었겠지요. 일전에 머문 미국 쏠트레이크(Salt Lake) 시에서는 전차(tram)가 다녔는데, 거기엔 개찰구가 없었습니다. 대신에 거의 매일같이 검표원이 중간에 올라타서 차표 소지 여부를 확인했습니다. 그 도시는 모르몬교도가 중심이어서 다른 미국 지역에 비해 질서를 아주 잘 지키는 편인데도 그랬습니다.

고신뢰 사회와 저신뢰 사회

독일도 가끔씩 검표원이 올라와 확인을 하고 표를 소지하지 않은 경우엔 요금의 20배 정도의 벌금을 부과합니다. 하지만 미국 쏠트레이크에 비해 검표원이 나타나는 빈도가 훨씬 덜합니다. 만약에 검표원을 대폭 늘려야만 한다면 차라리 개찰구를 만드는 게 비용이 더 적게 들 수도 있겠지요.

이건 독일이 다른 나라들에 비해 구성원 사이의 신뢰도가 높은 사회라는 것을 의미합니다. 조사를 많이 해보진 않았지만 북유럽도 독일과 비슷하지 않을까 싶습니다. 우리가 상대적으로 바람직하게 생각하는 사회에서는 구성원 간 신뢰가 높은 수준에 있는 것이지요.

이렇게 신뢰가 높으면 거래비용(transaction cost)이 적게 듭니다. 거래비용이란 시장거래에 소요되는 비용, 즉 재화와 서비스의 직접적 가격 이외의 비용을 의미합니다. 아주 추상적인 경제이론에선 거래비용을 무시하지만, 실제 현실에선 거래비용을 무시할 수 없습니다. 예컨대 얼마 안 되는 검표원으로 지하철을 운영할 수 있는 고신뢰 사회에선 개찰구를 만드는 비용이 절약되지요. 그 반대로 저신뢰 사회에선 많은 거래비용이 소요됩니다. 극단적으로 갱단이 마약을 주고받을 때의 거래비용을 생각해보십시오. 영화에서 보듯이 상대편이 돈은 주지 않고 마약만 받고 내뺄 위험성 또는 총질을 할 위험성 등을 고려해 총잡이와 주먹을 동원해야 하는 거래비용이 소요되는 것이지요.

신뢰 정도는 거래비용만이 아니라 복지사회의 작동가능성에도 영향을 미칩니다. 만약에 정부의 복지급여에만 기생하려는 사람들이 많다면 정부는 그 재정적 부담을 감당할 수 없습니다. 사회구성원 대다수가 일할 능력이 있을 때는 복지에 기생하지 않고 일자리를 찾는다는 신뢰가 존재해야 복지사회가 지속 가능합니다.

그런 신뢰가 뿌리내리지 못한 것도 미국이 유럽과 달리 복지가 취약한 이유의 하나입니다. 이건 미국의 역사적 업보이기도 합니다. 오랫동안 흑인을 노예로 잡아와 부리면서 흑인의 사회적 지위와 자립성이 약해졌고, 그에 따라 미국사회를 이끌어가는 백인 중산층이 흑인을 신뢰하지 못하는 것이지요.

여러해 전에 스웨덴 교수와 스웨덴의 복지씨스템에 관한 이야기를 나눈 적이 있습니다. 그때 그는 스웨덴 국민들의 프로테스탄트 윤리를 강조했습니다. 속되게 표현하자면, 성실하게 일해야 천당 간다는 프로테스탄트 윤리가 작동하고 있다고 합니다. 그리하여 복지에 기생하는 도덕적 해이 문제가 심각하지 않고, 따라서 사회구성원들이 서로를 신뢰할 수 있다는 것입니다. 사회과학자가 윤리를 논하니 약간 의외였습니다만, 경제학도인 제가 윤리의 문제까지 생각하게 만든 하나의 계기였습니다. 사실 『역사의 종언』(1992)이라는 저서로 유명한 후쿠야마 (Francis Fukuyama)도 *Trust: The Social Virtues and the Creation of Prosperity* (1996)라는 저서를 통해 신뢰가 사회 전반에 미치는 영향을 논한 바 있습니다.

신뢰라든가 윤리라든가 하는 것은 넓게 표현하면 '문화'라고 할 수 있겠습니다. 물론 문화의 정의는 가지각색일 것입니다. 하지만 사회구성원의 '행동 패턴' '관행'을 문화라고 하면 어떨까 싶습니다. '겉모습 뒤의 속살' '하드웨어를 움직이는 쏘프트웨어'라고 할 수도 있겠지요.

문화혁명을 위해선 직업윤리를 다시 생각해야

경제학도는 일종의 경제결정론에 빠지기 쉽습니다. 그래서 맑스식으로 표현하면 '토대'인 경제가 '상부구조'인 정치와 문화 등을 규정하는 것으로 생각합니다. 하지만 잘 따져보면 토대인 경제가 일방적으로 상부구조를 규정한다기보다는 상호작용을 하는 걸로 봐야 하지 않을까 싶습니다.

정치는 주로 경제적 이해관계를 둘러싸고 움직이기는 하지만 일정한 자율성도 갖고 있습니다. 특히 꽉 짜이지 않고 유동적인 사회일수록 정치의 자율성은 커지는 것 같습니다. 예컨대 박정희 시대의 정치는 경제 운용을 상당히 주도해나가기도 했지요.

마찬가지로 문화도 토대에 의해 규정을 받지만 토대가 바뀌더라도 그에 상응해 곧바로 바뀌지 않는 일정한 자율성을 갖고 거꾸로 토대를 규정하기도 하는 것 같습니다. 약간 이야기가 어려워졌습니다. 예를 들어보지요. 이딸리아는 기본 경제씨스템은 독일과 크게 다르지 않습니다. 하지만 낮은 문화수준 탓도 있어서, 부패와 남북 간 경제격차가 심하고 베를루스꼬니(Silvio Berlusconi) 같은 황당한 인물이 수상이 되기도 하며 마피아가 설치기도 하는 게 아닌가 싶습니다.

한국은 어떨까요? 한국의 신뢰와 윤리, 나아가 문화는 어떠한 상태일까요? 결론부터 말하면, 한국사회는 일종의 '문화혁명'을 필요로 합니다. 그렇다고 마오 쩌둥(毛澤東) 시절 홍위병들의 문화혁명을 의미하는 것은 아니고, 혁명적으로 바꾸어야 한다는 이야기입니다.

한국은 1960~80년대의 '산업혁명'을 거쳐 1인당 소득, 무역규모, 산업구조 등 경제의 양적 측면에서는 선진국 반열에 들어섰습니다. 1987년 '정치혁명'을 통해 아직 허점이 많지만 형식적으로는 민주주의의 틀을 갖추었습니다. 그리고 이제 '분단체제의 극복'이라는 한국적 특수과제와 더불어 '문화혁명'이 중요 과제로 떠올랐습니다. 이게 제대로 수행되면 한국은 '바람직한 선진국'이 될 수 있을 것입니다. '고단함·억울함·불안함'을 초래하는 경제구조와 낙후한 정치구조는 어쩌냐고요? 바로 그걸 바로잡는 데도 문화혁명이 한몫을 할 수 있을 것입니다.

과연 한국의 문화는 '혁명'을 해야 할 만큼 문제가 많을까요? 문화란 건 나라마다 서로 다를 뿐이지 우열을 따지거나 선악을 논할 수 없다는 반론이 제기될 수 있습니다. 이에 대해서는, 언어나 문학처럼 그런 반론이 통하는 경우도 있겠습니다만 신뢰수준같이 그런 반론이 통하지 않는 문화 분야도 있다고 생각합니다.

후자와 관련해 한국은 중국이나 아프리카, 중동의 많은 국가들에 비해선 낫다고 할 수 있고, 과거에 비해서도 나아지고 있습니다. 하지만 아직도 문제투성이입니다. 독일이나 북유럽에 비하면 많이 뒤떨어져 있지요. 물론 독일이나 북유럽이 유토피아는 아니고 그 사회에도 이런 저런 문제점이 있습니다만, 적어도 한국보다는 총체적으로 문화수준이 높다는 이야기입니다.

세월호 참사를 생각해보십시오. 유병언 회장, 선장 및 선박직 직원들, 감독관료들에게서 도대체 직업윤리를 찾아볼 수 있을까요? 돈벌이에만 혈안이 되고 승객을 안전하게 수송한다는 직업윤리는 내팽개친 상황 속에서 이런 참사가 일어난 것입니다.

세월호 참사와 관련해 '신자유주의 타령'이 유행했습니다. 그러나 아직 한국사회의 신자유주의(시장만능주의)를 논할 수 없던 1970년에도 비슷한 남영호 참사가 일어났으므로[14] 신자유주의는 이런 참사의 필요조건이 아닙니다. 아울러 한국보다 신자유주의가 더 극성을 부리는 미국이나 영국에서 이런 참사가 일어나지 않은 걸 보면 신자유주의는 참사의 충분조건도 아닙니다. 그런 점에서 뭐가 뭔지 알 수 없는 '신자유주의 타령' 대신에 오히려 타락한 직업윤리 문제를 따져보는 게 더 의미 있을 것입니다.

2012년 이딸리아의 유람선 꼬스따 꽁꼬르디아(Costa Concordia)호가 좌초했을 때 보여준 선장의 태도를 떠올려보십시오. 세월호 선장과 비슷하게 승객은 내팽개치고 자기 혼자 내빼기 바빴습니다. 이딸리아의 직업윤리 역시 우리와 비슷하게 엉망입니다. 이딸리아 베네찌아에 다녀온 한국인에게서 들었는데, 식당에서 메뉴의 가격을 약간 애매하게 표시해놓고는 바가지를 듬뿍 씌우더랍니다. 한국에 주재한 주요 외국 대사들과 식사해본 친구에 따르면 유독 이딸리아 대사만이 자기 친척이 하는 사업 이야기를 꺼내더라고 했습니다.

독일말로 직업은 Beruf인데, 이 단어에는 직업이라는 뜻 말고도 하느님이 부여한 소명(召命)이라는 뜻도 있습니다. 소명으로서의 직업이니 '자긍심'도 있고 '책임감'도 있게 마련이지요. 물론 직업 간에 부당하게 격차가 크지 않은 임금구조도 그걸 뒷받침하고 있습니다. 장인(Meister)이라는 말이 주는 무게감도 상당합니다. 그에 반해 한국에는 교회는 많으나 북유럽 같은 프로테스탄트 윤리가 제대로 자리 잡지 않았으니 '하느님을 두려워하는 문화'도 별로 없습니다. 많은 신자들이 교회를 통해 패거리를 만들거나 하느님을 통해 세속적 복을 받으려는 데 치중하는 것이지요.

부끄러움을 모르고 직업윤리를 망각한 문화

우리 사회는 소득수준이나 사회적 지위의 높고 낮음에 관계 없이 직업윤리가 취약합니다. 세월호 참사의 원인을 비정규직 문제와 직접 연관시키기는 곤란하다고 제가 말했던 게 바로 이런 점을 두고 한 지적입니다. 비정규직인 박지영 씨는 숭고한 직업윤리를 발휘했는데, 오히려 선박직 정규직들은 내빼기 바빴지요.

박근혜정부에서 총리나 장관으로 내정되었던 인물들을 보십시오. 삼권분립 정신에 투철한 직업윤리를 갖고 있다면 김용준(金容俊) 씨처럼 헌법재판소장을 지내놓고 총리직을 수락할 까닭이 없지요. 안대희(安大熙) 씨처럼 대법관 퇴임 후 그 경력을 통해 5개월 만에 16억원을 벌고도 부끄러움 없이 총리직을 맡으려는 일도 있을 수 없지요. 다른 직종의 직업윤리는 어떤가요? 제자 논문을 여러 편이나 자기 걸로 둔갑시킨 인물이 교육부장관을 하겠다고 나서지 않습니까.[15]

극우파 아베 신조오(安倍晋三)를 낳은 일본사회의 문화 역시 그리 높

게 평가하기는 어렵습니다만, 그래도 일본에는 '부끄러움(はじ)의 문화'라는 게 있습니다. 그런데 한국에서는 식민지와 전쟁을 경험하면서 무조건 살아남는 게 장땡이었습니다. 그러다보니 힘센 자에게 아부하면서 부끄러움 같은 것은 제대로 따지지 않는 문화가 자리 잡은 게 아닌가 싶습니다.

재벌총수는 온갖 불법과 비리를 저지르면서까지 자기 지배력을 확장합니다. 회사 돈을 자기 호주머니 돈처럼 멋대로 주무르는 것이지요. 삼성총수 3세 이재용(李在鎔)이 아버지에게서 받은 수십억원을 종잣돈으로 수조원의 재산가가 된 과정은 결코 생산적인 노력의 산물이 아니지요. 그런 재벌로부터 정계·관계·언론계·학계·검찰은 넙죽넙죽 돈을 챙겼습니다. 이리하여 부끄러움을 모르는 공범자 유력집단이 형성되는 셈입니다.

부끄러움을 모르고 직업윤리를 망각한 문화는 유력층으로부터 사회 전반에 퍼져갑니다. 거대기업이나 공기업 정규직도 일종의 '특수이익집단'으로서 다른 노동자에 비해 부당하게 높은 처우를 누리면서도 부끄러움을 모르게 됩니다. 하층 노동자 역시 이런 문화 속에서 제대로 된 직업윤리를 갖기 힘든 게 당연합니다.

사회 유력층이 존경을 받지 못하니 자연히 사회구성원 사이의 불신도 큽니다. 게다가 세월호 참사에서 보듯이 남을 믿고 시키는 대로 했다간 안타깝게 비명횡사하기까지 합니다. 예전에 농민들이 정부가 강요하는 작물을 심었다가 공급과잉으로 농사를 망친 경우도 비슷합니다. 이런 속에서는 신뢰의 문화가 자리 잡을 수 없지요.

대규모 사업장에서 구조조정을 단행할 때, 다른 선진국과는 달리 유독 한국에서는 극심한 마찰이 발생합니다. 거대기업과 중소기업 사이의 부당한 임금격차와 부실한 사회보장제도가 주요 원인이지만, 그것 말고도 노사 간의 불신문화도 상당한 영향을 끼치고 있습니다. 경영이 어렵다는 점과 꼭 회사 측이 제시한 규모의 정리해고가 필요한지에 대해 노동자의 불신이 존재하니, 노조는 일단 싸움부터 벌이고 보는 것입니다. 거꾸로 회사 측도 노조를 합리적 대화가 가능한 상대로 인식하기 어려우니, 대화 노력을 소홀히 하고 가급적 큰 규모의 정리해고를 추구하는 경향을 갖기 쉽습니다. 한진중공업이나 쌍용차에서 보듯이 이러한 불신문화로 인해 엄청난 사회적 비용이 발생하기도 하지요.

'엽전은 어쩔 수 없다'는 편견

어찌해야 할까요? 어려운 문제입니다. 특히 문화에 대해선 완전 까막눈인 제가 경제학 전공자로서 정답을 내놓기는 참으로 곤란합니다. 그래서 그냥 논의를 촉발하는 차원에서 몇마디 해볼까 합니다.

우선 뭔가 잘 안 되면 모든 걸 문화 탓으로 돌리고 개혁을 포기해선 안 되겠습니다. '엽전은 어쩔 수 없다'는 식의 담론은 부당한 기득권을 유지하고 우리 사회 전반의 발전을 저지하는 논리입니다. 예컨대 재벌체제에 대해 그건 문화의 문제라서 어쩔 수 없다는 게 대표적인 경우입니다.

한국사회의 흐름을 살펴보면 문화도 많이 변화해왔습니다. 일례로, 죽은 후 매장이 중심이던 문화가 얼마 안 되는 사이에 화장 쪽으로 바뀌었습니다. 가부장적 질서도 많이 변화해 요즘 젊은 세대의 부부 사이는 옛날과 많이 다르지요.

현대자동차에서 정세영(鄭世永) 회장이 오래전에 할부제를 도입했을 때의 이야기를 들은 적이 있습니다. 당시는 미국 같은 신뢰문화가 형성되지 않았을 때라 미국식 할부제를 선뜻 도입했더니 돈을 떼먹는 경우가 많아 경영에 큰 어려움을 겪었다고 합니다. 지금은 그런 일은 없지요.

수십년 전에 오토바이 순찰대 교통경찰이 응급실에 실려왔는데 치료를 위해 묵직한 장화를 벗기니 100만원 정도의 현찰이 나왔다는 이야기도 들은 적이 있습니다. 그뒤 속도위반 단속을 쎈서로 하게 되면서 이런 부패문화는 거의 자취를 감춘 것 같습니다.

하지만 잘 바뀌지 않는 문화도 있습니다. 이딸리아는 통일된 지 150년이 지났습니다만 남부는 북부에 비해 소득도 절반 정도이고 문화도 많이 다릅니다. 부패가 심하고 마피아가 설치지요. 독일을 비롯한 유럽은 중동과 아프리카의 이민자와 집시 들로 골치를 썩고 있습니다. 극우 정치세력이 최근에 급성장세를 보이는 것도 이민자들이 유럽사회에 잘 동화되지 않고 있기 때문입니다. 민족 간의 문화적 차이는 잘 바뀌지 않지요.

얼마 전에 프랑스 출신 감독이 제작한 남북한에 관한 다큐멘터리 「코리아: 영원히 분단되었는가?」(Korea—Für immer geteilt?)[16]를 같이 보고 토론하는 자리가 있었습니다. 고위층과 인터뷰도 하면서 남북한을 둘러보고 비교하는 내용의 다큐멘터리입니다. 시간 날 때 한번 시청해볼 만합니다. 그런데 그 자리에서 재미있는 이야기를 들었습니다. 남북한 모두 고위층들과의 인터뷰는 어려웠을 뿐만 아니라 대단히 경직된 분위기였다고 합니다. 이 다큐는 남북한의 협조(남한에서는 KBS)를 받아 제작되었는데, 북한은 물론이고 남한 역시 이 다큐를 방영하지 않았습니다. 남한 쪽에서 방영하지 않은 이유는 북한의 김일성(金日成) 주석 생가와 동상이 나오면서 동시에 남한의 박정희 대통령 생가와 동상도 나오기 때문이라고 했습니다. 남한과 북한의 문화가 비슷한 수준이라는 느낌을 주는 게 거슬렸던 것이지요.

시장경제와 민주주의의 남한은 왕조체제하의 북한보다 훨씬 앞선 사회입니다. 그러나 서양인의 눈으론 도토리 키 재기같이 보이는 셈이지요. 요즘 김정은(金正恩) 위원장을 졸졸 따라다니는 인물들이 수첩에 열심히 받아쓰기하는 체하는 것을 보면 박근혜 대통령의 말을 국무위원들이 열심히 받아쓰기하는 체하는 것과 별반 다를 바가 없지요. 이런 것 역시 잘 안 바뀌는 문화의 일부분인 셈입니다.

문화혁명을 위한 몇가지 가능한 대안

이처럼 쉽게 바뀌는 문화 영역과 잘 안 바뀌는 문화 영역이 존재하는 속에서 어찌해야 문화혁명을 이룰 수 있을까요? 거듭 말하지만 저는 잘 모릅니다. 문화 전공자들이 나서주면 좋겠습니다.

다만 교육이 중요하다는 것은 누구나 인정할 것입니다. 때마침 이른바 진보교육감들이 대거 당선되었으니 한국사회 문화혁명의 일익을 담당하겠다는 역사적 소명의식을 갖기 바랍니다. 전교조, 혁신학교 등등의 문제를 포괄하는 총괄적 과제로서 문화혁명이라는 큰 뜻을 세워야 수구세력의 쪼잔한 공세에도 의연하게 대처할 수 있습니다.

다음으로 법적 조치도 문화의 커다란 변화를 가져올 수 있습니다. 이와 관련해 근래에 독일에서 흥미로운 판결이 있었습니다. 독일인들은 자전거를 많이 타고 다닙니다. 원칙적으로 자전거를 탈 때는 헬멧을 쓰게 되어 있는데, 질서를 잘 지키는 독일인들도 잘 쓰고 다니지 않습니다. 며칠 전 판결에서는 헬멧을 쓰지 않고 사고가 나서 머리를 크게 다친 피해자에게 20%의 자기 과실을 인정했습니다. 그러자 당장 변화가 나타났습니다. 자전거를 탈 때 헬멧을 쓴 사람들이 눈에 띄게 늘어난 것입니다.

한국에서도 근래 횡령·배임을 저지른 재벌총수에 대해 과거처럼 솜방망이 처벌을 하지 않고 실형을 언도하는 경우가 생겨나고 있습니다. SK 최태원(崔泰源) 회장, CJ 이재현(李在賢) 회장, 한화 김승연(金昇淵) 회장이 대표적인 사례입니다. 이건 앞으로 재벌들의 문화를 바꾸는 중요한 하나의 계기가 될 것 같습니다.

더 근본적으로 문화를 규정하는 삶의 윤리체계를 바로잡을 수 있으면 좋겠습니다. 조선시대 유교문화는 많이 허물어졌고, 서양에서 유입된 기독교는 앞서 말씀드린 대로 제대로 된 삶의 윤리를 제공하지 못하고 있습니다. 이런 윤리공백 상태에서 한국사회가 '아귀다툼의 아수라장' 같은 모습을 띠는 게 아닌가 싶습니다. 죽음까지 포괄하는 삶의 윤리를 어떻게 재정립할 수 있을 것인지, 종교인들이 '종교혁명'에 나서야 하지 않을까 하는 생각마저 듭니다. 철학자도 나서야겠지요.

근래 대학의 인문학과는 구조조정에 내몰릴 정도로 천대받고 있습니다. 반면에 기업인이나 사회 유력층을 상대로 한 인문학 강좌는 나름대로 성황을 이룹니다. 1970, 80년대 졸부들이 서가에 브리태니커 백과사전을 장식해놓던 것과 비슷합니다. 그런 장식이 아닌 삶의 윤리로서 제대로 된 한국문화를 위해 인문학자들도 분발했으면 좋겠습니다.

이외에도 한국사회의 문화혁명을 위해 필요한 일들은 많이 있을 것입니다. 그걸 앞으로 문화 전공자들이 본격적으로 논의해주었으면 합니다. 외국의 문화이론을 열심히 소개하는 것도 필요하겠지만, 한국의 문화혁명을 어떻게 수행할 수 있을지를 밝히는 게 더 시급한 과제가 아닐까요. 혹시 이리하여 외국 이론의 한계에서 벗어나 뭔가 독창적인 문화이론을 만들어낼 수 있을지도 모릅니다.

진보-보수만이 아니라 개혁-수구에도 주목해야 한다

이렇게 쓰고 보니 주제넘다는 느낌이 듭니다. 경제학 전공자가 아무데나 손을 뻗치는 것 같지요. 맞습니다. 다만 이는 제 나름대로 한반도의 현실을 고민한 결과입니다. 경제에서 정치, 더 나아가 문화 분야로 필연적으로 연결된 셈입니다.

노무현 시대의 경제개혁이 왜 제대로 진전되지 않는지 고민하면서 한국의 정치를 살펴본 바 있습니다. 이를 바탕으로 『한국의 진보를 비판한다』를 출간했습니다. 그후 정치가 제대로 잘 안 돌아가고 세월호 참사까지 발생하면서, 문화의 문제를 고민하게 되었습니다.

『한국의 진보를 비판한다』에서 저는 X축의 '진보-보수' 대립만이 아니라 Y축의 '개혁-수구' 대립에도 주목해야 한다고 했습니다. 거기서는 주로 경제문제에 초점을 맞추었습니다만, 직업윤리를 포함한 문화개혁 역시 Y축의 문제에 포함시킬 수 있겠습니다. 저는 여기 독일에서 동독과 북한을 비교하면서 문화문제의 중요성에도 눈뜨게 되었습니다.

동독과 북한은 둘 다 일당독재하의 계획경제체제라 할지라도 문화가 서로 너무 달랐습니다. 동독에서는 종교의 자유가 보장되고, 누드 해변이 서독보다 더 많고, 정치범에 대한 육체적 고문이 행해지지 않았습니다. 가정에서 여성들의 권리는 서독 여성보다 더 강했다는 이야기를 동독 출신 여성에게 직접 들은 바도 있습니다.

동독 시절 악명 높은 슈타지(Stasi, 한국의 국정원에 해당) 책임자 에리히 밀케(Erich Mielke)라는 인물의 경우를 봅시다. 그는 동독이 망할 때까지 수십년간 슈타지 책임자로 일했습니다. 그런 그를 통일 이후 처벌하려고 했으나, 그가 1931년에 공산당원으로서 경찰에 총격을 가한 죄밖에 찾을 수 없었답니다. 이는 한국이라면 이미 시효가 지난 범죄이지요.

다시 말해 그는 한국 중앙정보부의 이후락(李厚洛)처럼 부정축재를 하지도 않았고, 소련 KGB의 베리야(Lavrenty Beriya)처럼 무고한 인물들을 불법적으로 처형하지도 않은 것입니다.

이런 동독은 문화 면에서 북한은 말할 것도 없고 한국보다, 적어도 1987년 이전의 한국보다 선진적인 사회였습니다. 저는 그런 동독과 서독의 통일이 남북한관계에 얼마나 참고가 될 수 있을지 고민하게 되었습니다. 한국, 아니 한반도의 문화혁명에 대해 논하게된 것도 이런 연유입니다. 문화의 중요성을 논한다고 경제나 정치를 소홀히 하자는 것은 결코 아닙니다. 경제·정치·문화가 모두 서로 깊게 관련되어 있으니, 그 관련성을 염두에 두면서 우리 사회를 따져보고 발전시켜가자는 이야기입니다.

[베를린통신 32·2014.06.20.]

제2장

재벌개혁은 재벌 거듭나기

1. 이재용 씨 아들과 경제민주화

이재용 삼성전자 부회장의 아들 사건이 물의를 빚었다. 올해 초 영훈국제중학교에 '사회적 배려 대상자' 자격으로 입학해 논란을 일으키더니, 최근 그 학교의 입시성적 조작 사실마저 드러나 결국 학교를 자퇴하고 만 것이다.[1] 재벌가문에서 자식을 원정출산하고, 형제 간에 꼴사나운 재산분쟁을 벌이고, 탈법적으로 엄청난 재산을 자식에게 넘겨온 행태의 연장선상에서 이번 귀족학교(?) 부정입학 사건이 벌어진 셈이다.

한국사회에서 재벌은 한편으로 경제성장의 견인차 역할을 해왔으나 다른 한편으로 이 과정에서 정계·관계·법조계·언론계·학계를 멋대로 주무르려는 괴물로 자라왔다. 그리고 이러한 안하무인적 자세가 재벌가문의 온갖 추태를 연출하고 있는 듯싶다.

재벌가문도 경제민주화가 필요하다

이번 사태 속에서 이재용 씨 아들의 처지를 한번 생각해보자. 이제 그 아이는 학교서 사귄 동무들을 떠나야 하고, 주위로부터 손가락질 당하는 형편이 되었다. 이 무슨 가여운 모습인가. 만약에 영훈국제중학교에 무슨 수를 써서라도 꼭 들어가게 해달라고 그 아이가 떼를 썼다면 자신에게도 일단의 책임이 있다. 하지만 그럴 가능성은 크지 않을 것이다. 아마도 주위에서 알아서 처리하지 않았을까 싶다. 그렇다면 어린애는 애꿎게 피해를 입은 셈이다.

경제민주화는 사실 이런 사태를 막아보려는 노릇이다. 뜬금없이 들릴지 모르지만, 경제민주화는 나라 경제의 온전한 발전은 물론이고 재벌가문이 진정한 행복을 되찾는 일과도 무관하지 않다.

안팎의 경제독재를 바로잡는 일

경제민주화가 과연 뭘 의미하는지를 둘러싸고 그동안 논란이 많았다. 그런데 어떤 용어의 뜻이 애매할 땐 그 반대말을 찾아보면 이해하기 쉬운 경우가 적지 않다. 경제민주화의 반대말은 '경제독재'라 할 수 있다. 정치민주화의 반대말이 정치독재인 것과 마찬가지다.

경제민주화는 경제독재를 바로잡는 것이다. 우리 사회의 경제독재는 크게 노동 측면과 자본 측면으로 나눠볼 수 있다. 노동의 측면에서는, 거대기업(공공부문 포함) 정규직이 집단적 지배력(일종의 독재)으로 중소기업 노동자 및 비정규직에 비해 부당하게 우월적 지위를 누리고 있는 것을 말한다. 자본의 측면에서는 재벌체제 문제가 그 핵심이다. 재벌체제는 재벌 외부적으로는 재벌그룹이 중소기업을 포함해 나라(경제)를 '갑'의 지위에서 멋대로 주무르고, 재벌 내부적으로는 총수의 왕조적·세습적 독재체제를 지속하는 '이중적 독재체제'다.

재벌의 외부적 독재체제를 바로잡으려면, 재벌을 비롯한 대기업과 중소기업 사이의 공정거래를 보장하는 제도적 장치가 필요하다. 대리점이나 하청업체의 정당한 권리를 위해 단체협상력을 제고하든가, 부당거래에 대한 징벌적 손해배상제도를 강화하는 것 등이 여기에 해당한다.[2]

더 근본적으로는 중소기업의 경쟁력과 협상력을 높이기 위한 사회적 복지 강화도 포함된다. 사회적 복지가 강화돼야 중소기업 노동자의 근속연수가 늘어나 숙련도가 향상된다. 또 사회적 복지는 중소기업이 부당한 거래를 거부할 수 있는 자유를 제공하기도 한다.

정계·관계·법조계·언론계·학계가 재벌의 품에서 벗어나 자율성과 품위를 지키는 일도 물론 필요하다. 특히 검찰이 바로 서야 한다. 그래야 나라가 재벌에 의해 함부로 농락당하는 일이 사라진다.

재벌개혁은 무능과 부패 바로잡는 일

재벌의 내부적 독재와 관련해서는, 재벌총수의 독재에 기인한 '무능과 부패'를 바로잡아야 한다. 무능의 문제는 단지 총수의 자식이라는 이유만으로 경영능력의 검증도 없이 사실상 국민 재산인 재벌그룹의 최고경영자 자리에 올라앉아 그룹과 나라 경제를 위태롭게 하는 것을 말한다. 이 문제는 IMF사태 무렵에 재벌그룹의 절반 정도가 도산한 주요 요인의 하나였다. 또한 요즘 재벌총수들이 제대로 된 투자는 기피하면서 물티슈 따위를 수입하고 골목상권을 휘젓는 식의 '기업가정신 부재'도 이에 기인하는 측면이 강하다.

총수의 부패란 최근 CJ그룹 수사에서 드러난 대로, 총수가 회사 재산을 마치 자기 호주머니 장난감처럼 생각해 횡령·배임 행위를 저지르는 것을 말한다.[3] 이런 재벌총수들의 부패는 정치권과 관료, 심지어 노조

간부의 부패와도 무관하지 않다. 총수가 회사 돈을 빼돌려 자기 몫을 챙기는 한편 이들까지 오염시키기 때문이다.

자식과 관련된 재벌총수의 부패도 이런 현상의 연장선상에 자리 잡고 있다. 재벌총수들이 자식에게 그룹을 물려주려고 온갖 불법과 비리를 일삼는 것을 우리는 익히 보아왔다. 이재용 부회장이 겨우 십수억원의 세금만 내고 수조원의 재산가가 된 것도 이런 부패의 결과였고, 그 때문에 이건희 회장이 재판까지 받았던 것이다.[4] 이재용 씨 아들 사건도 이상과 같은 재벌의 이중적 독재체제에 기인했다고 볼 수 있다.

경제민주화는 재벌가문의 이런 불행마저 바로잡아주려는 것이다. 억압-피억압 관계를 바로잡는 것은 피억압자만이 아니라 억압자도 해방하는 것임을 명심하자. 재벌개혁이라 하면 재벌에 대한 증오감에서 비롯된 '재벌 죽이기'로 오해하는 경우가 흔하다. 그러나 우리 경제성장의 견인차이기도 한 재벌을 죽여 무슨 득이 있겠는가.

국민에게 사랑받는 선진적 대기업을 바란다

진정한 재벌개혁이란 재벌의 긍정적 측면은 살리고 부정적 측면은 해소하는 '재벌 거듭나기'다. 그래서 예컨대 스웨덴의 발렌베리(Wallenberg) 그룹처럼 국민의 사랑을 받는 선진적 대기업이 되도록 도와주자는 것이다.

발렌베리 가문 사람들은 한국의 재벌총수처럼 요새 같은 집에 살지 않는다. 평범한 이웃과 마주치면서 주말이면 운전기사를 쉬게 하고 직접 차를 몰아 백화점에 쇼핑도 가고, 애들 학교의 학부모회에 참석해 다른 부모들과도 어울린다. 이렇게 특권의식이 없으니 국민들이 저절로 존경하는 것이다.

재벌총수 문제와 관련해 나는 총수들의 불법행위에 대한 엄벌을, 즉 특정경제범죄 가중처벌법을 강화해 일정 금액 이상의 횡령과 배임은 실형이 불가피하게 하자는 것을 강조해왔다. 그 법안이 지금 국회에 상정돼 있다.[5]

이 법안의 진정한 취지는 총수들을 우르르 감옥에 처넣자는 게 아니다. 엄벌조항을 통해 초기엔 감옥 가는 총수들도 생기겠지만 장차는 아예 불법을 저지를 엄두를 못 내게 하려는 것이다. 이제까지는 처벌조항이 약하고 불확실해서 총수들이 적어도 감옥에 가지는 않을 것이라 생각해 일단 불법을 저지르고 본 측면이 강하다. 그리하여 결국 많은 총수들이 검찰조사를 받고 재판정에 섰다. 총수들은 사회 지도층인 셈인데, 이들이 이런 모습을 보이는 건 자신들에게는 물론 국민정서 면에서도 결코 좋지 않다. 경제민주화는 이런 일을 미연에 방지하려는 것이다.

뒷간 갈 때와 볼일 보고 나서의 생각이 다르듯이, 박근혜정부는 점점 경제민주화에서 멀어져가고 있다. 수구언론들은 경제위기론 따위의 상투적인 논조로 그걸 뒷받침하고 있다. 그러나 경제민주화는 부당한 경제질서를 개혁해 경제의 활력을 되살려 어려움을 벗어나려는 것이다. 아울러 재벌가문이 발렌베리 가문처럼 국민으로부터 존경받을 수 있도록 도와주려는 윈윈(win-win)게임이기도 하다. 부디 조금씩이라도 그 길로 진전했으면 좋겠다.

[〈창비주간논평〉 2013.06.05.]

2. 베를린필 공연과 삼성의 횡포

오늘은 음악회에서 드러난 삼성의 횡포에 대해 말씀드리겠습니다. 2011년 11월 16일 싸이먼 래틀(Simon Rattle)이 지휘자로 있는 세계적인 교향악단 베를린 필하모닉(이하 베를린필)이 세종문화회관에서 내한 공연을 했을 때의 일입니다. 저는 음악을 잘 모르기도 하고, 45만원이나 하는 관람료를 지불하고 공연을 들을 형편은 아니었던데다(당시 대부분 좌석의 관람료는 45만원이었다고 합니다) 그렇다고 공짜로 초청받을 만한 VIP도 아니기 때문에 그 공연에 대해 아는 바가 없었습니다. 다만 그 공연에 초대받아 갔던 분을 최근에 우연히 만나 당시 이야기를 들을 수 있었고, 그리하여 삼성이 우리 사회에서 갖는 지배력에 대한 그분의 심각한 우려를 전하려고 합니다.

삼성이 우리 사회의 지도층 즉 정계·관계·법조계·언론계·학계를 멋대로 주무르고 오염시키고 있는 현실에 대해선 저도 여러번 글을 쓴 바 있습니다.[6] 그리고 김용철 변호사의 『삼성을 생각한다』(사회평론 2010)라는 책도 참고가 될 것입니다. 삼성은 한편으로는 우리 경제의 성장을 이끌어가는 견인차이지만 다른 한편으로는 민주주의와 시장경제를 위협하는 반체제사범의 성격도 갖고 있습니다. 그래서 참으로 대처하기 어렵습니다.

이 글에서 소개하는 내용은 삼성의 횡포와 관련된 하나의 에피소드에 불과합니다. 삼성의 횡포를 익히 아는 제 입장에서는 그렇게 대단한 사안은 아니었습니다. 하지만 그 횡포를 당한 분에게는 참으로 걱정스러운 사태였고, 저 또한 다른 사람들에게 소개할 만한 일이라고 생각했습니다.

그 공연은 금호아시아나문화재단(이하 금호재단)이 기획한 것인데, 삼성이 비용의 많은 부분을 충당했습니다. 공연 티켓을 삼성이 많이 구입했던 것이지요. 그래서 삼성은 공연 광고에서 금호의 이름을 아예 빼려고까지 했답니다.

금호재단이 다른 기업의 지원을 받을 때는 이런 일이 없었다고 합니다. 그래서 삼성과 금호재단 사이에 마찰이 있었고, 결국엔 공연 팸플릿 겉표지에는 삼성의 이름만 넣고 속지에 금호재단 이름을 넣어주는 형식을 취했다고 합니다. 인터넷에 들어가보니 당시 공연장 근처에 걸려 있는 대형 선전물에는 "삼성전자와 함께 하는 베를린 필하모닉 내한공연"이라고 되어 있네요.

그들의 VIP를 위해 우리는 기다려야 한다

당시 공연에는 청와대의 김윤옥(金潤玉) 여사(이명박 전 대통령 부인)도 왔고, 삼성 회장의 자녀들도 왔다고 합니다. 삼성 일가는 자신들의 가족 파티에 연예인을 불러서 두어곡 뽑게 하고는 3,000만원을 준 적도 있습니다. (다만 나훈아羅勳兒 씨는 "나는 티켓 사고 입장한 관객 앞에서만 노래 부른다"고 하면서 이런 제의를 거부했다는 이야기를 제가 예전에 『한겨레』 칼럼에서 소개한 바 있습니다.)[7] 그런 삼성 일가도 베를린필을 집으로 부를 수는 없으니까 직접 세종문화회관을 찾은 것이겠지요. 문제는 공연이 끝나고 나서 발생했습니다.

저의 지인이 주차장에서 차를 몰고 나오려고 하니까 앞의 차들이 도대체 움직이질 않아서 기다리다 못해 근처 찻집에 갔답니다. 두시간쯤 지나고 다시 갔는데도 여전히 정체상태였습니다. 왜 그런지 알아보니 삼성 사람들 때문이었다고 합니다. 청와대의 김여사 일행이라야 몇명 안

되니까 그들 때문에 차를 못 뺀 것은 아닙니다. 삼성 측은 회장 자녀들만이 아니라 삼성이 초청한 VIP들이 많았습니다. 삼성 회장 가족과 삼성 VIP들의 차는 제일 빼기 쉬운 주차장(아마도 지하 2층)을 미리 확보해 세워놓았습니다. 그리고 이들 차가 빠져나갈 때까지 다른 사람들의 차는 아예 나오지 못하도록 삼성 측에서 차들을 차단해놓은 것입니다.[8]

돈을 내고든 아니면 초청을 받아서든 그 비싼 공연에 갔던 사람들은 삼성 VIP는 아니더라도 우리 사회에서 그래도 한가락 하는 사람들일 것입니다. 그런데도 이렇게 무참한 수모를 당한 것이지요. 삼성의 안하무인을 엿볼 수 있는 대목입니다. 이 정도면 '무지몽매한' 백성들은 삼성 앞에서는 어떤 신세일까요? 삼성이 일반 국민들을 이렇게 능멸하니, 형제 재벌(CJ)의 총수를 미행하는 일까지 자행하는 것이지요. 예전에 삼성 회장이 외국 가서 스키를 탈 때 스키장을 아예 통째로 임대해서 자기네들만 스키를 탔다는 보도가 있었습니다.[9] 이번 공연에서도 차라리 삼성 VIP들로만 공연장을 독점했더라면 적어도 이런 불상사는 없었겠지요. 삼성 측에선 어쩌면 그럴 생각이 없지도 않았을 것 같은데, 베를린필도 나훈아 씨 만큼의 자존심은 가진 집단이라서 성사되지 않았는지도 모르겠습니다.

재벌개혁이 필요한 또 하나의 이유

문제는 공연 뒤에도 있었습니다. 이 불상사가 기자들에게도 알려진 것입니다. 그래서 기자들 사이에서 보도를 할 것인가 말 것인가를 두고 논란이 벌어졌습니다. 그런데 결국 어느 주요 신문에도 관련 보도는 없었습니다.[10]

언론이 왜 보도를 하지 않았느냐고요? 삼성이 광고를 통해 그들의 목줄을 쥐고 있기 때문입니다. 이는 바로 삼성의 권력이 어느 정도인지를 보여주는 일입니다. 정권의 비리를 폭로하는 것보다 삼성의 비리를 폭로하는 게 훨씬 더 힘들지요.

두어달 전에 모 신문사에서 저에게 칼럼을 연재해달라는 청탁이 있었습니다. 그래서 제가 물었습니다. 삼성 문제를 다루는 글도 실을 수 있겠느냐고요. 그랬더니 그건 참 곤란하다고 답하더군요. 그래서 그 신문의 칼럼 연재는 사양했습니다만, 이게 우리 현실입니다.

얼마 전 저는 재벌개혁의 첫걸음으로 '특경가법의 강화'를 제안한 바 있습니다.[11] 그런데 그와 더불어 삼성을 비롯한 재벌의 손아귀에서 정계·관계·법조계·언론계·학계가 벗어나는 게 중요합니다. 다만 광고 문제가 걸린 언론계가 재벌의 손아귀에서 벗어나는 건 쉽지 않습니다. 그러나 학계와 법조계는 삼성을 비롯한 재벌에게서 떡값을 안 받더라도 생명을 유지할 수 있습니다. 아니, 제 할 일 하는 데 큰 지장 없습니다. 자기 직업에 대한 자긍심이 있다면 학계와 법조계부터 자정운동을 해야 합니다.

사회 분위기가 이렇게 바뀌어가면 관계와 정계도 점차 재벌의 손아귀에서 벗어날 수 있습니다. 근래에는 SNS의 발달로 선거비용도 줄어들고 있으니까요. 학계와 법조계가 자긍심을 갖고 제 역할을 하게 되면 마침내 언론도 재벌로부터 자유로워지는 날이 오지 않을까 싶습니다. 지금도 모든 언론이 삼성을 비롯한 재벌에 대해 똑같은 정도로 예속되어 있는 것은 아닙니다. 따라서 그 예속의 정도를 약화시킬 수 있는 가능성은 열려 있는 셈입니다. 재벌개혁이란 이런 가능성을 현실로 바꿔가는 일이기도 하지요.

재벌개혁이 화두로 올라선 마당에 부디 이번에는 국민들이 힘을 모아 재벌의 장점은 살리되 재벌이 저와 같은 부당한 횡포는 부리지 않도록 하는 씨스템을 구축했으면 좋겠습니다. 그래야 사실은 재벌도 거듭나고 우리 경제도 바람직한 선진국으로 발전할 수 있을 것입니다.[•]

[2012.02.27.]

• 삼성전자가 공정거래위원회의 조사를 방해하다 4억원의 과태료를 부과당하는 사건이 발생했습니다. 이에 대해『한겨레』가 사설을 썼고 보수수구언론의 우두머리인『조선일보』마저 하루 지나 사설을 썼습니다. 「공정위 조사방해, 삼성전자 법 위에 서 있나」,『한겨레』 2012.3.19; 「삼성 눈엔 이 나라 법은 법같이 보이지 않는가」,『조선일보』 2012.3.20.

3. 2012년 대선의 재벌해체 논란

어제 대선 2차 토론이 있었습니다. 여기서 그와 관련된 이야기를 하고자 합니다만, 우선 그에 앞서 잠깐 딴 이야기, 즉 '객관적 평가'가 얼마나 어려운가 하는 문제부터 짚고 넘어가고자 합니다.

오래전 대학 시절에 권투중계를 보면서 느낀 일입니다. 저는 사람을 두들겨패는 폭력적인 권투를 별로 좋아하지 않습니다만, 어쩔 수 없이 여럿이서 함께 보게 되는 경우가 있었습니다. 그때 저는 이상한 제 자신의 편견(또는 착시현상)을 발견했습니다.

제가 응원하는 선수가 상대편에게 펀치를 날리는 장면은 눈에 잘 들어오는데, 반대로 그 선수가 펀치를 맞는 장면은 눈에 잘 들어오지 않는 것이었습니다. 이른바 '보아도 보이지 않는다'는 현상입니다. 아무리 그걸 바로잡고 객관적으로 보려 해도 감각회로가 그렇게 되어 있는 이상 바꾸기가 쉽지 않았습니다. '사고회로'와 마찬가지로 '감각회로'도 일단 만들어지면 그게 관성적으로 작용하는 것 같습니다. 축구나 야구와 달리 권투에서는 서로 주먹이 빠르게 오가기 때문에, 누가 어떻게 효과적으로 펀치를 날렸는가를 보기 어려운 권투 나름의 특성도 작용합니다.

물론 엄청나게 실력 차이가 날 때는 사정이 다릅니다만, 그렇지 않은 경우에 객관적 심판이라는 게 얼마나 힘든가를 잘 보여주는 사례입니다. '객관적 진리'라는 말을 함부로 써서는 안 되는 이유이지요. 사실 사물을 **객관적으로 볼 수 있는 능력**은 이해관계의 집착에서 자유로워야 길러지며, 그게 바로 깨달음의 수준을 말하는 게 아닌가 싶습니다. 다만 그렇다고 해서 이게 사회의 발전을 지향하는 실천에서 관심이 사라진 냉

소적 태도와는 또 다르니, 진정한 깨달음의 경지는 어렵기만 하지요(물론 말로는 그리 어렵지 않아서 '냉철한 두뇌와 따뜻한 가슴'이 바로 이런 경지인 듯합니다).

대선 후보 토론에 대한 평가도 마찬가지입니다. 보통 자기가 지지하는 후보가 잘하는 것은 눈에 들어오는데, 그렇지 않은 것은 눈에 잘 들어오지 않습니다. 기억에서 얼른 지우려 하는 (방어)본능도 작동하는 듯싶습니다. 그러다보니 어제 TV토론에서 누가 잘했는가 하는 데 대해선 사람마다 평가가 엇갈리는 것입니다. 저까지 그런 평가대열에 가세하고 싶지는 않습니다.

다만 지난 1차 토론 때 언급한 이정희(李正姬) 후보의 주장 중 '재벌해체'와 관련된 이야기를 풀어볼까 합니다. 이후보는 지난번과 마찬가지로 막가파(?) 후보답게 공중파에서 좀체로 들을 수 없는 사실들을 폭로했습니다. 1987년 대선에서 백기완(白基玩) 후보가 TV토론에 처음 등장했을 때 같은 신선한 충격을 던져준 셈입니다.

'삼성전자의 백혈병 문제' '현대자동차의 비정규직 문제' '헌법 위에 있는 이건희 회장과 정몽구(鄭夢九) 회장' '경영능력에 문제가 있는 이재용 부회장' '정계·관계·법조계·학계·언론계를 주무르는 재벌'같은 재벌 문제를 비롯해, 박근혜 후보의 6억원(현재 가치로 약 300억원) 증여와 경남기업의 300평 성북동 주택 증여에 따른 탈세 문제까지 요샛말로 '돌직구'를 날렸습니다.

언젠가 말씀드렸듯이, 저도 재벌개혁론자 중에서는 드물게 라디오는 물론이고 공중파 TV토론에 나가서 이건희 회장의 문제 같은 것까지 소리친 바 있는 막가파(?)입니다. 하지만 제가 외친 프로의 시청률은 기껏해야 1~3% 정도에 지나지 않았습니다. 반면에 이후보는 시청률

30~40%의 프로에서 외친 것입니다. 효과가 천양지차지요.

　다만 이후보는 "박근혜 후보를 떨어뜨리려" 나왔기 때문에, 자신의 정책은 그다지 깊게 따져보지 않은 상태였습니다. 자기가 대통령이 될 게 아니므로 그건 어쩌면 당연한 일입니다. '박정희-박근혜 정체 드러내기'에 충실하면 되니까요.

　그래도 앞으로 이후보가 큰 정치인이 되려면 북한문제를 비롯한 우리 사회 전반의 문제에 대해 균형감각과 현실감각을 더 발전시켰으면 좋겠습니다. 그런 차원에서 이후보가 어제 언급한 재벌해체 문제에 대해 여기서 정리해볼까 합니다. 시청자들의 인식 혼란을 바로잡고자 하는 의미도 있습니다.

개념의 혼동: 재벌해체냐 재벌개혁이냐

　한마디로 이후보는 재벌해체에 대한 개념 파악이 제대로 되어 있지 않습니다. 장하준(張夏準), 정승일(鄭勝日) 같은 경제학박사들도 이 문제에 대한 개념 파악이 엉망인 상태니 법률가-정치인인 이후보가 헤매는 것은 어쩌면 당연하고, 크게 탓할 생각도 없습니다. 하지만 이제부터라도 바로잡아야지요.

　정치를 하면 무얼 먼저 하겠느냐는 제자의 질문에 일찍이 공자는 "반드시 이름을 바로잡겠다. (⋯) 이름이 바르지 않으면 말이 순조롭지 않으며, 말이 순조롭지 않으면 일이 이루어지지 않는다(必也正名乎 ⋯ 名不正則言不順 言不順則事不成)"라고 답했습니다. 정치란 소통인데 말이 순조롭지 않고서야 어찌 소통이 되겠습니까. 『한국의 진보를 비판한다』를 비롯해 여러군데서 제가 언급했듯이 개념을 정확히 하는 것이 문제를 해결하는 출발점인 경우가 많습니다. '친북' '종북' '신자유주의' '진보·보수'·'재벌'·'재벌개혁'·'재벌해체'도 모두 그런 범주에 속합니다.

여기선 재벌해체에 대해서만 살펴보겠습니다. 재벌해체란 말은 재벌 (財閥)과 마찬가지로 일본에서 생겨난 역사적 용어입니다. 1930년대부터 일본에서는 오늘날의 한국에서처럼 재벌체제에 대한 강력한 비판이 생겨났습니다. 심지어는 미쯔이(三井) 재벌의 최고경영자에 대해 나라를 망친다고 우익단체가(좌익단체가 아닙니다!) 암살하는 일까지 있었습니다. (일본인들은 다소 독한 면이 있지요.) 그러다 2차대전 이후 매카서(D. MacArthur) 사령부가 일본 10대 재벌에 대해 단행한 조치가 재벌해체였습니다.

재벌해체는 빨갱이들이나 하는 짓이라는 많은 사람들의 생각은 이처럼 잘못된 것입니다. 빨갱이가 아니라 빨갱이와 정반대편에서 반공을 내세운 매카서 사령부도 취했던 조치니까요. 일본의 재벌해체는 2차대전 이후 일본의 '경제민주화' 조치의 일환이었습니다. 한국에서도 총선과 대선을 맞아 경제민주화가 화두로 떠올랐는데, 바로 그 용어가 이미 일본에서 2차대전 직후에 사용되고 실천에 옮겨졌던 것입니다. 당시 경제민주화의 골자는 '농지개혁'·'노동개혁'·'재벌해체'의 세가지였습니다. 그리고 재벌해체를 단행하게 된 데에는 재벌이 2차대전을 일으킨 배후세력이라는 판단과, 재벌은 민주주의적 경제제도가 아니라는 판단이 작용했습니다.

당시 **재벌해체**의 내용은 크게 두 부분으로 구성되어 있었습니다. 하나는 총수 일가의 그룹 지배력을 배제하는 것이었습니다. 또 하나는 거대 그룹을 해체하는 것이었습니다. 그래서 총수 일가가 갖고 있는 주식을 몰수해버렸습니다. 몰수한 주식에 대해서는 현금으로 보상했지만, 재산세가 부과되어 총수 일가 수중에는 거의 돈이 남지 않았습니다. 미쯔비시(三菱) 재벌회장의 경우 유치원 원장 정도로 전락했다고 합니다. 다른 한편, 그룹을 해체하기 위해 예컨대 계열사들을 서로 분리시킨 것은 물론이고, 미쯔비시 상사나 미쯔이 물산 같은 핵심 계열사의 경우에는 그 기업 자체를 여러개로 쪼개버렸습니다.

이 두 종류의 조치 중 총수 일가의 몰락은 그 조치가 유지되었지만, 그룹해체는 나중에 사실상 무효화되었습니다. 기업집단이라는 형태로 재결합했기 때문입니다. 결국 재벌은 해체되었으나 기업집단이 생겨났고, 그러한 근대적 기업형태로의 변화가 전후 일본의 고도성장을 이끌어가는 데 도움이 됩니다.[12]

그렇다면 이정희 후보는 재벌해체를 말할 때 어떤 조치를 염두에 두었을까요? 적어도 어제 TV토론에서 그녀가 말한 조치들은 재벌해체에 해당하지 않습니다. 총수가 자기 지분만큼 영향력을 행사해야 한다든가 하는 것은 재벌개혁 수준의 것이지요.

일본의 경우를 볼 때, 재벌해체를 말하려면 재벌총수의 주식을 몰수한다는 게 포함되어야 합니다. 한국의 경우 예컨대 그동안의 부정축재나 탈세에 대한 처벌로서 주식 몰수 같은 걸 선언해야 하는 것이지요. 물론 이는 기존 법질서를 넘어서는 혁명적 상황에서나 가능한 일입니다.

통합진보당에서는 또한 강력한 출자총액제한제도를 주장하고 있습니다. 하지만 이런 조치로는 어느정도 계열사 숫자를 줄일 수는 있지만 재벌해체를 언급할 정도는 아닙니다. 주요 계열사는 여전히 그룹 틀 속에 있을 것이니까요. 만약에 재벌해체를 주장하려면 계열사 출자를 전면 금지하거나 출자분에 대한 의결권을 아예 인정하지 않아야 합니다. 이런 조치를 분명히 언급해야 재벌해체를 주장하는 것입니다.

이후보는 그런 조치를 언급하지 않았습니다. 따라서 **그녀의 재벌해체**

주장은 사실은 강력한 재벌개혁 수준입니다. 불필요하게 말을 과격하게 할 뿐입니다(그녀가 말을 그렇게 하니 박근혜 후보가 문재인 후보의 재벌개혁론까지 싸잡아서 재벌해체가 아니냐고 다그치는 것이지요).

그뿐만 아니라 수구적 진보파인 장하준, 정승일 박사도 재벌개혁론을 재벌해체론으로 중상모략하고 있습니다. 물론 이들은 그 차이를 전혀 모를 리 없지만, 자신들의 주장에 정당성을 부여하기 위해 일부러 그런 식으로 왜곡하고 있는 것입니다.[•]

만약에 이 후보가 재벌해체를 주장하려면 총수 일가의 주식 몰수 같은 조치를 분명히 언급하기 바랍니다. 그리고 그게 오늘날 한국에서 현실성이 없다는 걸 인정한다면, 이제부터는 재벌해체라는 말 대신에 그냥 재벌개혁이라고 하는 게 좋은 용어 사용법입니다. 그도 아니면 재벌해체 대신에 '재벌체제 해체'라는 용어를 사용했으면 좋겠습니다. '재벌체제 해체'는 총수가 그룹을 황제적으로 경영하고 재벌그룹이 나라(경제)를 멋대로 주무르는 체제를 해체하겠다는 걸로 해석할 수 있습니다. 이건 재벌이 선진적 대그룹으로 거듭나고, 그런 선진적 대그룹과 나라(경제) 사이에 균형적 발전이 이루어지는 체제로 나아가는 것을 뜻합니다(이것 역시 굳이 재벌체제 해체라 하지 않고 재벌개혁이라고 표현해도 되는 일입니다).

재벌개혁 조치 중 계열분리명령제는 재벌해체를 의미하는 게 아닌가 하는 해석이 있습니다. 안철수 캠프에서 재벌개혁 방안으로 내놓은 것 중 하나가 바로 이것입니다. 문재인 캠프는 이 조치가 재벌해체로 비쳐

• 이들의 사실 왜곡에 대해선 제가 이미 블로그에서 「한국의 부실한 엘리트들」로 다룬 바 있습니다(http://blog.daum.net/kkkwkim/168).

질까 걱정이 되어 받아들이지 않았습니다.

이건 미국에서 만들어져 드물게 시행된 제도입니다. 스탠더드오일과 AT&T 같은 회사가 이 법안에 의거해 여러 회사로 해체되었지요. 독점을 금지하고 경쟁을 활성화하려는 제도였습니다. 미국에는 아예 재벌체제란 게 존재하지도 않았으니, 재벌해체와는 무관한 제도입니다.

안철수 캠프에서 마련한 계열분리명령제도 재벌해체와는 무관합니다. 물론 극단적으로 모든 주요 계열사를 분리하라고 하면 재벌해체가 이루어집니다. 그러나 계열분리명령제는 산업자본이 주요 금융업까지 장악해 금융업과 산업 사이의 견제와 균형을 무너뜨리는 걸 바로잡고자 하는 것입니다. 그리고 재벌들이 이른바 골목상권까지 침해하는 걸 막으려는 제도입니다. 게다가 이 명령은 사법적 절차를 거쳐야 하므로 함부로 발동될 수도 없습니다. 그럼 계열분리명령제 없는 재벌개혁은 '앙꼬 없는 찐빵'인가 하면 그건 꼭 그렇지 않습니다. 금융업과 산업자본의 분리라든가 골목상권 침해 방지는 다른 방식으로도 이뤄질 수 있기 때문입니다.[13]

총수의 독재체제를 옹호하는 논리를 깨뜨려야

덧붙여서, 어제 TV토론에서 문재인 후보와 박근혜 후보 사이에서 논란이 되었던 순환출자 문제에 대해 잠깐 말씀드리겠습니다. 순환출자란 계열사 사이의 출자가 A→B→C→A라는 방식으로 순환적으로 이루어지는 것입니다. 이리하면 총수가 얼마 안 되는 지분을 갖고서도 그 몇 배의 지배력을 행사할 수 있습니다. 순환출자에선 원래 출자했던 돈이 뺑뺑 돌아 본래 자리로 돌아올 수 있습니다. 따라서 총수가 한 계열사만 지배하고 있으면 돈을 별로 들이지 않고도 다른 계열사도 자동적으로 지배하게 됩니다.

이것이 가공자본입니다. 이건 1주 1표의 원칙에 어긋나는 1주 여러 표를 만들어내지요. 일부 선진국에도 이런 제도가 있다고 하지만, 전문 경영인체제가 확립된 선진국에서와는 달리 재벌의 황제경영이 자리 잡은 한국에서 이런 순환출자제도의 폐해는 무시할 수 없습니다.

순환출자를 금지하기만 하면 재벌개혁이 완성되는가 하면 그건 꼭 그렇지 않습니다. 순환출자가 아닌 그냥 다단계 출자(A→B→C) 방식으로 그룹을 지배하는 경우도 적지 않기 때문입니다. 또한 재벌 입장에서는 순환출자가 금지되더라도 피해나갈 수 있습니다. A→B→C→A라는 출자구조에서 C→A라는 출자구조만 끊으면 됩니다. 삼성의 경우 C(삼성카드)가 보유한 A(삼성에버랜드) 지분을 우호적 관계에 있는 다른 회사(KCC)에 매각했습니다. 그러면 순환출자가 사라지는 것입니다, (현재 그 지분이 5% 정도 남아 있는데 그 5% 처분 문제야 별것 아닙니다). 다만 이렇게 우호적 관계를 갖는 회사를 찾는 것은 귀찮은 일입니다. 그래서 재벌이 '경영권이 위협받는다, 외국자본에 넘어간다'고 엄살을 피우는 것입니다.

그렇다고 순환출자 해소가 아무 의미가 없는가 하면, 그렇지는 않습니다. 우선 부당한 지배권을 바로잡는 의미가 있습니다. 결정적이지 않을 뿐이지요. 또 그리하면 어제 문재인 후보가 지적했듯이 주식을 매각한 대금으로 투자를 활성화할 수도 있습니다.

박근혜 후보가 순환출자 해소방안을 거부한 것이 문제인 것은 순환출자 해소가 재벌개혁의 결정적 카드라서가 아닙니다(『조선일보』〔2012년〕 11월 16일자 칼럼에서 정치철학을 하는 윤평중尹平重 교수는 순환출자의결권 금지가 경제민주화의 핵심이라고 했습니다만, 꼭 그렇지는 않습니다). 재벌의 소유-지배구조에 문제가 존재한다는 것을 인정하지 않았다는 점에서 문제가 있는 것입니다.

박근혜 후보는 또한 순환출자를 해소하면 재벌그룹을 외국자본에 넘겨줄 우려가 있다고 했습니다. 장하준, 정승일 박사도 이렇게 이야기해왔습니다. 하지만 이건 엉터리입니다. 이런 논리는 박정희·전두환(全斗煥) 군사독재 시절에 '민주화하면 빨갱이 세상 된다'는 논리와 똑같습니다. 총수의 독재체제를 부당하게 옹호하는 논리니까요. 만약에 순환출자를 해소하는 지분이 외국자본에 넘어갈까 걱정되면 삼성의 경우처럼 우호적 회사를 찾으면 됩니다. 또는 국민연금이나 한국 기관투자가에 그 지분을 넘기면 되는 일입니다.

물론 이건 재벌에게 귀찮은 일입니다. 국민연금이 지분을 갖고 있으면 장차 총수의 황제경영에 제동을 걸 수도 있으니까요. 민주주의가 독재자에게 귀찮고 또 제동을 거는 세력을 만들어내는 것과 마찬가지입니다. 하지만 민주주의가 빨갱이 세상을 만들어내는 게 아니듯이, 황제경영을 바로잡는 게 꼭 외국자본에 기간사업을 넘기는 건 아닙니다.

박후보 경제민주화 공약의 가장 큰 문제점은 진정성 여부입니다. 박후보는 적어도 작년 말부터는 당을 장악하고 있었습니다. 따라서 경제민주화에 대한 진정성이 있었다면, 공약으로 내걸 게 아니라 새누리당이 다수당인 국회에서 법안으로 통과시켜야 했습니다. 박후보는 그렇게 하지 않았습니다. 100% 확실한 정보는 아니지만, 김종인(金鍾仁) 박사는 박후보에게 새누리당 경제민주화 실천모임에서 경제민주화 법안으로 제출한 것 중 두개만이라도 대선 전에 통과시키자고 제안했다고합니다. 하지만 박후보는 그리하지 않았습니다.

만약에 그 법안이 박후보 보기에 좀 과격했다면 조정해서 통과시키

면 되는 일이었습니다. 그렇게 하지 않은 박후보의 공약에 무슨 진정성
을 부여할 수 있을지 의문입니다. 제가 예측하기에는, 만약 박후보가 당
선된다면 경제민주화와 관련해선 기껏해야 이명박(李明博)정부 말기에
공정거래에 다소 관심을 쏟은 그 연장선상에 머무를 것입니다. 그걸로
충분하다면 박후보를 찍으면 되겠지요.

[2012.12.11]

제2부

노동,
그 진실을
찾아서

노동계의 '불편한 진실'을 들추어내고 바로잡는 일은 고 김기원 교수가 일생 동안 역점을 둔 과제 중의 하나였다. 그리하여 일찍이 2001년 대우자동차 정리해고에서부터 한진중공업, 쌍용자동차 사태에 이르기까지 노동계가 불편해하는 진실들을 용감하게 제기했고(그 내용의 일부는 김교수의 『한국의 진보를 비판한다』에 실려 있다), 운명하기 수년 전부터는 대기업 노조들의 노동운동이 결과적으로 만들어낸 '노동귀족' 문제에 천착했다. 이제 이 유고집에 그 노력의 결과물들을 담는다.

　'노동귀족' 관련 글들은 기본적으로 김교수가 글을 쓴 시간 순서대로 수록했다. 다만 현대차나 철도 등 개별 문제에 들어가기 전에 노동귀족에 관해 좀더 일반적인 내용을 엿볼 수 있도록 하기 위해 루프트한자 조종사 파업을 소재로 다룬 「독일과 한국의 노동귀족」을 앞에 배치하였다. 이 가운데 철도 민영화와 관련된 글 세편은 블로그에 가볍게 쓴 글이 아니라 세계 주요국의 철도산업 현황, 민영화에 따르는 제반 문제, 철도노동자의 임금 등을 매우 심층적으로 분석하고 있어서 연구자료로서도 훌륭한 가치가 있다. 이 글들의 '노동귀족' 문제 해법에는 재벌개혁과 사회복지 확충 등의 내용이 다소 중복되는 면도 있지만, 각 글의 맥락을 존중하여 그대로 살려두었다.

　나머지 노동 관련 글 세편은 특별한 연관성을 갖는 것은 아니다. 그러나 독일에 체류하면서 쓴 두편의 글 「노동의 소외와 일하는 보람」 「노동자와 소비자의 모순」은 다소 여유있는 독일과 한국의 각박한 노동현실을 비교하면서 노동의 근본적 의미를 음미한다는 점에서 곰곰이 생각해볼 거리를 제공해준다.

─ 정원호

제1장

'노동귀족' 문제의 해결을 위하여

1. 독일과 한국의 노동귀족

2014년 4월 초 독일 최대 항공사인 루프트한자(Lufthansa)에서 조종사들이 사흘간 파업을 벌였습니다. 약 4,000회의 비행(전체 비행의 90%)이 취소되었고, 루프트한자에서 다른 항공사를 주선하는 등 이런저런 보완책을 강구하기는 했지만 50만명가량의 승객이 피해를 입었습니다. 루프트한자 역사 이래 최대의 파업이었습니다. 이 파업으로도 노사협상이 타결되지는 않았고, 부활절 이후에 재차 파업이 단행될 수도 있는 상황입니다. 이번 부활절 연휴는 해외여행이 몰리는 씨즌이므로 노조 쪽에서 회사와 국민 사정을 봐준(?) 셈입니다.

이번 조종사 파업은 제가 2013년 가을 독일에 온 이후 처음 보는 대규모 파업이었습니다. 언론에서도 관련보도가 연이었고, 논쟁도 치열하게 전개되었습니다. 한국의 작년 코레일 파업 때와 별로 다르지 않은 모습이었습니다. 다만 독일 조종사 파업은 합법이었으므로 경찰력이 투입된다든가 하는 일은 없었습니다.

조종사들이 파업한 이유는 두가지였습니다. 하나는 이때까지의 조기퇴직연금제도를 회사 측에서 변경하려 했기 때문입니다. 루프트한자 조종사들은 55세 이후에 조기퇴직하면 법적 퇴직연령에 도달하기 전까지 마지막 연봉의 60%를 받게끔 되어 있었습니다. 그런 제도를 회사 측이 폐지하려 한 것입니다.

또 하나의 사안은 노조 측의 임금인상 10% 요구였습니다. 지난 몇년간 노조가 임금인상을 자제해왔으므로 이번에 왕창 올려달라는 것입니다. 현재 조종사 평균연봉이 약 18만 유로(약 2억 6천만원)로 일반 노동자 연봉의 약 5배입니다. 거기서 10%를 더 인상해달라고 나선 것이지요.

루프트한자 조종사는 연금 면에서건 임금 면에서건 독일 노동자의 최고 정상급입니다. 가히 노동귀족이라고 할 만하지요. 그래서 이거 너무 심한 것 아니냐고 뜨거운 논란이 벌어졌습니다. 독일의 진보 쪽에 가까운 주간지 『슈피겔』(Der Spiegel)에서도 노조에 대해 다소 공격적인 인터뷰를 게재한 바 있습니다.

한국의 거대기업 및 공기업 정규직(공무원 포함)에 대해서 노동귀족 논란이 많습니다. 이런 노동귀족 논란은 한국만이 아니라 유럽에서도 나타나고 있음을 볼 수 있습니다. 미국에서도 2008년 금융위기 과정에서 파산하기 전의 제너럴모터스(GM) 노동자는 다른 자동차공장 노동자에 비해 임금과 의료보험에서 특권적 지위를 누렸습니다(파산 이후엔 사정이 달라졌습니다). 부두 하역 노동자들도 10년 전쯤 파업 때 보도를 보니 연봉이 10만 달러 이상이었습니다.

그렇다면 노동귀족 현상은 어느 나라건 불가피한 '범세계적 현상'으로서 그냥 받아들여야 할까요? 아니, 노동자들을 비난하는 느낌을 주는 이 용어 자체를 아예 폐기해야 할까요? 오늘은 그런 문제를 독일 조종사 실태를 통해 한번 검토해보기로 하겠습니다. 그리하여 한국 노동귀족의 보편성과 특수성도 따져보고자 합니다.

노동귀족, 노동평민, 그리고 노동천민

노동자 사이의 임금격차 문제는 일찍이 경제학의 할아버지인 애덤 스미스(Adam Smith)가 『국부론』(1779)에서 다룬 바 있습니다. 그에 따르면 임금격차는 작업환경, 소득 안정성, 교육훈련, 책임성 등 비금전적 불이익을 보상하는 것입니다(보상적 임금격차compensation differential).

사실 이런 식의 임금격차라면 사회적으로 그리 큰 문제가 되지 않습니다. 예컨대 막장에서 일하는 광산 노동자들에게 일반 노동자들보다 임금을 더 준다고 누가 뭐라고 하겠습니까. 물론 비금전적 불이익을 도대체 어떻게 금전적으로 환산할 수 있는가 하는 문제가 있지만, 그건 정도의 문제겠지요.

애덤 스미스의 임금격차 이론은 노동시장의 자유로운 경쟁상태를 전제로 한 것입니다. 만약에 특정한 일자리로의 이동이 자유롭지 않다면 사정은 달라집니다. 애덤 스미스는 고려하지 않았지만, 자본의 자유로운 이동이 힘들 때도 마찬가지입니다. 예컨대 부두의 하역 노동자들이 조합을 결성해 독점력을 행사한다면 임금 결정은 사뭇 달라집니다. 오랫동안 우리 부두의 항운노조는 이런 특권을 행사해왔습니다. 남성미 넘치는 말런 브랜도가 나온 미국 영화 「워터프론트」(엘리아 카잔 감독, 1954)에서는 조폭에 가까운 부패한 부두노조가 조직 운영을 좌지우지했던 현실을 엿볼 수 있습니다.

자본의 경우도 마찬가지입니다. 독점자본이 독점력으로 초과이윤을 획득하는 상황이 지속되면, 거기에 취업한 노동자들도 특권적 지위를 누릴 수 있습니다. 원래 노동귀족이라는 용어는 바로 이런 현실과 관련된 것이었습니다.

상품의 가격은 수요와 공급, 그리고 제도에 의해 결정됩니다. 여기서 제도라는 것은 예컨대 최저임금제나 자격증제도처럼 시장 밖으로부터 시장 내부에 주어지는 요소입니다. 임금도 노동(력)이라는 상품의 가격이므로 마찬가지입니다. 그런데 노동시장과 자본시장이 왜곡되어 있으면, 수요와 공급이 자유경쟁적으로 움직이지 않습니다. 임금격차가 애덤 스미스식으로 결정되지 않는 것이지요. 이런 상황에서 단순한 임금격차보다 '노동귀족-노동평민-노동천민'의 차별을 논할 필요가 생기는 것입니다.

루프트한자 조종사의 경우를 좀더 자세히 살펴보겠습니다. 루프트한자 조종사는 수당을 포함해 초봉이 73,000유로입니다(20대 중반에 취업 가능). 초봉부터 일반 노동자 평균연봉인 38,000유로의 2배 정도이지요. 그리고 엄격한 호봉제(연공임금)가 시행되어, 물가도 별로 오르지 않는 나라인 독일에서 매년 3%씩 임금이 인상됩니다. 승진도 99% 자동적으로 이루어집니다. 그리하여 55세 정도에 임금은 최고 수준인 약 26만 유로에 이르고 그후엔 하락합니다(임금피크제). 아울러 55세에 조기퇴직하면 매년 12만 유로 정도를 받습니다. 삼성에서 퇴직한 사장이 몇년간 재직 당시 수준의 월급(성과급 제외)을 받는 것과 비슷하지요.

루프트한자 조종사는 이처럼 독일 최고의 대우를 누리고 있습니다. 경영진까지 포함해서 소득수준을 따지더라도, 루프트한자 기장은 석유가스업계 경영진, 금융업계 경영진에 이어 제3위에 위치한다는 조사도 있을 정도입니다. 대단하지요. 한국에 '신이 내린 직장'이라는 말이 있습니다만, 루프트한자 조종사도 거기에 해당하는 셈입니다. 아니, 하늘에 가까운 곳에서 일하니 그냥 '신의 직장' 또는 '신이 올려준 직장'이라고 해야 할지도 모르겠네요. 그래서 독일에선 결혼사기꾼들이 조종사를 사칭하는 경우가 적지 않다고 합니다.

파업의 논리와 반파업의 논리

이런 상황에서 파업까지 하고 그게 시민에게 불편을 끼치니, 논란이 벌어지는 것은 당연합니다. 그러면 노조 파업을 이끄는 측과 반대하는 측의 논리를 살펴보겠습니다. 먼저 파업을 이끄는 측의 논리입니다.

조종사가 되려면 비행학교에서 비싼 돈 내고 교육을 받아야 한다, 대략 2~3년간의 교육에 개인이 약 7만 유로를 부담해야 한다, 독일의 교육이 일반적인 경우 대학원까지 무상임을 감안할 때 이건 커다란 사전투자다, 노조 측은 이런 부담들을 강조합니다. (다만 돈이 없다고 조종사 교육을 못 받지는 않습니다. 취업한 이후에 월급에서 공제하기 때문에 큰 부담은 아닙니다. 보통 월 500유로씩 12년간 납부.)

조종사들은 또한 지적으로 우수해야 하며, 500인 이상의 승객 생명과 4천만~2억 5천 유로에 이르는 비행기에 대한 막중한 책임을 갖고 있다는 점도 노조 측은 내세웁니다. 조종사가 아차 하면 대형참사가 일어나지요. 게다가 장시간 비행으로 생활리듬이 깨지고(일반인도 어쩌다 타는 비행기의 시차 적응이 힘들지요), 매년 조종 적격심사를 받아야 한다, 거기서 탈락하면 더이상 비행기를 몰 수 없다, 그래서 상당수의 조종사들이 그런 사태에 대비한 보험에 가입하고 있고, 그 보험료가 월 400유로에 이른다.

조종사들이 돈을 많이 받는다고 하는데, 연예인이나 운동선수는 그보다 훨씬 더 많이 받는다, 조종사들이 연예인이나 운동선수에 비해 적게 받아야 할 이유가 없지 않은가. 또 루프트한자는 작년에 10억 유로의 영업이익(전년 대비 60% 상승)을 올렸고, 조기퇴직연금을 폐지하려는 조치는 주주의 이익을 위해 노동자들을 희생시키려는 조치다. 조종사 인건비는 전체 비용의 5%에 지나지 않는다는 것이지요.

다음으로 파업에 반대하는 측의 논리를 소개하겠습니다. 파업은 노동자의 기본권이다. 그러나 루프트한자 조종사는 회사 정규 인력의 12%에 지나지 않으면서 전체 인건비의 1/3과 전체 연금부담액의 40%를 차지한다. 이건 불공정하지 않은가. 그리고 회사는 저가 항공사들과의 경쟁압력에 시달리고 있는데 그걸 감안해야 하지 않는가.

조종사가 생명을 다루고 있다고 하는데 그건 간호사나 기차와 버스 운전사도 마찬가지다. 하지만 이들은 조종사들에 비하면 엄청나게 적은 연봉밖에 받지 못한다. 그러니 생명 운운하지 말라. 또 연예계 스타나 운동선수와 비교하는 것도 부당하다. 그들은 파업을 통해 임금을 올릴 권리가 없다.

어느 쪽 주장이 더 설득력이 있나요? 양쪽 다 들어볼 만한 부분이 있어 보입니다. 조종사는 수학, 물리학도 잘해야 하고 관제사와의 통화를 위해 영어도 능통해야 하지요. 게다가 야간비행이 주는 육체적 부담도 만만치 않을 것입니다.

한편, 수많은 연예인이나 운동선수와 그 지망생들에게 스타가 되는 것은 '스타'라는 말 그대로 '하늘의 별따기'입니다. 교육과정만 무사히 마치면 자리 잡을 수 있는 조종사와 그들을 비교하는 것은 부적절해 보입니다. (다만 미국 야구선수들에게서 보듯이 운동선수들도 파업을 하기는 합니다).

이렇듯 도덕적으로 조종사 대우와 그들의 파업을 논하는 것은 노사

대결에서 '응원단' 이상의 큰 의미가 없습니다. 오히려 어떻게 해서 루프트한자 조종사들이 지금 같은 대우를 받게 되었는지를 과학적으로 따져보는 게 더 의미가 있을 것입니다.[•]

임금격차의 정치경제학

먼저 루프트한자 조종사의 연봉은 영국의 영국항공(British Airways), 프랑스의 에어프랑스(Air France), 스위스의 스위스항공(Swissair) 조종사의 연봉과 비슷하다는 점을 확인할 필요가 있습니다. 루프트한자 회사 측에서 밝힌 내용이니 틀릴 리 없겠지요.

이렇게 각국 최대 항공사에서 조종사 연봉이 비슷하다는 것은 조종사의 국제시세가 그렇게 결정되어 있다는 말입니다. 조종사는 영어로 소통하고, 또 한국 조종사들이 중국 항공사들에 2배 가까운 연봉으로 스카우트되는 걸 보면 조종사의 국제시장이 어느정도는 작동하고 있는 걸로 보입니다.

독일 내에는 루프트한자 이외에 에어베를린(Air Berlin) 같은 저가항공사들도 있습니다. 이 항공사 조종사들의 연봉은 루프트한자에 훨씬 못 미칩니다. 초봉이 루프트한자의 대략 60% 정도에 불과하고, 최고연봉은 그보다 더 차이가 납니다.

이걸 어떻게 해석해야 할까요? 우선 에어베를린 같은 저가항공은 주로 유럽 내에서만 운행합니다. 루프트한자 같은 장거리 비행은 할 필요가 없고, 따라서 노동환경이 상대적으로 나은 편입니다. 하지만 그것만

[•] 제가 자료 찾는 능력이 부족해서인지 이걸 본격적으로 다룬 글을 찾지는 못했습니다. 그래서 제 나름대로 추정해보았습니다. 누군가 더 정확한 내용을 아시는 분이 알려주시면 고맙겠습니다.

으로 커다란 임금격차를 설명하기는 힘들 것 같습니다. 이걸 보완설명해주는 것은 루프트한자의 독점적 지위입니다. 항공기 사업이라는 것은 항공기 구매비용 등 막대한 투자가 요구되는 사업으로, 아무나 쉽게 참가할 수 없습니다. 그래서 각국의 최대 항공사들은 적어도 초기에는 자국 고객들을 상대로 독점적 지위를 누렸다고 보입니다.

루프트한자 등의 이런 독점적 지위는 거기서 근무하는 조종사들에게 이익을 나누는 차원에서 노동귀족적 지위를 보장한 셈입니다. 물론 모든 근무자에 대해서는 아니고 비교적 높은 숙련이 요구되는 조종사 직종이 그런 특혜를 누렸습니다. 조종사들은 강한 조직력으로 연공임금제와 특혜적 조기퇴직제도도 확보했습니다.

조종사가 이처럼 상당히 괜찮은 직종임이 알려지면서 조종사들의 공급이 늘어났습니다. 그러니 항공사는 루프트한자 조종사보다 낮은 연봉으로 조종사들을 확보할 수 있게 되었고, 이걸 토대로 저가항공사들이 진출하게 되었습니다. 이들은 장거리 비행에 필요한 큰 비행기를 구입할 자금이 부족하니 주로 단거리 항공에 치중하게 된 것으로 보입니다.

조종사 자격증 소지자들은 이제 대개 루프트한자에 취직하고 싶어할 것입니다. 자연히 루프트한자 신규 입사자들은 자격증 소지자 중에서 가장 우수한 인력들만이 채용되겠지요. 물론 한국의 노동귀족처럼 직원의 자녀가 특혜를 받는다거나 뇌물을 바치고 입사하는 일은 거의 없을 것입니다.

물론 루프트한자 조종사와 에어베를린 조종사 사이에 대단한 실력차가 존재하지는 않을 것입니다. 그들 간의 경쟁은 특권적 지위에 올라가기 위한 별로 의미 없는 경쟁인 셈입니다. 현대자동차 생산직을 뽑는데 구름같이 몰리는 인력들 사이의 실력 차가 큰 의미가 없는 것과 마찬가지입니다.

이미 강한 조직력을 확보한 루프트한자 조종사들은 조종사 공급 증대에 의해 일단은 그리 큰 타격을 받지 않습니다. 게다가 장거리 운행이라는 독점적 영역을 여전히 확보하고 있기 때문에 회사가 당장 파산에 내몰리지도 않습니다.

다만 저가항공사들은 빠른 속도로 루프트한자를 쫓아오고 있습니다. 베를린 공항에 가보면 루프트한자 카운터는 눈에 잘 안 띄는데, 에어베를린 카운터는 여러개가 늘어서 있습니다(물론 루프트한자의 거점인 프랑크푸르트에서는 사정이 다릅니다). 그러니 회사는 지속가능성 차원에서 이번에 조기퇴직연금제 폐지라는 칼을 내뽑은 것으로 보입니다.

조기퇴직연금제 같은 사람들의 기득권을 박탈하는 것은 대단히 어렵습니다. 저항이 만만치 않기 때문입니다. '행복의 경제학'이라는 경제학 분야에서는 어떤 이익이 확보될 때 증가하는 행복과 그것이 박탈당할 때 감소하는 행복을 비교합니다. 그러면 똑같은 양이라 할지라도 감소하는 행복 쪽이 훨씬 크게 나옵니다.

20평 아파트에서 30평 아파트로 옮길 때의 행복 증가와 반대 경우의 행복 감소를 비교해보십시오. 아마도 후자가 훨씬 클 것임을 직관적으로 알 수 있습니다. 특히 행복 증가에는 금방 익숙해져버리지만 행복 감소는 고통이 오래갑니다.

이익과 손해의 비대칭성

이와 같은 '이익과 손해의 비대칭성'은 다음과 같은 결과를 초래합니다. 예컨대 A라는 사람의 부당한 기득권 10을 박탈해 그 10을 그동안 억울하게 손해를 보고 있던 B에게 넘겨준다고 합시다. 이때 B의 행복 증가보다 A의 행복 감소가 더 큽니다(물론 이건 단순화한 논의입니다). 결국 B의 지원만으론 A의 저항을 돌파하기가 어렵게 됩니다. 그걸 돌파하려면 A의 저항을 제압할 수 있는 권력이 필요합니다. 이런 게 개인이 아니라 사회의 기득권집단에 해당하는 문제라면, 혁명적 정권이라야 부당한 기득권체제를 단칼에 해체할 수 있습니다.

아니면 적어도 해방 후 한국의 농지개혁처럼 혁명이 심각하게 우려되는 상황에서 기득권집단이 모든 걸 잃는 대신에 일부를 양보할 수는 있겠지요. 한국이든 서구든 현재 이와 같은 혁명적 상황에 놓여 있지는 않습니다. 그러므로 비록 부당한 기득권일지라도 한걸음씩 한걸음씩 바꿔갈 수밖에 없습니다.

시장만능주의가 위세를 떨치는 미국에서도 GM 노동자들의 특권은 GM이 파산하고 나서야 해결될 수 있었습니다. 따라서 루프트한자 조종사와 에어베를린 조종사의 대우 격차가 합리적인 수준으로 조정될 때까지는 시간이 한참 걸릴 것입니다. 그런 조정과정에서 이같은 파업이 나타난 것이지요.

이상 독일 루프트한자 조종사 파업을 살펴보았습니다. 이제 한국의 경우와 비교해보겠습니다. 한국에서도 2000년과 2005년에 대한항공 조종사가, 2004년에 아시아나항공 조종사가 파업을 벌인 바 있습니다. 독일과 마찬가지로 한국에서도 '아니 월급을 그렇게나 많이 받는 조종사들이 파업까지 벌이는가' 하고 융단폭격이 이루어졌습니다. 한국 조종사들의 요즘 평균연봉은 대략 1억원이 좀 넘는 것으로 알고 있습니다. 루프트한자 조종사들보다는 많이 떨어지지만 한국의 다른 직종에 비해선 높은 편이지요.

한국의 파업권은 독일만큼 보장받지 못합니다. 독일과 달리 한국에서는 파업이 불법이 되는 경우가 적지 않지요. 게다가 한국인은 독일인과 달리 '빨리빨리' 문화 속에 살고 있고, 파업에 따른 불편을 견디기 어려워합니다. 그래서 정부가 강제로 조정권을 발동해 파업을 중지시켰습니다.

복지 강화와 임금격차 해소의 선순환은 가능한가

범위를 넓혀서 한국의 조종사라는 특수직종이 아니라 거대기업 노동자와 루프트한자 조종사를 한번 비교해봅시다. 독점적 지위를 누리고 있는 기업에서 그 이익을 공동으로 향유한다는 점은 한국과 독일이 공통적입니다. 그러나 독일의 루프트한자를 비롯한 대기업이 한국의 재벌처럼 중소기업을 무자비하게 쥐어짠다는 이야기는 들은 바 없습니다. 또한 루프트한자 내에서는 비정규직 조종사들이 낮은 임금으로 조종업무를 분담하지도 않습니다. 한국 거대기업에서 사내하청을 통해 비정규직이 차별받는 것과는 다르지요.

게다가 루프트한자 조종사들이 받는 높은 연봉 중에서 40% 정도는 세금과 사회보장분담금으로 공제됩니다. 이를 통해 노동자들 사이의 가처분소득의 차이가 줄어들지요. 아울러 그렇게 거둔 세금으로 교육, 의료, 주택 등의 복지를 충당하니 국민들 사이의 생활수준 격차는 한국과 비교하면 작은 편입니다.

한국의 부당한 임금격차 문제를 지적하는 사람들은 적지 않습니다. 그러나 그 해법에 관한 논의는 거의 이루어지지 않았습니다. 독일 루프트한자 사례를 보면서 그 해법을 다시 한번 간단히 정리해보겠습니다.[1]

독재정권이 아닌 한 거대기업이 시장에서 확보한 독점력에 따른 이익을 그 거대기업 노동자가 공유하는 것을 막을 길은 없습니다. 혹시 최근 스위스에서 투표에 붙여진 것처럼 '최고임금제'(경영진의 보수 제한)를 실행할 수 있다면 이야기는 달라집니다(스위스의 경우 투표에서 그 제안은 부결되었습니다). 그래서 독일 같은 선진국에서도 루프트한자 조종사의 노동귀족적 지위가 나타나는 것이지요.

하지만 그 독점적 이익이 중소기업에 대한 과도한 착취에 기인하는 부분은 어느정도 줄일 수 있습니다. 그 방법은 공정거래를 강화하든가, 중소 하청업체(및 그 노동자들)의 단결을 촉진하든가, 중소기업의 경쟁력을 강화하는 길뿐입니다.

여기서 궁극적으로 가장 중요한 것은 중소기업의 경쟁력 강화입니다. 그리고 이렇게 하기 위해서는 복지제도를 확충해 거대기업과 중소기업 노동자의 생활격차를 줄이고, 그를 통해 중소기업 노동자들이 한 직장에서 오래 일하면서 숙련도를 축적할 수 있게 해야 합니다. 그리하여 '복지 강화'와 '부당한 임금격차 해소'의 선순환을 만드는 것이지요.

공기업 직원과 공무원의 대우를 조정하는 것도 이와 관련이 있습니다. 국가주도적 경제성장을 추진한 한국에서는 상대적으로 우수한 인력이 공기업이나 공공기관으로 몰렸습니다. 그리 몰린 인력들은 거대기업이나 적어도 대기업 수준의 처우를 요구하게 마련입니다.

공기업과 공공기관에 대해서는 민주적 견제도 필요하지만, 그와 동시에 거대기업과 중소기업의 실질적 임금격차를 줄이면 자연히 공기업 등에 대해 '신이 내린 직장' 운운하는 말이 사라지게 될 가능성이 큽니다.

이상 독일 루프트한자 조종사 파업을 보면서 느낀 점들을 정리해보았습니다.

[베를린통신 26·2014.03.13.]

2. '현대차 노동귀족' 문제의 해결을 위하여

현대자동차 노조가 또 한건 했습니다. 정규직 정년퇴직자 및 장기근속자 자녀를 우선 채용토록 하는 단체교섭안을 제시한 것입니다. 제 식구를 참으로 알뜰히 챙기는 노조입니다.[2]

예전의 노동자들은 자식들이 자기 같은 일을 이어받지 않도록 하려는 것이 보통이었습니다. 이제 의사와 판검사처럼 자식도 자기 일을 물려받기를 바라는 노동자가 생겨날 만큼 한국이 좋은 사회가 된 것일까요? 그런 면도 있기는 하겠습니다. 현대차 정규직의 평균연봉이 7천만 원 정도 된다고 하니, 이만하면 한국은 노동자도 제법 살 만한 괜찮은 사회라 하지 않을 수 없습니다. 힘든 일을 하는 노동자들이 돈 좀 많이 받는 건 당연하다고 할 수도 있습니다.

그렇다면 왜 많은 이들이 현대차 노조를 비난할까요? 다른 노동자들의 처지가 현대차 정규직에 비해 너무 차이가 나기 때문입니다. 현대차 공장 내에서 비슷한 일을 하는 비정규직 급여는 정규직 급여의 60% 정도밖에 안 된다고 합니다. 중소 공장에 가면 그보다 더 처지가 나쁜 노동자도 많습니다. 능력이 확실하게 차이 나서 대우가 다르다면 그건 어쩔 수 없습니다. 그런데 운이나 '백'이나 뇌물에 의해 대기업 정규직 자리를 얻은 거라면 그런 차이는 용납되기 힘들지요. 이 때문에 현대차 비정규직들이 들고 일어났고, 이게 지금 큰 사회문제로 부각되어 있습니다. 그런 마당에 정규직 노조가 '해도 해도 너무한' 일을 저지른 것이지요. '가진 자가 더하다'는 말은 노동자들 사이에도 적용될 수 있는 것 같습니다.

현대차 노조라는 '노동귀족'의 탄생

현대차에서는 2005년에 노조의 전·현직 간부가 종업원 채용과 관련해 뇌물을 받아 물의를 일으켰고, 작년에는 정규직 노조원들이 비정규직 파업에 대한 지원을 거부하더니, 이젠 정규직이라는 특권의 세습을 도모하는 모습입니다.

물론 이런 현상은 현대차 노조에 국한되지 않습니다. SK에너지와 현대중공업에서도 비슷한 단체협약이 체결된 바 있습니다. 그리고 현대중공업 노조는 사내하청 노동자의 분신자살을 방관함으로써 민주노총에서 제명당하기까지 했습니다.[3] 요컨대 대기업 정규직 노조원은 일반 노동자와 다르게 된 것입니다.

일찍이 엥겔스(F. Engels)는 이를 노동귀족(labor aristocracy)이라고 불렀습니다.[4] 영국의 노동자계급 중 노조를 결성하고 안정된 직장을 확보해 부르주아화·보수화된 계층을 지칭하던 말입니다. 우리의 노동귀족은 여기에 '세습'이라는 전근대적 요소까지 추가하려 합니다. 3대 세습으로 이어지는 북한정권, 역시 3대 세습을 강행하는 재벌총수에 더해 한반도의 봉건적 특성을 잘 드러내고 있다고나 할까요.

한국은 압축적 불균등발전을 겪어왔고, 그런 와중에 산업생산 면에서는 이미 선진국 수준에 도달했으나 기업경영 면에선 전근대적 요소가 온존하고 있습니다. 노조도 이를 모방한 셈입니다. 특별히 노조만 탓할 일은 아니지요. 재벌총수가 왕조적 독재체제를 구축하고 있으니, 왕밑의 귀족이라는 신분계층도 필요하지 않겠습니까. '황제경영과 노동귀족', 어째 잘 어울리지 않습니까. 다만 노동귀족은 좀 특수한 귀족이라서 중세 귀족과 달리 잔업이나 특근 같은 장시간 노동에 시달리기는 합니다. 그래도 노동자들 사이에서는 귀족적 특권을 누리고 있는 게 분명하지요.

이 문제를 어떻게 처리해야 할까요? 언론들은 노조의 이기주의를 규탄하고 있습니다만, 제대로 된 해결방안을 제시하는 경우는 보이지 않습니다. 이 점에선 보수언론이나 진보언론이나 크게 다를 바 없습니다. 그저 회사가 노조의 요구에 굴복하지 말라든가, 노동자 연대의 정신을 살리라든가 하는 정도입니다. 비정규직의 단결을 호소하는 게 그나마 의미있는 주장인데, 어떻게 비정규직의 단결을 획기적으로 고양시킬 수 있는지는 제시하지 못합니다.

회사는 정규직 노조와 한편으론 대립하지만 다른 한편으론 이미 일정한 유착구조를 형성했습니다. 때문에 비록 세습 요구는 받아들이지 않을지 모르지만 정규직의 상대적 특권에 손을 댈 형편은 아닙니다. 노동자들을 정규직·비정규직으로 분리해놓으면 이른바 '갈라치기'(divide and rule)도 용이하지요.

정규직 노동자의 자성을 요구하는 건 '쇠귀에 경 읽기' 같습니다. 아니 이렇게 말하면 지나치고, 사실 노동자가 자신의 이익을 넘어서는 성인군자가 되기를 기대하는 셈입니다. 비정규직이 자신들 고용의 안전판이고, 그들이 낮은 대우를 받음으로써 자신들이 특권을 누리는 측면이 없지 않은 상황입니다. 제 코가 석자인데 어찌 남의 사정까지 고려하는 성인군자가 되겠습니까.

인간에겐 이기심 말고 이타심도 있다고 하지만, 오늘날 한국같이 탁한 사회에서 어찌 노동자에게만 이타심을 촉구할 수 있겠습니까. 세습 요구가 들어간 교섭안에 대해 노조 대의원 355명 중 150명이나 반대했다는 것만 해도 장합니다. 소돔과 고모라에서는 의인 10명도 찾기 힘들었다는데, 현대차에서는 '부끄러움'을 아는 대의원이 절반 가까이 되었다는 것만 해도 대단하지요. 하지만 이런 비율은 시간이 갈수록 줄어들 가능성이 큽니다. '창피는 순간이고 이익은 영원하다'는 생각에 점점 물들 테니까요.

87년체제의 함정

이번 현대차 노조의 세습 요구에 대해 상급조직인 금속노조와 민주노총은 아무 말도 못하고 있습니다. 이미 현대중공업과 KT 노조도 떨어져나간 판에 덩치 큰 현대차 노조까지 나가버리면 우선 재정부터 고달파질 테니까요. 즉 문제 해결을 개인의 덕성이나 상급조직에 의지할 수는 없다는 말입니다. 노동귀족의 존재를 뒷받침하는 사회구조를 바로잡아야 하는 것이지요. 그럼 그 사회구조는 언제 생겨났을까요?

바로 1987년 민주화 시기라는 게 제 생각입니다. 저는 민주화를 계기로 독재적 정치권력 대신에 등장한 새로운 권력인 재벌·관료·검찰·언론의 문제를 여러 자리에서 언급했는데, 사실 대기업 정규직 노조도 이들만큼은 아니지만 상당한 힘을 갖게 됩니다. 그리하여 대기업 정규직은 중소기업 노동자 및 비정규직과의 격차를 점점 확대해가는 노동귀족으로 변모해갑니다. 독점대기업이 획득한 잉여의 일부를 분점해가는 셈이지요.

1990년대 중반에 제가 공장조사를 하러 돌아다닐 때 울산서 들은 이야기는, 중소기업 월급 1년치 모아 자동차 대기업에 뇌물로 바쳐 이직하고, 자동차 대기업 월급 1년치 모아 석유 대기업에 뇌물로 바쳐 이직한다는 내용이었습니다. 실제로 그런 현상이 얼마나 보편적이었는지는 모르지만 노동자들 사이의 격차는 이미 그때 자리 잡은 상태였습니다. 그리고 그 뇌물을 노조 간부가 받기도 한 것이지요. 다만 현대차와 석유

공장의 격차는 그후 많이 줄어든 것 같습니다. 노조가 힘을 갖고 자본의 부당한 압박에 저항하는 것은 민주시민사회의 당연한 모습이지만, 대기업 정규직 노조는 점차 그 권력을 자신들의 특권을 유지, 확대하는 방향으로 사용해왔던 셈입니다.

대기업 정규직 노조는 노동시장의 공정한 경쟁을 저해하는 수구세력으로 되어가고 있습니다. 복지 확대를 요구하는 장하준 교수가 한편으로 재벌체제를 옹호하는 수구파인 것처럼, 대기업 노조는 노동을 대변하는 진보파인 것 같으면서 동시에 부당한 특권을 유지하려는 수구파로 변질해가고 있는 셈입니다. 대기업 노조는 이와 같이 특권을 누리고 있기 때문에 그 특권을 상실하게 되면 격렬하게 저항합니다. 1998년 현대차, 2000년 대우차, 2009년 쌍용차에서 대량해고를 둘러싼 처절한 분규를 떠올려보십시오.

중소기업에서도 경영상황에 따라 해고가 일상적으로 일어나지만 그로 인한 대립은 별로 치열하지 않습니다. 노동자의 힘이 미약하기도 하지만, 노동자가 다른 회사로 취직하면 되기 때문이기도 합니다. 잃을 게 크지 않지요. 이에 반해 대기업 노동자는 해고당하면 특권을 상실합니다. 다른 대기업에 들어가기는 하늘의 별따기이고, 중소기업에 취직하자니 예전과 처지가 크게 달라지지요. 그래서 격렬하게 저항합니다. 경영상 고용조정이 불가피할 때도 막무가내입니다.

우리의 진보파는 이런 고용조정에 대해 신자유주의 운운하면서 비판합니다. 하지만 경영상황이 악화되었는데도 고용을 그대로 유지하라

• 신자유주의 타령의 문제점에 대해서는 제 블로그에 있는 「신자유주의 타령을 넘어」를 참고하십시오.

는 건 사회주의 기업처럼 이윤이나 손실 따위를 무시할 수 있을 때의 이야기입니다.

물론 경영상황 악화를 구실로 함부로 해고를 하는 자본 측에도 문제가 있습니다. 적정고용을 둘러싼 대화를 자본 측이 제대로 안 하는 경우가 많지요. 하지만 노동자의 격렬한 저항의 밑바닥에는 그들이 누리는 특권이 있다는 점을 간과해선 안 됩니다.

그러면 해결책은 뻔하지요. 대기업 정규직의 특권을 축소하는 것입니다. 그 특권이 사회적으로 유익한 그들의 특별한 능력에 바탕을 두고 있는 게 아니기 때문에 더욱 그렇습니다.

'노동귀족'의 특권 줄이기는 과연 가능한가

이제 이야기의 핵심에 다다랐습니다. 그 특권을 어떻게 축소하는가 하는 문제입니다. 쉽지 않습니다. 박정희·전두환 대통령 때처럼 노조를 박살내는 방법은 가능하지도 않고 바람직하지도 않습니다.

산업별 노조를 통해 문제를 해결하려는 분들도 많습니다. 그러나 제대로 된 산별노조가 성립하면 문제가 해결되는 것은 맞지만, 애당초 대기업 정규직의 특권이 존재하는 속에서는 제대로 된 산별노조가 성립할 수 없습니다. 대기업과 중소기업의 노동조건 격차가 큰 데서는 산업 부문별로 전체적으로 노동조건을 협상하는 산별노조가 자리 잡기 어렵습니다. 병원별로 간호사 대우의 차이가 그렇게 크지도 않은 보건의료노조에서조차 상대적으로 조건이 좋은 서울대병원 노조가 탈퇴한 걸 보십시오.

대기업의 사내 비정규직을 정규직으로 전환토록 하는 방법은 어떨까요? 파견제와 사내하도급 사용에 대해 규제를 대폭 강화하는 것입니다.

이리하면 예컨대 오른쪽 타이어를 끼우는 정규직에 비해 왼쪽 타이어를 끼우는 비정규직의 월급이 반쯤밖에 안 되는 현실은 어느정도 개선이 가능할 것입니다.

보이지 않는 데서보다 눈앞에서 벌어지는 부당함을 인간은 더 참기 힘들기 때문에 이런 해결방안은 의미가 있습니다. 하지만 건설업 현장 같은 데서 일하는 사람은 중소 하도급업체 직원이 대부분인데, 이들 모두를 대기업 직원으로 만들 순 없겠지요. 자본의 저항을 돌파하기 어려울 것입니다. 게다가 이 방안은 겨우 30여만명 정도의 사내하청에만 적용될 수 있을 뿐이고, 그보다 훨씬 숫자가 많은 1천만명 가량의 중소기업 노동자와 대기업 정규직 사이의 격차 문제는 여전히 존재하게 됩니다.

어찌해야 할까요? 비정규직과 중소기업 노동자들의 처지를 '실질적으로' 향상시키면 되지 않을까 싶습니다. 즉 복지를 확대해 이런 노동자들의 실질소득을 올려줘서 대기업 정규직과의 격차를 줄이는 게 해결방안이라고 생각합니다. 노동자 가계의 지출 중 교육비·의료비·주거비 지출을 줄여주고 노후 안정을 도모하는 게 복지 확대입니다. 무상급식이니 아동수당이니 무상의료와 반값 등록금 등이 바로 그런 제도들입니다. 이는 유럽 선진국들이 실행하고 있는 사안이기도 합니다.

재벌기업과 부자들뿐만 아니라 대기업 정규직에게도 세금을 더 많이 거두고 이를 통해 사회복지를 확대하면 노동자 사이의 실질격차가 줄어듭니다. 이래도 격차가 완전히 사라지지는 않겠지만, 부당한 특권이라 할 정도는 아닐 것입니다. 한편으로 정당한 격차는 필요하기도 하지요. 이리되면 경영상황에 따른 고용조정에 대기업 노동자들이 격렬하게 저항하는 일도 줄어들 것입니다. 이게 바로 노동유연성의 증진이고, 이는 자본 측에도 좋은 일입니다. 장기적으로 노동과 자본의 윈윈이 가능하지요.

자본은 싼 인건비와 고용조정의 필요성 때문에 비정규직을 사용합니다. 그런데 정규직의 유연성이 증가하면 비정규직을 사용할 필요성이 줄어듭니다. 비정규직의 싼 인건비와 충성도 저하 효과는 상쇄됩니다. 따라서 정규직·비정규직의 구분도 희미해지지요. 요컨대 '복지 확대 → 노동자 사이의 실질격차 축소 → 노동유연성 향상 → 비정규직 사용 축소'라는 선순환이 가능해집니다.

이게 쉽지는 않지만 그렇다고 꿈인 것만은 아닙니다. 덴마크의 유연안정성 즉 노동의 유연성 + 소득의 안정성이 바로 이에 해당합니다. 게다가 요즘 한국에서는 복지가 화두인 만큼 이를 잘 발전시키기만 하면 좋을 것 같습니다. 물론 유연안정성 모델의 구체적인 실현방안은 우리 사정에 맞춰야 하겠지만, 시장의 효율성과 삶의 안정성을 결합하려는 그 정신은 배울 바가 많습니다. 그리고 이는 바로 우리 비정규직 문제 해결에도 실마리를 제공합니다.

우리 사회에는 한편으론 복지 확대라는 진보의 과제만을 강조하는 그룹이 있고, 다른 한편으론 시장의 공정경쟁이라는 개혁의 과제만을 강조하는 그룹이 있습니다. 하지만 여기서 보았듯이 양자가 상호보완적임을 인식할 필요가 있습니다. 또한 복지를 확대하려고 노력한다고 만사형통인 게 아닙니다. 복지 확대를 위해서는 시장과 국가의 개혁이 필요합니다. 이와 같은 진보와 개혁의 상호보완성에 대해서는 언제 다른 기회에 좀더 상세히 다뤄볼까 합니다.

[2011.04.23]

3. 박노자 교수에 대한 아쉬움과 노동귀족 문제의 해법

오늘『프레시안』에 박노자(朴露子) 교수의 글「고려대 교수, 현대차 정규직… 둘다 귀족이라구요?」가 실렸습니다. 박교수는 직접 만나본 적은 없지만 제가 좋아하는 대표적 진보파 인사입니다. (역시 소련 출신으로 한국문제를 다루는 보수파로 국민대의 안드레이 란꼬프Andrei Lankov 교수도 제가 좋아합니다. 북한 전공자로서『조선일보』에 글을 쓰지만 합리적 보수파입니다.)

박교수는 예전에 외국인의 신선한 시각으로 한국문제를 바라보는 좋은 글들을 많이 썼습니다. 특히 인상에 남는 글로는 한국에서 교수와 조교 사이의 잘못된 관계, 요즘 말로 하면 갑을관계에 대한 글이 있습니다. 게다가 그의 글을 보면 인간에 대한 따뜻한 애정이 들어 있지요.

예전에는 그러지 않았는데, 그는 근년에 들어와 공공연히 사회주의를 주창하고 있습니다. 신문사의 공식 칼럼에는 그렇게 노골적으로 글을 쓰지 않습니다만, 덜 공식적인 글에서는 분명히 사회주의를 부르짖고 있습니다. 일종의 커밍아웃을 한 것인지, 아니면 모두들 사회주의 이념을 내던지는 가운데 생각이 거꾸로 바뀐 것인지는 모르겠습니다. 다만 그는 주체사상파는 아니고 북한체제를 비판하는 쪽입니다. 참 독특한 경우입니다.

저는 그의 사회주의 이념에 동조하지 않습니다. 하지만 그런 이념의 주창자들이 우리 사회에서 자유롭게 자기 생각을 발표하는 것은 좋은 일이라는 생각입니다. 그런 글을 통해 자본주의가 갖고 있는 근본문제들에 대해 적어도 가끔씩이라도 생각해보는 것은 나쁘지 않을 것입니다.

박노자의 주장이 지닌 타당과 부당에 대하여

박교수가 오늘 쓴 글에 대해선 동의할 수 없는 부분도 없지 않습니다. 우리 사회에서 교수와 시간강사 사이나 거대기업 정규직과 비정규직 사이에 커다란 문제가 존재한다는 것은 저도 전적으로 동의하는 바입니다. 하지만 그의 이번 글은 꼼꼼하게 현실을 조사한 바탕 위에서 쓰여진 글이 아닙니다. 한국을 떠나 노르웨이에서 생활하고 또 사회주의를 공공연히 주장하면서 이런 식의 오류가 많아진 게 아닌가 싶습니다.

그가 점점 관념적으로 되어가는 느낌에 아쉬운 마음입니다. 한국의 다른 많은 진보파·보수파처럼 현실을 제대로 조사하지 않고 현실에 자기 이념을 덮어씌우는 식이라니요. 한국의 많은 진보파와 보수파는 심하게 말하면 '신자유주의'와 '종북좌파' 이외에는 도대체 분석개념을 갖추지 못한 게 아닌가 하는 생각마저 들게 합니다. 그런데 박교수도 이번 글에서 신자유주의를 갖고 현실을 단순하게 재단했습니다.

박교수가 대학에 관해 한 이야기는 대체로 타당합니다. 다만 몇가지 정확히 해야 할 부분이 있습니다. 우선 대학도 대학 나름이라, 고려대 교수처럼 연봉이 1억 5천만원쯤 되는 경우는 극소수입니다. 저희 대학은 그보다 훨씬 적고, 저희 대학보다 적은 곳도 꽤 있습니다. 저희 대학 정교수 연봉은 현대차 생산직 평균보다 적고, 조교수-부교수-정교수 전체 평균연봉은 현대차 생산직 연봉보다 훨씬 적습니다. (뒤에서 밝히겠지만, 박노자 교수는 현대차 연봉에 대해 잘못 알고 있습니다. 현대차의 정규직 연봉은 약 1억원입니다.)

이와 같은 이유인지 아니면 또다른 이유인지는 모르겠지만, 작년에 저희 학과에서 교수채용 공고를 냈는데 해당 전공의 지원자가 단 한명도 없었습니다. 특이한 분야가 아니라 거시경제학 분야였습니다. 현대차 정규직 지원율이 수백배인 것과 크게 차이가 나지요. 저는 이게 바람직한 현상이라고 생각합니다. 교수란 원래 돈보다 자유시간 또는 명예를 선호해서 선택하는 직종이라야 마땅하기 때문입니다. 한국은 돈·권력·명예를 나눠갖지 않고 독점하는 게 문제이지요. 선진국 교수들도 전공에 따라 다르긴 하지만 금전 면에서는 그렇게 높게 대우받지 않습니다.

박교수는 고려대 교수와 시간강사 월급을 비교했는데, 비교방식이 약간 이상합니다. 고려대 교수와는 고려대 시간강사를 비교해야겠지요. 고려대 시간강사료는 몇가지 등급이 있는데, 평균적으로 2013년 현재 시간당 6만원 정도입니다(교육부 '대학알리미' 통계). 만약에 주당 9시간을 강의한다면 월 200만원이 조금 넘습니다. 그러니 박교수가 말한 120만~130만원보다는 높습니다. 물론 고려대에서 9시간씩 강의를 맡을 수 있는가 하는 문제는 있습니다만, 아무튼 이 수치는 몇년 전에 비하면 50% 정도 상승한 셈입니다(같은 시기 국공립대학의 시간강사료는 7만원, 사립대학의 경우는 4.5만원 정도입니다).

여전히 시간강사의 보수는 매우 낮고 개선되어야 마땅합니다만, 시간강사(비정규 교수) 노조의 조직력과 사회적 여론의 힘으로 차츰 개선되어가는 것으로 보입니다. 너무 현실을 절망적으로만 보지는 말자는 차원에서 말씀드리는 것입니다.

특권의 세습이 바로 귀족의 조건

다음으로 박교수는 현대자동차의 정규직 노동자들을 '귀족'이라고 부르는 것은 '어불성설'이라고 주장하고 있습니다. 심하면 1년에 3,800시간까지 일하고 한달에 270만~280만원 받는 정규직 노동자를 귀족이라고 부를 수는 없다는 이야기입니다.

물론 이런 문제는 귀족의 정의를 어떻게 하느냐에 따라 답이 달리 나옵니다. 도대체 육체적인 노동은 사냥 정도밖에 하지 않던 중세의 귀족을 염두에 둔다면 현대차 정규직은 귀족이 아닙니다. 그러나 '노동귀족'이란 말을 엥겔스가 처음 사용했을 때, 그는 이런 중세 귀족을 염두에 두고 노동귀족이라는 말을 사용한 게 아닙니다. 노동자계급 내부의 특권층을 지적한 용어입니다. 그런 엥겔스의 정의에 기초할 때 현대차 정규직은 충분히 '노동귀족'에 해당한다고 생각합니다. 하나하나 따져봅시다.

우선 현대차 정규직 모두가 연 3,800시간씩 일하는 것은 아니지만 잔업과 특근으로 장시간 노동에 시달리고 있는 것은 분명합니다. 하지만 중소기업 노동자들 중에도 그런 장시간 노동에 시달리는 경우는 많습니다. 현대차 사내하청 노동자나 협력업체 노동자를 보십시오.•

작업 중에서도 힘들고 위험한 노동은 비정규직에게 떠맡기는 경우가 흔합니다. 정규직과 비정규직은 명찰도 다르고, 실제로 정규직이 비정규직을 업신여기는 경우도 적지 않습니다. 이런 정규직을 귀족이라 부르는 게 당연하지 않은가요?

그다음으로 박교수는 현대차 정규직이 한달에 270~280만원을 받는

• 박교수는 현대차 정규직이 1년에 3,800시간씩 일한다고 했는데, 이 계산방식에도 문제가 있습니다. 현대차 정규직은 법적으로 매주 최대 잔업시간 12시간을 포함해서 평일에 52시간 일할 수 있고, 토·일요일 특근을 하는 경우에 10시간 정도 일합니다. 그리하여 매주 최대 62시간, 1년에 최대 약 3,200시간 정도 일하는 경우가 있습니다. 물론 이렇게까지 하는 경우는 극히 예외적입니다. 현대차 정규직은 휴가도 가고 취미생활도 하기 때문입니다. 그런데 평일 잔업시간은 1.5배로 계산하고, 토·일요일 특근은 3.5배로 계산합니다. 따라서 임금을 받기 위해 계산하는 시간으로 3,800시간까지 나올 수는 있지만 이는 결코 실제 노동시간이 아닙니다.

다고 썼는데, 이는 사실이 아닙니다. 보너스가 없는 달에 잔업과 특근을 하지 않았을 경우에 그렇게 받을 수는 있겠습니다. 또는 이것저것 적금 많이 들고 집에 순액으로 그 정도만 들고 가는 달이 있을 수는 있겠지요. 하지만 현대차 정규직 생산직의 평균연봉은 이것저것 다 합쳐서 약 1억원입니다. 이건 언론뿐만 아니라 현대차 직원을 통해서도 확인할 수 있고, 또 노조 간부 입을 통해서도 확인된 사실입니다.[5]

이쯤 되면 '노동귀족'이라 불러도 문제없지 않은가요? 그런 '노동귀족'의 입장이니 그 자리를 자식에게 세습하려고 국민들의 비난을 깔아뭉개고 단체협약을 고친 것이 아니겠습니까. 특권의 세습이야말로 귀족의 조건입니다.

박교수는 또한 비정규직은 한달에 100~150만원 선을 받는다고 썼습니다. 이것 역시 부정확한 사실입니다. 청소부나 식당 종업원은 아마도 그 정도 받을 것입니다. 그러나 생산현장에서 일하는 현대차 비정규직은 그보다는 훨씬 많이 받습니다. 현장 사정에 밝은 전문가에 따르면 현대차 사내하청 노동자의 평균연봉은 6천만원이 넘습니다. 그러니 월평균으로 따지면 100~150만원이 아니라 월 500만원가량입니다. (다만 이는 잘나가는 현대차와 관련된 경우이고, 일반적으로 사내하청과 하청업체 노동자의 경우는 당연히 이보다 사정이 훨씬 못하지요.)

참고로 1차벤더(vendor, 하청업체·협력업체) 정규직의 경우에 만도 같은 거대기업은 8천만~9천만원, 중규모는 5천만~6천만원, 소규모는 3천만~4천만원이라고 합니다. 2차벤더는 2천만~4천만원이라고 하네요. 그러니 현대차 비정규직은 그런대로 괜찮게 받는 편입니다. 이런 대우 역시 비정규직이 노조를 만들어 격렬하게 투쟁한 성과입니다. 하지만 정규직과 거의 같거나 더 힘든 일을 하면서도 정규직의 절반 정도밖에 받지 못하니 화가 나고, 그래서 쟁의가 계속되는 것이지요.

제가 한국사회의 문제점을 '고단함·억울함·불안함'으로 규정했는데, 이 셋 중에서도 '억울함'의 문제가 가장 심각합니다. 그게 현대차 비정규직에도 해당하는 것이지요. 차라리 사업장이 다를 경우에는 그런 억울함이 덜하기 때문에 분규가 별로 없습니다.

사회주의 구호의 허망함

자, 그렇다면 이런 문제를 어떻게 풀어야 할까요? 박교수는 고전적 사회주의자로서 "우리 노동자들이 다같이, 하나의 함성으로 자본가 측에다가 'Basta'(그만)라고 힘차게 외쳐보자"라고 주장하고 있습니다. 맑스가 "만국의 노동자여, 단결하라"라고 주장한 것과 마찬가지입니다. 하지만 맑스의 외침이 적어도 현재로선 몽상인 것처럼 박교수의 주장도 몽상입니다. 중소기업 노동자는 말할 것도 없고 웬만한 자영업자나 자본가보다 처지가 나은 1억 연봉의 현대차 정규직들로 하여금 자본가를 타도하기 위해 다른 노동자들과 연대하라는 거야말로 '어불성설'인 것이지요.

이 노동귀족 문제를 해결하기 위해서는 어찌해야 할까요? 이제는 꽤 여러 사람들이 거대기업 정규직과 공공부문 노동자들의 특권적 지위에 대해 비판하고 있습니다. 그러나 이를 해결하기 위해서 뾰족한 대안을 내놓는 경우는 별로 없습니다.

비판은 쉽습니다. 그러나 도덕적 비판으로는 문제가 제대로 해결되지 않습니다. 그리고 사실 도덕적 비판에도 문제가 있습니다. 도덕적 비판을 하는 사람들 자신이 그런 처지가 되면 달리 행동할 자신이 있나요? 1억원 연봉을 받는 걸 스스로 깎을 자신이 있나요? 그럴 자신이 없으면 도덕적으로 비판하는 것에 머물러서는 안 됩니다. 일찍이 맑스도 "도덕적 비판이 아니라 비판적 도덕이 중요하다"고 했습니다. 달리 말해 실현 가능한 대안을 제시해야 합니다. 그러면 어떤 게 실현 가능한 대안일까요? 물론 쉽지는 않습니다.

바로 앞장에서 간단히 소개한 것에 좀더 덧붙인다면, 제 해법은 다음과 같습니다. 먼저 거대기업 정규직이나 공공부문 노동자가 불법을 저지르는 재벌총수나 다른 특권층과는 달리 합법적으로 현재의 지위를 유지하고 있음을 인정해야 합니다. 따라서 그들을 무슨 범죄집단처럼 비방하는 일은 불필요하고 옳은 일도 아닙니다. 다시 말해 이는 그들의 법적·윤리적 문제라기보다 우리 사회의 구조적 문제인 것이지요. 이런 점을 인정해야 이들을 적으로 돌릴 필요가 없어집니다. 저항이 적어야 개혁이 원활해집니다. 비판을 하더라도 구조적 문제에 더 초점을 맞추자는 말입니다.

이 전제하에서 저는 두개의 그룹을 구분해야 한다고 생각합니다. 공공부문과 거대기업입니다. ○○공사 같은 공공부문에는 시장원리가 작동하지 않으며, 대신에 민주적 견제가 가능합니다. 쉽게 말해 정부 예산이나 감독을 통해 연봉을 조정할 수 있다는 것입니다.

우리나라 공무원들은 과거엔 박봉이었습니다만 지금은 사정이 달라졌습니다. 제가 조사한 바로 공무원의 현금보수는 다른 나라나 한국의 다른 직장에 비해 상대적으로 아주 높다고 단정하기는 힘듭니다. 다만 공무원 이외의 공공부문, 특히 금융과 관련된 공공부문의 보수는 납득하기 어렵게 아주 높아 보입니다. 조정이 필요한 부분이지요. 아마도 우리나라 금융 부문의 보수가 높아서, 그에 견주어 같이 높아진 게 아닌가 싶습니다. (그래서 금융 관련 공공부문의 보수를 조정할 때 이 정도로 과연 필요한 인재의 확보가 가능한가 하는 문제제기가 있을 수 있습니다. 이에 대해서는 제 자신 충분한 연구가 되어 있지 않아 자신있게 말할 수는 없습니다.)

공무원의 직업안정성과 연금제도는 민간에 비해 우월한 지위에 있습니다. 세상이 바뀌어 고도성장 시대가 중성장-저성장 시대로 되고 사람들의 평균수명이 늘어나면서 이 직업안정성과 연금의 중요성은 점점 커지고 있습니다. 또한 과거의 국가주도적 개발체제는 끝났으므로, 인력의 올바른 배분과 사회적 위화감의 해소를 위해 공무원과 민간부문의 상대적 격차를 조정할 필요가 대두했습니다. 그런 조정의 필요성에 대한 인식도 점점 확산되고 있고, 또한 가능하기도 합니다.

예컨대 공무원 보수의 경우 2009년과 2010년에 동결되었습니다. 그결과 공무원의 대표직종인 교사들의 연봉은 2007년에 1인당 GDP의 2.1배에서 2011년에 1.7배 정도로 하락했습니다. 그렇지만 공무원들은 단체행동권이 없기 때문에 내놓고 반발할 수가 없었습니다. 이는 다시 말해 공무원의 지지를 일시적으로 잃을 각오를 하면 정부가 공무원과 공공부문의 보수(연금 포함)를 조정할 수 있다는 이야기입니다. 따라서 정부가 그런 개혁을 해나갈 수 있도록 여론이 조성되어야 하고, 그런 점에서 공무원과 공공부문의 부당한 특권에 대한 비판적 지적은 필요합니다.

재벌개혁과 복지 확충이라는 해법

그다음, 거대기업 노조의 경우입니다. 이들의 연봉은 시장에서 형성되기 때문에 정부가 직접 개입할 수 없습니다. 과거 박정희·전두환 군사독재정권 시대라면 또 모르지만 지금은 그런 시대가 아니지 않습니까. 따라서 이 경우에 대한 해법은 두가지 방향에서 찾아야 합니다. 하나는 재벌개혁이고, 다른 하나는 복지 확충입니다.

부당한 갑을관계 해소를 포함한 재벌개혁을 통해 중소기업들의 수익이 향상되면 자연히 중소기업 노동자들과 거대기업 노동자들 사이의 부당한 격차도 줄어듭니다. 이게 경제민주화이지요.

사회적 복지를 확충하면 역시 거대기업 노동자들과 여타 노동자들 사이의 실질적인 생활격차가 줄어듭니다. 예컨대 거대기업에서는 직원 자녀의 대학등록금을 회사에서 대신 내줍니다. 그런데 만약 사회 전체적으로 대학등록금이 내려가면 여타 노동자들도 혜택을 보겠지요. 그리하여 자연히 노동자들 사이의 격차가 줄어드는 것입니다. 이를 두고 '사회적 임금'이라고 합니다. 그리고 복지 확충을 위해서는 지금보다 세금을 더 거두어야 합니다. 재벌총수뿐만 아니라 거대기업 정규직으로부터도 세금을 더 거두면 이것도 노동자 사이의 격차 축소에 기여합니다.

거대기업 노조들은 사회적 복지 확충에 별 관심이 없습니다. 회사복지가 사회복지를 대신하니까요. 그래서 이들이 중심이 된 한국노총과 민주노총 역시 사회적 복지 확충에 강력하게 힘을 쏟지 않는 것입니다. 결국 한국의 거대노조들은 보수파라고 하기는 뭣하지만 진보파라고 하기도 뭣한 어정쩡한 존재로 전락해버렸습니다. 노동시장의 공정한 경쟁을 가로막는다는 점에서는 수구적 성격도 갖고 있습니다.[6]

따라서 노동시장 개혁이나 복지 확충의 문제는 거대노조나 양대 노총에 맡겨둘 수 없는 과제가 되어버렸습니다. 여기에 우리 사회의 어려움이 존재합니다. 이 문제를 이끌고 갈 조직된 사회세력이나 정치세력이 존재하지 않기 때문입니다. 시민단체가 이런 데 신경을 더 쏟아야 하고, 또 시대를 내다보는 정치인이라면 그냥 복지의 확충이 아니라 노동시장 개혁과 복지 확충을 같이 이야기해야 할 것입니다.

한편 사회적 복지 확충은 임금격차를 줄여 중소기업에서 노동자의 근속연수를 늘립니다. 그리하여 노동자의 숙련도가 향상되고, 중소기업의 경쟁력이 향상됩니다. 그러면 거대기업에 대한 중소기업의 교섭력이 높아지고 정부가 뭐라 하지 않아도 스스로 높은 임금을 확보할 수 있게 되지요. 이런 게 독일식의 '히든챔피언'을 낳을 수 있는 기반입니다.

사회적 복지 확충은 또한 '좀비' 중소기업을 정리할 수 있게 해줍니다. 우리는 사회보장이 취약해서 정부가 중소기업을 제대로 구조조정하지 못하고 있습니다. 그런데 사회적 복지가 확충되면 중소기업의 신진대사가 활발해지고, 이것이 바로 중소기업의 경쟁력을 향상시켜줄 것입니다.

초과노동시간에 대한 규제도 격차 해소에 기여합니다. 예전에 토요일·일요일 특근은 주당 12시간이라는 잔업시간 제한에 포함되지 않았습니다. 따라서 현대·기아차에서는 평일에 잔업을 2시간씩 하고, 추가로 토·일요일에 특근을 했던 것입니다. 이는 근로기준법의 추가근로 규제 정신에 어긋나는 일입니다. 만약에 이 시간을 잔업에 포함시키면 자연히 현대차 노동자들의 노동시간이 줄어들어, 노동자들 사이의 격차도 줄게 됩니다. 연봉은 줄어들지만 정규직 노동자들의 삶의 질이 개선되는 것이지요.

토·일요일에도 공장에 나가서 일하는 삶이 어찌 바람직한 삶이라고 할 수 있겠습니까. 정부의 규제 변화를 통해 '바람직하지 못한 균형상태'에서 '바람직한 균형상태'로 옮아갈 수 있습니다. (게임이론에 관심이 있으면 내시균형Nash equillibrium을 생각해보시길.)[7] 게다가 정규직의 줄어든 노동시간을 채우기 위해 다른 노동자들을 고용한다면 일자리 늘리기에도 도움이 됩니다. 현재 국회에 이를 위한 법안이 상정되어 있습니다.[8] 다만 재계는 물론 노동계도 반대하고 있어서 제대로 통과될 수 있을지 의문입니다. 재계는 고용 확대에 부담을 느끼고 있고, 노동계는 당장의 수입 감소를 싫어하는 것입니다. 하지만 이 경우의 노동계는 노동계 전체를 대변하는 게 아니라 현대차 정규직 같은 노동귀족만을 대변하는 것이지요.

노동과 자본, 양측의 반발에 대한 해법

노동계의 반대에 대해선 점진적으로 특근을 줄여나가는 방식을 취하면서 반발에 대처하면 어떨까 싶습니다. 이리하여 노동자들이 당장 금전적으로는 손해를 보지만 삶의 질이 개선된다는 점을 설득해나가야겠지요. 시민단체 등에서 바로 이런 문제를 들고 나갈 필요도 있을 것입니다.

재계의 반발에 대해선 다음과 같이 대안을 내어놓으면 어떨까요? 예컨대 토요일과 일요일에는 아르바이트를 동원해서 공장을 돌리면 노동자 고용을 늘릴 필요가 없습니다. 그리고 이런 아르바이트에 대해서는 350%의 특근수당을 줄 필요가 없으니 금전적 부담이 오히려 줄어들 수 있습니다. 한편으로는, 그렇더라도 이 아르바이트는 다른 아르바이트에 비해선 훨씬 대우가 좋은 것일 테니 대학생이나 대리운전사 등 지원자는 많이 몰려들 것입니다.

혹시 그런 미숙련자로 공장을 돌릴 수 있을까 하는 걱정은 있을 수 있습니다. 하지만 독일의 자동차공장들이 노동자들의 여름휴가 때 이런 아르바이트를 동원해 공장을 돌리는 것을 보면 우리라고 못할 이유는 없을 것입니다. 나이 들어 현대차에서 퇴직한 노동자들에게 토·일요일의 아르바이트 업무를 지휘감독하게 하면 기술적 애로의 문제도 해결할 수 있지 않나 싶습니다. 그러면 우리 사회의 유휴인력을 활용하는 효과도 갖게 되니 여러가지로 의미가 큽니다. 토·일 특근을 통해 현대차 정규직이 누리는 금전적 이익이 만만찮은 만큼 이렇게 해서 이를 바로잡을 경우, '노동귀족 문제의 완화' '아르바이트의 대우 향상' '유휴인력의 생산적 활용'이라는 일석삼조의 효과를 가져오게 될 것으로 보입니다.

현재 이 법안에 대해 노동부에서는 상당한 공감대가 형성되어 있는 것으로 압니다. 또한 이 법안은 야당이 아니라 새누리당의 김성태(金聖泰) 의원이 발의한 것입니다. 물론 민주당에서도 동의하고 있지요. 따라서 보수층의 반발은 그리 걱정할 필요가 없습니다. 학계, 언론계, 시민단체에서 힘을 보태면 통과가 가능한 법입니다.

이와 같은 방식으로 노동자 사이의 격차가 완화되면 기업들의 구조조정도 쉬워집니다. 한진중공업과 쌍용자동차 같은 격렬한 저항이 줄어드는 것이지요. 이건 기업들에도 도움이 됩니다. 노동귀족들로서도 (노동시간 단축 이외의 경우에는) 직접 자신들의 임금을 깎자고 나서는 게 아니니까 저항하기 힘듭니다.

이처럼 복지를 확충하고 대신에 기업의 신진대사를 원활하게 하는 것, 그것이 바로 우리 사회에 필요한 사회적 대타협입니다. 예전에 언급했지만 장하준 교수처럼 재벌개혁을 반대하고 복지를 확충하자는 것은 바람직하지도 않고 가능하지도 않은 사회적 대타협입니다.

요컨대 복지 확충과 노동시장 개혁은 상호 맞물려 있는 것이지요. 당연히 재벌개혁도 이들과 맞물려 있습니다. 물론 이런 식으로 노동시장을 바로잡고 노동귀족 문제를 해결하는 것도 쉬운 일은 아닙니다. 하지만 유럽의 복지선진국들에서 바로 이처럼 복지 확충과 노동시장 개혁이 선순환을 이룬 것을 보면 원리적으로 필요하고 또한 현실적으로도 가능한 일입니다.

[2013.07.12]

4. 현대차 사내하청 연봉 5,400만원: 희망버스가 지지를 받으려면

오늘 점심 때 식당에서 밥을 기다리면서 엊그제 날짜 『문화일보』를 읽었습니다. 원래 수구보수 신문 중에 『문화일보』까지 읽을 여유는 없습니다만, 노느니 염불한다고 식탁 위에서 굴러다니기에 뒤적거려보았습니다.

거기에는 현대차 사내하청 노동자의 연봉에 관한 기사가 실려 있었습니다. 현대차 전체 사내하청 노동자의 평균연봉이 5,400만원이라는 사실과, 13년차 37세 사내하청 노동자의 연봉이 5,800만원임을 보여주는 작년도 원천징수 영수증을 함께 싣고 있습니다.[9] 아마도 회사 측에서 일부러 흘린 자료일 가능성이 큽니다. 그리고 어느 신문이든 기사에는 엉터리도 많기 때문에 무조건 신뢰할 수는 없습니다. 하지만 제가 몇 달 전에 자동차산업 전문가로부터 들은 수치나 엊그제 자동차업계 관계자들로부터 들은 수치도 이와 그리 다르지 않습니다.

연봉 5,400만원이면 현대차 정규직 연봉 1억원에 비해서는 절반 남짓이지만, 일반노동자 월급에 비해서는 높은 편입니다. 제조업 생산직 노동자의 평균연봉이 3,300만원이고 현대차 1차 협력업체 연봉이 4천만원 정도니까요.

그렇다면 왜 현대차 사내하청 노동자는 격렬하게 투쟁하고 심지어 최병승 씨, 천의봉 씨는 넉달 넘게 현대차 근처의 송전탑에 올라가서까지 투쟁하고 있는 걸까요.

인류 역사를 볼 때 투쟁은 가장 어려운 처지에 있는 사람들이 하는 경우보다 어느정도 형편이 나은 사람들이 해온 경우가 많습니다. 형편이 너무 어려운 사람들은 투쟁할 힘조차 없으니까요. 그리고 사람들은 투쟁을 통해 뭔가 나아질 전망이 있을 때 투쟁하는 법입니다. 1차나 2차 협력업체 노동자들은 투쟁해봐야 회사 사정이 빤하니 나올 게 별로 없습니다. 협력업체 자체가 모기업에 의해 숨쉴 여유 없이 쥐어짜이고 있는 형편이니까요.

이와 달리 현대차 사내하청 노동자들은 투쟁하면 얻어낼 게 있습니다. 현대차는 근래 1년에 몇조원씩 수익을 올리고 있고, 이들은 현대차 내에서 작업하기 때문에 파업을 했을 때 직접적으로 현대차에 타격을 가할 수 있습니다. 사내하청 노동자들이 직접 현대차로부터 월급을 받는 것은 아니지만 다른 협력업체에 비해서는 직접성이 훨씬 강합니다. 현대차그룹인 현대모비스가 대체로 월급 지급에 관여합니다.

한국 사람들은 3대 고통인 '고단함·억울함·불안함' 중 '억울함'을 제일 심각하게 받아들입니다. 자신들과 노동능력에서 별로 다를 바 없는 (경우에 따라선 오히려 뒤떨어지는) 정규직이 자신들보다 2배 가까이 연봉이 높으니, 이건 사촌이 땅 사면 배 아픈 것 이상의 고통입니다. 게다가 공장 밖의 협력업체 노동자와는 달리 그걸 바로 옆에서 두 눈 뜨고 보고 있습니다.

그리하여 사내하청 노동자들은 자신들의 정규직화를 요구하며 투쟁해왔습니다. 투쟁해서 성공하면 노동평민에서 노동귀족으로 신분상승을 할 수 있습니다. 노동천민보다야 처지가 낫지만 그래도 평민인 상황에서 귀족으로 올라가는 것을 누가 바라지 않겠습니까.

비정규직 전원 정규직화라는 위험한 구호

적어도 최병승 씨에 대해서는 대법원이 그의 손을 들어주었습니다.

그러니 명분도 섰습니다. 이들의 투쟁을 지원하기 위해 지난 주말에는 희망버스 100대가량이 현대차로 몰려갔습니다.

저는 2011년 한진중공업 사태와 관련해 김진숙(金鎭淑) 씨의 투쟁을 지원하기 위해 몰려간 희망버스 투쟁에 대해 글을 쓴 바 있습니다.[10] 거기서 저는 희망버스는 따뜻한 가슴에서 우러난 이웃 사랑의 표현이지만 일감이 없는 회사에 대해 투쟁으로 일감을 만들어낼 수는 없다고 했습니다. 더 근본적으로는 우리 사회에서 "노동의 유연안정성을 확보하고, 거대기업과 중소기업(및 비정규직) 사이의 부당한 격차를 해소하는 것"이 올바른 해법이라고 말한 바 있습니다.[11] 한진중공업의 희망버스에 비해 이번 희망버스는 나름대로 설득력이 있습니다. 대법원도 손을 들어주었고, 회사가 일감이 없기는커녕 1년에 몇조원씩 흑자를 보고 있으니까요. 현대차 사내하청 전원(7,000명가량)을 정규직화하더라도 1년에 몇천억원 정도 더 지출하면 됩니다(7,000명×5,000만원=3,500억원).

사내하청을 사용하는 이유는 크게 두가지입니다. 하나는 인건비 절감이며, 또다른 하나는 노동의 유연성 확보입니다. 자동차산업의 수요는 일정하지 않고 경기가 나빠지면 고용조정이 불가피해집니다. 불황이 일시적이라면 조업단축으로 버틸 수 있지만, 불황이 장기적이라면 고용조정을 하지 않고선 기업이 버틸 수 없습니다. 또 사실 이런 고용조정이 자본주의의 창조적 파괴(creative destruction)를 가능하게 해주는 메커니즘이기도 합니다. 사회주의는 이런 메커니즘을 결여해 자본주의와의 경쟁에서 패배했던 것이지요.

사정이 이러한데 만약 현대차 비정규직을 모두 그들의 요구대로 정규직화하면 어찌 될까요? 불황이 닥쳤을 때 고용조정이 제대로 이뤄질까요? 그렇지 않을 겁니다. 사내하청이라면 비교적 쉽게 정리해고가 가능합니다. 그러나 한진중공업이나 쌍용차에서 보았듯이 정규직의 경우엔 결사적인 투쟁이 전개됩니다. 그게 뻔히 보이는 상황에서 회사 측에 모두를 정규직화하라는 것은 무리한 요구입니다.

최근 CJ와 한화 등에서 비정규직을 전부는 아니지만 대거 정규직화하지 않았느냐고요? 맞습니다. 그러나 그것은 일단 그 그룹 회장이 감옥에 갔기 때문에 재판에서 잘 보이기 위해 한 일입니다. 그리고 그보다 더 중요한 것은 그 비정규직은 대개 여성이란 점입니다. 또 그 업무에 종사하는 정규직은 현대차 정규직과는 달리 연봉이 얼마 되지 않습니다. 노동귀족이 아닙니다. 따라서 아마도 현대차 정규직에 비해 이직률이 엄청 높을 것입니다. 그러니 그 회사에서 비정규직을 정규직화하더라도 고용조정에 큰 문제가 없습니다. 그때문에 정규직화한 것입니다. 현대차와는 사정이 전혀 다르지요.

이번 현대차 희망버스 투쟁에서 정규직 노조는 대놓고 반대하지는 않았지만 동조하지 않은 것으로 알고 있습니다. 그들이 '나쁜 놈'이라서가 아닙니다. 현재 비정규직은 그들 고용의 방패막이(안전판)입니다. 힘든 일은 주로 그들에게 시킵니다. 만약 그들이 모두 정규직이 되면 그 방패막이가 사라지고 자신들도 좀더 힘들어지게 되니 속이 편할 리 없습니다. 귀족은 평민이 있을 때 귀족인 것이지, 모두가 귀족인 사회에서는 귀족이라는 게 별 의미가 없지요. 아니, 사실상 다 평민이 되는 것이지요. 결국 현대차 비정규직 문제도 한진중공업 등에서와 마찬가지로 근본 해법은 같습니다. 노동의 유연안정성을 확보하고 노동자 사이의 부당한 격차를 해소하는 것입니다.

희망버스, 어떤 희망을 실은 버스인가

자, 그러면 이번 희망버스와 관련된 논란에 대해서 살펴봅시다. 현대차는 꺼벙한 한진중공업과는 다른 정상급 재벌이므로 희망버스 사태이후 곧바로 반격에 나섰습니다. 희망버스 시위대의 폭력을 부각하고 수구보수언론을 총동원했던 것입니다.

앞서 말했듯이 이번 현대차 희망버스는 지난 2011년 한진중공업 희망버스에 비해 정당성은 큽니다. 하지만 훨씬 어려운 상대입니다. 그리고 제시한 목표는 시장논리에 맞지 않습니다. 그 목표를 달성하려면 우리 노동시장 구조 및 모기업-협력업체 관계를 근본적으로 바로잡아야합니다. 따라서 제대로 성과를 거두기는 어렵습니다. 이런 상황 속에서성과를 거두고 나름의 지지를 받으려면 어찌해야 할까요?

첫째, 불필요한 폭력사태를 야기하지 말아야 합니다. 이번에 회사 쪽도 폭력을 행사했지만, 시위대가 회사 담을 무너뜨리려 하면서 폭력을행사한 것도 분명한 사실입니다. 저는 혹시 시위대 속에 경찰이나 회사의 프락치가 들어 있다가 폭력을 행사한 게 아닌가 의심하기까지 했습니다. 하지만 아마도 그건 아닌 것 같습니다. 그랬다면 시위대 쪽에서성명이 나와야 하는데 그러지 않았으니까요.

도대체 담을 무너뜨리고 회사를 점령해서 어쩌자는 것인가요? 그게국민의 지지를 얻을 수 있을 것이라고 생각한 것일까요? 그래서 혁명을일으키려 했다면 또 모르겠네요. 물론 폭력을 행사한 사람들은 시위대의 일부입니다. 하지만 희망버스를 조직한 쪽에서 폭력을 방관했거나 적어도 폭력사태를 예방하려는 준비가 되어 있지 않았던 것은 분명합니다. 이런 식의 투쟁은 지금의 한국 상황에서 결코 성공할 수 없습니다.

둘째, 목표와 구호와 전술을 혁신해야 합니다. 앞서 말씀드린 대로 현상황에선 모든 현대차 비정규직을 정규직화할 수 없습니다. 이미 회사 쪽은 비정규직 중에서 일부를 정규직화해나가고 있습니다. 그 규모를 늘리라는 건 말이 됩니다. 운동이란 많은 이들에게 납득이 가는 목표와 구호를 내세워야 성공할 수 있습니다 지금보다 정규직 전환규모를 늘리라는 것은 회사로서도 그리 어려운 일이 아닙니다.

장기 고공농성이나 희망버스라는 방식도 재고할 때가 되었습니다. 무슨 방식이든 처음 할 때나 신선한 것이지, 그걸 답습하면 효과가 크게 줄어듭니다. 한진중공업에서는 김진숙 씨가 장기 고공농성을 하고 희망버스가 출동해 주목을 받았지만 그후엔 별로인 것이지요, 노무현 당시 국회의원이 떨어질 각오를 하고 종로 아닌 부산에 출마했을 때는 '바보 노무현'으로 불리면서 감동을 샀지만, 유시민(柳時敏) 씨나 김부겸(金富謙) 씨가 대구에서 출마했을 때는 별로였던 것과 마찬가지입니다. 운동이나 정치나 '모방이 아닌 창조적 상상력'이 필요합니다.

설사 희망버스 비슷한 게 출동하더라도 목표와 구호를 근본적으로 확 바꾸면 어떨까 싶습니다. '현대차 정규직은 임금을 30% 깎고, 협력업체 노동자는 임금을 50% 올리자' '협력업체 그만 쥐어짜자' 같은 구호를 내걸고 출동하는 것입니다. 물론 좀더 현실적인 실행계획으로는, 정규직 임금의 동결과 협력업체 임금 10% 상승부터 내걸 수 있습니다. 한쪽은 몇년 동결하고 다른 쪽은 매년 10%씩 올리면 얼마 안 가 그 효과는 구호에서 제시한 것에 접근합니다.

아마도 이리되면 많은 국민들이 지지할 것입니다. 현대차 정규직은 싫어하겠지만 그들이야 어차피 이번 희망버스 시위도 싫어했으니까요. 창조적 상상력을 발휘할 필요가 있습니다. 이런 구호는 단순히 멋진 구호가 아니라 우리 사회의 근본적인 문제점을 치고 들어가는 구호입니다. 운동이든 정치든 단순히 멋만 찾는 게 아니라 근본문제에 과감하게 맞서는 경우에 성공할 수 있습니다.

천안함 사건과 관련된 자세 등에서 보듯이, 2012년 대선에서 문재인 씨든 안철수 씨든 모두 우리 사회의 근본문제와 당당히 맞설 내공이 없었습니다. 원래 우리 선거판이 기울어진 운동장이고 국정원이 선거에 개입했기 때문에 패배했다고도 할 수 있지만, 달리 보면 그런 악조건을 뚫고 나갈 내공이 부족했기 때문에 패배한 것입니다.

우리 시민운동에서도 이제 운동방식의 타성을 바로잡을 때가 되었습니다. 그냥 불쌍한 사람이나 극단적인 투쟁을 하는 사람을 돕는 게 아니라 근본문제에 정면승부할 때가 되었습니다. '현대차 정규직은 임금을 30% 깎고 협력업체 노동자는 임금을 50% 올리자' '협력업체 그만 쥐어짜자'('협력업체도 숨 좀 쉬자'도 괜찮습니다), 우리 진보적 시민단체들이 이런 걸 내걸고 울산으로 가고, 더 나아가 부당하게 높은 대우를 받고 있는 공기업 앞에 가서도 요구를 전달하면 어떨까요. 참여연대든 교수단체든 제가 쓴 글을 읽고 운동노선을 재정비할 수 있었으면 하는 마음입니다.

물론 크게 기대하지는 않습니다. 우리 진보운동진영의 적잖은 부분에서 보수진영과 마찬가지로 열린 마음과 실사구시의 자세보다는 닫힌 마음과 과거의 관성이 판을 치고 있기 때문입니다. 하지만 기존 단체들의 자세가 바뀌지 않더라도 제가 제안한 구호들을 내걸고 새로운 단체가 만들어지면 좋겠습니다. 제발 '가스통 할배'들에게 이런 구호를 빼앗기지는 말기 바랍니다.

보론 한국 자동차업계의 현황 보고

오늘 자동차업계에서 오래 일해오신 분들과 만나 자동차업계 사정을 조금 들었습니다. 혼자 알고 있기보다는 많은 분들이 같이 아시는 게 좋겠다 싶어 거기서 들은 내용을 소개합니다. 최근의 제 주된 관심사는 이쪽이 아니지만, 그래도 한국의 산업사회에 대한 관심은 계속 갖고 있어서 듣게 된 내용입니다. 체계적인 인터뷰를 진행한 것은 아니고 점심식사 하면서 들은 이야기라 다소 두서가 없습니다. 감안해서 이해하시면 좋겠습니다.

(1) 모기업과 협력업체 사이의 갑을관계 문제

모기업에서는 매년 1회 10%씩 납품단가 인하(cost reduction, CR)를 거의 강제적으로 시행하기 때문에 협력업체는 도대체 제대로 커가기가 힘들다. (모든 협력업체에 대해 모기업이 그렇게 하는지에 대해서는 확인하지 못했다. 아마도 협력업체에 따라 CR 비율이 달라지지 않을까 추측된다.)

한편, 협력업체에서 스스로 공정을 혁신한다든가 해서 원가를 절감하면, 그 이익을 거의 전부 모기업이 가져가버린다. 그러니 협력업체로서는 기술혁신을 할 유인도 없고 성장할 기회도 없다. 경우에 따라서 모기업이 협력업체와 그 이익의 절반을 공유하는 경우도 있지만 그것도 첫해뿐이다.

공정 혁신 등 기술혁신을 하는 경우에는 4M(인력man, 설비machine, 재료material, 방법method)의 변화상황을 모기업에 모두 보고해야 한다. 보고하지 않고 기술혁신을 추구해서 협력업체가 이득을 볼 수는 있지만, 만약 발각되면 엄중한 처벌이 뒤따르므로 위험하다. 이것은 결국 기술혁신을 어렵게 한다. 특허기술을 창출하더라도 그에 대해 모기업의 검증절차를 거쳐야 하고, 그 검증을 거쳤다는 이유로 그 기술에 대한 특허는 모기업이 독차지한다. 따라서 협력업체가 애써 인력을 써서 기술혁신을 할 이유가 별로 없다.

또한 협력업체는 자기 부품을 쓰는 모기업 생산라인에 인력을 한명씩 파견해서 모기업 쪽과의 원활한 소통을 추구한다. 여기에는 모기업직원 접대도 포함된다. 마치 큰 할인매장에 납품업체 직원이 나가서 판촉활동을 하는 것과 마찬가지인 셈인데, 다른 선진국 공장에서는 이런 경우가 없다. 협력업체의 불필요한 부담인 셈이다. 협력업체의 부품 불량으로 생산라인이 멈추면 협력업체에 1분당 85만원씩 벌금을 물린다. 10분 멈추면 1천만원 가까운 돈이다. 따라서 라인을 멈추지 않고 문제를 해결하기 위해 협력업체 직원이 모기업 현장에 파견된다.

외국 자동차 공장에 납품하는 한국 부품업체의 경우에 처음에 납품하는 가격은 국제경쟁에 의해 결정되기 때문에 국내 납품가격보다 낮다. 하지만 5년간 강제적 CR 없이 일정 가격을 보장해주기 때문에 스스로 공정을 혁신할 유인이 생기고, 안정적 수입이 가능하다.

(2) 한국 모기업의 생산성 문제

생산성은 일본 토요따(豊田)의 절반 정도에 불과하다. 토요따의 작업방식을 한국에 들여왔지만, 노조의 반대로 토요따처럼 생산공정을 짤 수가 없다. 옛날에는 노조가 반대한 게 일리가 없지 않았다. 부품이 일본처럼 정밀하지 않기 때문에 조립하는 데 더 힘이 들고, 따라서 토요따처럼 빡빡하게 생산공정을 짤 수가 없었다. 하지만 지금은 부품 품질이 과거보다 많이 나아졌는데도, 노조는 과거의 관성으로 생산성을 떨어트리고 있다. 이건 베이징 현대차와 미국 현대차의 생산성이 한국 현대차 생산성보다 30% 이상 높은 데서도 드러난다.•

(3) 현대차의 낮은 생산성, 높은 수익: 노조의 주장에 대한 사측의 반론•

이런 낮은 생산성으로도 높은 수익을 올리는 이유는 크게 두가지다. 하나는 협력업체를 쥐어짜는 것이다. 현대차의 정규직 연봉은 1억원 정

• 현대차의 생산성 문제에 대해 노조 측에서 반론을 제기했습니다. 그 글에 따르면 자동차 생산성은 생산 차종과 자동화 비율에 따라 달라지므로, 현대차 국내공장의 생산성이 현대차 외국공장에 비해 떨어진다고 할 수 없다는 것입니다(이에 관해서는 박유기「현대자동차 생산성 시비 근거 'HPV'의 허점」,『한겨레』 2013.8.15. 참조). 일리 있는 지적입니다. 저도 사실 그런 점 때문에 자동차업계 분에게 공장자동화율의 차이를 고려해야 하지 않느냐는 질문을 했더랬습니다. 그런데 그에 대한 답은 그 차이가 그리 결정적이지 않다는 것이었습니다. 차체 도장공정은 원래 차이가 없고 조립공정도 그리 다르지 않다고 합니다. 그분은 현대차 미국공장에서는 노동자들이 화장실 갈 시간 여유도 없을 정도라고 했습니다. 사실 제가 옛날에 토요따 공장을 방문했을 때에도 노동자들이 라인에서 뛰고 있다는 느낌을 받았습니다. 특히 라인에 문제가 발생하자 바로 라인을 세우는 게 아니라 라인은 움직이면서 문제점을 바로잡아가는 것이 인상적이었습니다. 외국의 이런 강도 높은 생산공정이 바람직한가 어떤가와는 별개로 이런 게 생산성 차이를 만들어낸다는 느낌을 받았습니다. 현대차 노조 측의 반론대로 회사 측이 언론에 제시한 수치가 정확하지 않을 가능성도 있습니다. 앞으로 노사 및 학계 공동으로 동일한 차종과 자동화율을 가진 공정에 대해 생산성 비교를 해보면 어떨까 싶습니다.

한편, 여기 소개한 현대차 노조의 주장에 대한 현대차 회사 측의 반론이 2013년 8월 22일자『한겨레』에 실렸습니다(박정규「현대차 자동차공장 생산성 논란 진실은…」 참조). 그 글에 따르면 생산 차종과 자동화율을 고려해도 현대차 울산공장의 생산성은 토요따, 베이징 현대차, 미국 현대차의 생산성에 비해 크게 떨어집니다. 그리고 현대차 노동자들의 연간 노동시간은 노조 측 주장과는 달리 2012년의 경우 3,000시간이 아니라 2,443시간이었다고 합니다. 제가 말한 대로 노·사·전문가 공동의 조사단을 꾸리면 좋겠네요.

도이지만 1차 협력업체의 경우는 4,000만원 정도며, 그보다 낮은 경우도 있다. 만도 등 거대 협력업체는 예외다. 사내하청의 경우에는 모비스가 총괄하며 수익의 35% 정도를 떼간다. 따라서 사내하청 노동자의 임금은 현대차에서 지출하는 것에 비해선 낮지만 공장 밖의 협력업체에 비해선 그리 낮지 않다.

1997년 IMF사태 이전에 기아차 생산직 연봉은 2,650만원, 관리사무직 연봉은 2,630만원이었다. 그리고 1차 협력업체의 임금은 2,000만원 정도였다. 그런데 IMF사태 이후 모기업과 협력업체 사이의 격차가 현저하게 커졌다. 1997년 무렵 현대차 생산직의 연봉은 미쯔비시 자동차의 1/2 내지 2/3였다(참석자에 따라 약간의 이견이 존재한다). 그런데 지금은 현대차 생산직의 연봉이 미쯔비시보다 절대액으로도 높다.

현대차가 수익을 올리는 또다른 이유는 소비자를 쥐어짜는 것이다. 기존 모델에서 좌우 또는 전후 디자인을 약간 조정해 신모델이라고 내놓고는 200만원씩 자동차 가격을 올렸다. 국내 소비가 150만대라면 이것만으로 3조원의 수익이 발생한다. 다만 이런 방식은 소비자들의 인식 변화로 최근에 들어와선 좀 어려워졌다.

한편, 폴크스바겐에서는 새로운 생산라인을 개발해 곧 투입할 예정인데, 그 라인에서 자동차 한대가 뽑혀나오는 데 걸리는 시간은 22초라고 한다. 그런데 한국은 40초가 넘는다. 독일은 미국(및 한국)과 달리 협력업체들의 기술혁신이 가능한 체제가 갖추어져 있다.

[2013.07.25]

5. 철도 민영화 및 노동귀족 논란을 보면서·상

작년 말에는 수서발 KTX 법인 설립을 둘러싼 논란으로 한국사회가 혼란을 겪었습니다. 일단 국회에서 '철도산업발전 소위원회'를 설립하기로 하면서 파업은 일단락되었지만, 노동자들의 구속 및 해고와 더불어 상황은 현재진행형이라 할 수 있겠습니다.

파업과정에서 수서발 KTX 법인 설립을 지지하는 쪽과 반대하는 쪽 사이에서 논란이 뜨거웠습니다. 그런데 저는 그런 논란을 보면서 어쩌 개운하지 않다는 느낌을 지울 수 없었습니다. 명쾌하게 납득이 가는 논리를 찾기 힘들었기 때문입니다. 지지 쪽이나 반대 쪽이나 제대로 연구 조사를 하지 않은 채로 자기 입맛에 맞는 사실만 끌어대고 있었습니다 (지지 쪽에서 그런 현상이 더 심하긴 했습니다). 모두가 그런 건 아니지만, 열을 알더라도 하나만 말하는 것이 아니라 하나밖에 모르면서 열을 말하는 한국의 천박한 지적 풍토를 다시 한번 보여준 게 이번 논란이었습니다(물론 저 자신도 조심은 하지만 이런 천박한 모습을 드러내는 경우가 있을 것입니다).

제 스스로 이런저런 자료들을 찾아보았습니다. 저는 철도 전문가가 아닙니다. 따라서 이렇게 단기간에 찾은 자료로 믿을 만한 판결을 내릴 수는 없습니다. 하지만 앞으로의 본격적인 논의를 위해 제 나름의 '잠정적' 생각을 정리해보기로 했습니다. 글이 조금 복잡하므로 결론부터 먼저 제시하겠습니다.

1) 입장이 어떤 쪽이든 지금보다 훨씬 더 심층적인 연구 조사를 추진했으면 좋겠다.

2) 철도 민영화(사유화)는 나라마다 진행 정도와 성과가 다르다. 그리고 그런 사정들을 보면 민영화를 무조건 악 또는 무조건 선으로 규정하는 논리는 받아들이기 곤란하다.

3) 한국에 철도 민영화가 이루어졌다고 알려진 나라 중에는 독일처럼 아직 공기업 상태로서 민영화되었다고 할 수 없는 나라들도 있다.

4) 코레일 내부문건이나 다른 나라의 사례를 보면 수서발 KTX는 민영화의 1.5단계에 해당한다. 이는 노조 약화가 목적이라면 혹시 의미가 있을지 모르지만, 다른 나라의 경우를 고려하면 소기의 성과를 기대하기 힘들 것 같다.

5) 우리 철도노동자의 연봉이 다른 나라 철도노동자와 비교할 때 상당히 높은 편에 속하는 것은 사실이다. 그러나 그렇다고 철도노동자들이 범죄자는 아니며, 그냥 다른 모든 사람들과 마찬가지로 자신의 이익을 추구하는 인간일 뿐이다.

다만 한국에서 거대기업 노동자, 공기업 노동자, 공무원의 상대적 특혜는 바로잡아야 할 사안임에는 틀림없다. 중요한 것은 이들에 대한 '도덕적 비판'이 아니라 어떻게 바로잡을 수 있는가 하는 '비판적 도덕'이다. 이는 시장적 접근과 민주적 접근의 두가지 방향으로 이뤄져야 한다.

6) 한국 철도산업의 개혁은 한반도 통일과 중국 - 러시아로의 연결을 염두에 두면서 진행되어야 한다.

결론을 이렇게 내리게 된 근거에 대해 말씀드려보겠습니다. 다만 저는 철도산업 전문가가 아니기 때문에 철도산업 고유의 특성에 기초해서 결론을 내리는 연역적 접근이 아니라 다른 나라의 사례를 근거로 해서 결론을 도출하는 귀납적 접근을 취할 수밖에 없습니다.

철도산업의 특성과 관련해서 제가 알고 있는 것은, 철도산업이 네트워크〔網〕산업이라서 민영화하기가 쉽지 않다는 점과, 국가독점인 산업을 민간독점으로 바꿀 뿐인 민영화는 경쟁에 따른 효율성조차 기대하기 힘들다는 점 정도입니다.

진보파 중에는 민영화 자체를 무조건 악으로 보는 사람들도 있습니다. 그러나 사회주의가 종언을 고한 상황에서 그와 정반대의 국유화 논리는 수용할 수 없습니다. 기간산업의 민영화는 안 된다는 논리도 있습니다만, 도대체 뭐가 기간산업인지가 불분명합니다. 자동차·조선·철강·반도체, 이런 것들도 어찌 보면 나라의 중심을 이루는 기간산업이지만 거의 모든 나라에서 이들은 민간이 담당하고 있습니다.

반대로 보수파 중에는 민영화는 무조건 선으로 보는 논리도 있습니다. 그러나 교육을 전부 민영화하고 있는 나라는 아무데도 없고, 의료의 경우도 비슷해서 많은 부분이 민영화된 미국의 의료 부문에서조차 공적 성격을 강화하려고 시도한 게 오바마(Barack Obama) 대통령의 의료개혁입니다.

물·전기·철도는 이 정도는 아니지만 최소한 나라마다 정부의 강력한 규제를 시행하고 있습니다. 이런 산업을 그냥 시장만능주의에 맡기면 그 폐해가 심각하기 때문입니다. 이런 사실들을 전제로 해서 각국의 철도산업 사정을 살펴보겠습니다.

미국의 철도

미국은 원래 민간이 철도를 건설했습니다. 밴더빌트 대학을 세운 부호 밴더빌트(C. Vanderbilt)가 바로 철도로 큰돈을 번 인물입니다. 록펠러(J. D. Rockefeller)가 석유산업에서 독점을 강화할 때 철도 사용권이 하나의 수단으로 이용되었습니다. 따라서 미국에서는 애당초 철도의 민영화니 어쩌니 하는 게 주요 이슈가 되지 않았습니다. 그러나 가만히 들여다보면 미국 철도 중에 여객운송을 담당하는 암트랙(Amtrack)은 공기업입니다. 왜 그럴까요?

철도는 크게 여객운송과 화물운송으로 나누어집니다. 그런데 미국의 화물운송은 성과가 좋아서 계속 민간기업으로 운영되고 있지만, 여객 운송은 수지가 맞지 않아 공기업이 된 것입니다.

미국 서부에서 화물열차가 지나가는 모습을 본 적이 있습니다. 차량 이 엄청나게 많이 달려 있어서 시야의 왼쪽 끝부터 오른쪽 끝이 모두 그 화물열차였습니다. 정확하게 시간을 재본 것은 아니지만 그 열차가 다 지나가는 데 한참이 걸렸습니다. 미국은 지리적 조건이 유럽과 다르고 독자적인 화물노선을 갖고 있습니다. 미국의 화물열차는 그 이점을 살 려 대형 화물이나 컨테이너 수송에서 수익을 확보하고 있는 것입니다. 그래서 화물운송에서 화물열차가 차지하는 비중이 유럽에 비해 훨씬 높습니다.

반면에 미국 철도의 여객운송망은 엉성합니다. 대신에 자동차가 달 리기 위한 고속도로가 잘 발달되어 있지요. (이 때문에 자동차를 몰지 않는 저는 미국에 1년 있으면서 도대체 제대로 미국을 다녀볼 수 없었 습니다.) 그래서 미국의 여객운송은 채산성이 잘 맞지 않습니다. 결국 민간 주도의 나라 미국에서도 여객운송회사는 국유화되어버린 것입니 다. 이를 보면 미국에서조차 철도는 수익에 따라 국유화 여부가 결정된 다는 사실을 보여줍니다. 물론 미국 화물열차는 사유기업으로 잘 굴러 가고 있다는 점도 동시에 보아야 하지요.

영국의 철도

증기기관과 산업혁명의 발상지 영국도 원래는 철도가 민영이었습니다. 그러다 2차대전 이후 노동당정부가 국유화하게 됩니다. 이게 1990년대 중반에 다시 민영화되었고, 그후 많은 문제가 야기되어 영국의 철도 민영화는 민영화 실패의 대표사례가 되었습니다.

영국이 민영화를 단행한 목적은 다음과 같습니다. 경쟁 증대를 통한 효율화, 서비스 향상, 민간 투자자금 도입, 정부 보조금 삭감, 노조 약화 등입니다. 그런데 그 결과는 안정성 저하, 정부 보조금 배증(倍增), 서비스 악화, 노조 건재, 신뢰성과 정확성 개선 실패였습니다. 이렇게 된 이유는 대체로 다음과 같이 정리됩니다.

첫째, 민영화가 철도업계 종사자가 아니라 정치가, 관료, 다른 기업 경력자들에 의해 추진됨으로써 경쟁 증대, 비용 삭감, 이윤 극대화 인식만 강화되고 철도산업에서 가장 중요한 안정성이 경시되었습니다.

둘째, 인프라 유지기업, 운행회사, 차량 리스회사 등등 100개 가까운 회사로 기업을 쪼개버림으로써, 관리가 지리멸렬해지고 사고에 대한 책임소재가 불분명해졌습니다. 따라서 사고 예방도 제대로 되지 않았습니다.

셋째, 인원 감축(1973년의 19만명에서 1994년 12만명으로)은 한편으로 노동생산성을 향상시켰지만, 다른 한편으로 노동강화와 인원부족에 따른 사고 발생 증가 및 서비스 저하를 초래했습니다.

넷째, 2차대전 이후 자본부족 상태와 민영화로 철도 투자가 크게 저하되어 있었습니다. 일본에 비해 철도 경영과 기술수준이 2차대전 이후 만성적으로 엉망이었던 점도 민영화 이후에 개선되지 않았습니다.

다섯째, 운행회사는 7년 동안의 영업권만 보장받고 그후에 다시 입찰에 응해야 했으므로, 단기적 이익 확보에만 치중하고 장기적 계획과 서비스 향상 동기가 취약했습니다.

마침내 2001년 햇필드(Hatfield) 열차사고를 계기로 인프라 유지보수 업무는 사실상 재국유화되었습니다. (철도산업은 크게 인프라 유지보수와 열차 운행의 둘로 나뉩니다.) 그후 영국의 사고는 많이 줄어들어서 현재 영국 열차의 안전성은 아주 높게 평가받고 있습니다. 하지만 안전성을 높이기 위한 집중적 투자 때문인지, 여전히 강력한 노조 때문인지(기관사 수입을 보면 다른 유럽국가에 비해 높은 수준), 경영의 비효율 때문인지, 정확한 원인은 모르겠지만 철도운임은 아주 높습니다.

영국의 철도운임은 체계가 아주 복잡한데, 대체로 다른 유럽 국가의 2배 수준입니다. 영국에서도 민영화가 만악의 근원이라는 논의가 있습니다만, 국영인 런던 지하철 요금도 다른 나라에 비해 높은 걸 보면 이런 논의는 너무 극단적입니다. 하지만 영국에서 철도의 민영화로 문제점을 바로잡겠다는 시도는 거의 실패했다고 볼 수 있을 것 같습니다.

일본의 철도

영국과 반대로 민영화의 성공사례로 거론되는 경우가 1987년부터 추진된 일본 국철(國鐵)의 민영화입니다. 분명 성공으로 볼 수 있는 측면이 존재합니다. 국철 시대에는 매년 운임 인상이 되풀이되었는데, 민영화 이후에는 1997년 소비세율 인상 때를 제외하면 거의 운임 인상이 없었습니다. 몰래(やみ) 휴가, 몰래 휴식, 엉터리 초과근무, 취중근무, 복장위반 등 이전의 나태한 노동윤리가 실제 어느 정도였는지는 모르겠지만 대부분 사라졌다고 합니다. 적대적인 노사관계도 해소되었습니다.

민영화 이후에 1991년 시가라끼코오겐(信樂高原) 철도 사고, 2005년

JR 후꾸찌야마선(福知山線) 탈선사고 등의 사고가 발생하여 민영화에 따른 안전성 경시 논란이 있었습니다. 그러나 전체적으로는 민영화 이후 사고가 감소했다고 하며, JR 국철이 민영화된 그룹보다 사유철도의 사고가 적다는 점에서 민영화가 사고를 초래했다고 하기는 논리적으로 힘들어 보입니다.

하지만 일본의 국철 민영화가 장밋빛 일색인 것은 아닙니다. 원래 일본에서 국철을 민영화한 목적은 국철노동조합(코꾸로오國勞)의 해체와 거액채무 해소였습니다. 코꾸로오는 당시 10만명 이상의 조합원을 가진 일본 최대의 노동조합이었습니다. 국철의 민영화를 통해 이걸 해체하고 노조를 약화시킨 점에서 민영화는 소기의 목적을 달성한 셈입니다. (일본은 그후 노조가 너무 약해져서 문제가 아닌가 하는 생각이 들기는 합니다만.)

그러나 거액채무 문제는 결국 해결하지 못했습니다. 민영화를 용이하게 하기 위해 일본 정부는 '국철청산사업단'이라는 별도의 조직을 만들어 국철의 많은 부채를 이쪽으로 이관했습니다. 그러나 결국 자체 해결에 실패했고, 국민의 세금으로 해결할 수밖에 없는 상황이 되어 있습니다.

일본 국철의 민영화 내용을 꼼꼼히 들여다볼 필요가 있습니다. 일본은 영국과는 달리 비교적 간단한 민영화 방식을 선택했습니다. 인프라(선로 등)와 운행을 분리하지 않고, 여객운송을 지역별로 6개로 나누고 화물운송은 전국적인 하나의 회사만 만들었습니다. 그런데 3개의 여객운송회사는 수익을 내면서 성공적으로 민영화되었지만, 여객이 적은 나머지 3개와 화물회사는 수익을 제대로 내지 못하고 있습니다. 그래서 이들 4개 회사는 여전히 그 주식을 철도건설·운수시설 정비 지원기구가 보유하고 있는 공기업입니다.

결국 일본 국철의 민영화는 미국과 마찬가지로 아직 부분민영화 수준인 것이지요. 화물운송이 민영화된 미국과는 정반대의 민영화지만 말입니다. 철도 민영화에는 한계가 있을 수밖에 없다는 점을 인식시켜 주는 대목입니다. 그러나 분명 영국에 비해 일본이 상대적으로 성과가 좋다는 점은 염두에 둘 필요가 있겠습니다.

그 이유를 보면, 우선 경쟁과 수익을 강화한답시고 지나치게 복잡한 방식을 채택한 영국과는 달리 일본은 비교적 간단한 모델을 채택했습니다. 또한 영국 노조는 민영화에 반대하지 않았던 반면에, 일본 노조는 민영화에 강하게 반대했습니다. 그러나 일본 국철 노동자들의 평소 근무태도 등이 일반 국민들의 지지를 받지 못하고 있었기 때문에 민영화 반대투쟁이 성과를 거두지 못했지요. 게다가 노조 조직 내부의 격렬한 노선투쟁도 민심을 이반케 하고 민영화 쪽에 힘을 실어주었습니다. 앞서 말한 대로 평소 일본의 철도 경영능력과 기술수준이 높았던 점도 긍정적으로 작용했습니다. 일본 고속철도 신깐센(新幹線)의 기술수준은 세계 최고여서 프랑스와 독일도 배우려 한다는군요.

독일의 철도

한국에서는 독일의 철도가 민영화되었다고 소개되고 있습니다. 독일 철도(Deutsche Bahn, DB)가 과거의 공사 체제에서 주식회사 체제로 바뀐 것을 민영화라고 한다면 민영화라고 할 수 있겠습니다. 장차 민간자본의 참여를 고려하고 있기는 합니다(확정된 것은 아닙니다).

하지만 현재 독일의 DB는 주식을 국가가 보유한 공기업입니다. 최근 메르켈(Angela Merkel) 총리가 총리실장인 포팔라(Ronald Pofalla)를

DB의 이사로 보내려 하면서 논란이 벌어지고 있는 것도 바로 DB가 공기업이기 때문입니다. 따라서 정확하게는 독일의 철도는 아직 민영화되지 않았다고 해야 할 것입니다. 그러니 독일 철도의 구조변화를 두고 민영화의 공과를 본격적으로 평가하기에는 아직 이릅니다.

다만 주식회사 체제로 바뀌면서 나타난 변화는 있습니다. 이윤에 좀더 관심을 가지면서 생긴 변화입니다. 우선 인력이 1994년 32만명에서 2010년 16만명으로 절반으로 줄었습니다. 당연히 노동생산성이 향상되겠지요.

노선 길이는 1992년 41,000킬로미터에서 2010년 33,000킬로미터로 줄었습니다. 역 숫자도 40% 가까이 줄었습니다. 이용객이 적은 노선과 역을 없애버린 것이지요. 시설투자는 1998년에는 매출의 31%였는데, 2008년에는 17%로 줄었습니다.

이런 과정에서 열차 운행속도가 늦어졌습니다. 예컨대 두시간 남짓 걸리는 뮌헨에서 슈투트가르트까지의 경우 1995년에 비해 요즘은 운행시간이 평균 23분 늘어났다고 합니다. 게다가 과거에 비해 열차가 시간을 제대로 지키지 않는 사례가 많아졌다는 이야기는 여러 사람들로부터 들었습니다.

다만 이런 속도 저하나 연착이 오직 체제 변화 때문인지 어떤지는 잘 모르겠습니다. EU 통합과정에서 국제적 연결이 복잡해진 것도 작용했을 수 있습니다. 하지만 EU 중간지역인 스위스에서는 독일식의 형식적인 민영화조차 하지 않았는데 독일보다 시간을 잘 지키는 것을 보면, 독일 철도의 운영체제 변화가 열차 지연에 영향을 미친 것은 분명해 보입니다.

결국 독일의 DB는 아직 국유기업이지만 수익과 효율을 강조하면서 한편으로는 불필요한 인력과 역들을 정리했고, 다른 한편으로는 그런 효율화가 다소 지나친 탓인지 열차 지연 같은 부작용도 생겨나고 있는 셈입니다. 긍정적 측면과 부정적 측면이 동시에 드러나고 있지요. 다만 독일에선 영국의 철도 민영화 이후에 벌어진 것 같은 대형사고는 나타나지 않았습니다. 아직 민영화를 하지 않은 탓일 수도 있고, 아니면 원래 독일 철도의 경영능력과 기술수준이 영국과는 다르기 때문일 수도 있습니다.

참고로 독일에는 인터코넥스(Interconnex) 같은 자그마한 사유철도도 운행되는데, 이들이 지하철에 싼 철도요금을 광고하는 모습을 볼 수 있습니다. DB로는 베를린에서 라이프치히까지 요금이 40유로 정도인데, 인터코넥스에서는 16유로의 상품을 제시하고 있는 걸 보았습니다.

뉴질랜드와 다른 나라의 경우

뉴질랜드에서는 1982년부터 '공사 → 공기업' 단계를 거쳐 1993년에 실질적 민영화가 이루어졌습니다. 이는 선로와 운영 모두에 해당합니다. 이런 민영화 이후 영국처럼 대형 열차사고가 빈발하지는 않았지만, 열차 지연과 선로 노후화라는 심각한 문제가 대두했습니다.

정부는 이에 따라 2003년에 일단 선로(인프라) 부문을 재국유화하고 2008년에는 운행까지 재국유화했습니다. 이를 위해서는 민간이 보유한 주식을 국가가 사들여야 했습니다. 1993년 민영화 시점에서 약 3억 뉴질랜드달러로 판 주식을 약 7억 뉴질랜드달러에 사야 했으니 그 차액(물론 인플레를 감안해야 합니다만)만큼 국민이 손해를 본 것이지요.

프랑스·이딸리아·스페인 등 다른 선진국에서는 철도가 아직 공사 또는 공기업 형태를 취하고 있습니다. 그런데 정확하다고 하는 프랑스의 떼제베(TGV)는 지방에서 타보니 연착하는 경우가 있었고, 이딸리아에서는 열차의 화장실이 엉망인 경우(변기가 고장이거나 뚜껑이 없거나)를 여러번 경험했습니다.

공기업이라고 무조건 좋은 것은 아니지요. 물론 이는 공기업의 문제라기보다는 사회·문화수준의 문제겠지만요. 반면에 스위스의 국영열차는 앞서 말했듯이 시간도 아주 정확하고(일본과 비교하면 어떨지 모르겠지만), 유럽에서 가장 정차구간이 조밀하고 요금도 저렴한 축에 든다고 합니다. 이밖에 아프리카와 라틴아메리카의 철도 민영화에 관한 글도 읽어보았습니다만, 그 글만으로는 뭐라고 말하기 힘든 상황입니다. 다만 과거의 낙후한 국유철도도 문제였고 민영화 이후도 문제가 많은 게 아닌가 하는 느낌을 받았습니다.

이상 여러 나라의 철도산업에 관해 살펴보았습니다. 생각보다 복잡하지요. 민영화 자체의 문제, 민영화 방식의 문제, 경영·기술·사회·문화수준의 문제가 복합적으로 얽혀 있기 때문입니다. 따라서 성급하게 일을 진행시킬 것이 아니라 깊은 연구가 필요합니다.

글이 길어졌습니다. 제가 서두에서 내린 결론과 관련된 다른 항목에 대해선 다음 글에서 다룰 예정입니다. 거듭 강조하지만 저는 철도 전문가가 아닙니다. 따라서 이 글이 보다 본격적인 논의를 촉구하는 계기가 되었으면 좋겠고, 혹시 오류나 보완할 사안을 지적해주시면 바로잡겠습니다.

[베를린통신 18·2014.01.07.]

6. 철도 민영화 및 노동귀족 논란을 보면서·중

민영화 여부

앞글에 이어 수서발 KTX 법인(이하 수K)의 의미에 대해 살펴보겠습니다. 철도기관사로 『철도의 눈물』(후마니타스 2013)이라는 책을 쓴 박흥수 씨에 따르면, 수K는 "수도권 중심의 철도 네트워크 문제", 즉 KTX 수익의 80%와 승객의 70%가 수도권 이용객인 탓에 발생하는 선로 포화상태를 해소하기 위해 만든 노선입니다.

수K 자체를 문제라고 할 수는 없습니다. 다만 그 수K를 기존의 코레일 내부에서 운영하지 않고 별개 회사로 운영하려는 데서 이번 파업사태가 발생한 것입니다. 정부는 수K 설립은 민영화가 아니라고 주장한 반면, 노조는 민영화라고 해석하면서 충돌이 일어났습니다.

어느 쪽 말이 맞을까요? 정부는 수K 지분의 41%는 코레일이 보유하고 59%는 국민연금 등 공공기관이 보유하도록 하겠다고 합니다(처음에 코레일 30%, 공공기관 70%를 제시했으나 파업과정에서 정부가 수치를 변경했습니다). 즉 민간이 보유한 지분은 없으며, 따라서 수K는 독일의 DB와 마찬가지로 공기업입니다. 수치만을 기준으로 하면, 민영화가 아니라는 정부의 말이 맞습니다. 그러나 사태는 그렇게 단순하지 않습니다.

정부가 말한 상태에서 코레일의 소유·경영구조가 더이상 변화하지 않는다면 민영화라고 할 수는 없습니다. 하지만 문제는 앞으로도 과연 그러하겠느냐 하는 것이고, 이에 대해 노조 등은 강력한 의심을 품었습니다.

사실 그 의심은 일리가 있습니다. 청춘 남녀가 손만 잡고 자자고 해서 여관에 들어가서 벌어지는 일을 생각해보십시오. 박정희 대통령은 3선만 한다고 개헌하고선 유신을 통해 총통제 독재로 나아가지 않았습니까. 게다가 이미 이명박정부가 2011년에 철도 민영화계획을 발표한 바 있습니다. 그 계획이 실행에 옮겨지지는 않았지만, 초록이 동색이라고 박근혜정부가 그 계획을 이어받았을 가능성은 농후하지요. 현오석(玄旿錫) 기획재정부 장관도 "공기업이 정말로 공공부문에서 (철도를) 운영하기 부적합한 경우에는 민간이 들어올 수밖에 없지 않겠습니까"라고 발언한 바 있습니다. 어찌 보면 원칙론 같지만, 이미 민영화 구상이 정부의 머릿속에 들어 있다고 볼 수 있을 것입니다.

파업이 종료된 후 『한겨레』가 입수한 코레일 내부문서에 따르면 다음과 같이 철도 민영화의 가능성을 열어놓고 있습니다.[12] 즉 "2015년 개통 예정인 수서-목포, 수서-부산 간 고속철도 운송사업 경영권을 철도공사 출자회사로 운영해 공공부문 내 경쟁체제를 도입"한 뒤 "철도공사 운영 포기 적자노선, 광역철도 신규사업 등은 공기업 또는 민간에 개방해 민간과의 경쟁체제 도입"을 목표로 한다고 명시했습니다. 민영화를 최종 목표로 두고 그 하나의 단계로서 이번 수K 설립이 이루어졌다고 볼 수도 있는 것입니다.

실제 다른 나라 철도의 경우를 보더라도 민영화에는 여러 단계를 거치는 게 보통입니다. 철도의 열차운행(上)과 기반시설(下)을 분리하며(철도의 상하 분리), 공사(公社) 체제를 공기업 형태로 바꾸고, 일부 노선을 민간자본에 개방하며, 공기업의 민간지분을 늘리고, 나아가 민간에 지배권까지 넘기는 것이지요. 독일의 경우엔 공사 체제를 공기업 형태로 전환하고, 간선(幹線)이 아닌 일부 지역노선의 민간자본 개방이 이루어진 단계까지 나아갔습니다. 그러나 2008년 금융위기로 인해 더이상의 민영화는 일단 중단된 상태입니다.

한국의 수K는 공사 체제가 아닌 공기업 형태를 취합니다. 따라서 민영화를 향한 행보의 첫 단계를 밟았다고 할 수 있습니다. 더욱이 DB처럼 지분을 국가가 전부 갖는 게 아니라 국민연금 등 배당수익 증대를 목표로 하는 기관이 보유하게 되면, DB와는 달리 민간자본처럼 수익성에 신경을 더 쓰게 됩니다. 그래서 제가 수K를 민영화의 1.5단계라고 명명한 것입니다. 이미 2003년에 철도청을 철도공사로 전환한 게 1단계이고, 이번 수K 설립은 2단계나 2.5단계라고 해야 하지 않느냐고요? 그렇게 규정해도 좋습니다. 여기서 숫자는 상징이니, 그 속에 표현하려는 내용에 주목해주십시오.

물론 독일 DB의 민영화가 일단 중단되었듯이, 철도 구조의 변화가 정부가 말한 대로 공기업으로서의 수K 설립에 그칠 가능성을 배제할 수는 없습니다. 따라서 '수K는 아직 민영화는 아니지만 민영화의 잠재적 가능성이 상당히 크다'고 규정하면 될 것 같습니다. 사실 1.5단계의 민영화는 민영화라고 할 수도 있고 아니라고 할 수도 있겠지요. 수K가 민영화냐 아니냐 하는 논란보다 더 중요한 문제가 있습니다.

수K의 목적 달성 여부

그것은 수K가 추구하는 목적이 바람직한 것인가, 그리고 과연 수K 설립이 그런 목적을 달성할 수 있는가 하는 것입니다. 지금부터 그 문제를 따져보겠습니다.

정부는 수K 설립과 관련한 '철도산업 구조개선 방안'에서 다음과 같은 목적을 제시하고 있습니다. 첫째, 수K 등 자회사 설립을 통한 철도 내부의 경쟁체제 도입과 운영 효율화, 둘째, 서비스 개선과 요금 인하,

셋째, 국민연금 등 공적자금 유치를 통한 재원 확보입니다. 그리고 파업에 대처하는 과정에서 정부는 방만한 경영과 막대한 부채(적자구조)의 해결도 강조했습니다.

여기서 제시된 목적 자체가 잘못되었다고 말하기는 어려워 보입니다. '경쟁' '효율성' '개선' '인하' '재원 유치' '방만과 적자의 해소' 등등 하나같이 좋은 말이 아닙니까. 경쟁과 효율성을 지나치게 강조하는 시장만능주의는 문제지만, 경쟁과 효율성 자체를 배격할 이유는 없지요. 다만 이렇게 공식적으로 제시한 목적 이외에 다른 숨은 동기가 있는지는 따져봐야겠습니다. 그리고 일단 정부가 제시한 목적 자체에 문제가 없다면 과연 수K 설립이 거기에 도움이 되는가 여부가 문제가 될 것입니다. 앞글에서 미리 말했지만, 도움이 되지 않는다는 게 제 생각입니다.

(1) 경쟁체제 문제

먼저 수K 설립이 과연 철도 사이의 의미있는 경쟁체제를 만들어내는지 살펴봅시다. 시장에서의 경쟁이란 어떤 제품시장에서 구매자를 많이 획득하기 위해 여러 사업체가 벌이는 경쟁을 말합니다. 제가 즐겨 찾는 종로 5가 냉면집들은 서로 '원조 곰보냉면'이라는 이름을 내걸고 고객유치 경쟁을 벌이고 있습니다. 삼성과 LG와 애플의 경쟁이나 강남 술집들 사이의 경쟁도 마찬가지입니다.

물론 '어떤 제품시장'이라는 것은 정의하기가 애매할 수 있습니다. 과일시장에서는 복숭아와 자두 따위가 경쟁상대지만, 복숭아시장에서는 싱싱한 복숭아와 한물간 복숭아가 경쟁상대입니다. 그리고 대체로 좁게 정의된 범위의 시장경쟁이 더 치열하지요. 한물간 복숭아는 값이 아주 싸지 않은 한 아예 눈길이 가지 않습니다.

코레일과 수K의 경쟁은 얼마나 유의미한 경쟁일까요? 김균(金均) 교수와 오건호 박사의 글에서 지적하듯이 그 경쟁은 별로 의미가 없습니다.[13] 강남과 서울역의 중간쯤에 있는 고객에게는 어느정도 의미있는 경쟁이지만, 그런 고객은 별로 많지 않을 것이기 때문입니다.

다만 주류 경제학은 이런 한계적(marginal) 고객 같은 한계적 문제를 다루길 좋아합니다. 따라서 주류경제학적 관점에서 볼 때 코레일과 수K가 서로 서비스나 요금인하 경쟁을 벌일 가능성을 생각할 수도 있겠습니다. 그러면 그런 경쟁을 벌여서 얻을 수 있는 서비스·요금인하 효과는 어느 정도일까요?

(2) 서비스 문제

제 경험으로 한국 철도의 서비스는 세계 최고 수준입니다. (아래의 서술은 제 개인적 경험에 상당히 근거하고 있습니다. 혹시 잘못된 부분이 있으면 지적해주십시오.) 남녀 불문 KTX 승무원은 열차 칸에 들어오거나 나갈 때 70,80도 정도로 고개 숙여 인사합니다. 황송하다는 느낌이 들 정도입니다(지나친 서비스?). 다른 나라에서는 이런 광경을 본 적이 없습니다.

또한 철도의 화장실을 포함해 한국의 공공시설 화장실은 세계 최고 수준입니다. 앞글에서 말씀드렸지만 이딸리아의 뚜껑 없고 고장 잦은 철도 화장실과 비교해보십시오. 독일 철도도 이딸리아보다는 낫지만 한국보다는 엉망입니다. 며칠 전 예나(Jena)에 학술회의차 다녀왔는데 화장실 바닥에는 휴지가 지저분하게 널려 있었습니다.

한국의 공공기관이 엉망이라는 비판을 많이 받지만, 제가 개인적으로 경험한 바로는 119구조대와 공중화장실은 세계 최고가 아닌가 싶습니다. 119구조대는 부르면 재깍재깍 오고 청렴하기도 합니다. 저의 부친이 119로 호송되었을 때 몇푼 안 되는 돈이지만 고마움을 표시했더니 구조대원이 강하게 손사래를 쳤다고 들었습니다.

나라의 발달수준은 시장과 국가의 발달수준(질)에 의해 결정됩니다. 후진국일수록 시장과 국가가 비효율적이고 비민주적입니다. 한국은 시장에서 재벌의 횡포가 대단하고, 국가기관도 비효율적이고 비민주적인 부분이 적지 않습니다. 하지만 국가 공공기관이나 시설 중에는 의외로 효율적으로 작동하는 부분이 있고, 그중 대표적인 것이 119구조대와 공중화장실이 아닌가 생각합니다.

어째서 이 부문에서는 이게 가능한지 늘 궁금했습니다. 119구조대에 대해선 아직도 잘 모르겠고, 공중화장실이 깨끗한 것은 공중화장실마다 담당 환경미화원 이름이 적혀 있는 것을 보고서 어느정도 이해하게 되었습니다. (공중화장실 청소는 주로 비정규직이 담당하겠지만, 어쨌든 공공시설물 관리에 속합니다.) 즉 공공기관이라도 책임을 강하게 묻는 씨스템만 있으면 효율적으로 작동한다는 것입니다. 인건비가 싼 탓도 있겠지만, 우리보다 인건비가 훨씬 싼 나라의 화장실도 우리만큼 깨끗할지는 의문입니다.

다음으로 철도의 정확성(정시 도착률)은 어떨까요? 국제철도연맹(UIC)의 발표에 따르면 한국 철도의 정확성은 99.7%로서 세계 1위입니다. 혹시 이 발표에 약간의 과장은 있을지 모르지만, 개인적 경험으로도 세계 정상급이라고 판단됩니다. 독일 예나 여행에서도 내려갈 땐 제 시간에 내려갔지만 예나에서 베를린으로 올라오는 기차는 30분 연착했습니다. DB가 공사 체제에서 공기업 체제로 전환한 후 나아진 부분도 있지만, 정확성 문제는 악화된 탓입니다.

독일 철도 전문가에 따르면 독일 열차의 지연은 체제 전환에 따른 과도한 인력삭감 때문만은 아니라고 합니다. 제대로 작동하는 차량을 공급하지 못하는 기술적 문제와 정치권이 오랫동안 선로 훼손을 경시한 문제 등도 작용했다고 합니다.

사람의 욕심이 한이 없기는 하지만 한국 철도의 정확성은 이 정도면 충분하다고 할 수 있겠지요. 한국 철도의 안전성도 민영화 이후의 영국은 물론이고 다른 나라에 비해 떨어지는 수준이 아닙니다. 국제철도연맹 발표로는 한국 철도의 안정성 역시 세계 1위라지만, 통계 작성방식에 대한 논란이 있어서 그 평가를 무조건 신뢰하는 건 주저됩니다. 그래도 이 정도면 괜찮다는 느낌은 분명합니다.

그렇다고 한국 철도 서비스에 아무 문제가 없는 것은 아닙니다. KTX의 경우 좌석 사이의 공간이 비행기 일반석처럼 좁습니다. 독일 철도를 타보면 2등칸도 좌석 사이의 간격이 널찍널찍합니다. 서양인의 체구가 큰 점을 고려해야겠지만 한국 KTX 좌석 간격이 다소 좁은 것은 분명합니다. 더 많은 승객을 태우려 했기 때문입니다. 오히려 무궁화열차의 좌석 간격이 더 넓습니다. 게다가 좌석을 앞뒤로 돌릴 수 없게 만들어서 절반의 승객은 열차 가는 방향으로 앉을 수 없습니다. 이건 KTX 차량을 주문할 때 생긴 문제입니다. 혹시 수K는 이런 문제점을 보완한 차량을 도입할지도 모르겠습니다. 그러려면 요금을 올려야겠지요. 요금을 싸게 하되 좌석이 약간 불편한 게 나은지, 아니면 요금을 약간 올리더라도 좌석이 편한 게 나은지는 가치판단의 문제입니다만, 이건 수K의 분리와 무관하게 추진할 수 있는 사안입니다. 따라서 수K의 분리로 기대되는 효과라고 할 수는 없습니다.

(3) 요금 문제

요금 문제는 어떨까요? 다른 나라와 비교해보겠습니다. 2013년 4월 현재 서울에서 부산까지 한국 KTX 일반실 어른 요금은 수원을 경유하는 경우 3시간 14분에 43,000원이고, 수원을 경유하지 않고 2시간 40분 걸리는 경우 53,000원입니다.

일본 신깐센의 경우 비슷한 시간이 걸리는 토오꾜오-오오사까 요금은 14,000엔, 한국 돈으로 대략 14만원입니다. 대략 한국의 3배 정도지요. 일본의 1인당 GDP가 한국의 약 1.7배 수준이니, 한국 철도요금이 일본에 비해 싸다는 걸 알 수 있습니다. 사실 일본인들은 출장비용으로 신깐센을 타기는 하지만 개인 돈으로 타는 건 상당한 부담입니다. 신깐센으로 여행하는 대신 그 돈으로 한국을 여행하는 게 더 싸게 치일 정도니까요.

정확한 통계인지 자신은 없습니다만, 화물운송의 경우 일본에서는 40피트 컨테이너를 철로로 400킬로미터 보내는 데 한국 돈으로 100만원 정도 든다고 합니다. 반면에 한국에서는 같은 수송에 30만원 정도 든다고 하니 화물 운송요금도 싼 편이지요.

독일은 어떨까요? 대략 3시간 걸리는 베를린-풀다(Fulda)의 2등석 요금을 찾아보았습니다. 한달 전(일찍 예약할수록 저렴합니다) 특별할인 요금은 70유로이고, 보통 요금은 100유로입니다. 한국 돈으로 10~14만원 정도이지요. 독일의 1인당 GDP도 일본과 비슷하니, 한국 철도요금은 독일보다도 약간 싼 편입니다.

평균적으로 독일보다 철도요금이 2배 정도 비싼 영국과는 비교할 필요도 없겠지요. 또다른 나라의 경우를 말씀드리면, 제가 미국에 있을 때 캐나다 철도여행을 알아본 적이 있는데 요금이 너무 비싸 포기한 기억이 있습니다.

요컨대 한국 철도요금은 비싼 편이 아닙니다. 실제 소요비용의 60~70%로 요금이 책정되어 있으니 당연한 결과입니다. 사실 너무 싸서 대구에서 KTX로 서울의 백화점까지 쇼핑하러 오는 탓에 대구 상권이 타격을 받는다는 말이 있을 정도입니다. 이런 점을 고려하면 철도요금을 좀 올려야 할 것 같습니다.

(4) 국민연금 투자 문제

국민연금 등 공적 자금으로 재원을 유치한다는 부분을 살펴보겠습니다. 이건 정부가 크게 강조하는 부분이 아니긴 합니다. 또 어차피 국가 자금이나 국민연금 같은 공적 자금이나 모두 공공적 성격이 강하기 때문에 큰 차이가 없습니다.

다만 국민연금은 수익률에 신경을 쓰는 기관입니다. 그래서 수K가 민영화 1.5단계라는 성격을 갖는다는 것이지요. 그러나 우리나라 국민연금은 자신이 주식을 보유한 기업에 대해 적극적으로 경영에 간섭하지 않습니다. 재벌기업의 주식을 꽤 갖고 있지만, 미국의 연금처럼 경영에 간섭하지는 않습니다. 그래서 재벌개혁의 수단으로 국민연금의 적극적 역할을 기대하기도 하는 것입니다.

만약에 당장은 아니더라도 장차 국민연금이 수K 경영에 적극적으로 개입해서 수익률 제고를 요구하면 어찌 될까요? 앞에서 보았듯이 서비스 개선 여지는 별로 없고 요금도 국가의 통제를 받기 때문에, 인건비를 줄이는 쪽으로 나갈 수 있습니다. 인건비를 줄이는 방법은 임금을 삭감하거나 인원을 줄이는 것입니다. 그런데 코레일 내부문서에 따르면, 수K는 코레일에서 이직한 직원들에 대해 코레일보다 10% 더 높게 지급할 예정이라고 합니다.

이건 아직 보고서 수준이니까 실제는 미확정 상태입니다. 하지만 일반 노동력시장에서 쉽게 구할 수 없는 인력(예컨대 기관사)을 끌어오려면 당연히 스카우트 비용이 들기 마련입니다. 수K가 오히려 인건비를 상승시키는 것이지요. 정부는 수K의 경쟁효과를 강조하지만 경쟁은 노동력 수요 면에서 당장 더 강하게 발생하는 셈입니다. 정부가 바라는 것과는 반대의 효과가 나는 것이지요. 물론 일반 시장에서 쉽게 확보할 수 있는 인력에 대해선 낮은 임금을 책정할 수 있을 것이므로, 총체적 효과는 쉽게 단정할 수 없습니다.

만약에 국민연금이 수익률을 강조하면, 국민연금 가입자의 이익과 철도 사용자의 이익이 충돌할 수 있습니다. 인건비 절약을 위해 지나치게 인원을 줄이면 영국에서처럼 안전성이 위협받거나 독일 등에서처럼 열차 지연이 빈발할 수 있습니다. 국민연금 가입자와 철도 사용자의 이익 중 어느 쪽을 더 강조하는가는 가치판단의 문제입니다. 어쨌든 그런 이해상충 가능성을 고려할 필요가 있다는 점을 짚어두겠습니다.

요약해봅시다. 수K는 엄청난 돈을 굴리는 국민연금에 새로운 투자처를 제공한다는 의미는 있습니다. 하지만 국민연금의 현재까지의 행태로 볼 때 철도 자체의 운영과 관련해선 아무런 영향력이 없거나, 혹시 장차 영향력을 강하게 발휘하려 하면 철도 사용자의 이익과 충돌할 가능성이 있는 것입니다.

(5) 적자 해소와 방만경영 문제

수K 설립과 관련해 아마도 정부가 가장 강조한 것은 코레일의 막대한 부채 및 적자와 방만경영 문제가 아닌가 싶습니다.

먼저 부채 및 적자 문제를 따져보겠습니다. 코레일 홈페이지에 따르면, 코레일 부채는 2013년 6월 현재 약 17조 6,000억원에 달합니다. 2010년에 약 12조 6,000억원이었으므로 3년 사이에 5조원가량 늘었습니다. 이런 부채는 크게 경부고속철도 건설 등 시설투자, 용산 역세권 개발 실패 등 사업 실패, 공항철도 인수 등 정부정책 실패의 부담 떠안기, 적자 누적이 그 원인입니다. 이 가운데는 불가피한 부분도 있고, 그렇지 않은 부분도 있을 것입니다.

그런데 수K의 설립은 이런 문제의 해결에 아무런 도움이 되지 않습니다. 앞에서 지적한 4개 요인 중 앞의 3개는 이미 저질러진 일입니다. 게다가 그런 사업 실패를 만들어낸 데는 이른바 낙하산 인사와 정치권 및 정부의 부당한 간섭이 작용했고, 그것은 수K가 바로잡을 수 없는 것입니다. 오히려 수K에 새로운 낙하산 자리를 만들어주는 결과가 될 것입니다.

적자 누적의 문제는 어떨까요? 2012년의 영업손실은 2,000억원 정도이고, 2010년의 영업손실은 4,500억원 정도입니다. 줄고는 있지만 그 규모가 만만치 않지요. '영업손익=수입−비용'이므로 영업손실 문제를 수입과 비용 양 측면에서 따져볼 수 있습니다.

수입은 요금을 인상하면 개선될 수 있습니다. 여객운임 수입이 매년 2조원가량이므로 10% 인상하면 2012년 적자는 해소됩니다(승객 수가 줄지 않는다고 가정할 때입니다). 방만경영이라 비판받는 비용 면에서는 인건비와 다른 비용을 줄이면 적자구조가 개선됩니다. 인건비 삭감은 인원을 줄이거나 임금을 줄이면 되겠지요. 코레일 인원은 2007년의 32,000명 수준에서 2012년 29,000명 수준으로 줄어들었습니다.

어느 정도 더 줄일 수 있을지는 코레일 내부 사정에 정통하지 않으면 알 수 없기 때문에 언급하지 않겠습니다. 다만 코레일의 인건비 비중(46%)이 다른 나라(20~30%)에 비해 높다는 일부 언론의 보도는 왜곡임을 지적할 필요가 있습니다. 한국은 시설을 담당하는 철도시설공단과 운영을 담당하는 코레일이 분리되어 있는데 일본과 독일 등에서는 양자가 통합되어 있어 비교가 불가능하다는 점을 무시한 수치이기 때문입니다. '과도하게' 인원을 줄이면 안전성과 정확성에 문제가 발생한다는 것은 이미 여러번 지적했습니다.

코레일의 임금 문제는 다음 글에서 상세히 다룰 예정입니다만, 일단 다른 나라와 비교할 때 상대적으로 코레일 직원이 높은 대우를 받고 있는 것은 사실입니다. 따라서 동결 또는 삭감의 여지는 있습니다. 만약에 3만명 직원의 연봉을 평균 1,000만원 삭감하면 2,000억원 영업적자가 1,000억원 영업흑자로 바뀝니다. 문제는 그게 어느 정도 가능할까입니다. 쉽지 않습니다. 사람들은 기득권 박탈에는 가만있지 않습니다. 게다가 코레일 노조는 파업권까지 갖고 있습니다.

그런데 수K 설립은 이런 수입-비용구조 개선에 별 도움이 되지 않는다는 점을 인식할 필요가 있습니다. 유승민(劉承旼) 새누리당 의원이 지적했듯이 수K는 알짜배기 노선만을 떼주는(cream skimming) 일이기 때문입니다. 알짜배기를 떼주면 영업수지가 더 악화되겠지요. 국토부에서는 수K가 선로 사용료를 높게 부담하기 때문에 알짜배기 떼주기가 아니라고 반론했습니다. 그런데 도대체 얼마나 높게 부담해야 알짜배기 떼주기가 아닐까요? 수K가 정말로 많이 부담하게 되면 국민연금이 배당금을 목적으로 투자할 동기가 사라집니다. 그러니 처음에는 높게 받는 척하다가 나중에는 낮출(아니면 적어도 인상폭을 낮출) 가능성이 농후하지요.

게다가 선로 사용료는 코레일이 아니라 철도시설공단에 납부하는 것이므로 수K가 선로 사용료로 얼마를 내든 코레일의 경영에 일단 악영향을 미칠 것은 분명합니다. 다만 수K 자체만으로 볼 때는, 코레일 경영에는 악영향을 미치지만 나라를 무너뜨릴 일은 아니지요. 돈이 어느 쪽으로 몰리느냐 하는 문제니까요.

수K가 코레일의 임금을 삭감하는 효과를 갖게 될 가능성 역시 앞에서 말했듯이 희박합니다. 다만 수K 설립이 전체 철도노조의 힘을 약화시켜 앞으로 경영진이 임금협상에서 노조를 밀어붙일 수 있게 된다면 사정은 달라지겠지요. 그건 조금 뒤에 다루겠습니다.

인건비 이외의 비용과 관련해, 적자노선이나 이용객이 적은 역 문제가 있습니다. 간선이 아닌 지역의 적자노선에 대해서는 정부가 어느정도 보전을 해줍니다. 이걸 공익서비스 비용(public service obligation, PSO)이라고 합니다. 다른 나라에도 이런 제도가 존재합니다. 독일의 민영화된 지역노선에서는 이런 PSO를 얼마나 받고 철도를 운영할지를 갖고 민간회사들에 입찰을 실시합니다.

그동안 정부는 철도의 PSO 지급에서 매년 1,000억원 정도를 부족하게 지급해왔습니다. 이는 2012년 운영 적자의 절반에 해당하는 금액입니다. 이걸 제대로 지급하거나 아니면 적자노선을 폐지해버려야 적자 문제가 해소되겠지요. 기존의 적자노선을 폐지하고 승객을 버스 쪽으로 옮기는 게 좋은지 어떤지는 제가 적자노선 지역의 사정을 모르기 때문에 여기서는 언급하지 않겠습니다. 다만 그런 문제는 수K 설립과는 별개로 공적 토론을 거칠 사안입니다. 한국이 공적 토론을 합리적으로 못하는 사회라서 문제긴 합니다만, 원칙은 그렇습니다.

이용객이 적은 역의 문제는 언론에선 극단적인 사례를 동원하면서 노조의 문제점으로 지적했지만, 사실은 정치권의 개입이 더 큰 문제입니다. 자신의 선거구에 정차역을 두게 해야 업적이 되기 때문에 국회의원 등 정치권의 로비가 강합니다. 이런 문제는 독일도 어느정도 갖고 있어서, 철도개혁에서 역점을 둔 것 중의 하나가 이런 부당한 정치적 영향력으로부터의 독립이었습니다. 그리고 적어도 이 면에서 독일의 철도개혁은 성공했다고 평가받고 있습니다.

한국의 낙하산 사장 체제에서는 이런 문제의 해결이 어렵습니다. 마찬가지로 낙하산 인사가 부임할 공산이 큰 수K도 이 문제 해결에 도움이 되지 않습니다. 철도만의 문제는 아닙니다만, 공공기관 경영진의 전문성, 책임성, 독립성을 제대로 발전시켜야 이런 문제의 해결이 가능할 것입니다. 이건 제도의 문제이기도 하지만 사회수준의 문제이기도 합니다. 따라서 시간이 걸립니다. 마침 김상조(金尙祚) 교수 등이 활약하는 '경제개혁연대'에서 이 주제에 대해 고민하고 있다고 하니, 좋은 해결책을 기대해보겠습니다.

다음으로, 영업비용은 아니지만 코레일의 금융비용은 부채를 누적시키는 요인으로 작용합니다. 부채 17조원에 대한 이자가 바로 그것입니다. 2012년의 경우 금융비용은 5,300억원이었습니다. 부채를 그대로 두면 이런 적자가 계속 누적됩니다. 바로 이 문제를 해결하기 위해 일본과 독일에서는 구조개편 과정에서 막대한 철도채무를 사실상 국가가 떠안았습니다. 일본에서는 국철 개혁 당시 부채 37조엔(약 370조원)의 60%를 결국 국가가 세금으로 해결해야 했고, 독일에서는 300억 유로(약 42조원)의 DB 채무를 국가가 처리했습니다.

한국도 이렇게 할 수밖에 없습니다. 그런데 이렇게 하려면 대통령과 여당이 정치적 부담을 지게 됩니다. 당장 국가채무가 늘어나는 걸로 통계가 잡히니까요. 이런 위험성 때문에 이명박정부는 4대강 사업에 따른 부채 등을 공사나 공기업에 떠넘겼습니다. 일종의 '눈속임'이지요. 게다가 그런 눈속임을 통해 공공기관의 부채가 늘어나자 이제는 공공기관 개혁을 외치고 있습니다. 정부의 책임을 계속해서 다른 곳에 떠넘기는 것입니다. 물론 공공기관 개혁은 필요합니다만, 올바른 정부라면 이런 식의 눈속임, 꼼수는 그만두어야 합니다. 그런데 박근혜정부가 그리 할 수 있을까요?

정부의 숨은 의도?

이상에서 정부가 수K의 설립 목적으로 내세운 것들이 별로 의미가 없다는 것을 말씀드렸습니다. 그런데 겉으로 내세운 것 말고 정부가 다른 속셈을 갖고 있다면 어떨까요? 그러면 이야기는 조금 달라집니다.

정부의 속셈으로 생각할 수 있는 것은 철도노조의 약화입니다. 일본에서도 국철 개혁으로 노조의 약화에 성공했습니다. 노조의 약화가 옳은가 그른가 하는 문제와는 별개로, 먼저 그런 속셈이 성공 가능할까 하는 문제를 따져보겠습니다.

코레일에서 일부 인원이 수K로 옮기게 되므로 수적인 면에서 노조의 힘은 약화될 수 있습니다. 그러나 그 자체의 효과는 크지 않습니다. 영국에서 국영철도가 100개 가까운 회사로 쪼개졌지만 노조의 힘은 별로 약화되지 않았다는 게 대체적인 평가입니다.

일본의 경우에 노조가 약화된 것은, 앞글에서 말씀드렸듯이 이미 노조가 국민의 신뢰를 잃고 있었기 때문입니다. 게다가 노조 내부에서는 혁명적 맑스주의파(革マル派) 등 과격한 세력이 과격한 민영화 반대투쟁 과정에서 패배했습니다. 영국에서는 노조가 민영화 반대투쟁을 벌

이지 않았습니다. 영국과 일본의 사례를 통해 내릴 수 있는 결론은, 노조가 철도개편 과정에서 자신의 역량을 보존하느냐 아니냐가 차후 노조의 세력 변화를 결정한다는 점입니다.

만약에 한국 철도노조가 수K 설립과 관련해 민심과 극히 이반되었거나 또는 핵심인물들이 파업과정에서 와해되었다면 정부의 숨은 의도는 달성된 셈입니다. 그런데 정말 그런지는 잘 모르겠습니다.

한국은 노조에 대한 국민여론이 원래 별로 좋지 않기 때문에 이번 철도 파업이 특별히 철도노조에 대한 인상을 '더 나쁘게' 만들었다고는 생각되지 않습니다. 오히려 파업과정에서 불거진(정부가 터뜨린) 노동귀족 논란이 민심에 약간 영향을 주었을 수는 있고, 그 결과 노조가 약화되었을 수는 있겠습니다. 또한 앞으로 공공기관 개혁과 관련해 제기될 노동귀족 문제에 노조가 제대로 대처하지 못하면 노조가 더 약화될 수는 있겠지요. 핵심역량의 보존 여부는 밖에 있는 저로서는 모르는 일이므로 논하지 않겠습니다. (노조가 약화되는 게 좋은 일인가 어떤가 하는 문제는 한국의 노조가 도대체 어떤 역할을 하고 있는가에 따라 달라집니다. 이 문제는 다음번 글에서 다룰까 합니다.)

한편, 박근혜정부는 수K 설립을 통해 파업을 유도하고 그를 통해 공공기관 개혁의 바람을 불러일으키겠다고 생각했을 수 있습니다. 만약에 그렇다면 어떻게 될지는 두고 보아야겠습니다. 이게 성공하려면 박정희·전두환 시대 같은 강력한 독재정권이거나 아니면 국민들의 강력한 지지가 필요합니다. 박근혜 대통령이 '유신 흉내내기'를 하고 있지만, 유신시대처럼 권력을 휘두를 수는 없습니다. 노조 간부를 정보부나 보안사에서 불러서 고문할 수 있는 시대가 아니지요.

국민의 강력한 지지를 얻으려면 정부가 하고 있는 다른 일에서 지지를 확보하고 있어야 합니다. 하지만 박근혜정부는 국정원 문제 등으로 출범 이래 별로 지지를 얻지 못하고 있습니다. 오히려 공공기관 개혁을 지지확보 방안으로 생각한 듯합니다만, 그 개혁의 핵심을 노조 때려잡기 정도로만 생각하고 있는 듯하니 문제지요.

공공기관 개혁을 위해 노조를 바로잡으려면 그전에(적어도 동시에) 〔정부의〕 경영진 선임 문제를 바로잡아야 합니다. 영국의 새처(Margaret Thatcher) 수상이 광산노조와 승부를 벌일 때는 노조가 민심에서 크게 이반되어 있었고 시장을 무시한 비합리적 주장을 견지하고 있었지만, 한국 같은 낙하산 인사 문제는 존재하지 않았습니다. 그런데 한국에서는 경영진 문제에는 손도 안 대고 여전히 낙하산 인사를 계속하고 있습니다. 철도 파업으로 회사가 난리통인 상황에서 지역구 한자리 얻으려고 황우여(黃祐呂) 새누리당 대표를 찾아간 코레일 사장의 행태를 보십시오. 이런 경영진들로 공공기관 개혁이 가능할까요? 그저 소나기는 피하고 보자는 식으로 유신 흉내내듯이 개혁 흉내내기에 그칠 공산이 큽니다.

사실 철도개혁은 굳이 수K를 설립하지 않더라도 정부의 강력한 의지와 민심의 강력한 지지가 뒷받침되면 수행할 수 있습니다. 이는 일본에서 과잉인력의 정리가 사유화 이후가 아니라 사유화 전에 정부가 노조와 승부를 벌이면서 거의 완료된 것을 보더라도 알 수 있습니다. 그런데 그런 지지가 뒷받침되지 않으니 변칙적 수단을 쓰고 있는 셈입니다만, 이게 제대로 될 가능성은 크지 않습니다. 다만 노조가 악수를 되풀이한다면 사정이 달라질 수는 있겠지요.

글이 길어졌습니다. 이제까지의 얘기를 요약하자면, 수K설립은 민영화 1.5단계로 규정할 수 있으며, 수K 설립을 통해 정부가 공식적으로 추구하는 경쟁체제, 서비스 개선, 요금인하, 적자구조 및 방만경영 탈피는 기대하기 힘듭니다. 다만 수K 설립 그 자체가 나라를 무너뜨리는 일은 아니라는 것입니다.

한편, 정부가 속으로 노조 약화를 노리고 있다면 이는 노조의 대응 여하에 따라 어느정도 효과를 거둘 수는 있습니다. 그러나 이를 바탕으로 공공기관 개혁을 추구하는 것은 낙한산 경영의 지속행태를 보더라도 기대하기 힘듭니다.

다음 글에서는 코레일의 임금 문제를 다룰 예정입니다. 거듭 강조하지만 저는 철도산업 전문가가 아닙니다. 제 글에 오류가 있을 수 있으니, 철도 문제에 조예가 깊은 분들의 지적을 기다리겠습니다.

[베를린통신 19·2014.01.19.]

7. 철도 민영화 및 노동귀족 논란을 보면서·하

철도노동자 파업과 관련해 제기된 또 하나의 쟁점은 노동귀족 문제였습니다. 이는 사측에서 노동자 파업의 부당성을 강조하기 위해 퍼뜨린 논리로서, '월급을 이렇게 많이 받는 노동자들이 파업까지 하느냐' 하는 것이었습니다.

물론 월급을 얼마큼 받든 노동자는 엄연한 기본권에 속하는 파업권을 행사할 수 있습니다. 철도노동자보다 더 많은 월급을 받는 의사들도 김대중정부 당시 의약분업 문제로 대대적인 불법파업을 벌인 적이 있지요.

따라서 민영화 반대라는 명분을 내건 철도노조의 파업에 대해 노동귀족 문제로 대응한 것은 다소 치사한 수법입니다. 그러나 파업과는 별개로 한국 노동자 내부의 격차 문제는 심각한 수준에 이르렀습니다. 그러므로 철도노동자 파업을 계기로 이 문제를 짚어보고 해법을 모색할 필요는 있습니다.

노동귀족이라는 용어의 문제

우선 용어부터 정리해볼까 합니다. 저는 계속 '노동귀족'이라고 써왔는데, 견해를 달리하는 쪽에서는 '귀족노조'라고도 합니다. 이에 대해 저는 이제부터 '노동귀족'이라는 용어로 통일했으면 합니다.

그 이유는 첫째, 역사상 이 문제를 처음으로 제기한 엥겔스가 '노동귀족'이라는 용어를 만들어냈기 때문입니다. 맑스와 더불어 자본주의 타도를 부르짖은 엥겔스는 1850~80년대에 맑스에게 보내는 편지에서 이 용어를 여러차례 사용했습니다.

엥겔스는 『영국 노동자계급의 상태』(1845)라는 저술을 펴낼 정도로 맑스보다 노동자들의 실생활에 더 가까이 있었습니다. 그래서 '노동귀족'으로 표현해야 할 현상에 일찍 눈을 뜨게 된 것으로 보입니다. 맑스와 엥겔스는 자본과 노동 사이의 모순구조에만 관심을 가진 것으로 여겨지지만, 사실은 좀 다릅니다.

엥겔스는 노조를 설립하고 안정적 고용을 확보한 영국의 노동자들(철강·기계 부문 등의 숙련노동자들)이 특권적이고 부르주아화된 노동자계층 즉 '노동귀족'이 되어버렸다고 했습니다.

오직 엥겔스의 권위 때문에 노동귀족이라는 용어를 쓰자고 하는 것은 아닙니다. 귀족노조란 용어가 부적절한 둘째 이유는, 귀족노조라고 하면 해당 노동자 전체가 문제가 아니라 노조 조직 또는 노조 집행부가 문제라는 인상을 줍니다. 게다가 귀족노조는 교원노조라는 말에서 보듯이 마치 귀족들이 결성한 노조를 의미하는 것 같기도 합니다.

한국에서는 노조가 조직되어 있지 않은 거대기업의 노동자들도 엥겔스가 말한 특권적 지위를 누리고 있다는 점을 인식해야 합니다. 예컨대 삼성이나 포스코의 노동자들은 다른 거대기업 노동자에 못지않은 상류층이지요. 노조 설립을 막기 위해 이들 회사는 적어도 금전적인 면에서는 다른 거대기업보다 [자사 노동자들을] 더 우대하기도 합니다(이번에 개봉한 영화 「또 하나의 약속」(김태윤 감독, 2013)에서 제기한 삼성반도체공장 피해 같은 산재 문제에서는 사정이 다릅니다만).

이런 두가지 이유에서 앞으로는 노동귀족이라는 용어로 통일했으면 합니다. 제가 늘 강조하는 공자 말씀대로 '이름이 바르지 않으면 말이 순조롭지 않으며, 말이 순조롭지 않으면 일이 이루어지지 않'으니까요.

철도노동자의 임금수준

한국 철도노동자들의 임금을 살펴보겠습니다. 발표된 수치가 들쑥날쑥합니다만, 평균연봉은 약 6,300만원 정도입니다. 코레일의 최연혜(崔然惠) 사장은 6,900만원이라고 했지만 이는 퇴직금 적립금을 포함한 금액이고 이런 식으로 연봉을 비교하지는 않으니, 일단 6,300만원이라고 생각합시다.

기관사는 일부 따로 나오는 수당이 있어서 이보다는 많은 듯합니다. (무조건 신뢰할 수는 없지만) 언론보도에 따르면 KTX 기관사는 8,600만원이고 새마을호와 무궁화호 기관사는 7,000만원이니, 어쨌든 코레일 기관사 연봉은 6,300만원 이상인 셈입니다.

이게 많은 것일까요, 적당한 것일까요? 많다면 그 많은 것이 공정한 것일까요, 불공정한 것일까요? 얼핏 보면 각자의 연봉과 비교해서 판단을 내릴 수 있을 것 같지만, 사실 이건 쉬운 문제가 아닙니다.

경제학에서 임금(소득)이 어떻게 결정되는가를 다루는 이론들이 있습니다. 노동가치설, 임금기금설, 한계생산력설 등등이지요. 그런데 이런 이론들은 현상(독일어로 Sein)이 '왜 그런가'를 설명하는 실증경제학(positive economics)에 속합니다. 하지만 현상이 '어떠해야만 하는가'(독일어로 Sollen)를 다루는 분야는 규범경제학(normative economics)이라고 해서, 보통의 경제학에서는 잘 다루지 않습니다. 후생경제학(welfare economics)에 약간 그런 내용이 들어가긴 하지만 제대로 다루지 않습니다. 가치관의 문제가 개입되기 때문입니다. 도대체 '뭐가 공정한가' 같은 문제는 답하기 쉽지 않지요.

그런데 저는 여기서 한걸음 더 나아가 '어찌해야 바람직한 상태로 바뀔 수 있는가' 하는 문제까지 다루려고 합니다. 이것은 정책의 효과를 분석하는 경제정책론의 범위를 넘어서 당위적 고려는 물론 정치적 고려까지 해야 하는 분야로, 정치경제학(political economics)이라고 할 만합니다. 다만 정치경제학은 일반적으로 정치현상의 경제학적 분석에 가깝고, 한국에서는 정치경제학이 맑스 경제학의 가명이기도 했습니다. 따라서 혼동을 피하기 위해 '전략전술경제학'(strategic & tactical economics)이라고 하면 어떨까 싶습니다. 제가 오늘 이런 용어와 이런 경제학의 필요성을 역사상 처음으로 제창하는 게 아닐까 싶네요.

그럼 전략전술경제학에 들어가기 전에 규범적 측면을 먼저 짚어보겠습니다. 도대체 코레일 노동자의 연봉 6,300만원은 정당한 댓가일까요? 이걸 판단하려면 한국의 다른 노동자 및 다른 나라의 철도노동자와 비교할 수밖에 없겠습니다.

우선 한국의 노동자와 비교해봅시다. 한국 노동자의 평균연봉이 대략 3,000만원이니 코레일 노동자는 그 2.1배 이상을 받고 있는 셈입니다(한국의 1인당 GDP 2,500만원의 2.5배 이상). 그렇다면 코레일 노동자가 노동자 평균연봉의 2.1배를 받는 것은 정당할까요, 아닐까요? 쉽게 답하기 어려운 문제입니다. 한국 조교수 이상 교수의 평균연봉 7,400만원은 언론보도에 따르면 새마을호 기관사 수준인데 이게 많은가요, 적은가요? 한국 변호사나 의사의 연봉은 많은가요, 적은가요?

연봉은 취업에 필요한 인적 투자, 노동강도 등등 여러 조건에 의해 좌우되기 때문에 적정성 여부는 쉽게 판단하기 어렵습니다. 그러면 노동자의 인적 투자와 노동강도 등이 그리 차이 나지 않을 다른 나라 기관사와 비교해보기로 하겠습니다.

이 통계 역시 들쑥날쑥한데, 구글을 뒤져 찾은 비교적 신뢰할 만한 통계를 인용하겠습니다. 일본의 경우 직장인 평균연봉이 410만엔인데,

15년 근속 차장은 550만엔이고 20년 근속 전차운전사는 640만엔을 받습니다. 일반 직장인의 대략 1.3~1.6배에 해당합니다. 독일에서 DB 기관사의 평균월급은 대략 2,700유로로, 일반 노동자 월급 3,200유로의 0.84배에 불과합니다. 민간철도 기관사는 DB 기관사보다 30% 정도 더 적은 보수를 받습니다. 스위스 기관사(39세) 연봉은 72,000스위스프랑으로 일반 노동자 연봉 61,000스위스프랑의 1.2배 수준입니다. 영국은 앞의 국가들보다는 기관사 대우가 좋습니다. 기관사의 평균연봉은 4만 파운드로서 일반 노동자 연봉 26,000파운드의 1.5배 정도입니다. 그래서 앞글에서 말씀드린 대로, 영국 철도운임이 비싼 것은 철도노동자의 고임금도 하나의 원인이라는 지적이 나오는 것이겠지요.

이상 몇개 나라의 사정을 살펴보았습니다. 제 입맛에 맞는 자료만 취사선택한 것은 아닙니다. 앞글에서 철도 사정을 비교한 나라들을 중심으로 통계를 찾을 수 있는 대로 찾았습니다.•

결국 한국 코레일 기관사는 일본, 독일, 스위스는 물론이고 상대적으로 고임금인 영국의 기관사에 비해서도 월등하게 나은 보수를 받고 있는 것으로 드러났습니다. 코레일 직원의 평균연령은 높은 편이지만 근속연수 20년은 다른 나라와 비슷한 수준이니, 코레일 기관사 보수가 다른 나라에 비해 높다고 봐도 무리가 없을 것입니다.

물론 현대·기아차 정규직의 연봉이 평균 1억원가량이고 거기서는 세

• 앞으로 정부나 연구소 등에서 본격적으로 더 많은 나라 사정을 조사하면 좋겠지요. 참고로, 정확한 수치는 모르겠지만 북한에서는 기관사가 상대적으로 높은 대우를 받는 직종으로 알려져 있습니다. 이건 아마도 고장이 잦은 기관차를 몰고 가려면 높은 숙련도가 필요하고, 또 자동차가 부족해 열차가 사회에서 아주 중요한 역할을 하고 있기 때문이 아닐까 싶습니다.

습취업까지 보장하고 있으니, 그에 비하면 6,300만원의 연봉에 세습이 보장되지 않는 코레일 직원은 상대적으로 많이 낮은 수준이기는 합니다. (코레일 직원 사망 시 유가족 채용을 일시적으로 보장한 적이 있지만 그건 세습과는 다른 생계보장 차원이며, 그 제도마저 최근엔 사라졌습니다.) 따라서 코레일 직원을 노동귀족이라고 한다면, 공작-후작-백작-자작-남작이라는 귀족 서열 중 자작이나 남작쯤에 속하는 하급 귀족인 셈입니다. 아니면 한국의 노동귀족-노동평민-노동천민의 세 노동계층 중 상층 노동평민이라고 할 수도 있겠지요.

대개 사정이 이러한데, 과연 한국이 비정상이고 다른 나라가 정상일까요, 아니면 그 반대일까요? 이 역시 쉬운 문제가 아닙니다. 옛 우화에 외눈박이들이 사는 세상에서는 두 눈을 가진 사람이 비정상인 취급을 받는다는 이야기가 나옵니다. 수학문제 정답도 다수결로 결정할 수는 없지요.

다른 예로 CEO의 보수를 살펴봅시다. 미국 500대 기업의 CEO 연봉은 1965년엔 일반 직원의 약 20배였는데, 90년대 이후 그 차이가 크게 확대되어 2012년에는 약 200배가 되었습니다(350대 기업에선 270배). 반면에 한국에서 100대 기업 임원 연봉은 직원의 20배가 되지 않으며, 공개된 수치는 없지만 CEO 연봉도 수십배 정도로 추산되고 있습니다. 일본에서는 차이가 한국보다 더 작으며, 독일 CEO는 미국의 1/3 정도 받는 것으로 나오니 당연히 일반 직원과의 격차는 미국보다 작을 것입니다.

최근 스위스에서는 CEO와 일반 직원의 격차가 너무 크다고 해서 그 격차를 1:12 이하로 제한하려는 법안을 국민투표에 부치기까지 했습니다. 부결되기는 했지만 다른 유럽국가에 비해 격차가 너무 크다는 데 대한 불만이 제기된 것입니다. 특히 스위스에서는 회사를 위기로 몰고 갔던 CEO에게까지 거액의 연봉이 지급됨으로써 국민적 분노를 샀던 것이지요. 그런데 그런 스위스에서조차 CEO 연봉은 1984년에 일반 직원 최저연봉(평균연봉이 아님)의 6배였던 것이 2011년에 43배 정도로 되었을 뿐입니다.

이를 보면 미국 CEO가 다른 나라에 비해 얼마나 많은 연봉을 받는지 알 수 있습니다. 이에 대해서는 당연히 많은 해석(독과점 폭리론, 공격경영의 인센티브, CEO와 이사진의 유착, 유행 등)과 비판이 제기되고 있고, 거꾸로 그걸 정당화하는 논리도 등장합니다. 미국이 비정상일까요, 다른 나라가 비정상일까요?

저는 100% 자신있게 이에 대한 답을 내릴 수는 없습니다. 하지만 건전한 상식에 입각해 미국 CEO의 보수는 비정상이라고 판단을 내리겠습니다. 그리고 그와 마찬가지로 코레일 직원의 임금수준도 비정상이라고 판단을 내리겠습니다. 여기에 동의하지 않는 것은 자유입니다. '존재하는 것은 모두 합리적이다'라고 생각할 수 있습니다. 그러나 만약에 제 생각에 동의한다면 이걸 어떻게 바로잡을지에 대한 아래 글을 계속 읽어주시기 바랍니다.

노동자 사이의 '부당한 격차'를 바로잡으려면

노동자 사이의 부당한 격차에 대해서는 그동안 많은 지적이 있었습니다. 하지만 '도덕적 비판'보다 '비판적 도덕'이 중요하고, 비정상에 대한 비분강개만으론 사태가 해결되지 않습니다. 복잡한 이해관계가 걸려 있고 여러 요소가 복합적으로 작용하는 것이어서 어떻게 풀어나가야 할지가 어렵기 때문입니다. 이런 복합적인 요소를 다루는 게 전략전술경제학인데, 규범(당위Sollen)경제학보다 더 어렵습니다.

그러나 어렵다고 포기해서는 안 되지요. 거대기업 및 공기업 노동자 그리고 공무원이 누리는 상대적으로 높은 처우는 한국사회의 중병인 '고단함·억울함·불안함'에 관련되는 중요한 문제이기 때문입니다. 우리는 이 문제의 해법에 있어 세세한 전술까지는 아니더라도 기본전략은 세울 수 있습니다. 제가 생각한 기본해법은 '시장적 접근과 민주적 접근의 적절한 결합'입니다. 그 구체적 내용을 아래에서 살펴보겠습니다.

먼저 짚어야 할 부분으로, 노동자 사이의 부당한 격차 또는 노동귀족 문제가 제기되면 재벌이나 투기의 문제를 먼저 따져야 하지 않느냐고 하는 분들이 있습니다. 그 지적은 일단 올바릅니다. 61억원을 증여받아 세금 16억원만 내고 45억원으로 수조원의 재산가가 된 삼성 이재용 씨를 보십시오. 그가 그렇게 부자가 되는 데 한 게 뭐가 있습니까. e삼성이니 뭐니 하는 사업을 벌이면서 오히려 회사 재산을 축내기만 했습니다. 그리고 여러 불법과 비리를 저질렀지요. 별다른 생산적 기여 없이 수백 배 수천배로 재산을 늘린 셈입니다. 전두환의 숨겨놓은 재산 문제는 또 어떻습니까.

윗물이 맑아야 아랫물이 맑다고 사회 유력층이 이렇게 극단적 비정상과 비리를 저지르는 상황에서 노동귀족에게만 '정상화'를 요구하기는 힘듭니다. 자본귀족(왕족?) 또는 부동산귀족, 권력귀족 문제를 바로잡아야 노동귀족 문제를 바로잡을 명분이 섭니다.

그러나 노동귀족 문제를 바로잡는 것은 자본귀족 문제를 바로잡는 것과 상충하는 문제가 아닙니다. 제가 늘 강조해왔듯이, 우리 사회에서 진보(X축)의 과제가 개혁(Y축)의 과제와 이율배반적인 것이 아니라 상호 보완적인 것과 마찬가지입니다. 그런데도 우리 사회에서는 많은 분들이 한쪽 과제만을 강조하고 다른 과제는 무시하고 있는 형편이지요.

또 하나 짚어야 할 사안은, 노동귀족이라 해서 이들을 범죄집단처럼 도덕적으로 비난하는 일은 불필요하고 옳지도 않다는 점입니다. 그들은 주어진 조건 속에서 최대한 합법적·합리적 행동을 취해서 현재의 지위를 누리고 있는 것입니다. 재벌총수들이나 전두환 일가가 불법과 비리를 저지르고 있는 것과는 차원이 다릅니다.

한편으로는 그렇기 때문에 노동귀족에 대해 엄벌을 강조할 수도 없고, 또 대오각성해서 스스로 기득권을 포기하기를 바란들 의미가 없습니다. 극소수의 개인이 아닌 다수집단에 공자나 석가 같은 성인으로서의 행동을 요구할 수는 없는 것이지요. 그러니까 문제는 노동귀족에게 주어진 조건, 즉 구조를 바로잡는 일입니다.

혹자는 산별노조를 통한 해결을 주장합니다. 그러나 노동조건이 비슷할 때라야 산별노조가 가능합니다. 이미 노동자 내에서도 귀족-평민-천민으로 갈라진 상황에서 산별 차원의 통일적 임금협상을 실행하는 진정한 산별노조란 불가능합니다.

실제 노동조건이 그리 크게 차이 나지 않는 보건의료노조의 경우를 봅시다. 2005년 서울대병원 노조는 산별조직인 보건의료노조를 탈퇴했습니다. 서울대병원이 다른 병원보다는 상대적으로 조건이 나아서 함께 협상하기가 부담스러웠기 때문입니다. 그런데도 이보다 현격한 차이가 있는 사업장들이 함께 실질적인 산별노조를 건설하자는 것은 어불성설입니다.

거대기업 노동자가 자제하면서 스웨덴식 연대임금제도를 도입해주기를 바라는 것 역시 어불성설입니다. 노동시장의 분열이 이루어지기 전에는 그런 제도의 도입이 가능하지만, 이미 한국처럼 노동시장이 분열되어버린 상황에서는 불가능합니다. 그렇다면 구체적으로 어떤 전략적 해법이 있을까요? 이에 대해선 이미 여러번 글을 쓴 바 있습니다. 기존의 글을 약간 보완하는 차원에서 정리해보겠습니다.

두개의 그룹을 구분해야 합니다. 공공부문과 거대기업입니다. 공무원과 코레일을 비롯한 ○○공사 등 공공부문에 대해서는 시장원리가 작동하지 않으며 대신에 민주적 견제가 가능합니다. 쉽게 말해 정부예산이나 감독을 통해 연봉을 조정할 수 있다는 말입니다.

우리나라 공무원들은 과거엔 박봉이었습니다만 지금은 사정이 달라졌습니다. 제가 조사한 바로 공무원의 현금보수는 다른 나라나 한국의 다른 직장에 비해 아주 높다고 단정하기는 힘듭니다만, 공무원의 직업 안정성과 연금제도는 민간에 비해 아주 우월한 지위에 있습니다. (공무원의 처우와 관련해서는 〔이 책 2부 2장〕「한국의 공무원 보수는 적절한가」도 참고하십시오.) 게다가 세상이 바뀌어 고도성장시대가 중성장-저성장 시대로 되고 사람들의 평균수명이 늘어나면서 직업안정성과 연금의 중요성은 점점 커졌습니다. 또한 과거의 국가주도적 개발체제는 끝났으므로, 인력의 올바른 배분과 사회적 위화감의 해소를 위해 공무원과 민간부문의 상대적 격차를 조정할 필요가 대두했습니다. 그런 조정의 필요성에 대한 인식도 점점 확산되고 있고 또한 가능하기도 합니다.

한가지 방안으로, 공무원의 임금을 동결 또는 삭감하되 퇴직연령을 선진국 수준으로 높이는 방식으로 타협할 수 있습니다. 고령화가 급진전하고 있는 한국에서 지금처럼 일찍 퇴직하면 공기업 등에 낙하산으로 내려가든가 자영업 과잉을 불러오기 마련입니다.

이렇게 퇴직연령을 높이면 젊은이들의 일자리를 빼앗게 되지 않느냐는 반론이 제기될 수 있습니다. 하지만 낙하산으로 들어가 남의 일자리를 빼앗거나 자영업에 뛰어들어 과당경쟁을 만들어내는 것보다는 낫습니다. 그리고 공무원의 임금이 저하되면 주어진 예산으로 더 많은 공무원을 채용할 수 있습니다. 여러 선진국에서 바로 그렇게 하고 있습니다. 게다가 공무원의 퇴직연령이 높아지면 퇴직 후 밥벌이 때문에 재직 시 기업과 유착하는 일이 사라집니다. 이런 구조를 놓아두고 부패를 없애겠다고 하면 무리이지요. 예컨대 최근에 강조되고 있는 '평생법관제'를 보십시오. 이 제도가 정착하면 퇴직 후 변호사로서의 사건 수임을 걱정해 기업들 눈치를 보는 판결을 덜 하지 않겠습니까.

한편, 코레일 기관사 등 다른 공기업의 경우는 다른 나라와 비교할 때 조정할 필요가 커 보입니다. 다만 공기업은 공무원과 달리 파업권을 갖고 있습니다. 박정희·전두환 시대가 아닌 오늘날 파업권을 부정할 수는 없습니다.

민영화를 하면 해결될까요? 파업권이 사라지지 않는 한 민영화한다고 해도 해결은 쉽지 않습니다. 영국 철도노동자의 상대적 고임금은 민영화 이후에도 아무 변화가 없었습니다. 거대 공공부문이 거대기업이 되는 순간 바로 거대기업 노동자의 상대적 특권이 생기기 때문입니다. 이 문제는 거대기업 노동자의 특권을 바로잡는 문제와 같은 종류이니 이 글 뒷부분을 참고해주십시오.

민영화하기 곤란한 공공부문은 어찌해야 할까요? 이곳의 노조는 파업권을 갖고 있기 때문에 해결이 쉽지 않지만, 할 수 있는 일도 있습니다. 우선 현재와 같은 낙하산 사장 체제를 바로잡아야 합니다. 낙하산 사장은 임기 동안 '좋은 게 좋다'는 식으로 얼렁뚱땅 넘어가고 싶어 합니다. 코레일에서처럼 정부가 밀어붙이지 않는 한, 낙하산 사장은 독자적으로 일을 시끄럽게 만들어서 사회의 주목을 받는 것을 싫어합니다. 그렇게 주목을 받으면 잘릴 확률이 커지기 때문입니다. 이런 무사안일주의를 해소하려면 해당 분야의 전문가를 공기업 CEO로 앉혀서 그에게 독립·책임경영을 할 수 있게 만들어야 합니다.

이렇게 바꾸려면 우리 정치구조도 바뀌어야 합니다. 선거과정에서 챙겨야 할 사람이 많고 비용도 많이 들면 당연히 공기업이 그 부담을 감당하게 됩니다. 공기업이나 하청업체에 대한 인사청탁이 바로 그런 것들입니다. 심지어 형식적으로는 공기업이 아닌 포스코에 대해서까지 정치권이 영향력을 행사하고 있지 않습니까.

이걸 바로잡으려면 대선이든 총선이든 선거과정에서 사람과 돈이 덜 드는 정치가 필요합니다. 그와 관련해 헌법을 바꾸지 않고도 할 수 있는 것은 비례대표제의 대폭적인 확대입니다. 독일처럼 그럴 전제로 의원내각제로 갈 수도 있겠지요. 그밖에 정치적으로 어떤 점을 손봐야 할지는 앞으로 계속 논의가 이루어지면 좋겠습니다.

또한 공무원의 경우처럼 공기업 노동자의 퇴직연령을 높이는 대신 임금을 낮출 수 있습니다. 독일의 공공부문 노동자는 65세가 퇴직연령인 걸로 알고 있습니다. 공기업 노동자의 임금 수준을 선진국에 준하게 하려면 퇴직연령도 그에 맞추어야 합니다. 모든 제도는 제도적 상보성이 있다는 점을 여기서도 간과해서는 안 되겠지요.

다음으로 거대기업 노동자의 경우입니다. 이들의 보수는 시장에서 형성되는 것이기 때문에 정부가 직접 개입할 수 없습니다. 따라서 이 경우에 대한 해법은 두가지 방향에서 찾아야 합니다. 하나는 재벌개혁이고 다른 하나는 복지 확충입니다.

부당한 갑을관계 해소를 포함한 재벌개혁을 통해 중소기업들의 수익이 향상되면 자연히 중소기업 노동자들과 거대기업 노동자들 사이의 부당한 격차도 줄어듭니다. 이게 경제민주화이지요. 거대 재벌기업 정규직의 고임금은 바로 재벌기업의 고수익에 근거한 것입니다. 이 고수익의 일정 부분은 협력업체에 대한 독점적 횡포에 기인하고 있고요.

그다음, 사회적 복지를 확충하면 또한 거대기업 노동자들과 여타 노동자들 사이의 실질적인 생활격차가 줄어듭니다. 예컨대 거대기업에서는 직원 자녀의 대학등록금을 회사에서 대신 내줍니다. 그런데 만약 사회 전체에서 대학등록금이 내려간다면 여타 노동자들도 혜택을 봅니다. 자연히 노동자들 사이의 격차가 줄어들겠지요. 이런 걸 '사회적 임금'이라고 합니다. 복지 확충을 위해선 지금보다 세금을 더 거두어야 합니다. 재벌총수뿐만 아니라 거대기업 정규직으로부터도 세금을 더 거두면 이것도 노동자들 사이의 격차 축소에 기여합니다.

이 복지 확충과 노동시장 개혁은 상호 맞물려 있습니다. 당연히 재벌개혁도 이것들과 맞물려 있습니다. 물론 이런 식으로 노동시장을 바로잡고 노동귀족 문제를 해결하는 것은 쉬운 일이 아닙니다. 하지만 유럽의 복지선진국들에서 복지 확충과 노동시장 개혁이 선순환을 이룬 것을 보면 원리적으로 필요하고 현실적으로도 가능한 일입니다.

이상 철도 민영화 및 노동귀족 문제에 대한 글을 마무리하겠습니다. 제 나름대로 해법을 제시하고 거기에 전략전술경제학이라는 이름까지 붙였으니, 모쪼록 여러분이 관심을 갖고 고민해주었으면 합니다.

[베를린통신 20·2014.02.05.]

제2장

살맛 나는 노동을 그리며

1. 한국의 공무원 보수는 적절한가: 국내·국제 비교

얼마 전에 저의 페이스북 친구 중 한명이 언론보도를 계기로 한국의 공무원 보수가 적절한가 하는 질문을 저에게 던졌습니다. 그래서 이 분야는 제 전공이 아니지만 간단하게 제 생각을 정리해서 페이스북에 올린 적이 있습니다.

이왕 글을 올린 김에 좀더 사정을 알아보고 싶은 생각이 들었습니다. 그리하여 이 분야에 관해 글을 많이 써온 다른 페이스북 친구와 이야기를 주고받고 통계를 이리저리 들여다보다가 몇가지 재미있는 사실을 발견했습니다. 그 내용을 여러분과 공유하고자 합니다. 먼저 결론부터 말씀드리겠습니다.

(1) 교사를 포함한 공무원의 현금보수는 다른 나라나 한국의 다른 직장에 비해 상대적으로 반드시 높다고 단정짓기는 힘듭니다.

(2) 그러나 공무원의 직업안정성과 연금제도는 민간에 비해 우월한

지위에 있습니다. 그리고 세상이 바뀌어 고도성장 시대가 중성장-저성장 시대로 되고, 사람들의 평균수명이 늘어나면서 직업안정성과 연금의 중요성이 점점 커졌습니다.*

(3) 또한 과거의 국가주도적 개발체제는 끝났으므로, 인력의 올바른 배분과 사회적 위화감 해소를 위해 공무원과 민간부문의 상대적 격차를 조정할 필요가 대두했습니다.

(4) 따라서 민간부문의 처우를 개선하거나 공무원의 처우를 낮추는 길을 모색할 수 있겠습니다. 그를 위해선 사회보장제도의 발전을 통해 민간부문에서 '삶의 안정성'을 발전시키거나, 아니면 공무원의 현금보수나 연금을 적절히 조정할 수 있을 것 같습니다.

본론으로 들어갑니다. 우선 통계를 100% 신뢰해서는 안 된다는 것을 미리 말씀드리겠습니다. 예컨대 이때까지 한국의 소득분배 통계에 문제가 많다는 것은 최근에 김낙년(金洛年) 교수가 논문을 통해 밝히기도 했습니다.[1] 또 과거의 기업체별 고용자 통계에 큰 문제점이 있었다는 것은 제가 최근 통계청 발표를 이용해 알려드리기도 했습니다.[2] 나아가 국제비교 통계는 더 신뢰하기가 힘들다는 점도 전제해야 할 것입니다. 나라마다 통계 작성기준이 다를 수 있고, 또한 사회씨스템이나 경제씨스템이 다르기 때문입니다. 그러나 그렇다고 해서 통계를 무시하고는 직관으로 말할 수밖에 없기 때문에 조심조심 통계를 다룰 필요가 있겠습니다. 그러면 제가 발견(?)한 사실들을 하나씩 살펴보겠습니다.

---

* 대학생들을 상대로 한 최근의 여론조사에서도 공무원을 희망하는 이유가 바로 여기서 제가 지적한 점들이라는 게 다시 한번 확인되었습니다. 「대학생, 5명 중 3명은 공무원 시험에 관심」, 『경향신문』 2013.5.14. 참조.

공무원 연봉과 1인당 GDP의 국제비교

한국 공무원 중 국제비교가 용이한 교사의 연봉을 보겠습니다. 가장 최근 통계인 2010년치를 OECD에서 나온 "Education at a Glance"라는 자료를 통해 비교해보았습니다(김대호金大鎬 소장이 『2013년 이후』(백산서당 2011) 99면에서 인용한 통계는 2007년치입니다).

그랬더니 한국 교사의 연봉을 1인당 GDP로 나눈 수치는 1.75배였습니다. 독일의 경우는 1.74배였습니다(독일은 초·중·고교에 따라 연봉이 달라서 초등학교는 이보다 낮고 고등학교는 이보다 높습니다. 물론 독일의 학제는 우리와 조금 다릅니다). 포르투갈의 경우는 1.67배였습니다.•

한국, 독일, 포르투갈 세 나라는 다른 나라에 비해 교사 연봉이 1인당 GDP에 비해 높은 축에 들어갑니다. 만약 교사 연봉이 공무원 연봉을 대표한다고 가정하면, 마찬가지로 세 나라가 1인당 GDP에 대비한 공무원 연봉이 가장 높은 그룹에 속합니다. 해당 수치가 일본은 1.48, 덴마크는 1.37, 미국은 0.97이니까요. (다만 미국은 제가 알기로 국제비교되는 연봉은 9개월치뿐이고 나머지 3개월은 다른 일을 해서 돈을 벌 수 있습니다만, 정확하지는 않습니다.)

• 참고로 김대호 소장이 책에서 인용한 2007년 수치에서는 한국 교사의 연봉이 1인당 GDP의 2.2배로 나옵니다. 2007년의 2.2배에서 2010년 1.75배로 떨어진 이유는 그 기간 동안 공무원의 봉급 인상률이 낮았기 때문으로 보입니다. 공무원 봉급 인상률은 2008년 1.3%, 2009년과 2010년엔 동결이었습니다. 2011년은 5.1%, 2012년은 3.5%, 2013년은 2.8%네요.

공무원과 민간부문의 연봉 비교

그렇다면 국제비교를 근거로 한국, 독일, 포르투갈의 공무원은 민간기업에 비해 지나치게 높은 연봉을 받는다고 결론지을 수 있을까요? 연봉 액수만 갖고 꼭 그렇게 결론 내릴 수 있을지는 의문입니다.

한국의 경우, 최근 몇년간 공무원과 민간의 보수를 비교한 조사가 행정안전부(현 행정자치부)에 의해 이루어진 바 있습니다. 「2011년 민관 보수수준 실태조사」와 「2012년 민관 보수수준 실태조사」가 그것입니다. 각각 2010년치와 2011년치에 대한 것으로, 2010년의 경우 공무원 보수는 직원 100인 이상 민간기업 보수의 85%였고, 2011년의 경우에는 그 수치가 84%였습니다. 대졸 일반직 공무원의 평균보수는 2011년의 경우 민간기업 대졸자의 69%였습니다. 직원 100인 이상 기업과 비교하는 게 적절한가 하는 문제제기가 있을 수 있겠지만, 만약 적절하다면 적어도 현금보수 면에서 공무원의 대우는 민간에 비해 떨어지는 것처럼 보입니다.

미국의 경우, (정확한 수치인지는 모르지만) 제가 인터넷에서 찾아본 바로는 2005년 공무원 평균연봉이 6만 달러인 데 반해, 민간부문의 평균 연봉은 4만 달러였습니다. 이때 '민간'이 정확히 무엇을 의미하는지는 모르겠지만 공무원의 대우가 민간보다 나은 셈입니다.

한국 공무원의 처우는 민간에 비해 높지 않다

교사를 대표로 한 앞의 공무원 연봉과 1인당 GDP를 비교한 수치와, 공무원과 민간부문을 직접 비교한 수치가 왜 이렇게 달리 나올까요? 그 수수께끼를 풀기 위해 몇개 국가의 대졸 초임을 비교해보겠습니다(각국 간의 비교가 가능한 민간부문 평균임금 수치를 아직 구하지 못했습니다).

먼저 2012년 한국 민간기업의 4년제 대졸 평균초임은 2,880만원입니다. 1인당 GNI(국민총소득, GDP와 별 차이 없음)는 2,560만원이므로 민간 대졸 평균초임을 1인당 GNI로 나누면 1.13배가 됩니다. 반면에 2010년 일본의 민간기업 대졸 평균초임 연봉은 대략 300만엔(월급 20만엔에 보너스 3개월분)을 좀 넘고, 1인당 GDP는 376만엔 정도입니다. 그러니 민간 대졸 초임은 대략 1인당 GDP의 0.8배입니다. 『월스트리트 저널』(2013.01.24.)에 보도된 2012년 미국의 대졸 평균초임은 44,500달러입니다. 반면에 1인당 GDP는 49,900달러입니다. 따라서 대졸 평균초임은 1인당 GDP의 0.9배입니다.

요약하면, 1인당 GDP에 대비해볼 때 한국의 대졸 초임은 1.13배, 일본은 0.8배, 미국은 0.9배로 나옵니다. 앞에서 1인당 GDP에 비해 교사 연봉은 한국, 일본, 미국이 각각 1.75, 1.48, 0.97배였습니다. (다만 각국에서 대졸 초임을 계산할 때 어떤 범위의 기업을 대상으로 했는지에 따라 사정이 다르므로, 여기의 수치를 절대시하지 마시기 바랍니다.) 좀 복잡하지요. 무슨 말이냐 하면, 한국인의 연봉은 공무원이든 민간부문이든 1인당 GDP와 비교하면 다른 나라에 비해 상당히 높은 수치로 나온다는 것입니다.

여기서 한국 민간부문의 대졸 초임과 일본의 1인당 GDP 대비 대졸 초임을 보면 한국이 일본에 비해 상대적으로 높아서 1.4배(1.13배/0.8배)입니다. 1인당 GDP 대비 교사(공무원) 평균연봉의 경우에는 한국이 일본의 1.2배(1.75배/1.48배)에 지나지 않습니다. 따라서 이 수치를 그대로 거칠게 적용하면 한국의 공무원 처우가 일본에 비해 못하다는 해석이 됩니다. 그리고 국제적으로 볼 때 한국 공무원의 상대적 처우는 민간에 비해서도 그리 높지 않다는 얘기가 되지요.

그런데 거듭 강조하지만, 국제비교는 대단히 조심해야 합니다. 이 수치만으로 한국의 공무원 처우가 다른 나라에 비해 형편없다는 식으로 단순하게 결론을 내려서는 안 됩니다.*

각각의 수치가 차이가 나는 이유

한국은 공무원이든 민간부문이든 1인당 GDP와 비교할 때 왜 이렇게 다른 나라와 크게 다른 수치가 나오는 것일까요? 그 이유는 이 분야의 전문가가 밝혀야 할 일이지만, 제 나름의 생각을 말씀드리겠습니다.

첫째, 나라마다 고용률(취업자/인구)의 차이가 존재하기 때문입니다. 15~64세 인구를 대상으로 하면, 2010년 고용률이 한국은 63%인 데 반해 미국은 67%, 일본은 70%, 덴마크는 73%입니다. 일하는 사람이 많으면 많을수록 일하는 사람의 소득이 1인당 GDP와 가까워지지요. 극단적으로 노동소득만 있고 또 모두가 일한다면, 일하는 사람들의 평균소득은 1인당 GDP와 같습니다. 다만 여기서 보듯이 한국은 일하는 사람 비율이 다른 나라에 비해 낮기 때문에 월급을 받는 사람들(공무원이든 민간기업 종사자든)의 소득을 1인당 GDP와 비교하면 높게 나오는 것입니다.

둘째, 한국은 (영세)자영업자의 비율이 다른 나라에 비해 높습니다. (영세)자영업자는 소득이 낮기 때문에, 이들에 비해 소득이 높은 공무원이나 민간기업 종사자는 1인당 GDP에 비해 높은 소득을 나타내게

• 재미 삼아 독일의 대졸 초임(Einstiegsgehalt für Bachelor)을 조사해보았습니다. 2007년의 대졸 초임은 36,000유로이고, 1인당 GDP는 29,500유로였습니다. 따라서 대졸 초임을 1인당 GDP로 나눈 수치는 1.22였습니다. 1인당 GDP에 대한 교사 연봉의 배율이 독일에서 한국처럼 높은 수준이었던 것과 비슷한 양상을 나타내는 셈입니다.

됩니다. (영세)자영업 비중이 높은 것은 지하경제 비중이 높다는 것과 관련이 있습니다. 대표적인 지하경제인 유흥업소 중 기업형 룸살롱은 자영업에 속하지 않지만, 많은 유흥업소를 비롯한 영세자영업은 지하경제입니다. 게다가 한국은 다른 선진국과 비교해 자영업뿐만 아니라 다른 부문에서도 정부 통계에 잡히지 않는 지하경제의 비중이 높은 편일 것입니다. 지하경제의 비중이 높으면 실제 국민소득은 통계상의 국민소득보다 상당히 높기 마련입니다. 따라서 지하경제를 감안한 1인당 GDP는 통계상의 1인당 GDP보다 높습니다. 그걸 감안하면 공무원이든 민간기업 종사자든 1인당 GDP에 대한 배율은 앞에서 인용한 통계치보다 작아지지요.

한국 공무원의 보수는 다른 나라에 비해 높은가

한국 공무원의 보수는 다른 나라에 비해 높을까요, 낮을까요? 앞에서 언급한 국내 민간기업과의 비교나 다른 나라와의 비교로 볼 때는 꼭 높다고 말하기 힘들 것 같습니다. 적어도 보수 면에서는 공무원들이 민간을 착취하는 '악마'는 아닌 것이지요.

그런데 근로조건에는 임금(보너스, 복지혜택 포함)만 포함되지 않습니다. 첫째, 직업의 안정성을 생각해봐야 합니다. 공무원은 대체로 정년까지는 직장에 붙어 있을 수 있습니다. 반면에, 민간기업의 경우에는 언제 기업이 망할지 모릅니다. 꼭 망하지 않더라도 구조조정이나 상사에게 밉보여서 등의 이유로 언제 잘릴지 알 수 없습니다. 과장된 표현이긴 하지만 '사오정' 같은 말이 왜 나왔겠습니까.

과거 고도성장 시대에는 회사가 계속 커나갔기 때문에 잘릴 염려도 적었고, 비록 잘리더라도 다른 회사에 쉽게 취직할 수 있었습니다. 그런데 한국이 중성장-저성장 단계에 접어들면서는 민간부문의 고용불안정 문제가 점점 심각해진 것입니다. 이로 인해 공무원의 직업안정성이 갖는 의미는 상대적으로 점점 중요해졌습니다. IMF사태를 맞아 구조조정을 겪고 난 이후 민간부문의 고용불안정은 더욱 심각해졌지요. 앞으로 세계적 경쟁이 치열해지면 그럴수록 공무원과 민간부문의 고용안정성 격차는 커질 것입니다.

둘째로 고려해야 할 사항은 민간의 국민연금과 다른 공무원연금(사학연금·군인연금 포함)의 차이가 갖는 중요성입니다. 공무원연금은 정년 이후 평균적으로 200~300만원대 수준을 받고 있는 걸로 알고 있습니다. 반면에 국민연금의 경우에는 평균적으로 100만원대가 아닌가 싶습니다.[3]

이렇게 차이가 나는 것은 불입하는 연금보험료가 다른 게 하나의 원인입니다. 공무원연금은 월급의 17%(본인 8.5%, 국가 8.5%)를 불입하고 국민연금은 월소득의 9%(본인 4.5%, 사용자 4.5%)를 불입합니다.[4] 그러니 정년 이후 공무원들은 그 불입 보험료 차이 이상으로 혜택을 받고 있다고 보아야 할 것 같습니다. 국가가 불입해주는 연금보험료 자체가 국민연금 사용자 부담분의 2배 가까이 되지 않습니까. 특히 사람들의 평균수명이 점점 늘어가면서 연금의 중요성은 더욱 커지고 있고, 공무원들은 이런 점에서 민간부문보다 혜택을 받는 셈입니다. 연금을 포함한 소득이 '평생소득'이므로, 수명 연장에 따라 공무원의 평생소득은 점점 늘어나고 있는 것이지요.

결론적으로, 원래 제도상으로는 공무원의 처우가 민간부문에 비해 특별히 좋았다고 볼 수 없습니다만 세상이 변해서, 즉 고도성장 시대가 끝나고 평균수명이 늘어나면서 공무원의 상대적 지위가 올라간 것입니다. 실제로 공무원이 되려는 젊은이들도 공무원의 현금보수 수준이 높아서가 아니라 직업안정성과 연금혜택을 이유로 들고 있습니다. 대기업과 더불어 공무원은 이제 대졸자들이 선호하는 직업이 되었고, 많은 젊은이들이 공무원시험 준비를 열심히 하고 있습니다. 예전에는 대졸자들이 별로 응시하지 않던 9급공무원 시험에도 대졸자들이 몰려듭니다. 대졸자가 과거에 비해 크게 늘어난 탓도 있지만(한국은 대학 진학률 82%로 세계 최고 수준을 자랑(?)합니다), 공무원의 상대적 지위 향상이 그 중요한 요인인 것 같습니다.

공무원의 상대적 지위 향상은 누구에게 이로운가

이러한 공무원의 상대적 지위 향상이 좋은 것인가요, 나쁜 것인가요? 한마디로 딱 잘라 말하기 쉽지 않습니다. 제가 늘 강조했듯이, 시장과 국가가 얼마나 공정하고 효율적으로 움직이는가가 나라의 질적 수준을 좌우합니다. 따라서 우수한 인재들이 공무원으로 취직해서 나라를 공정하고 효율적으로 이끌어가는 것은 결코 나쁜 일이 아닙니다. 그런 우수한 인재를 충원하기 위해 공무원 대우가 상대적으로 올라가는 것을 무조건 나쁘다고 할 수는 없습니다.

공무원의 처우가 향상될수록 당연히 공무원의 부패 또한 줄어듭니다. 과거에 비해 교통경찰의 부패가 줄어든 데에는 감시카메라의 보급과 더불어 그들에 대한 처우 향상이 작용했습니다. 교사들이 촌지를 덜받게 된 데에도 전교조의 노력만이 아니라 처우 향상이 영향을 미쳤다고 보아야 합니다. 다만 이 처우 향상이라는 것도 도가 지나치면 곤란합니다. 좋은 인재가 공무원으로만 몰리고 민간에서 일하지 않으면 시장경제가 잘 돌아갈 수 없습니다. 그리고 이제는 박정희 시대처럼 국가가 주도적으로 경제개발을 담당하던 시대가 아닙니다. 따라서 국가 인력 자원의 배분 차원에서 공무원의 대우를 조정해야 하겠다는 생각이 듭니다.

이런 대우 조정은 상대적인 문제입니다. 우선, 민간부문의 처우를 개선해 양자 사이의 갭을 줄이는 방법이 하나 있습니다. 하지만 민간부문의 처우는 시장에서 결정되는 부분이 크기 때문에 개선하기가 쉽지 않습니다. 그중 할 수 있는 일의 하나는 고용불안정의 축소입니다. 세계경쟁의 치열화 속에서 고용의 유연성은 불가피합니다. 그러나 잘리더라도 실업수당을 통해 삶의 안정성을 확보하게 할 수 있고, 또 재취업을 위한 국가적 지원을 확대 발전시킬 수 있습니다. 이게 '유연안정성'이지요.[5]

다른 하나는 연금 조정입니다. 민간도 공무원처럼 연금보험료율을 높이고 나중에 많은 연금을 받게 하는 것입니다. 여기서 중요한 것은 당사자와 사용자의 보험료율보다 공무원처럼 국가가 국민연금보험료를 일부 지원해줄 필요가 있다는 것입니다. 그러려면 세금을 많이 거두어야 하지요. 이게 북유럽 같은 고부담-고복지 국가입니다. 이게 당장 불가능하다면 조금씩 당사자 부담과 국가 부담을 늘리는 길이 있습니다. 그걸 모색해보면 어떨까 싶습니다.

공무원과 민간의 상대적 처우를 조정하는 또다른 방법은 공무원의 처우 수준을 떨어뜨리는 길입니다. 직업안정성과 연금이라는 상대적 특혜를 받으니, 그걸 상쇄하는 의미에서 보수 수준을 낮추는 게 하나의 방법입니다. 앞에서 최근 공무원의 봉급 인상률을 소개했습니다만, 세계 금융위기를 빌미로 봉급을 2년이나 동결했는데도 공무원들이 크게 반발한 것 같지는 않습니다. 저도 그렇게 동결되었다는 걸 몰랐으니까요. 봉급이 동결되더라도 호봉이 올라가는 데 따른 봉급 상승은 있으니 견딜 만한 것이지요. 따라서 민간에 비해 적당한 수준으로 봉급 인상률을 낮추는 게 하나의 방법입니다.

다음으로 공무원의 직업안정성을 민간기업 정도로 떨어뜨리는 것은 어떨까요? 이와 관련해 우선 짚어봐야 할 것은, 이른바 '철밥통'이라 불리는 공무원의 직업안정성이 100%의 안정성은 아니라는 것입니다. 1997년 IMF사태 당시 일부 공무원에 대해 일률적으로 몇% 감원 따위의 조치가 취해졌습니다(공무원들이 편법을 동원해서 실제 감원비율은 꼭 그만큼 되지는 않은 걸로 알고 있습니다만).

오세훈(吳世勳) 전 서울시장은 무능력한 시 공무원 3%인가를 퇴출하려고 시도하기도 했습니다. 대학교수의 경우에도 정년보장을 받지 못한 조교수·부교수·교수에 대해선 탈락하는 장치가 마련되어 있습니다. 물론 부정을 저지르면 징계라는 형태로 퇴출되기도 합니다. 일찍 승진한 공무원은 정년이 되기 전에 공직을 떠나는 경우도 없지 않습니다.

이처럼 100% 안정적인 것은 아니지만, 공무원의 직업안정성은 민간에 비하면 훨씬 높습니다. 현대·기아차 생산직도 민간 중에서는 아주 높은 편이지만 만약 현대차그룹에 경영위기가 닥치면 구조조정은 불가피할 것입니다.

공무원의 이같은 직업안정성을 더 낮추는 게 바람직할까요? 그리고 그게 가능할까요? 시장만능주의가 가장 기승을 부리는 미국에서는 지자체가 재정적으로 파산하면 공무원을 감축합니다. 일부 주에선 성적나쁜 학교를 문 닫아서 교사들을 쫓아내기도 합니다. 그러나 미국도 공무원의 직업안정성은 민간부문보다 훨씬 높습니다. 그건 국가 전체가 기업처럼 파산하는 일이 거의 없고, 국가에 대해서는 시장의 경쟁이라는 원리가 작동하지 않기 때문입니다. 또한 관료체제의 안정성이 흔들리면 나라가 흔들릴 위험도 없지 않습니다.

　다른 나라의 경우에도, 예컨대 그리스처럼 국가가 파산위기에 처했을 때는 공무원을 감축하지만 평상시에 공무원을 대폭 감축하는 선진국은 없는 걸로 알고 있습니다. 다만, 정말로 대국민 서비스가 엉망인 공무원에 대해서는 직업안정성을 부여하지 않는 나라들도 있습니다. '유연안정성' 국가인 덴마크에 가보니 일정 직급 이하의 공무원에 대해서는 해고가 가능하도록 되어 있었습니다. 그런 제도가 실제로 어느 정도 실행되고 있는지는 모르겠습니다만, 우리도 대국민 서비스가 엉망인 공무원에 대해 그런 제도를 도입하는 것을 생각해볼 수 있을 것입니다. 일부 교육청에서는 교사에 대해 이미 그와 유사한 씨스템을 도입한 것으로 알고 있습니다.

　마지막으로, 연금 수준을 낮추는 방법이 있습니다. 실제 과거에 비해 공무원들의 연금혜택은 점차 줄고 있습니다. 예컨대 연금지급액의 기준을 마지막 근무 3년치 평균월급으로 하던 데서, 지금은 근무기간 전체 평균치로 바꾼 걸로 알고 있습니다. 따라서 거기서 조금만 더 손을 보는 방법이 있습니다.

　결론적으로, 민간의 처우를 높이거나 공무원의 처우를 낮춤으로써 국가 인력자원 배분을 올바른 방향으로 이끌고 사회적 위화감을 줄이는 길이 있을 것입니다. 도대체 얼마나 조정해야 하는가는 많은 이들이 함께 고민해야겠지요. 공무원 내부에서 상후하박인지 하후상박인지를 제대로 따져보고 조정하는 것도 물론 필요하겠고요.

　사실 보수에 못지않게 중요한 것은 공무원들이 국민을 위해서 얼마나 효율적으로 서비스하는가임은 두말할 필요가 없습니다. 민간부문과 달리 공무원에 대해서는 시장의 견제가 작동하지 않으므로, 공무원의 보수든 서비스의 질이든 민주적 견제가 요구되는 것입니다.

이상 공무원 보수에 대해 말씀드렸습니다. 공기업의 사정은 또 다를 것 같은데, 혹시 이에 대해 공부할 여유가 있으면 정리해볼까 합니다.

[2013.05.06.]

2. 노동의 소외와 일하는 보람

며칠 전 어학원(Goethe-Institut Berlin)에서 일하는 토비아스(Tobias)라는 강사가 속한 밴드의 연주회에 참석하게 되었습니다. 토비아스는 하루 5시간(중간휴식 시간을 빼면 4시간 15분)씩 주 5일 수업을 담당하는 강사입니다. 흥미롭게도 그의 노동은 수업시간만으로 끝나는 게 아니고, 수업준비는 물론이고 학생들의 과제를 점검하고 고쳐주는 일까지 포함되어 있었습니다. 한국의 교사처럼 학생지도까지 떠맡지는 않지만 그래도 상당한 업무량이었습니다. 그런 그가 별도로 시간을 내 기타 연습을 하고 음반도 이미 3집까지 발간했다는 이야기를 듣고 궁금하기도 해서 연주회를 찾아본 것입니다. 그는 단순한 아마추어 수준을 넘어 일종의 프로로서 투잡(two job)을 하고 있는 셈이었습니다.

연주회장은 거대한 홀이 아니라 이런 소규모 연주회를 주 4회씩 하는 자그마한 까페였습니다. 청중도 30명 정도에 지나지 않았습니다. 이런 규모의 청중이라면 기타 연주로는 생활이 유지될 것 같지 않아 보였습니다. 기껏해야 음반을 내는 데 필요한 자금 일부를 조달하는 정도일 것입니다. 밴드의 다른 연주자들도 카레이서 등의 다른 직업을 갖고 있었습니다.

만약에 이런 연주활동을 위해 독일어 강사 일을 마지못해 하는 것이라면 토비아스는 한국의 여느 직장인과 다를 바 없을 것입니다. 그저 목구멍이 포도청이라 싫은 일도 어쩔 수 없이 하는 셈이니까요. 하지만 그가 독일어 강사 일을 하는 걸 지켜보면 그저 밥벌이로 하는 게 아니라 뜨거운 열성을 갖고 학생들을 가르치는 듯했습니다. 다소 과장하면 그는 '혼을 불어넣어 연주하듯이' 학생들을 가르친다는 평을 듣고 있었습니다.

맑스는 『독일 이데올로기』(1845~46)에서 공산주의 사회가 되면 '아침에는 사냥하고, 오후에 고기 잡으며, 저녁에 가축을 돌보고, 식사 후에는 토론을 하게 될 것'이라고 썼습니다.[6] 맑스는 노동의 분업이 초래하는 소외가 극복된 사회를 공산주의 사회로 보고 그것의 구체적인 모습을 이렇게 묘사한 것입니다. 물론 다분히 목가적인 이 사회에는 공업이라는 2차산업이 빠져 있다는 중대한 결함이 존재합니다만, 맑스의 묘사는 하나의 비유로 받아들이면 될 것 같습니다. 노동의 소외를 너무 어렵게 해석하지 말고, 사람들이 자기가 하는 일에서 보람을 느끼는 사회가 노동의 소외가 극복된 사회라고 생각합시다.

사람은 보통 한가지 일만 하면 지루함을 느끼기 마련이니 가급적 여러 일을 통해 보람을 찾는 사회가 이상적인 사회라고 해석하면 어떨까 싶습니다. 아니면 직업(돈벌이)에서도 상당한 보람을 느낄 수 있고, 취미활동을 통해 삶의 또다른 여유를 즐길 수 있는 사회가 바람직한 사회라고 보면 되겠지요. 한마디로 사람들이 자기가 보람(행복, 자부심)을 느끼는 일을 통해 생계를 유지할 수 있는 것이 바람직한 사회의 필수조건이 아닐까 싶습니다. 그게 노동의 소외 문제가 상당한 정도로 해소된 사회라고도 할 수 있겠지요.

노동소외가 사라진 사회는 가능한가

〔이 책 1장 2절에서 소개한〕 독일의 '히든챔피언'인 고급 오디오 회사사장도 음악에 미쳐 고급 오디오 제작에까지 이른 경우입니다. 그 사장에게 노동의 소외 문제 따위는 있을 수 없겠지요. 그가 직접 회사를 설명하는 모습에서도 자신의 일에 대한 보람을 충분히 느낄 수 있었습니다.

옛날 노예나 머슴이 노동의 보람을 느끼기는 쉽지 않았을 것입니다.

산업사회로 들어와 열악한 노동조건에서 장시간 저임금으로 일하는 노동자들도 사정은 크게 다르지 않았습니다. 그래서 맑스 등이 혁명을 부르짖었던 것이지요. 그런데 사회의 생산력이 발전하면서 사람들이 일의 노예가 되기보다 일에서 보람을 찾을 수 있는 가능성이 커졌습니다. 말하자면 '노동해방'의 조건이 발전해온 셈입니다. 다만 그 노동해방을 꼭 맑스식으로 자본주의를 타도해서 이룰 수 있다고는 생각되지 않습니다.

문제는 '노동해방', 다시 말해서 '노동소외의 극복', 더 쉽게 말해서 '노동의 보람'을 느낄 수 있는 형편이 사람마다 직업마다 다르다는 점입니다. 오늘날 사회에서는 어떤 사람들은 '노동의 보람'을 많이 느끼는가 하면 그렇지 못한 사람들도 많다는 게 문제지요. 앞에서 예를 든 독일문화원 강사는 보람을 많이 느끼는 축에 들지 않을까 싶습니다. 그리고 예전의 글에서도 말씀드렸지만 독일에서는 생산직 기능인도 자기 나름의 보람(긍지)을 강하게 느끼고 있다고 생각됩니다. '마이스터'라는 독일말이 주는 무게감이 바로 그것을 나타냅니다.

한국 사정은 어떨까요? 한국에서도 예의 독일어 강사와 오디오 회사 사장처럼 자기가 하는 일이나 취미활동을 통해 보람을 느끼는 사람들이 적지 않을 것입니다. 예컨대 제게는 성악클럽 활동을 열심히 하는 판사 친구가 있습니다. 그리고 제 지인의 딸은 세계의 유명한 축구대회를 휩쓸고 다니면서 취재활동을 벌이고 있습니다. 인간의 다양한 소질을 계발하는 면에서 한국사회도 이제 많이 좋아진 것이지요.

직업집단을 보더라도, 한국의 일부 직업에서는 보람을 느끼는 사람들이 상대적으로 많습니다. 자식들이 자신의 직업을 물려받기를 강하게 바라는 경우가 여기에 해당한다면 의사·법조인·교수가 대표적인 사레일 것입니다.

　고교 시절 책에서 읽은 영문학자이자 수필가, 교수인 피천득(皮千得) 씨의 글이 생각납니다. 정확한 문구는 기억나지 않지만 그는 교수라는 직업이 자기가 하고 싶은 일을 하면서 돈을 받는 아주 좋은 직업이라고 썼던 것 같습니다(피천득 씨의 인격적·학문적 측면은 전혀 모릅니다). 자기가 읽고 싶은 책 읽고, 하고 싶은 말 하고, 쓰고 싶은 글 쓰면서도 돈을 받으니까요. 지금의 교수들은 승진 압박에 시달려 예전만은 못하지만, 그래도 다른 직업에 비해 하고 싶은 일 하면서 돈 버는 몇 안 되는 직업에 속하는 것 같습니다.

　사실 한국 교수의 특권적 지위는 다른 나라와 비교해보면 바로 느낄 수 있습니다. 경영학 같은 일부 분야의 교수를 제외하면, 대개 외국 교수들의 월급은 대기업 과장 수준에 못 미칩니다. 게다가 그 대기업도 한국처럼 중소기업에 비해 엄청나게 많은 월급을 주지는 않습니다. 그러니 외국 교수들의 월급은 절대액으로 계산해도 한국 교수들에 비해 결코 많지 않습니다(정확하게 조사하지는 않았지만 오히려 한국보다 낮은 사례도 볼 수 있었습니다). 그리고 학회에서 발표나 토론을 했다고 사례비를 받는 경우도 드뭅니다.

　제가 머물고 있는 베를린자유대학의 한국학연구소에서는 매주 특강을 진행합니다. 주로 외부인을 불러서 강의를 듣는데, 강의가 끝나고 사례비를 주지 않는 것은 물론이고 같이 밥도 잘 먹지 않습니다. 일본에서는 학술회의가 끝나고 식사자리에 가서 발표자에게서까지 식사비를 거두어 일본 사정을 잘 모르는 한국 교수가 화를 낸 사건도 들은 바 있습니다. 학술회의 발표자는 자신의 연구를 다른 사람들과 공유하는 것으로 만족해야지 달리 댓가를 청구하지 않는다는 문화가 자리 잡고 있는 것입니다. 반면에 한국에서는 연구비 지출을 위해 행사를 치르고, 그 행사비에 발표 사례비가 포함되어 있는 경우가 많습니다. 청중도 거의 없는 학술행사를 치르는 데에는 그런 이유도 있지요([학술행사의 논문 발표가] 연구업적에 포함되는 것도 한 이유입니다).

교수 봉급을 절약해 강사 대우를 개선하자는 주장에 대해

바람직한 사회에서는 권력·금력·명예를 한 사람 또한 한 집단이 독점하지 않습니다. 따라서 다른 선진국들에서 명예를 갖는 교수는 권력과 금력으로부터는 거리가 멀지요. 이렇게 되어야 교수의 지위까지 상승하지 못한 시간강사들도 그런대로 생활할 수 있는 사회가 됩니다. 시간강사의 대우를 개선하자는 데는 이제 많은 공감대가 형성되었습니다만, 그걸 국민 돈이 아니고 교수들 봉급을 절약해서 하자는 주장은 아직 극소수이지요. 사실 진보파 교수라면 이렇게까지 주장할 수 있어야 합니다만, 이런 주장을 하는 진보파 교수는 영남대 박홍규(朴洪圭) 교수 등 극히 일부에 지나지 않습니다. '민주주의는 공장 문 앞에서 멈춘다'는 말이 있습니다만, '진보도 자신의 이익 앞에서는 멈춘다'고 할 수 있을까요.•

판사, 검사와 공무원도 권력을 행사하는 집단이므로 금력까지 가지려 해서는 곤란합니다. 대신에 특별한 과오가 없는 한 정년까지 신분을 보장해 기업의 유혹에 흔들리지 않게 해야겠지요. 다른 직종과 비교할 때 일반 공무원의 월급은 낮추고(몇년간 동결하면 됨) 정년은 연장하는

• 혹시 한국의 교수문제에 대해 더 관심이 있으면 제가 이전에 교수들에 대해 블로그에 쓴 글 「신정아 씨의 억울함과 우리 사회의 치사함」([이 책 3부 2장 1절])을 참고하십시오.

것이 올바른 방향이라고 생각합니다.

최근에 시작된 '평생판사제'는 그런 의미에서 판사들이 소신있게 판결할 수 있게 만든 좋은 제도라는 생각입니다.[7] 변호사로 개업해 큰돈 벌기 위해 기업범죄와 관련된 판결에서 몸 사리는 일이 줄어들겠지요. 한국사회에 대해 비관적인 시각도 많습니다만, 이렇게 좋아지는 면도 있습니다. 의사에 대해선 잘 모르겠습니다만, 유럽처럼 존경은 받되 돈은 너무 밝히지 않는 집단이 되었으면 좋겠습니다. 이리되어 교육자, 공무원, 의사가 바로 서면 나라가 바로 서는 데 큰 도움이 되지 않을까요.

정치가는 어떨까요? 정치에 들어선 사람들은 대체로 자기가 정말로 좋아서 그 길에 접어든 사람들입니다. 예전에 혁명운동에 참여했던 이들이 그 대표적인 경우지요. 시민정치의 일환으로 볼 수 있는 시민운동가도 여기에 속합니다. 따라서 어쩌면 자기 일에서 가장 보람을 많이 느끼는 직업인일 정치가 또는 시민운동가는 다른 희생은 감수해야 할 것입니다. 그래야 공평한 사회가 아니겠습니까. 일부 선진국에서 일부 정치적 직책이 무보수인 것도 이 때문입니다.

물론 그렇더라도 정치가가 최소한의 삶은 영위할 수 있어야 합니다. 직업인으로서의 정치인은 예컨대 선거에서 패배한다 하더라도 나름의 삶의 조건은 갖출 수 있어야 할 것입니다. 정당과 관련단체들이 그런 역할을 해야 하는데 한국은 그렇지 못한 형편이지요. 또 한국에서는 언론이 정치가들 욕만 하지 그들이 제대로 일하고 살아갈 수 있는 조건을 따지지 않습니다. 그러다보니 최근 포스코나 KT 사례에서 보듯이 선거에서 승리한 집단이 공기업 사장을 억지로 쫓아내고 자기편 정치인을 밀어넣으려 하게 되는 것이지요. 정치구조의 왜곡이 기업구조의 왜곡을 초래하는 셈입니다.

예술가는 또 어떨까요? 이들은 자신이 정말로 좋아서 예술을 직업으로 삼았습니다. 즉 노동과정에서의 보람은 충분히 느끼는 집단입니다. 따라서 물질적 대우가 반드시 높아야 할 필요는 없을 것입니다. 고흐(V. W. van Gogh)처럼 살아생전엔 제대로 평가를 받지 못하고 궁핍한 삶을 영위한 경우가 적지 않지요. 하지만 예술가들이 최소한의 삶도 누리지 못한다면 그건 사회의 문화수준을 떨어뜨리는 결과를 초래합니다. 오늘날 한국 상황이 바로 그러합니다. 예컨대 영화·연극계 일반 스태프들이 받는 월급은 최저임금 수준에도 못 미치는 경우가 많습니다.[8]

한국에선 정치가나 예술가나, 로또와 마찬가지로 어쩌다 스타가 되면 팔자를 고치지만 그렇지 않으면 '꽝'인 인생입니다. 보통의 정치가와 예술가도 '적정한' 삶을 누릴 수 있도록 해야 합니다. 사회보장제도는 시대와 화합하지 못한 정치가와 예술가도 그런대로 살아갈 수 있도록 하는 제도이기도 할 것입니다.

한편, 보람은 적게 느끼면서 힘은 많이 드는 직업일수록 금전적 댓가는 커야겠지요. (물론 노동의 댓가는 이런 측면 이외에 생산성도 고려해야 합니다.) 지금도 그런지는 모르겠는데, 뉴욕의 거리 청소부 월급이 상당하다는 기사를 읽은 기억이 납니다.[9]

일과 삶에서 보람을 느끼는 사회로

과거에 비해 인류사회의 물질적 생산력은 비약적으로 발전했습니다. 물론 아직 모두가 노동을 게임처럼 즐길 수 있는 수준은 아닙니다만, 그래도 보람을 느끼며 일할 수 있는(노동의 소외에서 해방될) 가능성은 커졌습니다. 문제는 그 가능성이 선진국과 후진국에서 크게 다르며, 한 나라 내에서도 직업 및 직위에 따라 다르다는 점입니다.

우리가 바로잡으려는 불평등 문제도 결국 이처럼 '보람있게 일할 수 있는 가능성'의 불평등과 연관된 문제인 셈입니다. '노동자(또는 민중)가 주인 되는 세상' 어쩌구 하는 통합진보당(및 과거 민주노동당) 강령이 최근 문제가 되고 있습니다.[10] 그런 생경하고 촌놈 겁주는 표현 대신에 가급적 쉽게 말하면, 될 수 있는 대로 많은 사람이 자기가 하는 일에서 될 수 있는 대로 많은 보람을 찾을 수 있는 사회가 우리가 지향하는 방향일 것입니다.

이렇게 생각하면 '노동해방'도 그리 어려운 과제가 아닙니다. 적어도 독일사회는 한국보다는 노동해방이 더 진전된 사회며, 우리도 그런 식의 바람직한 선진사회로 한발씩 한발씩 움직여가면 되겠지요.

저는 여러번 한국사회의 문제점으로 '고단함·억울함·불안함'을 지적했습니다. 그런데 이건 부정적인 측면이고, 이런 문제점을 바로잡게 되면 '일과 삶에서 보람을 느끼는 사회'라는 긍정적인 면모가 나타날 것입니다. ('삶'은 바로 돈이 되지 않는 취미활동까지 포괄하는 개념입니다.)

이상 독일어 강사의 연주회를 보면서 느낀 소감을 정리해보았습니다. 한가지 사례에서 너무 많은 이야기를 끌어낸 게 아닌가 하는 우려도 있습니다만, 평소에 늘 하던 이야기인지라 제 글을 계속 읽어오신 분들에겐 그리 부담은 없을 것입니다.

[베를린통신 12·2013.11.24.]

3. 노동자와 소비자의 모순

독일에서 처음 지하철을 타면 일순 당황하는 일이 있습니다. 역에 지하철이 정차했는데 문이 자동으로 열리지 않는 것입니다. 큰 단추 같은 게 반짝거릴 뿐입니다. 하차하려면 승객이 이걸 눌러야 문이 열립니다. 저도 멍청하게 기다리다가 '아차, 그렇지' 했던 일이 몇번 있습니다. 지하철에 따라선 이처럼 단추를 누르는 게 아니라 빗장 같은 것을 옆으로 밀어젖혀야 하는 경우도 있습니다. 이럴 땐 꽤 힘이 들지요. 독일 지하철은 여객에게 다소 불편한 셈입니다. 이미 100년 전에 개통한 오래된 지하철이라 그런 건지, 아니면 이용하지 않는 문을 불필요하게 열었다 닫았다 하지 않기 위해서인지는 잘 모르겠습니다.

많은 유럽국가를 포함해 독일의 이런 지하철은 한국과 일본의 그것과는 상당히 다릅니다. 한국과 일본에서는 정차하면 승객이 아니라 문이 알아서 저절로 열립니다. 한국과 일본은 인구밀도가 높습니다. 지하철 이용객도 많아서 어차피 거의 모든 문을 이용할 터이므로 아예 자동으로 문이 열리도록 했는지 모르겠습니다.

지하철 이용방식의 이와 같은 나라별 차이는 사회씨스템 전반의 차이를 반영하는 게 아닌가 싶습니다. 유럽에 비해 한국, 일본이 '소비자가 왕'이라는 자본주의 논리에 더 충실한 나라로 여겨집니다. 한국, 일본에선 말하자면 밥을 입에까지 넣어주는 반면에 유럽은 뷔페처럼 스스로 마음에 드는 음식을 찾아다니는 수고를 해야 하는 사회로 보입니다.

물론 한국사회에서 소비자가 왕이라는 것은 서비스 면에서 그렇다는 것이지 가격 면에서는 꼭 그렇지 않습니다. 박창기(朴昌起) 대표가 『혁신하라 한국경제』(창비 2012)에서 밝혔듯이, 독과점기업들이 담합해서 소

비자를 등치는 면이 많은 게 한국사회입니다. 설탕이 대표적이지요.[11]

금융상품에 관해선 제대로 소비자의 권리가 보장되지 않아 말썽이 빚어지곤 합니다. 키코(KIKO)소송사태 등에서 보듯이 금융상품의 위험성에 대해 금융기관이 소비자에게 제대로 알리지 않는 것이지요.[12] 현재 금융소비자보호원 출범을 두고 이걸 어떻게 자리매김할 것인가를 둘러싸고 논란이 있는데, 아마도 모피아의 농간으로 제 기능을 하지 못할 가능성이 높습니다.[13]

한국사회는 결국 나쁘게 보면 소비자에게 앞에서는 알랑거리면서 뒤로는 호주머니를 털어가는 사회라고 말할 수도 있습니다. 하지만 소비자에게 알랑거린다는 것은 좋게 말하면 소비자의 편리에 신경을 더 쓰는 것일 수도 있습니다.

'서비스 사막' 독일에서 살기

제가 사는 숙소는 베를린에서 외국인이 살기에 꽤 괜찮은 곳으로 알려져 있습니다. 베를린의 여러 대학이 공동으로 기금을 마련해 외국인 학자들을 위해 건립해서 입주 외국인들의 편의를 많이 배려한 곳이기 때문입니다.

그러나 이 숙소의 관리사무실은 평일에 매일 업무를 보는 게 아닙니다. 특정 요일의 특정 시간대에만 관리사무실에서 직원과 만날 수 있습니다. 긴급한 일이 발생했을 때의 연락처가 사무실 앞에 붙어 있지만, 전화해도 잘 받지 않습니다. 때문에 열쇠를 집 안에 두고 나왔다가 낭패를 본 사례를 듣기도 했습니다.

저희 숙소는 그나마 낫습니다. 근처의 다른 숙소는 의복을 세탁하려면 관리인이 세탁실 문을 열어줘야 합니다. 그런데 그 관리인이 항상 사무실에 대기하고 있지는 않습니다. 난감한 노릇이지요. 한국, 일본은 물론 미국도 이렇지는 않았습니다.

여기 베를린에는 또한 24시간 편의점이라는 게 보이질 않습니다. 늦게까지 여는 동네 구멍가게도 없습니다. 예전에는 슈퍼마켓도 저녁 6시면 문을 닫았다고 합니다. 이마트 같은 데서 물건을 샀을 때 집까지 배달해주는 서비스 같은 건 찾아보기 힘듭니다. 자장면 배달이나 퀵서비스 따위도 없지요. 공중화장실도 한국과 달리 지저분합니다.

한국에서는 전자제품에 문제가 생겨서 연락하면 대체로 이른 시간 내에 와서 고쳐줍니다. 나중에 수리 담당자가 제대로 일을 처리했는지 확인전화까지 걸려오지요. 독일에서 이런 건 찾아볼 수 없고, 수리를 부탁해서 제대로 고치지 못해도 돈을 줘야 합니다(컴퓨터 수리의 경우 고치지도 못해놓고 60유로를 받더라네요).

요컨대 독일은 지하철 문 여는 것부터 시작해 장 보고 전자제품 고치는 것까지 한국보다 소비자가 많은 걸 스스로 알아서 챙겨야 하는 사회입니다. 이런 독일사회를 꼬집는 '서비스 사막 독일'(Servicewüste Deutschland)이라는 단어가 생겨났을 정도입니다. 독일에서는 소비자가 이렇게 노동을 분담하는 만큼 노동자는 힘이 덜 드는 반면에, 한국은 교육, 의료 같은 공공적 성격이 강한 서비스가 아닌 개인적 서비스의 경우엔 (돈은 많이 치를망정) 아주 편리합니다만 노동자들의 부담이 커집니다. 24시간 편의점에는 야간노동이 필요하고, 구멍가게는 아침부터 밤늦게까지 열어놓고 있어야 하지요.

전자제품에 친절한 서비스를 제공해주는 삼성 업체가 알고 보니 삼성 소속이 아니라 실제는 하청업체라는 게 최근에 드러났습니다.[14] 소비자는 삼성의 정규직 노동자와는 하늘과 땅 차이의 대우를 받는 하청업체 노동자 덕분에 편리한 서비스를 누리는 셈입니다(아니면 전자제품 가격을 더 비싸게 치러야 하겠지요). 결국 '소비자의 편리'와 '노동자의 권리' 사이에는 일정한 모순이 존재함을 알 수 있습니다. 공장에서 일하는 노동자는 공장을 나서면 장을 보고 전자제품을 구매하는 소비자이기도 합니다. 이처럼 현대 상품사회의 인간은 두 얼굴을 가진 존재입니다. 그 두 존재 사이에 모순이 있는 것입니다.

케이크를 먹는 동시에 간직할 수는 없다

다만 개개인이 언제나 소비자적 존재와 노동자적 존재 사이에서 갈등을 심하게 겪지는 않습니다. 공장에서 힘들게 일하는 노동자가 반드시 다른 노동자를 위해 소비자로서의 편리를 희생해야 할지 어떨지를 고민하지는 않지요. 이건 개개인의 실존적 문제라기보다는 사회적 차원의 갈등으로 나타나는 법이라 개개인이 선택할 수 있는 사안도 아닙니다.

자본주의 사회에서 자본과 노동 사이의 모순만 생각하는 사람이 많습니다. 하지만 한국 같은 자본주의 사회에선 재벌과 중소기업 사이처럼 자본 사이의 모순도 존재하고, 거대기업(공기업, 공무원 포함) 노동자와 중소기업 노동자 사이처럼 노동 사이의 모순도 존재합니다. 게다가 노동자와 소비자 사이의 모순도 안고 있습니다. 다른 나라에 없는 분단모순도 작동하고 있습니다. 그러니 각종 외국서적에서 배운 원론만으로는 한국사회의 해법을 찾기 힘듭니다.

한국사회의 이런 여러 모순은 각기 성격이 다르기 때문에 대처방법도 다를 수밖에 없습니다. 자본과 노동 사이의 모순은 자본주의 사회라면 존재하기 마련이지만, 그 모순을 아예 없애려 한 시도는 실패로 끝나고 말았습니다. 그러니 아직도 사회주의혁명의 이상을 지니고 있는 게 아니라면 그 모순의 존재를 인정하면서 그게 첨예해지지 않도록 하는 방법을 찾는 수밖에 없습니다. 마찬가지로 노동자와 소비자의 모순도 쉽게 청산해버릴 수는 없고, 그 모순을 인정한 속에서 해결책을 찾아야 합니다.

고등학교 영어시간에 다음과 같은 속담을 배운 적이 있습니다. "You can't have your cake and eat it, too." 케이크를 먹어치우는 일과 케이크를 그대로 간직하는 일은 '양립 불가능'하지요. 너무나 평범한 진리인데, 세상 사람들은 이걸 망각하는 경우가 많습니다. 한국에서 연애도 잘하고 공부도 잘하는 고3 학생은 기대하기 힘들지요. 까사노바 같은 멋진 남자가 가정에 충실하기를 기대할 수도 없겠지요.

한국의 정치판에서 좀처럼 찾기 힘든 진정성과 치열함을 가졌던 노무현 대통령도 이런 갈등구조 속에서 고뇌했던 인물입니다. 깨끗한 사회를 만들고자 하는 이상과, 그 이상을 실현하기 위해 선거에서 당선되려면 타락한 현실을 일정하게 받아들여야 하는 상황 사이에서 방황했던 셈입니다. (영화 「변호인 2」를 만들어 그렇게 갈등하는 인간 노무현을 묘사해보면 어떨까 싶습니다.)

많은 사람들이 복지가 확대되기를 바랍니다. 하지만 그런 사람들도 복지 확대를 위해 세금을 더 내는 것은 마뜩잖아 합니다. 그저 자기 아닌 다른 사람들, 예컨대 극소수 부자들에 대한 증세만 바랍니다. 이게 케이크를 먹기도 하고 동시에 가지기도 하려는 마음입니다. 하지만 그것은 실현 불가능합니다. 둘 중 하나를 택하거나 아니면 일정한 타협이 불가피합니다. 케이크를 먹기도 하고 갖기도 하려면 '케이크의 반만 먹는' 식으로 타협을 해야 합니다.

몰상식을 넘어 상식이 통하는 사회로

이건 달리 말하면 바로 보수와 진보의 일정한 균형입니다. '보수'는 소비자의 편리를 강조하는 편이고, '진보'는 노동자의 인권을 강조하는 편입니다. 그런데 돈을 가진 강자인 소비자의 이익만을 위해 밤샘노동이나 위험한 서비스를 강요하는 사회는 바람직하지 않습니다. 반대로 약자인 노동자의 이익을 위한다고 과거 소련·동유럽사회에서처럼 불친절한 서비스와 질 낮은 상품을 제공하는 사회는 지속 가능하지 않지요.

제가 계속 강조해왔듯이, 진보와 보수 사이에는 일정한 균형이 필요합니다. 다만 도대체 어느 지점이 정확한 균형점인지는 아무도 모릅니다. 이건 원래 수학문제처럼 똑떨어진 정답이라는 게 있을 수 없기 때문입니다. 진보세력과 보수세력의 힘의 차이에 따라 왼쪽으로 갔다가 오른쪽으로 갔다가 하는 것이지요.

다만 X축의 균형은 Y축의 '개혁-수구' 대립구도에서 수구를 물리치고 개혁으로 나아가는 것과는 다르지요. Y축의 바람직한 방향은 박근혜 대통령도 말한 "비정상을 바로잡고 정상으로 나가는 것"과 일맥상통합니다. '몰상식을 넘어 상식이 통하는 사회' '진보와 보수 모두의 합리화'도 Y축과 관련된 표현입니다.

독일도 과거와는 좀 달라졌습니다. 슈퍼마켓도 저녁 6시가 아니라 저녁 7시 또는 밤 12시까지 문을 여는 곳이 생겨났습니다. 일년에 닷새인가는 일요일에도 문을 열 수 있게 규정이 바뀌었습니다. 작년 연말에는 지인의 집에서 초밥을 주문하니 배달해주기도 했습니다. 과거에 비해 소비자의 편리를 좀더 중시하는 쪽으로 바뀐 것이지요. 좀더 오른쪽으로 간 셈입니다. 사민당 슈뢰더(Gerhard Schröder)정부의 하르츠

(Hartz)개혁[15)]에 의해 노동시장에서도 좀더 오른쪽으로 움직였으니 총체적으로 독일사회는 약간 우향우한 것입니다.

이게 잘못된 것일까요? 이른바 신자유주의의 폐해일까요? 진보파들은 흔히 그렇게 말합니다. 그러나 좀더 시장을 중시하는 쪽으로 움직인 것은 사실입니다만 그렇다고 독일의 전통적 복지체계가 붕괴한 것은 결코 아닙니다. 독일사회는 X축상에서 약간 오른쪽으로 움직였을 뿐입니다. 이건 옳고 그르고의 문제가 아닙니다. '사회적 취향'의 문제이고 '정도'의 문제입니다. 그리고 이런 개혁에 의해 그동안 너무 오른쪽으로 갔다 싶으니 최근엔 최저임금제를 도입하는 등 다시 약간 왼쪽으로 움직이고 있습니다. 일부 대학에서 등록금을 받다가 다시 없애버린 것도 마찬가지입니다.[16)]

앞에서도 말했지만 세상이란 이렇게 왼쪽으로 갔다가 오른쪽으로 갔다가 하면서 움직이는 법입니다. 너무 왼쪽으로 갔던 나라가 과거의 소련·동유럽이고 너무 오른쪽으로 가 있는 나라가 미국(범죄율에서 보듯이 너무 많은 사회적 갈등을 겪고 있는 나라)입니다.

X축의 좌향이동과 Y축의 상향이동

한국은 어떨까요? 지금이 정상이라고 생각하는 사람도 있고 좀더 왼쪽으로 또는 좀더 오른쪽으로 움직여야 한다고 생각하는 사람도 있습니다. 하지만 만약에 유럽처럼 좀더 갈등이 적은 사회를 원한다면, 약간 왼쪽으로 움직여야 합니다. 그게 세금을 더 내고(공평증세) 복지를 확충하는 길입니다.

또한 한국사회는 Y축에서도 움직여야 합니다. 그게 시장과 국가의 질을 개선하는 길입니다. 시장에서는 재벌체제 문제나 노동시장 양극화를 바로잡는 게 거기에 해당합니다. 국가에 대해서는 국가의 민주성과 효율성을 강화하는 것이지요. 독일을 비롯한 유럽사회는 이런 Y축의 문제가 심각하지 않습니다. 재벌체제나 노동귀족 문제도 존재하지 않고, 국정원이 간첩을 조작한다든가 하는 일도 없습니다.

여러차례 강조한 대로, 우리 사회에서 거대기업(공기업, 공무원 포함)과 중소기업 노동자 사이의 부당한 격차에 대한 해법은 한편으로 민주적 견제에 의해 공무원과 공기업의 임금을 통제하고, 다른 한편으로 재벌체제의 폐해를 바로잡고 아울러 복지를 강화해 거대기업 노동자와 중소기업 노동자의 실질적 생활격차를 줄이는 것 이외에는 다른 길이 없습니다.

결국 한국사회에서는 X축에서의 좌향이동과 Y축에서의 상향이동이 서로 연계되어 있는 것입니다. 이게 우리 사회의 비전입니다. 새누리당과 민주당(현 새정치민주연합)도 이제 막연하게나마 이걸 인식하기 시작했습니다. 하지만 명확한 인식의 부족과 정략적 이해관계로 인해 제대로 실천하지 못하고 있는 것이지요.

어쨌든 우리 사회가 X축에서의 좌향이동과 Y축에서의 상향이동을 수행해야 우리는 '고단함·억울함·불안함'을 벗어나 바람직한 선진사회로 나아갑니다. 그러려면 독일과 북유럽에서 보듯이 세금도 더 내고 '소비자의 편리' 중 일정 부분을 희생할 각오를 해야 합니다. 물론 탈세를 막고 불필요한 정부지출을 삭감하면 증세의 필요성은 줄어듭니다. 그리고 기술발전에 의해 '소비자의 편리'를 희생하지 않고 노동자의 권리를 보호할 수 있는 길도 있을 것입니다. 하지만 적어도 돈만 있으면 안 되는 게 없다는 식의 '소비자 편리'는 다소 희생할 각오를 해야 합니다. 세금도 더 낼 각오를 해야 합니다. 아니라면 심각한 갈등 속에서 버

텨낼 각오를 하든가요. 멋진 케이크를 다 먹어치우면서 동시에 그대로
보고 즐길 수는 없지요.

[베를린통신 23·2014.03.09.]

제3부

한국 정치와 사회의 새로운 프레임을 찾아서

'바보야, 문제는 경제야'라는 문구가 '바보야, 문제는 정치야'로 바뀔 정도로 한국정치는 경제문제를 비롯한 모든 개혁의 아킬레스건이다. 김기원 교수는 경제학자를 넘어 '정치'경제학자답게 이 점을 정확히 꿰뚫고 있다. 제3부의 제1장 정치 편은 정치개혁에 관한 김기원 교수의 총론과 이에 기초한 여권과 야권에 대한 분석 및 진단 그리고 여야의 정치개혁 전망에 관한 글들로 구성했다.

제1장 정치 편의 첫번째 글은 한국정치를 보수와 진보라는 단순한 이분법으로 구분할 것이 아니라 수구적 보수, 개혁적 보수, 수구적 진보, 개혁적 진보라는 '4분면의 프리즘'으로 조망할 것을 제안한다. 이러한 독창적인 한국형 프리즘은 1장의 모든 글을 관통하는 기본관점이자 한국정치의 난맥상, 즉 수구적 보수와 수구적 진보 간의 소모적 대립을 비판하는 도구이기도 하다. 두번째와 세번째 글은 각각 수구적 보수와 수구적 진보에 대해 냉혹한 비판을 가하면서 개혁적 보수와 개혁적 진보에 대한 따뜻한 희망을 함께 담은 글이다. 그 희망의 구체적인 사례로 네번째 글에서는 거국통합내각의 정치개혁적 의미를 설명하고, 이를 통한 '개혁적 보수와 개혁적 진보 간의 경쟁과 협력'을 기대하고 있다. 다섯번째 글은 2012년 대선 패배 이후의 야권 내부 상황을 진단하고, 야권이 철저한 자기반성을 통해 개혁적 진보로 거듭날 것을 촉구한 글이다.

제2장 사회 편에서는 김기원 교수가 기회가 있을 때마다 다양한 주제들에 대해 용기있게 발언한 내용을 정리했다. 2007년 한때 한국사회를 떠들썩하게 했던 신정아 씨의 책을 읽고 쓴 독후감은 김기원 교수가 블로그에 글을 쓰기로 작정하고 쓴 첫번째 글이다. 원래는 5편의 글을 썼는데, 신정아 씨 사건의 사실 여부에 관한 내용은 생략하고 그 사건을 통해 들여다본 기자, 교수 등 한국사회 엘리트층의 치사한 행태를 고발한 내용만 수록했다. 성매매 관련 글은 김기원 교수의 치열함을 가장 잘 엿볼 수 있는 글이다. 성매매에 관한 여성계의 기존 인식에 정면으로 문제를 제기하고 치열하게 논쟁해온 글들 가운데 생전의 출간 저서에 미처 수록되지 못한 것으로, 이 문제에 관한 그의 생각의 완결판이라 할 수 있다. 이밖에도 공공의료 문제, 병원의 갑질에 대한 서민들의 고달픔, 그리고 독일의 두 영웅들의 행동에 대한 평가의 글은 더욱 따뜻한 사회를 향한 열망을 담고 있다.

— 조영탁·정원호

제1장

한국 정치개혁의 과제와 전망

1. 개혁적 진보의 정치학

정치를 하게 되면 무얼 먼저 하겠느냐는 제자의 질문에 공자는 "반드시 이름을 바로잡겠다. (…) 이름이 바르지 않으면 말이 순조롭지 않으며, 말이 순조롭지 않으면 일이 이루어지지 않는다"라고 답했습니다. 공자의 이 정명론(正名論)은 임금이든 신하든 각자 자기 이름에 걸맞게 행동해야 한다는 의미를 갖고 있습니다. 하지만 여기엔 사물의 이름을 제대로 붙여야 세상사가 제대로 굴러간다는 의미도 포함되어 있습니다. 수학에서 정의(定義, definition)가 분명해야 정답을 찾을 수 있는 것과 마찬가지입니다. 애매모호한 개념으로 대화하고 논쟁하는 것은 서로 프랑스어와 이딸리아로 대화하고 논쟁하는 것과 비슷합니다. 언뜻 뜻이 통하는 것 같지만 정작 중요한 대목에선 혼선을 빚기 쉽습니다.

한국 현실에서는 바로 이처럼 개념의 혼란이 소통을 어렵게 만드는 경우가 적지 않습니다. 친북이니 종북이니 하는 모호한 용어를 동원한 색깔론이 이성적 대화를 불가능하게 만들고 있지요. '신자유주의'라는 딱지 붙이기도 시장의 의의와 한계를 제대로 인식하지 못하게 합니다. 흔히들 엄밀한 정의 없이 막연한 느낌만으로 사용하는 진보·보수, 개혁·수구, 중도 같은 용어도 마찬가지입니다. 그래서 일각에선 아예 진보·보수라는 개념의 폐기를 주장하기도 합니다. 진보와 보수의 구분을 넘어서자고도 하지요. 세월호 참사, 박근혜 대통령의 묘연한 7시간, 원세훈(元世勳) 전 국정원장의 선거법 위반 무죄판결, 박희태(朴熺太) 전 국회의장의 성추행, 이런 것들이 어찌 진보·보수 같은 고상한(?) 개념으로 파악될 수 있느냐고 말입니다.

일리있는 지적들입니다. 한국사회에는 진보·보수의 개념 구분으로는 파악하기 어려운 어처구니없는 일들이 많습니다. 그런데 바로 그렇기 때문에 진보·보수의 엄밀한 개념 정립이 필요하고, 이와 다른 차원에서 개혁(상식)·수구(몰상식)의 개념 구분이 동시에 이루어져야 합니다. 현재 개념이 모호하다고 해서 개념 그 자체를 폐기하자는 것은 자칫 홍길동이 애매한 서출 신분이라고 해서 아버지를 아버지라 부르지 못하게 하는 것과 다를 바 없습니다.

특히 실천적으로 중요한 경우에는 애매모호하다고 해서 폐기할 것이 아니라 오히려 그 개념을 더 분명히 해야겠지요. 정치세력들 사이의 이념과 정책의 대립이 도대체 무슨 이슈를 둘러싸고 벌어지는지를 이해하고 더 나은 사회로의 방향을 설정하기 위해 바로 이러한 진보·보수, 개혁·수구 등의 개념 구분이 필요한 법입니다.

정치세력들 사이의 대립은 주로 정책을 둘러싸고 전개됩니다. 미국에서는 민주당과 공화당이 의료보험제도에 관해 서로 다투고 있습니다. 한국에서는 요즘 세월호특별법 제정과 담뱃값 인상을 둘러싸고 여야가 대립하고 있고, 예전에는 사학법, 국가보안법, 종합부동산세, 재벌개혁 등등을 둘러싸고 싸웠습니다.

이런 식으로 어떤 정치세력이 지지하는 개별 정책들의 종합적 지향성이 바로 그 정치세력의 이념입니다. 따라서 정치세력을 '총체적으로 규정'하는 개념이 진보·보수, 개혁·수구인 셈입니다. 물론 각각의 정책에 대해서도 진보·보수, 개혁·수구 중 어디에 속하는지를 따질 수 있습니다. 정당만이 아니라 개인의 이념도 마찬가지로 규정됩니다.

새누리당 내에는 이념과 성향이 다소 다른 사람들이 섞여 있고, 특히 새정치민주연합(이하 새민련)은 잡탕이지요. 게다가 한국의 여야대립에는 아직도 지역대립 요소가 강하게 남아 있습니다. 그러나 당론으로 뭉뚱그려지는 방향성이라는 것은 존재하고, 그걸 규정하기 위해서도 진보·보수, 개혁·수구의 개념 정립이 필요합니다.

진보·보수 개념의 역사

역사적으로는 진보·보수 개념보다 좌우 개념이 먼저 등장했습니다. 18세기 말 프랑스혁명 당시 국민의회가 개최된 바 있습니다. 이때 국왕을 지지하는 세력은 의장석에서 보아 오른쪽에 앉았고, 혁명을 지지하는 세력은 왼쪽에 앉았습니다. 그리하여 좌우 구분이 생겨난 것입니다. 보수주의는 프랑스혁명 이전의 사회적 가치를 지키고자 하는 데서 출발했으니, 기본적으로 우파에 해당합니다.

이런 개념 구분은 시대상황에 따라 조금씩 그 내용을 달리해왔습니다. 봉건왕조가 존재할 때의 좌우 구분과 왕조체제가 사라지고 난 이후의 좌우 구분은 달라질 수밖에 없었습니다. 사회주의 혁명사상이 융성하고 사회주의 국가가 존재하던 시기의 좌우 구분과 사회주의 사상과 체제가 몰락하고 난 이후의 좌우 구분 역시 다를 수밖에 없습니다. 이제는 사회주의와 자본주의의 대립을 좌우대립으로 파악하는 게 거의 무의미해졌기 때문입니다. 마찬가지로 한국에서도 일제강점기, 광복 직후 및 한국전쟁 당시의 좌우 구분과 오늘날의 좌우 구분은 달라질 수밖에 없습니다. 오늘날 한국 정치세력 사이의 주요 대립은 사회주의냐 자본주의냐가 아니라 어떤 자본주의냐 하는 것이니까요. 다만 한국전쟁의 비극적 역사로 인해, 우리에게 좌파라면 북한체제를 동경하는 '빨갱이'를 연상시키는 경우가 적지 않습니다. 그래서 좌우 구분 대신에 진보·보수의 구분이 널리 퍼져 있습니다. 물론 보수파 일부에서 진보파를 악의적으로 공격하기 위해 좌파라는 용어를 즐겨 사용하기는 합니다.

남북한 사이의 적대관계가 해소되고 나면 좌파라는 용어를 훨씬 자유롭게 사용할 수 있을 것입니다. 그전까진 좌파라는 용어의 사용을 어느 정도 자제할 수밖에 없는 실정입니다. 다만 서구 용어법, 아니 동서고금의 보편적 용어법으로서의 좌파는 한국에서 진보파에 해당하고, 우파는 보수파에 해당한다는 점을 인정해야 할 것입니다. 한국뿐만 아니라 서구에서도 좌우 구분과 진보·보수 구분을 서로 다르게 파악하는 사람들이 적지 않습니다. 예컨대 진보란 뭔가를 변화, 발전시키는 것이고, 보수란 현재 상태를 그대로 지키려는 것이라는 식의 해석이 바로 여기에 해당합니다. 또는 급진적 변화와 점진적 변화로 진보·보수를 구분하는 사람들도 있습니다.

이런 해석에 일리가 없는 것은 아닙니다. 하지만 생산력 발전 이외에는 도대체 무엇이 변화 발전인지를 정의하기가 곤란합니다. 그리고 대처와 레이건(Ronald Reagan)처럼 기존의 노사관계나 복지제도를 크게 '변화'시키려 한 사람들을 진보파라고 하면 혼란스러워집니다. 한국에서 영리병원을 인정하지 않는 기존 의료정책을 고수하려는 걸 보수파라고 부를 수 있겠습니까. 그래서 저는 좌우 구분과 진보·보수 구분을 동일하게 파악하는 입장을 취하고자 합니다. 좌우 개념을 동서고금에 널리 통용되도록 넓게 파악하면, 그것은 진보·보수 구분과 겹치게 마련입니다.

우리 사회에서는 한국전쟁을 통해 사회주의 좌파 세력은 거의 말살되었습니다. 대신에 박정희·전두환 군사독재하에서 민주·독재의 대립구도가 설정되었습니다. 그러다 1987년 민주화 이후에 다시 사회주의 좌파가 일부 등장하면서 한국사회의 이념적·정책적 대립구도가 한층 복잡해지기도 했습니다만, 이것도 일시적이었습니다. 옛 소련·동유럽 사회주의 체제가 몰락하고 북한의 실상이 드러나면서, 이제 '민주당·새누리당'이라는 진보·보수 대립전선이 한국사회의 주된 대립구도로 자리 잡게 되었습니다. 저는 한국에서의 이러한 정치대립을 나름대로 고찰해보고 서구와 비교하면서, 제 나름의 좌(진보)·우(보수) 개념을 정립했습니다.

이는 완전히 제 자의적인 구분법만은 아닙니다. 제가 여러해 전 좌(진보)·우(보수) 개념 구분에 관한 글을 쓰고 난 이후 접하게 된 유명한 서구 학자들 중에도 저와 비슷한 구분법을 취하고 있는 학자가 있었습니다. 대표적으로 이딸리아의 노르베르또 보비오(Norberto Bobbio)의 저작 *Left and Right: The Significance of a Political Distinction* (trans. Allan Cameron, 1997)을 보면 좌우 구분을 '불평등'에 대한 접근법의 문제로 인식하고 있습니다. 저는 이런 인식과 흐름을 같이하되, 한국적 상황에서는 좌우 구분과 별개로 개혁(상식)·수구(몰상식) 구분이 필요하다고 보았습니다. 아울러 좌우 구분을 동서고금에 적용할 수 있게 했고, 동양의 음양(陰陽)사상과도 접목했습니다.

진보(좌)·보수(우) 개념과 양자의 균형

동서고금에 통용될 수 있는 진보(좌)·보수(우) 개념은 다음과 같습니다. 진보파는 상대적으로 사회적 약자를 더 대변하며, 보수파는 상대적으로 사회적 강자를 더 대변합니다. 진보파가 대변하는 사회적 약자는 걸인이나 빈민층 같은 경제적 하층에 국한되지 않습니다. 장애인, 성소수자, 양심적 병역거부자, 미국의 흑인, 외국인 노동자, 성매매 여성처럼 사회에서 소외당하는 모든 집단이 여기에 해당합니다. 한편, 보수파가 대변하는 사회적 강자가 모두 '나쁜 놈'들인 것은 아닙니다. 남들보다 머리가 뛰어나고 더 열심히 일해서 더 높은 사회적 지위를 누리고 있는 사람들도 많습니다. 또한 이들은 성(性)이나 인종 문제에서 보듯이 특정 문제에서는 사회적 주류로서 일반적 다수를 차지하기도 합니다.

사회적 약자가 다수이니 민주주의 사회에서는 진보파가 항상 승리해야 하는 게 아닌가 하고 생각할 수 있습니다. 그러나 사회적 강자냐 약자냐 하는 것은 상대적 개념입니다. 한국사회에서 재벌총수나 고급관료나 특권 엘리트만이 사회적 강자는 아닙니다. 연봉 7,000만원의 대기업 회사원은 연봉 2,000만원의 비정규직보다 사회적 강자입니다. 그리고 성소수자나 양심적 병역거부자 문제에서처럼 사회적 약자가 애당초 소수인 경우도 있습니다. 그래서 선거에서 진보파가 이기기도 하고 보수파가 이기기도 하는 것이지요. 사회적 약자를 대변하는 진보파는 사회적 연대와 공생, 경제적 평등, 분배, 민주성, 정치적 자유를 강조합니다. 이런 가치들은 사회적 약자를 보호하는 역할을 하기 때문입니다.

얼마 전 방한한 프란체스꼬(Francesco) 교황은 비인간적인 경제모델에 반대합니다. "규제받지 않는 자본주의는 새로운 형태의 독재며, 불평등은 우리 시대의 가장 큰 경제적 문제"라고 했습니다. 이건 바로 좌파(진보파)의 성격을 가장 잘 대표하는 얘기입니다. 교황의 말씀대로 종교란 원래 사회적·경제적 약자를 품어주고, 사회가 지나치게 물질 만능에 흐르지 않도록 막아주는 역할을 해야 합니다. 다만 기득권화한 오늘날의 종교가 그런 역할을 제대로 못해서 문제인 것이지요. 서울대 조국(曺國) 교수는 교황을 좌파가 아니라 저파(低派)로 규정했습니다. 교황이 사회 저층에 마음을 많이 쏟고 있다는 지적으로, 역시 기지가 번득이는 조국 교수다운 표현입니다.

사실 좌파는 사회적 약자를 대변하는 세력이고, 따라서 좌파가 바로 저파입니다. 그러니 교황은 저파이자 좌파입니다. 교황을 좌파로 규정하는 건 결코 교황을 욕되게 하는 일이 아닙니다. 교황을 제대로 이해하는 것이고, 또한 좌파의 영광입니다. 한국의 진보파 즉 좌파들이 이런 교황의 정신을 제대로 실천하지 못해서 문제이지, 좌파가 결코 악마이거나 북한정권에 무조건 동조하는 '빨갱이'는 아닌 것입니다.

반면에 사회적 강자를 대변하는 보수파는 자기책임과 경쟁, 경제적 자유, 성장, 효율성, 정치적 질서를 강조합니다. 이런 가치들은 사회적 강자가 더 자유롭게 활동할 수 있게 해주기 때문입니다. 이들 역시 쉽게 배척할 수 없는 가치이지요.

인간 본성으로 따지자면 진보파는 음(陰)과 모성(母性)의 기(氣)가 강하고, 보수파는 양(陽)과 부성(父性)의 기가 강하다고 생각됩니다. 어미는 상대적으로 못난 자식이 더 안타까운 반면, 아비는 잘난 자식을 편애하기 쉽습니다. 이걸 인체의 신경계에 비유하자면 진보와 보수는 각각 부교감신경과 교감신경에 견줄 수 있을 것 같습니다. 부교감신경이 음적 활동(이완)에 해당하고, 교감신경이 양적 활동(긴장)에 해당하니까요.

진보·보수를 자본주의 시장경제에 적용하면 어찌 될까요? 자본주의 시장경제에서 경제활동을 조절하는 기본적인 두 축은 '시장'과 '국가'입니다. 진보·보수의 구분은 이 시장과 국가의 상대적 양(量)에 관한 것입니다. 진보파는 사회적 약자를 돕기 위해 국가를 통해 세금을 더 거두어 복지지출을 확대할 것을 주장합니다. 이런 진보파가 극단으로 흐르면 국가가 경제활동을 주관하는 사회주의가 됩니다. 반대로 보수파는 국가의 활동을 사회적 강자의 재산과 생명을 지키는 일로만 제한하려 하고, 세금과 복지지출을 최소화하고자 합니다. 이런 보수파가 극단으로 흐르면 시장에 모든 것을 맡기려는 시장만능주의, 정글자본주의가 됩니다.

개인과 사회가 건전하게 발전하려면 진보적 논리와 보수적 논리가 균형을 이뤄야 합니다. 바로 음양의 조화입니다. 건강한 인간 상태를 나타내는 음양화평지인(陰陽和平之人)이라는 말도 있지요. 제가 건강을 위해 수련했던 활원(活元)이라는 일종의 요가에서도, 긴장[陽]과 이완[陰]의 균형을 건강의 기본원리로 보고 있습니다. 선도(仙道) 수련에서 들숨과 날숨의 균형을 중시하는 것도 마찬가지입니다.

한국에서는 진보파와 보수파가 상대를 악으로 규정하는 경향이 강합니다. 서로 살기가 그득하지요. 특히 양자의 극단적 분파에서 그런 경향이 강합니다. 통합진보당이나 노동당은 아마도 새누리당을 공존대상이 아니라 타도대상으로 간주할 것입니다. 마찬가지로 새누리당의 극단적인 세력들은 통합진보당이나 노동당은 물론 새민련까지 타도대상으로 여기고 있는 것 같습니다. 그러니 우리 정치판에서 독일이나 북유럽처럼 대화와 타협이 자리 잡기는 힘들지요. 진보와 보수가 선악의 관계가 아니라 균형을 추구해야 할 관계임을 망각한 소치입니다.

진보와 보수 어느 한쪽이 지나치면 개인과 사회가 병듭니다. 활력을 잃고 붕괴한 옛 소련 및 동구체제는 진보파 논리의 극단적 사례입니다. 반대로 양극화가 심해지고 금융위기가 빈발하는 오늘날의 자본주의는 시장만능주의라는 과도한 보수파 논리가 지배한 결과입니다. 한국사회는 그동안의 압축적 고도성장 과정에서 성장이데올로기가 압도했고, 미국 유학생 출신들이 학계를 지배함으로써 미국식 시장만능주의가 세계표준인 것처럼 착각하는 논리가 휩쓴데다 남북분단으로 진보이념이 맥을 추지 못함으로써 지나치게 보수 쪽으로 기울어 있습니다.

이런 지나침을 바로잡고 진보와 보수가 균형을 이루어야 합니다. 물론 진보와 보수의 비율이 어느 정도가 되어야 균형인가에 대한 정답은 없습니다. 진보파와 보수파가 서로 상대를 인정하는 속에서 생산적으로 경쟁할 수 있을 때가 바로 균형을 중심으로 움직이는 상태라고 할 수 있을 것입니다. 상대를 인정한다는 것은 진보·보수 모두 극단적이지 않다는 의미이고, 그러면 대화와 타협이 가능해집니다. 양 세력이 균형을 이루려면 진보·보수 모두가 이 글 끝부분에서 논할 개혁적(상식적·합리적) 세력이어야 할 것도 전제가 되어야겠지요. 오늘날의 세계에서는 독일을 비롯해 북유럽이 여기에 가장 가까운 셈입니다.

진보·보수의 상대성과 상호침투

진보와 보수는 자본주의 시장경제에서는 시장과 국가의 양적(量的) 관계를 의미한다고 말했습니다. 그런데 시장과 국가의 관계에서 어느 한쪽이 일정 비율 이상이면 보수고 그 이하면 진보라는 식으로 구분되는 것은 아닙니다. 진보라는 이름이 붙은 정당만이 진보파 정당인 것도 아닙니다. 진보와 보수는 다른 이념과 정파에 대한 상대적 개념입니다.

새민련은 새누리당보다는 진보적이고 노동당보다는 보수적이라는 식으로 나뉘는 것입니다. 한국의 노동당 같은 진보정당은 자신들만이 진보정당이고 새민련은 자유주의 정당이라는 식으로 말하고 싶어 합니다. 진보라는 말을 독점하고 싶은 것이지요.

여기서, 노동당은 사회주의 정당이고 새민련은 자본주의 정당이라는 식의 구분이라면 납득이 갑니다. 하지만 그게 아니고 양자를 진보와 자유로 구분하는 것은 설득력이 없는 구분입니다. 왜냐하면 진보·보수는 모두 자유와 겹치기 때문입니다. 앞서 말했듯이 진보는 정치적 자유를, 보수는 경제적 자유를 강조하니까요. 게다가 요즘 와선 노동당도 사회주의를 당면과제가 아니라 장기적인 목표 정도로 생각하는 듯합니다. 그러니 그냥 노동당이 새민련보다 더 진보적이라는 식으로 구분하는 게 훨씬 이치에 맞습니다.

나라로 따지자면 오늘날 자본주의 중에서 북유럽이 가장 진보적인 반면, 미국은 유럽보다 보수적입니다. 독일의 보수파인 기민련(CDU)도 한국에 오면 아마도 새민련보다 더 진보적일 것입니다. 미국 내에서는 민주당이 공화당보다 진보적입니다. 이런 식으로 진보·보수 구분은 상대적입니다.

또 진보파라고 해서 보수적 가치인 자기책임이나 성장에 전혀 무관심하지는 않습니다. 보수파도 진보적 가치인 사회적 연대나 분배를 무조건 배척하지는 않습니다. 상대적으로 진보파는 사회적 약자를 더 배려하고, 보수파는 상대적으로 사회적 강자에 더 관심을 쏟을 뿐입니다. 진보·보수는 또한 상호침투합니다. 갑자기 무슨 뜬금없는 이야기냐고요? 제 어렴풋한 기억에 의하면, 마오 쩌둥의 『모순론』(1937)에는 대립물이 '상호투쟁'만 하는 게 아니라 '상호침투'도 한다고 나와 있습니다.

마오 쩌둥이 무슨 대단한 철학자는 아닙니다. 하지만 이는 일본제국주의 및 국민당과 투쟁하면서 그 나름대로 획득한 현실인식으로서, 진보·보수의 상호침투를 설명하는 데 유용합니다.

구체적으로 살펴봅시다. 독일의 보수파 수상 비스마르크는 사회주의를 견제하기 위해 사회보장제도를 수립했습니다. 미국의 닉슨(Richard Nixon) 대통령은 중국과 국교를 맺었습니다. 남한의 이승만(李承晚) 대통령이 북한 토지개혁의 영향으로 농지개혁을 시행했다든가, 박정희 대통령이 의료보험제도를 도입한 것도 마찬가지입니다. 이런 게 모두 진보이념이 보수파에 침투된 결과입니다.

반대로 미국의 상대적 진보파인 민주당 대통령 케네디(J. F. Kennedy)는 쿠바를 침공했습니다. 독일 사민당 총리였던 슈뢰더는 경제성장을 위해 노동자들과 실업자의 권리를 제한했습니다. 한국의 노무현 대통령은 한미FTA 등의 보수파 정책을 추진했습니다. 이처럼 보수파, 진보파는 모두 상대를 견제하기 위해 때로는 상대편 정책에 속하는 걸 실천에 옮기기도 합니다. 이게 대립물의 상호침투입니다. 다만 그렇더라도 무게중심은 자기편에 두는 법이지요.

개혁(합리·상식) 대 수구(비합리·몰상식) 구분의 중요성

한국사회에서는 진보·보수의 구분과 별개로 개혁·수구의 구분도 강조될 필요가 있습니다. 앞에서 진보는 음적 기운, 보수는 양적 기운을 나타낸다고 말했습니다. 개혁과 수구는 이와 달리 기운이 맑으냐(淸氣) 탁하냐(濁氣)의 구분이라고 할 수 있습니다. 진보와 보수는 균형을 이루어야 하는 관계인 반면, 개혁(합리·상식)과 수구(비합리·몰상식)는 수구를 물리치고 개혁으로 나아가야 하는 관계입니다. 다만 그 과정을 급진적으로 추진하느냐 점진적으로 추진하느냐의 차이가 있을 뿐입니다.

사회가 병들어 있는데 개인이 고고하게 맑은 기운을 갖고 살아가기는 어렵습니다. 그건 도인의 경지입니다. 그러나 진보·보수가 상대적이듯이, 맑으냐 탁하냐 하는 데에서도 정도의 차이는 있습니다. 맑은 기운에 입각한 개혁파(즉 합리파·상식파)는 사실과 이성에 입각해 효율성과 민주성 모두를 해치는 사회씨스템, 예컨대 부패나 특권구조를 뜯어고치려 합니다. 수구파(즉 비합리파·몰상식파)는 이에 저항하는 세력입니다. 조선시대 조광조(趙光祖)나 김옥균(金玉均) 같은 세력은 그런 의미에서 개혁파에 속하는 셈입니다.

자본주의 시장경제에서는 어떨까요? 진보와 보수는 시장과 국가의 상대적 양의 관계라고 했습니다. 개혁과 수구는 시장과 국가의 질의 문제입니다. 시장의 질을 높인다는 것은 시장의 투명성과 공정경쟁을 발전시키는 것이고, 국가의 질을 높인다는 것은 국가의 민주성과 효율성을 높이는 것을 의미합니다.

많은 구미 선진국에서는 시장과 국가의 질이라는 개혁·수구의 문제가 덜 심각합니다. (다만 이라크 침공 같은 수구적 제국주의 형태가 존재하므로, 국제관계에서는 다른 차원의 논의가 필요합니다.) 이와 달리 여타 후진국은 물론 한국도 바람직한 선진국으로 나아가기 위해서는 수구파를 물리치고 개혁을 추진해야 할 처지에 놓여 있습니다. 그런데 한국의 진보·보수와 개혁·수구는 뒤엉킨 모습을 보여, 진보파가 곧 개혁파는 아닙니다. 주체사상파는 복지 확대를 주장하는 점에서 진보파라 할 수 있으나, 북한체제의 개혁과 개방에 반대하는 점에서는 수구파입니다. 또한 진보파의 상당수는 거대기업 정규직, 공기업 정규직, 공무원이 누리는 부당한 특권의 문제를 외면하는 수구파에 가깝습니다. 재벌체제의 개혁을 거부하는 장하준 교수 역시 수구파인 셈입니다. 반면에 보수파 중에서도 국가와 시장구조 개혁에 적극적인 개혁적 보수파가 있을 수 있습니다. 이를테면 새누리당 내의 소수 쇄신파가 적어도 겉으로 지향하는 바는 여기에 가깝습니다.

시장과 국가만이 아니라 사회·문화의 측면에서도 개혁(합리·상식)·수구(비합리·몰상식)의 문제를 짚어볼 수 있습니다. 세월호 참사에서 드러난 승무원과 해경 공무원의 직업윤리 부재는 몰상식적인 한국문화의 수준을 드러냈습니다. 검찰 간부가 섹스파티를 벌이고, 국회의장까지 지낸 박희태 씨가 성추행을 저지르고도 뻔뻔한 태도를 보인다든가, 일베 등이 세월호 유족에게 막말을 퍼붓는다든가, OO전우회가 걸핏하면 가스통을 들고 설친다든가 하는 일은 모두 한국 보수의 저열한 문화 수준을 드러냅니다. '노블레스 오블리주'(상류층의 도덕적 의무) 같은 건 약에 쓰려 해도 찾기가 힘들지요.

진보파 역시 이런 낙후한 문화에서 자유롭지 않습니다. 민주노총 대의원대회와 통합진보당 중앙위원회에서 발생했던 폭력적인 의사진행 방해를 보십시오. 진보파라고 하면서 재벌 돈을 받고도 부끄러워하지 않는 경우도 있습니다. 진보언론이 수구언론처럼 진영논리에 갇혀 취재를 성실히 하지 않는다든가, 심지어 『조선일보』 사설을 표절한 경우도 있었습니다.[1]

따라서 한국사회의 이념적·정책적 대립구도에서는 진보·보수와는 별개 차원에서 개혁·수구의 문제가 존재합니다. 이것을 그림으로 표시하면 다음과 같이 진보(좌)·보수(우)는 X축에, 개혁·수구는 Y축에 있을 것입니다.

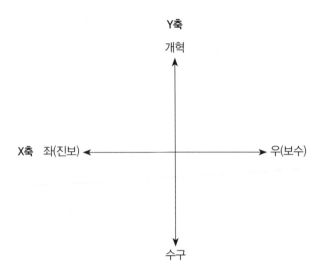

박정희·전두환 군사독재 시절에는 야당을 비롯한 반정부세력은 반독재 민주화투쟁만으로 충분했습니다. 무릎 꿇고 살기보다 서서 죽기를 원한다는 강철 같은 불굴의 자세가 기본 동력이었습니다. 그러나 1987년 민주화 이후의 한국사회는 달라졌습니다. 이슈(대치전선)에 따라 대응(투쟁)방식을 달리해야 하게 된 것입니다. 즉 한편으로는 진보와 보수 사이의 적절한 균형을 확보해야 하고, 다른 한편으로는 수구(몰상식)를 물리치고 개혁(상식)으로 나아가야 하는 이중의 과제를 안고 있습니다(북한관계까지 포함하면 삼중과제입니다). 위의 그림으로 보면 오른쪽 아래에 위치한 한국사회의 좌표를 X축상에서 왼쪽으로 옮기고, 동시에 Y축상에서 위쪽으로 옮겨가는 일입니다.

새민련을 비롯한 한국의 진보파는 이렇게 변화한 현실을 제대로 인식하지 못하고 있습니다. 그리하여 반독재 민주화투쟁 당시의 진정성은 크게 약화된 채 당시 운동권의 관성적 행태를 벗어나지 못하기도 하고, 또는 그와 정반대 편향으로서 정체불명의 '실용주의' '중도노선'을 부르짖기도 합니다. 진보파가 근래 부진을 면치 못하고 있는 데는 여러 요인이 있습니다. 리더십을 갖춘 인물의 부재, 정치세력과 대중의 괴리 같은 것도 주된 요인입니다. 하지만 이와 더불어 한국사회가 진보와 개혁의 이중과제를 떠안고 있다는 인식의 결여도 하나의 요인입니다. 그러다보니 제대로 정책 개발도 못하고, 제대로 싸우지도 못하고 있지 않습니까.

　이상 다소 따분한 이론적인 논의를 펼쳐보았습니다. 한국사회를 올바르게 이해하기 위해 불가피한 과정으로 생각해주십시오.

[베를린통신 39·2014.09.16.]

2. 빨갱이(!?) 새누리당

이제 한달도 남지 않은 2012년 4·11 총선을 향해 각 당들은 후보 선정을 마무리해가고 있습니다. 그 과정에서 여러가지 불만도 터져나오고, 답답한 느낌을 갖는 분들도 많을 것입니다. 공천에서 억울하게 탈락했다고 생각하는 분들이나 이명박 세상이 아닌 희망 찬 세상을 학수고대하는 분들이 특히 그렇겠지요.

제3자의 입장에서 한국의 정치, 특히 선거판을 보고 있으면 이모저모 재미있는 일들이 많습니다. 한국만큼 역동적인 나라는 드물기 때문입니다. 노무현 대통령이 예선과 본선에서 승리해간 과정을 한번 돌이켜보십시오. 폐족(廢族)으로 몰렸던 친노가 부활하는 건 또 어떤가요. 어떤 드라마도 그보다 더 극적일 수는 없을 겁니다. 한국은 현실이 드라마보다 더 드라마 같은 나라입니다.

미국 정치도 격렬한 대립양상을 보이지만 별로 재미있지는 않고 결과도 대체로 뻔합니다. 유럽과 일본은 더 말할 필요도 없습니다. 선진국일수록 모순이 덜 심각하기 때문에 정치적 대립양상이 좀 싱거운 것이지요. 중국 같은 신흥공업국가는 모순이 심각해지고는 있으나 아직 정치가 민주화되지 않은 형편입니다. 그래서 보 시라이(薄熙來)의 해임 같은 권력투쟁도 베일 뒤에서 전개되어 별로 재미있지가 않습니다.[2]

그러니 여기서는 우리 정치과정의 흥미로운 측면들을 주로 살펴보기로 하겠습니다. 물론 저는 공천에서 탈락했다거나 하지 않았으므로 억울한 일은 없습니다만, 과연 이번 선거로 좋은 세상으로 나아갈 수 있을지 답답함이 들기는 합니다. 하지만 비분강개는 가급적 삼가고, 조금 여유를 갖고 우리 선거를 음미해보는 것도 그 나름대로 의미가 있을 것입니다. 열정이 지나치면 지뢰밭인 선거법을 위반할 위험성이 있고, 또 여유를 가져야 현실을 객관적으로 바라볼 수 있을 테니까요. '냉철한 두뇌와 따뜻한 가슴으로'라는 구호는 선거에도 적용됩니다.

새누리당은 왜 빨간색 플래카드를 택했나

오늘 버스 타고 가는 길에 빨간색 플래카드가 눈에 띄었습니다. 언뜻 보고는 진보신당이나 통합진보당이 내건 플래카드가 아닐까 생각했습니다. 그런데 가까이 가면서 보니 그건 진보신당, 통합진보당과 이념적으로 정반대편에 위치한 새누리당의 플래카드였습니다. 아니 이게 어찌된 일인가요? 어떻게 빨간색이 새누리당의 색깔이 된 걸까요? 본인이 색맹이 된 것인가요, 아니면 전국민이 색맹에 걸린 것인가요? 새누리당의 전신인 한나라당의 색깔은 파란색이었습니다.

빨간색을 택한 데는 그 색이 눈에 잘 띈다는 점이 고려되었을 것입니다. 2002년 월드컵 때의 열혈 응원단 '붉은 악마'들이 입었던 옷도 빨간색이니, 새누리당이 젊은이 지지를 끌어내기 위해 빨간색을 썼을 수도 있겠습니다. 그렇더라도 한국은 아직도 수구파들이 강력하게 설치고 있는 나라입니다. 빨간색은 혁명의 색깔이고, 북한의 소년단이 걸친 스카프의 색깔도 빨갛습니다. 우리 정부와 보수수구언론이 북한을 나쁘게 묘사할 땐 빨간색을 자주 사용합니다. 이런 속에서 새누리당이 빨간색을 적극 도입한 것은 대단한 변화인지도 모릅니다.

버스에서 보니 이념상 가장 왼쪽에 위치한 진보신당의 플래카드는 1/3 정도가 빨간색 바탕인데 그것도 '연한 붉은색'이었습니다. 반면에 제가 발견한 새누리당의 두 종류 플래카드는 3/4 정도가 '진한 빨간색'이었습니다. 새누리당이 훨씬 더 '빨갱이'인 것이지요. 새누리당의 (예비)후보들도 당 플래카드만큼은 아니지만 적어도 민주통합당보다는 빨간색을 많이 쓰고 있었습니다.

플래카드 색깔만이 아닙니다. 새누리당의 로고와 유니폼 색깔도 빨 강입니다. 물론 플래카드나 로고, 유니폼 색깔만으로 당의 성격 변화를 단정할 수는 없습니다. 오히려 보수수구세력이기 때문에 색깔 선택에 서 자유를 누리는지 모릅니다. '동무'와 마찬가지로 '조선(朝鮮)'이라는 단어는 조선민주주의인민공화국(북한)을 연상시키기 때문에 일반인, 특히 진보파에게는 사용이 꺼려지는 단어입니다. 하지만 그 단어를 이 름으로 삼은『조선일보』는 보수수구언론의 두목입니다. 아이러니지요. 이런 아이러니가 새누리당의 빨간색에도 적용될 수 있을지 모릅니다.

다른 한편, 새누리당의 빨간색에는『조선일보』의 '조선'과는 쓰임이 다른 면도 있는 것 같습니다. 그 차이는 바로 플래카드에 걸린 구호에 드러나 있습니다. 제가 본 두 종류의 플래카드 중 하나에 "복지, 일자리, 경제민주화"라는 말이 선명하게 붙어 있었던 것입니다. 이쯤 되면 새누 리당을 좌경 빨갱이라 해도 무방하지 않을까 싶습니다. 일자리야 무색 무취한 구호로 볼 수도 있습니다만, 복지와 경제민주화는 김대중·노무 현정부 당시 한나라당과 보수수구언론들이 좌파라고 몰아부치던 바로 그 이념들입니다.

제가 여러번 언급한 대로 엄밀히 따지면 복지는 X축의 진보 즉 좌파 에 해당하고, 경제민주화는 Y축의 개혁에 해당합니다. 그러나 어쨌든 새누리당이 이런 구호를 내건 것은 과거에 비해 좌(左)클릭했다는 의미 입니다. 그러니『조선일보』와는 다른 진짜(?) 빨갱이입니다. 따라서 '좌 파 척결'을 내걸고 있는 '대한민국 어버이연합'은 가스통 들고 새누리 당사에 쳐들어가야 할 것 같습니다.

색깔이 변한 이유를 경제학으로 해명한다면

세상이 어찌 이렇게 바뀔 수가 있나요? 참으로 금석지감(今昔之感)이 들지 않을 수 없습니다. 하지만 세상을 너무 코미디같이 보지 말고 좀 진지하게 따져도 봐야겠지요. 정치판의 색깔이 이리 바뀐 직접적 출발점은 2009년 경기도 교육감 선거였습니다. 당시 김상곤(金相坤) 후보는 무상급식을 공약으로 내걸었는데, 복지라는 주제가 선거의 쟁점이 되었지요. 그 공약 때문만은 아니겠지만 김후보가 결국 교육감에 당선되었습니다. 그런데 김문수(金文洙) 경기도지사를 포함해 한나라당이 다수였던 경기도의회가 김교육감의 무상급식 공약 실현을 집요하게 방해했습니다. 이것이 도리어 민심의 역풍을 불러왔습니다. 그리하여 2010년 지자체 선거에선 여야를 불문하고 거의 모든 후보가 무상급식을 공약으로 내걸었고, 김교육감을 괴롭혔던 한나라당 도의원들은 선거과정에서 고전하기도 했습니다.

탄탄한 기반을 가졌던 김문수 지사마저 힘겨운 선거를 치렀습니다. 민주당에서 미움받은 유시민 씨가 아닌 김진표(金振杓) 씨가 후보가 되었더라면 아마 김문수 지사도 낙선했을지 모릅니다. 2011년 들어서는 무상급식에 반대한 오세훈 시장이 중도사퇴했고, 이어서 나경원(羅卿瑗) 후보도 나가떨어졌습니다. 이게 다시 한나라당으로 하여금 복지를 강조하는 좌클릭을 단행할 수밖에 없게 만든 정치적 조건입니다. 늦게나마 시대정신을 깨달은 셈이라 할까요.

물론 이런 정치적 변화의 밑바닥에는 경제적 조건의 변화가 깔려 있습니다. 과거 고도성장기에는 성장이 복지문제를 은폐했습니다. 그러나 이후 중성장-저성장 단계에 접어들면서 그에 걸맞은 복지씨스템이 갖추어지지 않은 우리 현실이 본격적으로 문제가 된 셈입니다. 양극화의 심화 속에 재벌의 비리와 횡포가 노골화되면서 경제민주화에 대한 요구도 강해졌습니다. 게다가 2008년 세계금융위기로 시장만능주의에 대한 반성이 유행처럼 퍼져나갔습니다.

우리 현실이 진보와 개혁이 불가피한 상황에 와 있고, 새누리당이라 하더라도 그런 현실을 완전히 외면하고선 살아남기 어렵게 된 것입니다. 문제는 각 정당들이 얼마나 진정성을 갖고 얼마큼 진보와 개혁을 실천하는가입니다. 독일의 비스마르크는 사회주의혁명을 예방하려고 복지제도를 도입했습니다. 해방 직후 남한에서도 혁명을 막기 위해 농지개혁을 단행했습니다. 이른바 '혁명 예방적 개량'입니다. 그에 따른 복지제도와 농지개혁은 자본주의가 건전하게 발전하는 데 큰 도움이 되었습니다.

새누리당의 이번 좌클릭이 이명박정부의 747공약(空約, (7% 성장, 국민소득 4만 달러, 세계 7대 강국))과는 달리 나름대로의 진정성을 갖고 실천으로 연결된다면 좋겠습니다. 새누리당이 만약 총선 후 다수당이 되면 복지와 경제민주화를 앞장서 추진하고, 소수당이 되더라도 민주당의 복지와 경제민주화를 발목 잡지 않았으면 좋겠습니다. 그런데 한편으로는 과연 새누리당이 그리할 수 있을지 의문이 듭니다. 그리할 수 있었다면 이때까지 왜 못 했는가 하는 것이지요. 이명박정부 때문에 못 했다고 변명할 수는 있겠습니다만, 새누리당은 이명박정부에 복지와 경제민주화를 강하게 요구한 적도 없습니다.

박근혜 의원은 2007년 대선을 위한 당내 경선 당시 '줄푸세'(세금은 줄이고, 규제는 풀고, 법질서는 세우자) 공약을 내걸었습니다. 이 공약과 복지·경제민주화는 상충하는 느낌입니다. 세금을 줄여 복지재원을 어떻게 조달하며, 규제를 풀어 경제민주화를 어떻게 달성할 수 있을까요? 줄푸세가 원래의 소신이었다면 그걸 쉽게 바꾼다는 건 말이 안 됩니다. 만일 별다른 소신 없이 기회주의적으로 분위기에 편승해 '줄푸세'를 주장했다가 또다시 분위기가 달라진 데 편승해 복지와 경제민주화를 주장하는 것이라면, 선거 이후에 그걸 제대로 실천할지 의문입니다. 화장실 갈 때와 나올 때가 다른 법입니다. 새누리당 비상대책위원회 위원으로 들어갔으며 복지개혁파로 알려진 김종인 박사가 맥을 못 추는 걸 보면 앞날이 뻔히 보이는 듯도 합니다. 복지와 경제민주화를 추진할 인사로 공천된 인물도 보이지 않습니다.

얼마 전 모 학회에서 재벌개혁과 관련해 각 당의 입장을 들어보는 자리를 마련하고자 했습니다. 새누리당에서 펑크를 내는 바람에 결국 성사되지 못했습니다. 펑크 낸 이유가 관련 전문가가 없다는 것이었지요. 새누리당에 재벌개혁을 반대하는 전문가는 있습니다만, 개혁 쪽으로 방향을 틀 전문가는 없습니다. 그런 새누리당이 경제민주화를 추진할 수 있을 거라고는 믿기 힘든 게 지금 상황입니다. 이런 상황이 정말 제대로 바뀐다면 좋겠습니다.

[2012.03.15.]

3. '싸가지 없는 진보'의 자기반성

강준만(康俊晚) 교수가 『싸가지 없는 진보』(인물과사상 2014)라는 책을 출간했습니다. 다들 잘 알다시피 강교수는 100권에 가까운 많은 저서를 출간했고, 특히 『김대중 죽이기』(1995) 『노무현과 국민사기극』(2001)을 통해 한국 선거에도 상당한 영향을 미친 논객입니다. 다만 그는 노무현 정부 이후엔 정치적 판단력에 문제를 보이고 있는 것 같습니다.

예컨대 그는 2012년에 『안철수의 힘』이라는 책을 통해 안철수 씨를 공개적으로 지지하고 나섰습니다. 시간이 지나면서 점점 분명히 드러 났듯이, 안철수 씨는 애당초 '안철수 현상'을 담기에는 너무 작은 그릇 이었습니다. 정치적 판단에서 아주 중요한 것이 '사람을 보는 눈'인데, 강교수는 그 점에서 이제 한계를 드러낸 셈입니다.

이와 같은 정치적 의견 개진 외에도 그는 한국사회의 여러 문제에 대 해 중요한 의견을 피력해왔습니다. 제가 베를린에 머물고 있는 관계로 아직 읽지는 못했지만, 이번 책 『싸가지 없는 진보』도 제목만 갖고도 중 요한 문제제기를 했음을 알 수 있습니다. 한마디로 한국의 진보세력은 싸가지가 없고, 이는 도덕적 우월감 때문이며, 그 때문에 선거에서 이기 기 힘들다는 내용으로 보입니다. 이런 강교수의 저서를 기회라는 듯이 '야당 죽이기'에 왜곡 이용하는 수구보수언론의 작태가 눈꼴사납기는 합니다. 하지만 '야당 살리기' 즉 '야당 거듭나기'를 위해서도 야당을 비롯한 진보파의 자기반성은 필요해 보입니다.

왜 '싸가지 없는 진보'가 되었는가

제 나름으로 이 문제에 대해 느낀 바를 서술해볼까 합니다. 우선 '싸가지'란 단어부터 살펴보면, 이는 '싹수'의 강원도와 전라도 사투리입니다. 제가 대학 시절 전라도 출신 직장인과 같이 하숙을 한 적이 있는데 그때 이 말을 처음 들었습니다. 단어란 게 어감이 중요한데, 'ㅆ' 덕분인지 '싸가지 없다'는 말은 '예의 없음' '몰상식' '형편없는 인간성' 등의 내용을 아주 잘 전달한다는 느낌이 듭니다.

'싸가지 없는 진보'의 문제는 강교수 이외에 다른 분들도 지적한 바 있습니다. 여러달 전 백낙청(白樂晴) 선생님이 『중앙일보』 대담에서 말씀하신 "마음공부의 부족" 문제도 비슷한 내용입니다.[3] 제가 진보·보수의 X축과 더불어 개혁(상식)·수구(몰상식)의 Y축으로 표현한 몰상식의 문제도 '싸가지 없음'을 포괄하는 내용이지요. 아니, 시간을 좀 거슬러올라가면 김영환(金永煥) 같은 주체사상파의 '품성론'도 '싸가지 없음'의 문제를 치고 나왔던 셈입니다.

물론 한국에선 진보파만 싸가지가 없는 게 아닙니다. 인사청문회 때 주로 잘 드러나는 싸가지 없는 보수세력의 행태도 만만치 않지요. 돈과 권력 좀 있다고 저지른 '싸가지 없음'입니다. 보수세력이 세월호 유족에게 퍼부은 싸가지 없는 말들도 얼마나 많았습니까. 게다가 논리 대결에서 막힐 때 쓰는 상투적인 수법이 '너는 인간성이 글러먹었다' 즉 '싸가지가 없다'인 경우가 많습니다. 따라서 '진보는 싸가지가 없다'라는 비판에는 당연히 문제가 있습니다.

여러 종류의 '싸가지 없음' 중에서 '도덕적 우월감'에 근거한 '싸가지 없음'은 진보세력이 상대적으로 더 큰 것 같습니다. 그리고 이게 정치판, 특히 선거판에서 아주 부정적으로 작용할 것임은 분명합니다. 물론 모든 진보파가 싸가지가 없다는 건 결코 아닙니다. 단지 상당수 진보파에게서 나타나는 '싸가지 없음'은 간과할 수 없는 상태라는 뜻입니다. 우월감 중 '지적 우월감'에 기초한 '싸가지 없음'은 뛰어난(또는 뛰어난 걸로 착각하는) 인물에게서 잘 나타납니다. 뛰어난 학문적·예술적 업적을 남긴 사람들 중에 인간관계가 형편없는 경우가 적지 않지요.

이런 건 대체로 신이 아닌 인간이 가진 한계로 인정할 수 있습니다. 하지만 이들은 대중의 지지를 바탕으로 정치를 하는 게 아니기 때문에 그것이 그의 성공에 크게 영향을 미치지 않습니다. 그러나 직접적이건 간접적이건 정치활동을 하는 경우에 '싸가지 없음'은 치명적입니다. 유시민 씨에게 던져지는 '어떻게 옳은 말을 저렇게 싸가지 없이 하는가' 하는 비판이 바로 그런 대표적 사례입니다. 유시민 씨는 억울할 수도 있겠지만, 어쨌든 그런 비판을 받는다는 건 정치인으로선 치명적입니다.

논리가 옳으면 싸가지는 없어도 무방한 게 아닙니다. 싸가지가 없으면 대중의 지지를 얻을 수 없습니다. 상대편인 보수파가 너무 형편없어서 어쩌다 진보파가 집권에 성공하더라도 나라를 제대로 꾸려나갈 수 없습니다. 극단적으로는 대중을 억지로 이념에 끼워맞추려 한 폴 포트(Pol Pot)의 크메르루주(Khmer Rouge)처럼 대참사를 일으키기도 합니다.

싸가지가 없다는 건 단순히 태도가 겸손하지 않고 건방지다는 것 이상의 의미를 갖고 있습니다. 이건 인간에 대한 이해의 부족을 나타냅니다. 인간 본성이 갖고 있는 선한 면과 악한 면 모두를 이해해야 제대로 인간을 이해하는 것입니다. 그런데 진보파는 특히 악한 면에 대한 이해가 부족합니다. 물론 우리 진보세력의 문제점은 '싸가지 없음'에 국한되지 않습니다. 진정성, 비전, 전략·전술에서도 한계가 많습니다. 극단적인 경우로, '싸가지 없음'을 품성론으로 극복하려고 한 주체사상파는 남한과 북한 사회에 대한 인식에서 커다란 오류를 범하고 있으니, 싸가지가 있어본들 아무 소용이 없습니다.

인간의 악한 모습에 눈을 뜨라

신이 아닌 인간은 언제나 오류를 범할 수 있다는 걸 전제로 해야 하는데, 이념에서 출발한 진보파는 자기확신이 넘칩니다. 또한 대화하는 상대편을 비롯한 대중들의 마음을 읽으려는 노력이 부족합니다. 아마도 대중의 마음을 읽으려는 노력을 '대중추수주의(대중영합)'라고 배격하는 자세가 더 강할 것입니다.

물론 대중의 선한 면이 아닌 악한 면에 무조건 영합해서는 안되겠지요. 하지만 동시에 대중의 마음을 읽는 노력을 게을리해서는 정치적으로 뜻을 이룰 수 없습니다. 그렇게 도덕적 우월감, 이념적 우월감만으로 사람을 대하고 나라를 꾸려가려고 하다간 큰코다치지요. 제 희미한 기억으로 마오 쩌둥은 『실천론』에서 감성적 인식이 이성적 인식에 앞선다고 했습니다. 많은 사람들을 접하면서 그가 내린 결론이고, 인간이란 그런 존재인 것 같습니다.

세상사에는 당연히 이성적 논리가 필요하지만, 그것만으로 사람의 마음을 얻을 수는 없습니다. 싸가지가 없으면 감성적으로 대중의 거부 반응을 불러오기 십상입니다. 그래서는 많은 부동층을 자기편으로 끌어올 수 없지요. 그런데 이에 대한 인식이 부족한 진보파가 많습니다.

한국인은 전반적으로 다른 사람에 대한 배려가 부족합니다. 그동안의 험난한 역사에서 자기 코가 석자였기 때문입니다. 이건 보수파도 마찬가지입니다. 다만 보수파는 인간의 탐욕이라든가 악한 본성을 잘 이해하고 따라서 우월감이 덜한 반면, 진보파는 우월감에 기인한 배려 부족이 더 강하게 드러나는 셈입니다.

오래전에 들은 이야기입니다. 여야 국회의원들이 지역구 행사장에 내려와 도열한 지역유지들과 악수를 하는데, 운동권 출신 국회의원들은 악수를 할 때 상대방의 눈을 보는 게 아니라 그다음 사람 쪽을 보는 경우가 많았다고 합니다(지금은 달라졌겠지요). 반대로 보수파 국회의원들은 악수하는 상대방과 눈을 맞추고 악수 한번 한번에 많은 정성을 기울였답니다. 대중의 마음을 얻는 자세를 아는 것이지요. 비록 당선되고 나면 대중을 배반하더라도, 적어도 사기 치는 방법은 아는 셈입니다. 진보파 정치인들은 자기들은 사기 치지 않는다는 우월감 속에서 대중 위에서 대중을 가르치려 하고(물론 가르칠 땐 가르쳐야 하지만), 더 나아가 대중을 경멸하는 경우도 많습니다. 그러니 악수할 때 제대로 눈도 맞추지 않는 것이지요. 이렇게 인간을 이해하려는 자세를 갖지 않고는 뜻을 펼치기 힘듭니다.

싸가지를 갖추는 일은 정치판에서만 필요한 게 아닙니다. 다른 사람의 마음을 읽고 배려하는 것은 우리 문화에서 대단히 낙후한 부분입니다. 한국 보수파들은 사회적 강자의 눈치를 보고 그들에게 아부는 잘하지만 그건 진정한 '배려'가 아니지요. 이를 바로잡으면 사회가 격상될 것입니다. 거기에 진보파 정치인들이 앞장섰으면 좋겠습니다. 그게 진보파가 승리하는 길이고, 동시에 한국을 바람직한 선진사회로 이끌어가는 길입니다.

한편, 진보세력에서는 정치인만이 아니라 지식인과 언론인도 비슷한 문제점을 안고 있습니다. 저도 싸가지 없는 진보파를 많이 접했으니까요. 저 자신은 어떠냐고요? 마찬가지입니다. 제딴에는 옳은 이야기를 했는데 상대편이 알아듣지 못하는 경우가 적지 않습니다. 아예 제 얘기가 틀린 이야기라서 그럴 수도 있지만, 제가 교만한 자세로 이야기했기 때문일 가능성도 많습니다. 그래서 저는 공자의 제자인 증자(曾子)의 말씀대로 하루에 세번씩 반성은 못 하더라도 일주일에 한번이라도 반성하려고 합니다. 그래야 조금 덜 싸가지 없게 되지 않을까 싶습니다. 강교수의 책이 우리 진보파가 총체적으로 자기반성하는 계기가 되었으면 좋겠습니다.

[베를린통신 38·2014.09.02.]

4. 거국통합내각을 생각해보자

2012년 11월 29일자 『한겨레』에 「거국통합내각은 어떨까」라는 칼럼을 실었습니다. 그런데 지면의 제약 때문에 내용을 충분히 설명할 수 없었습니다. 그래서 아래에 『한겨레』 칼럼을 옮겨놓고, 이어서 그 내용을 보충하는 글을 써볼까 합니다.

예상치 못한 방식으로 문재인-안철수 후보 단일화가 성사되기는 했다. 최악의 사태는 피한 셈이다. 그러나 어찌해야 안후보 지지층을 온전히 넘겨받을 수 있을지 문후보 쪽은 고민 중인 모양이다. 그래서 선거대책위원회에 안 캠프 인사들을 배치하는 방안 등이 논의되고 있는 듯싶다.

하지만 사람 몇몇 끌어당기기보다 훨씬 중요한 일이 있다. '안철수 현상'을 끌어안아야 한다. 그래야 새누리당과 민주통합당의 낡은 정치에 실망한 국민들의 마음을 얻을 수 있다. 그런데 안철수 현상이라는 호랑이의 등에 올라탔던 안후보조차 올바른 정치혁신 방안을 펼치지 못했다. 의원 수 줄이기처럼 과녁에서 빗나간 방안에 집착했던 모습을 보라.

낡은 정치란 무엇인가. 거기엔 여러 행태가 있다. 재벌·관료·거대신문을 비롯한 특수이익집단에 정치가 휘둘리며, 정치인이 부당한 특권을 행사하고, 정당들이 '너 죽고 나 살기'로 극단적 대립을 보이는 게 그런 예들이다. 이를 바로잡는 혁신은 하루아침에 이뤄지지 않는다. 정치의 맥을 찾아 한걸음씩 한걸음씩 나아가야 한다.

현재 대선 국면에서 문후보는 이런 정치혁신을 위해 무얼 할 수 있을까. 지금까지의 관련 공약에 이어 '거국통합내각'에 의한 여야 대협력을 새롭게 내걸면 어떨까 싶다. 혹시 참여정부 시절 대연정 제안의 악몽이 되살아날지도 모르겠다. 박근혜 후보에 대한 공격과 상충하는 게 아닌지 의문이 들기도 할 것이다.

그러나 상황을 냉정하게 따져보자. 문후보가 대통령에 당선되더라도 여소야대라는 커다란 제약 아래 놓인다. 새누리당의 동의 없이는 진보개혁적 법안과 예산안 통과가 어렵지 않은가. 그렇다고 새누리당 의원들의 약점을 이용한 의원 빼내오기는 바람직하지도 않고 가능할 것 같지도 않다. 때문에 거국통합내각과 같은 역발상이 필요해진 것이다.

거국통합내각은 그 공약으로 국민에게 지지를 호소한다는 점에서 지지자를 무시하고 내던진 참여정부의 대연정 제안과는 근본적으로 다르다. 그리고 박후보가 패배하면 새누리당 안에서 박정희 독재의 향수에 젖은 수구세력이 약화될 수 있다. 이리되면 이미 새누리당 일각에서도 호응하는 경제민주화, 복지, 남북한 평화협력의 여야 공동추진이 절대로 불가능하리란 법이 있겠는가.

안후보 지지층이나 중도층을 흡수한다고 정책들을 어설프게 우향우 시키기보다는 통 크게 여야 대협력을 제창하는 게 안철수 현상의 '소통과 통합' 정신에도 들어맞지 않을까 싶다. 정치혁신의 기본 방향은 서유럽과 같은 '합리적 진보와 합리적 보수의 생산적 경쟁체제'의 정립이다. 우리도 이제 여야가 반대를 위한 반대에 골몰하는 증오정치에서 벗어날 때가 됐다. 그런 시대정신을 문후보가 놓치지 말아야 한다. 안후보 지지층 흡수 자체에 집착하기보다 안후보 쪽은 물론 새누리당과도 협력하겠다고 하면 안후보 지지층은 자연스레 다가온다. 거국통합내각은 '문재인-안철수 공동정부'의 확대판인 셈이다. 문후보는 후보등록 직후 기자회견에서 합리적 보수세력과도 함께하겠다고 천명했다. 거기서 한발짝 더 뛰면 되는 일이다.

우리 국민의 고단함·억울함·불안함을 풀어주려면 정치의 패러다임을 바꿔야 한다. 여야관계의 변화부터 시작해 정당 내부 및 정당과 국민의 관계를 혁신해가면 좋겠다. 물론 여야 대협력을 위해선 거국통합내각 이외의 방안도 고려할 수 있다. 합리적 보수와 합리적 진보는 서로를 거꾸러뜨려야 할 악으로 규정하지 않는다. 양자 사이에 적절한 균형을 취하면서 협력할 때는 협력하고 경쟁할 때는 경쟁해야 한다. 그런 새 정치의 첫걸음을 이번 대선 국면에서 보여주면 어떻겠는가.

이 칼럼을 쓰기 전에 몇몇 지인에게 거국통합내각에 관해 의견을 물어봤습니다. 그랬더니 적극 찬성하는 이들도 있었으나 반대 또는 주저하는 경우도 있었습니다. 반대하는 이들은 참여정부 시절의 대연정 제안이 떠오른다든가, 그리되면 새 정부가 너무 보수화되는 것 아니냐는 의견을 내놓았습니다. 심지어 제가 이제 현실과 타협하면서 너무 우편향하는 게 아닌가 하는 지적도 있었습니다.

문후보 쪽이 만약 선거전략으로 거국통합내각을 내세우면 혹시 정치공학이라는 냄새를 풍기지 않을까, 또는 한국사회에서 거국내각은 이미 몇차례 거론된 바 있어서 별로 신통치 못한 전략이 아닌가 하고 걱정하는 분들도 있었습니다. 이런저런 우려에 대해 보충설명하기 전에 우선 제가 왜 거국통합내각이라는 방안에 생각이 이르게 되었는지부터 말씀드릴까 합니다.

거국통합내각이란 무엇인가

『한국의 진보를 비판한다』에서 언급한 바 있듯이, 한국의 진보개혁 진영은 '어떤 사회가 바람직한가'를 논할 줄은 알았으나, 그런 사회를

'어떻게 만들어갈 것인가'에 대해선 소홀합니다.[4] 이번 대선판에서도 교수를 비롯한 여러 인사들이 야당 후보의 캠프에서 이런저런 좋은 공약들을 만들려고 애썼습니다. 그런데 정작 당선되고 나서 과연 그런 공약이 제대로 실현될 수 있는지에 대한 고민은 거의 찾아볼 수 없습니다.

이것은 어쩌면 당연한 현상입니다. 당선되는 게 최우선 과제인지라 모든 에너지를 거기에 쏟기 때문입니다. 캠프나 정당의 인력 풀이 박근혜 후보 쪽에 비하면 형편없이 협소하기 때문에 그런 문제를 따로 연구할 인력의 여유가 없는 것이지요. 문재인 씨의 책 『운명』(가교 2011)에 따르면 2002년 대선 당시 이회창(李會昌) 캠프에선 당선일부터 퇴임 때까지의 국정운영 프로그램을 만들어놓고 있었습니다. 그것도 연도별, 분기별, 월별은 물론 주별, 일별로까지 계획을 만들어놓았다고 합니다. 그런데 책에 그걸 써놓은 문후보 자신은 과연 이번 대선에서 그런 구체적 실행계획(action plan)을 준비하고 있을까요? 제가 후보 캠프에 들어 있는 것도 아니니 알 수는 없습니다.

하지만 만약에 대통령의 국정계획을 세운다고 할 때 가장 중요한 문제는 여소야대 국회에 어떻게 대처할 것인가여야 합니다. 국회를 장악하고 있는 새누리당의 동의 없이는 법안이든 예산안이든 아무것도 통과시킬 수 없는 현실을 어떻게 타개할까 하는 것이지요. 문재인 씨는 자신의 책에서 참여정부 당시의 이런 문제를 본격적으로 다루지 않았습니다. 자신이 정무 분야를 직접 취급하지도 않았고, 국회의원들과 본격적으로 교섭하는 일도 담당하지 않았기 때문일 것입니다. 저도 그 문제를 논하지 않았습니다만, 생각하면 할수록 중요한 문제라는 생각이 듭니다. 노무현정부가 헤맨 중요한 이유 중의 하나가 바로 이와 관련되어 있으니까요.

노무현정부가 등장하자마자 한나라당은 대북송금 특검 법안을 내놓았습니다. 노무현정부와 김대중 세력의 갈라치기에 나선 것이지요. 노무현정부도 그에 대한 대응에서 서툴렀습니다만, 어쨌든 여소야대이기 때문에 일어난 일입니다.

나아가 노무현 대통령에 대한 탄핵도 여소야대의 결과였습니다. 탄핵의 여파로 잠깐 여대야소인 적이 있었으나, 그 기회를 열린우리당이 잘 살리지 못하면서 국회는 보궐선거를 거쳐 곧 여소야대로 복귀했습니다. 노무현정부는 의미있는 진보개혁적 정책을 제대로 실현할 수 없었고, 그래서 대연정이라는 정치적으로 잘못된 제안이 나왔던 것이지요. 진보개혁 의지가 약했던 면도 있겠으나 상황적 요인도 중요했습니다. 한미FTA도 거의 아무것도 할 수 없는 상황에서 한나라당의 동의를 받을 수 있는 거라도 해보자라는 마음이 작동한 게 아닌가 추측되기도 합니다. 대통령이 되었으면 뭐라도 한가지는 남기고 싶은 욕심이 있으니까요.

이런 상황은 사실 김대중정부 때도 마찬가지였습니다. 대통령은 DJP연합에 의해 당선되었는데, 국회는 여소야대였습니다. 그래서 김종필(金鍾泌) 총리서리는 국회 인준을 받지 못해 6개월 동안이나 '서리' 자를 떼지 못했습니다. 정책 면에서도 IMF사태라는 위기 덕분에(?) 다소 진보개혁적인 정책을 실시할 수 있었습니다만, 2년이 지나 IMF사태에서 벗어난 이후에는 역시 한나라당의 반대에 막혀버렸습니다. 물론 정부 자체의 진보개혁 의지의 부족도 작용했겠습니다만, 여소야대는 커다란 구조적 제약이었습니다.

여소야대의 한계는 꼭 진보개혁적 정권에만 해당하는 사안은 아닙니다. 박정희·전두환 독재정권 시대에는 그런 일이 없었습니다만, 1987년 민주화 이후 노태우정부도 여소야대에 직면했습니다. 그래서 3당 합당을 강행한 것입니다.

한국만이 아니라 미국도 여소야대에서는 대통령이 맥을 추지 못합니다. 클린턴(Bill Clinton)정부에서는 하원을 공화당이 장악하면서 예산안을 통과시키지 않아 한동안 행정부가 마비되기까지 했습니다. 오바마정부도 지금 재정절벽(fiscal cliff) 어쩌고 하면서 곤경에 처해 있는 게 바로 여소야대 때문입니다. 다만 미국은 의원들이 (이른바 교차투표 cross voting로) 당론에 무조건 복종하는 게 아니기 때문에, 일사불란한 우리보다 여유가 있기는 합니다.

비례대표제 중심의 의원내각제를 제가 선호하게 된 것은 이런 여소야대의 문제가 비례대표제에는 원천적으로 존재하지 않기 때문이기도 합니다. 안철수 후보같이 갑작스레 나라를 통치하겠다고 나서는 경우가 내각제에서는 애당초 있을 수 없지요.

시계추처럼 왼쪽과 오른쪽을 오가야 한다

여소야대 상황을 비교적 잘 헤쳐나간 경우가 있기는 합니다. 김상곤 경기도 교육감이 바로 그 대표적 사례입니다. 김교육감이 취임했을 때 예산권 등을 쥔 도의회는 한나라당에 장악되어 있었습니다. 이 때문에 김교육감이 추진하려고 했던 무상급식, 혁신학교, 인권조례는 벽에 부딪치지 않을 수 없었습니다. 그러나 무상급식에 반대한 한나라당 도의원들에 대한 국민들의 비판이 거세지면서 결국 도의원들이 한발 물러섰습니다. 민심을 반영한 의제로 힘을 얻을 수 있었던 것이지요.

이와 마찬가지로 여소야대 상황을 타개하기 위해서는 우선 국민들의 여론을 자기편으로 당길 수 있도록 최선을 다해야 합니다. 그런 게 정치력입니다. '정포대', 정치를 포기한 대통령이라고 제가 책에서 명명한 노무현정부의 과오를 되풀이해서는 안 됩니다.

정권을 잡더라도 여론의 압도적 지지를 받지 못하고 어느정도만 우세한 형편에서는 나라를 이끌기가 힘듭니다. 지금 국회의원들은 금년 4월에 당선되어 다음 선거까지 3년 이상이 남아 있습니다. 야당으로서는 일단 여당의 정책을 저지해 사사건건 괴롭히고 싶어집니다. 자신들에 대한 여론이 좀 나빠지더라도 시간이 지나면 바뀔 수 있다고 생각하기 십상입니다. 또 야당은 집권당이 아무것도 제대로 하지 못하게 만들어 정권의 무능을 보여주는 게 다음 선거에서 유리하다고 생각할 수도 있습니다. 이리되면 정권이 헤매게 되지요.

서구(북유럽 포함)에서는 여당과 야당의 노선 차이가 그다지 크지 않습니다. 둘 다 상당히 합리적입니다. 그래서 일정 기간 상대적으로 진보적인 정당이 정권을 잡았다가, 그게 좀 지나치다 싶으면 상대적으로 보수적인 정당이 정권을 잡는 식으로 정권교체가 일어납니다. 시계추처럼 이렇게 왼쪽으로 갔다가 오른쪽으로 갔다가 하면서 균형을 잡는 것이지요. 우리도 이런 식으로 나아가야 합니다.

물론 한국사회에서는 이렇게 되지 않을 가능성도 있습니다. 한국 수구세력의 뿌리가 만만찮기 때문입니다. 하지만 일단 새누리당이 변할 가능성을 열어놓고 국정운영을 생각할 필요가 있습니다. 그럴 때를 예상해 '거국통합내각'을 제안하는 것입니다. 만약에 여전히 수구세력이 새누리당을 장악하게 된다면 그들은 거국통합내각에 동참하지 않을 것입니다. 동참해서 공동책임을 지기보다는 정권에 딴죽을 걸어 쓰러뜨리는 데 골몰할 것이기 때문입니다.

거국통합내각 제안은 결국 '밑져야 본전'입니다. 한편으로는 거국통합내각의 제안 자체가 새누리당 내에서 합리적 보수세력이 힘을 얻는 데 도움이 됩니다. '승자독식'하지 않고 대통령 권력을 나누겠다는 이쪽의 자세가 수구파의 적대노선을 약화시키겠지요.

그리고 공무원을 비롯한 공공부문에 대한 개혁은 합리적 진보와 합리적 보수가 힘을 합쳐야 간신히 성공할 수 있는 과제입니다. 우리 공공부문은 고용안정성이 민간부문에 비해 높기 때문에, 예컨대 몇년간의 보수 동결과 하후상박 체계 수립 등으로 복지혜택을 포함해 보수가 상대적으로 낮아져야 공평합니다. 하지만 그들의 단결된 힘과 표 때문에 어느 한 당만으로는 추진할 수 없습니다. 어쩌면 통합된 힘을 가진 거국통합내각에만 기대해볼 수 있지 않을까요? 여러 다른 주요 개혁의제 중에도 거국통합내각만이 시도해볼 수 있는 게 꽤 있지 않을까 싶습니다.

이번 대선판에서는 사실 안철수 후보 쪽이 정치쇄신안으로 거국통합내각을 외치고 나와야 했습니다. 이 방안은 몇몇 안철수 지지인사들 사이에서도 제기된 바 있는 걸로 알고 있습니다(안철수 지지자의 블로그에서 확인했습니다만, 캠프의 어느 선까지 그런 제안이 올라갔는지는 모릅니다). 만약에 안후보가 국회의원 숫자 줄이기 따위의 엉뚱한 쇄신안 대신에 거국통합내각을 들고 나왔다면 문-안 대결이 달라졌을지도 모르는 일입니다. 원래 거국통합내각은 안후보 이미지, 즉 안철수 현상과 가장 잘 어울리는 방안이니까요. 그러니 문후보가 거국내각통합을 약속하는 것은 안철수 지지자를 끌어오는 길이기도 합니다.

박근혜 후보 쪽에서도 거국통합내각을 들고 나오지 말란 법이 없습니다. 금년 1월에 사실은 이회창 씨가 거국내각을 주장한 바 있습니다만 그때는 새누리당이 과반을 차지할 전망이 약했던 때입니다. 지금은 새누리당이 과반의석을 확보하고 있으므로, 박후보가 굳이 거국내각을 제안할 가능성이 낮기는 합니다. 그러나 확실한 승리를 위해 '정쟁을 벗어난 새 정치를 지향한다'면서 거국내각을 먼저 들고 나올 수도 있습니다. 박후보가 당선되면 여소야대는 아니게 되지만 국회법이 개정되어 민주통합당 등 야당이 결사반대하면 법안 통과가 만만찮을 것이기 때문입니다.

2012년 5월 국회선진화법(속칭 '몸싸움 방지법')의 통과로 재적의원 또는 위원회 의원 3/5 이상의 찬성 없이는 소수정당의 필리버스터(filibuster, 합법적 방식을 동원한 고의적 의사진행 방해) 행사를 저지하기 힘들게 되었습니다. 미국 상원과 마찬가지입니다(미국은 상원의원 100명 중 60명 이상이 찬성해야 필리버스터를 저지할 수 있습니다). 이런 현실을 감안해 박후보 쪽이 거국내각을 들고 나올 가능성이 전혀 없지는 않습니다. 그리되면 진보개혁진영이 난감해집니다. 다만 적어도 아직은 박후보 진영이 그렇게 융통성 있어 보이지는 않습니다.

거국내각은 대연정과 무엇이 다른가

이상 거국내각의 필요성에 대해 보충설명했습니다. 그러면 이게 참여정부의 대연정과 어떻게 다른지 말씀드리겠습니다.

연정(coalition)은 원래 의원내각제에서 쓰이는 말입니다. 그에 비해 거국내각은 원래 대통령제에서 쓰이는 용어란 점이 다릅니다만, 그 정신은 같기 때문에 용어 차이에 구애될 필요는 없습니다. 제1당만으로 다수당이 될 수 없을 때 여러 정당이 힘을 합쳐 다수의석을 확보하는 방식입니다. 다당제하에서 자주 나타나는 현상이지요. 보통의 연정은 제1당과 제3당 또는 제4당이 힘을 합칩니다. 제1당과 제2당은 대립하는 가장 큰 세력들이므로 쉽게 손을 잡을 수 없는 것이지요.

당연하게도 대연정 자체가 무조건 나쁜 것은 아닙니다. 하지만 참여정부의 대연정 제안은 정략적 성격이 농후했습니다. 상대방과 미리 물밑 접촉을 충분히 하지 않고 정치공세로 던졌기 때문입니다. 노무현정부의 지지가 폭락한 상황이어서, 한나라당이 공동책임을 지는 대연정을 수락할 이유도 없었습니다.

지금의 대선 국면에서 거국내각을 약속한다면, 선거전략의 의미도 있기 때문에 대연정과 비슷하게 보일 수도 있습니다. 그러나 거국내각 공약은 지금의 박후보나 새누리당에 제안하는 게 아닙니다. 대통령이 된 이후에 (재편되어 있을) 새누리당에 제안하겠다고 약속하는 것입니다. 따라서 참여정부가 수세(지지율 저하)를 돌파하기 위해 대연정을 제안한 것과는 엄연하게 다릅니다.

지금의 거국내각 제안은 그 공약으로 국민들에게 지지를 묻는 방식이기도 합니다. 지지했던 국민들의 의사를 저버리고 멋대로 대연정을 제안하는 게 아닙니다. 게다가 당시의 한나라당과 앞으로 재편될 가능성이 있는 새누리당은 성격이 많이 다를 수 있습니다. 전자가 수구세력 중심이라면 후자는 합리적 보수가 힘을 얻은 상태일 수 있지요.

이쯤 설명했는데도 거국통합내각 제안을 퇴보로 해석하면 그건 어쩔 수가 없네요. 노무현정부처럼 진보개혁정책을 제대로 실시하지는 못하더라도 새누리당과 타협하지 않고 투쟁하는 것 자체에 의미가 있다고 한다면, 그런 자세를 인정할 수밖에 없습니다. 하지만 분명한 것은 거국통합내각을 통해 실현할 수 있는 진보개혁정책이 그렇지 않은 경우보다 많을 거라는 점입니다. 새누리당도 공동정부의 일원이 되었기 때문에 무조건 반대만 할 수는 없지 않겠습니까. 제가 늘 강조하지만 지금은 군사독재정권 시대처럼 '무릎 꿇고 사느니보다 서서 죽기를 원한다'는 시대가 아닙니다. 장렬한 투쟁에 몰두하기보다 대중의 삶을 한걸음이라도 진전시키는 게 중요하다고 생각한다면, 제 생각에 동의하실 것입니다.

큰 선거는 이슈, 특히 포지티브한 이슈를 주도하는 쪽이 대체로 이깁니다. 삶의 개선을 기대할 수 있어야 투표할 마음이 생기는 것이지요. 노무현 당시 후보는 수도 이전이라는 이슈로, 이명박 후보는 청계천과 대운하라는 이슈로, 김상곤 후보는 무상급식이라는 이슈로 선거를 주도했습니다(대운하는 잘못된 정책이지만, 당시엔 많은 이들이 포지티브하게 받아들였습니다).

극한적 대결을 지양하고 통합으로 나아가려는 거국통합내각은 성공 가능성이 높은 이슈입니다. 또한 거국통합내각을 이슈로 삼을 수만 있으면 '박정희 대 노무현' 프레임 따위는 쉽게 벗어날 수 있습니다. 상대를 쪼잔하게 비난하는 데 열을 올리는 게 아니라 통 큰 정치판을 열겠다고 제안하는 것이기 때문입니다.

거국통합내각이 혹시 우리 편을 실망시키지 않을까, 즉 산토끼를 잡으려다 집토끼를 놓치지 않을까 우려하는 목소리가 있습니다. 지조를 버렸다고 본래 지지층이 투표장에 나오지 않을지 모른다는 것입니다. 이에 대해선 이렇게 대응하면 어떨까 싶습니다.

"여러분의 우려를 이해합니다. 그러나 첫째, 거국통합내각은 박근혜 후보가 이끄는 새누리당과 맺는 것이 아닙니다. 대선 이후 변화할 새누리당과 함께 가는 것입니다. 둘째, 여소야대 상황에서는 경제민주화, 복지, 남북한 평화협력을 위해 가장 효과적인 방식이 거국통합내각입니다. 혹시 더 나은 방식이 있다면 가르쳐주십시오. 그러면 거기에 따르겠습니다"라고 말입니다.

현재의 문·박 대결은 이대로 가면 계가(計家)바둑으로 갈 공산이 큽니다. 하지만 거국통합내각 같은 큰 이슈로 판을 이끌 수만 있다면 대마잡기 바둑이 될 것입니다. 물론 대마잡기 바둑이라 하더라도 득표율이 엄청나게 차이가 난다는 뜻은 아닙니다. 쪼잔한 공방에 머물지 않고 큰 이슈로 싸우며, 승패가 쉽게 판가름 난다는 의미입니다.

또한, 거국통합내각을 제안하더라도 선거에서 큰 이슈가 되지 않을 수도 있습니다. 하지만 비록 그리되면 어떻습니까. 그래도 '남는 장사' 입니다. 우선 옳은 제안을 해놓고 대선에서 승리하고 나서 실천에 옮기면 되는 일입니다. 그래서 우리 정치를 발전시키면 되지요.

노무현 대통령의 약점은 포용력 부족이었습니다. 거국통합내각 제안은 문후보에게서 그런 노무현 대통령의 이미지를 씻어낼 수 있을 듯싶습니다. 문후보가 노무현에서 출발했지만 노무현을 넘어서는 모습이 되겠지요. 이로써 안철수 현상의 '소통과 통합'도 끌어들일 수 있을 것이라 생각합니다.

다만 이렇게 거국통합내각을 한다고 하면, 선거캠프에서 한자리하려는 사람들 중에는 불만을 가질 사람이 있을 것입니다. 장관 한자리하려 했는데 그 확률이 낮아지니까요. 하지만 자기 캠프 사람들 장관 많이 시키려고 대선에 나선 것은 아니지 않겠습니까. 그나마 선거에 지고 나면 국물도 없습니다. 거듭 강조하지만 거국통합내각은 단순한 선거전술이 아니고 한국의 정치 패러다임을 전환하려는 시도입니다. '합리적 진보와 합리적 보수가 생산적으로 경쟁하는 선진정치'로 나아가려는 것입니다.

그렇다고 제가 앞으로 여소야대에서는 반드시 거국내각을 해야 한다고 주장하는 것은 아닙니다. 여야 사이가 협력과 경쟁의 균형관계로 바뀌고 나면 꼭 거국내각을 구성하지 않더라도 협력할 수 있기 때문입니다. 그런 관계로 이행하기 위해 만약에 문후보가 당선되면 일단 거국통합내각을 구성해보자는 것입니다. "버려라, 그러면 얻을 것이다."

[2012.11.29.]

5. 야권의 거듭남과 대선 후폭풍

2013년 새해를 맞아 여러분 모두 새롭게 전진해주시길 바랍니다. 특히 작년 대선 결과가 기대에 어긋나 '멘붕' 상태에 빠지셨던 분들은 속히 기운 차리시고 각자 자기 분야에서 다시금 분발하셨으면 합니다. 역사란 게 항상 일직선으로 발전하는 게 아니라 우여곡절을 거치기 마련입니다. 이보전진을 위한 일보후퇴라는 말도 있지요. 이번 대선 패배로 진보개혁세력이 몰락하는 게 아니라 거듭날 수 있다면 이 패배는 더 큰 도약을 위한 일시적 시련일 뿐입니다.

진보개혁세력이 거듭나려면 할 일이 많습니다. 우선 야권이 철저하게 반성하고 발전적으로 재편되어야 할 것입니다. 물론 이 일은 그리 쉽지 않습니다. 무엇보다 친노니 비노니 하는 프레임에서 어느정도 자유로워지는 게 필요하지 않나 싶습니다. '친노'라는 명칭은 조중동이 퍼뜨린 프레임이자 덫이 아닌가요? 그 덫에 야권이 갇혀서 허우적거리고 있는 느낌입니다. 우리 진보개혁진영이 종북 프레임에 갇혀서 허우적거리는 것과 비슷한 양상입니다. 물론 낡은 북한체제라는 현실이 종북 프레임을 만드는 데 기여하듯이, 친노 프레임에도 일정하게 진실이 포함되어 있습니다. 친노는 민주당의 주류이고, 그 주류의 문제점을 지칭하는 쉬운 용어로 기능하기 때문입니다.

주류와 비주류가 벌이는 치킨게임

어느 당의 주류나 문제점은 갖고 있습니다. 민주당 주류에도 문제점은 존재합니다. 그게 노무현정부 때 요직을 맡았던 친노를 말하는 것이든지, 아니면 1980년대 학생운동을 주도했던 이른바 386(지금은 나이

들어 486이 되었지요)을 의미하는 것이든지, 혹은 그 양자의 연대체이든지 어쨌든 문제점은 갖고 있을 것입니다. 구미의 정당들에도 주류와 비주류가 있습니다. 일종의 당의 분파(fraction)인 것입니다. 정치가 발전한 나라일수록 이 주류와 비주류는 서로 긴장관계 속에서 생산적 경쟁을 합니다.

그런데 한국에서는 주류와 비주류가 생산적 경쟁을 하는 게 아니라 비생산적 권력투쟁을 전개하고 있습니다. 특히 DJ가 떠난 이후 구심력이 취약해진 민주당에서 그런 현상이 두드러집니다. 이런 비생산적인 계파싸움 또는 계파 나눠먹기가 2012년 4·11 총선과 대선에서 패배한 중요 요인의 하나가 아닐까 싶습니다.

이번 대선에서 친노가 기득권을 내려놓아야 한다는 말이 유행했습니다. 그 과정에서 이해찬(李海瓚) 대표와 박지원(朴智元) 원내대표가 물러났습니다. 뭔가 구체적인 과오를 근거로 비판당하면서 물러난 게 아닙니다. 좀 어이가 없는 일입니다.

이해찬 당대표와 박지원 원내대표는 총선 이후 임시 전당대회와 국회에서 뽑힌 인물입니다. 그들을 민주적으로 뽑은 과정은 그냥 깡그리 무시된 셈입니다. 저는 두 사람과 아무 인연이 없으며 애당초 그들을 뽑은 게 그리 잘한 일이라 생각지도 않았습니다. 하지만 이러려면 그들이 애당초 대표로 뽑히지 않도록 했어야 할 일입니다. 일단 뽑아놓고서 자기편이 아니니까 물러나라고 하는 건 정상적인 행태로는 보이지 않고, 그게 통용되는 정당이 정상적인 정당으로 보이지도 않습니다. 물러나게 하더라도 왜 물러나야 하는지를 따지는 과정이 있어야 했습니다.

친노나 386이 구체적으로 어떤 사람을 지칭하는지도 불분명하지만 당의 주류를 비판하는 세력이라면 더 나은 진정성·비전·전략을 갖고 주류를 비판해야 합니다. 그냥 조중동의 프레임을 이용해 기득권을 내놓으라는 식으로 막연하게 비판해선 안 됩니다. 대선 과정에서 문후보가 승리하면 친노가 임명직을 맡지 않겠다고 했어야 한다는 주장이 있습니다. 법륜(法輪) 스님도 오늘 같은 말을 했습니다. 말하자면 승리를 위한 고육지책인데, 저는 별로 설득력이 없다고 생각합니다.

도대체 어디까지가 친노인지 모르겠는데, 만약 노무현정부에서 청와대에서 근무했거나 장·차관을 지냈던 인물들로 한정한다고 합시다. 그러면 친노의 대표는 누구인가요? 바로 문후보입니다. 친노가 물러난다면 문후보부터 물러나야 하는 게 아닌가요? 실제로 대선캠프에서는 앞서 정의한 친노가 임명직을 안 맡기로 선언하는 방안이 검토되었던 걸로 알고 있습니다. 그런데 저는 이 방안이 옳지도 않고 득표효과도 별로였을 거라고 생각합니다.

친노 대 비노가 아니라 정치구도 혁신이 필요

그런 선언은 친노는 모두 범죄자 또는 하자가 있는 인물이라는 판단에 근거하고 있습니다. 친노 중에도 문제가 있는 인물이 꽤 있겠지만, 그렇다고 모든 친노를 싸잡아 도매금으로 매도하는 것은 큰 문제입니다. 예컨대 노무현정부에서 정책기획위원장을 지냈던 이정우(李廷雨)교수를 봅시다. 그는 대선에서 이기더라도 절대로 차기 정권에서 공직에 나서지 않겠다고 공언했는데, 그는 진보개혁 인사들 중에서 보기 드물게 인격이 훌륭한 친노입니다.

실제 선거에서 이교수는 여러 언론활동을 통해 득표에서도 많은 역할을 한 것으로 보입니다. 선거에서는 이미지가 중요한데 이교수의 맑은 인상은 다른 캠프의 주요 인물들과 대조적이기도 했습니다. 이런 친노들을 다 잘라버리고 문후보는 대통령이 되면 누구를 참모로 쓰나요? 비노 중에서만 고르라고요? 비노는 친노보다 훌륭한가요? 참으로 어이없는 발상입니다.

물론 문후보가 대통령이 되었다면 폭넓게 인물을 등용해야 할 것입니다. 친노에만 귀를 기울여선 안되지요, 그러나 그렇다고 친노는 모두 중요 직책에서 배제해야 한다는 것은 어불성설입니다. 게다가 임명직 거부선언 같은 자학적이고 네거티브한 전술은 득표에도 별로 도움이 되지 않을 것입니다. 우선 예전에 친노들이 캠프의 공식 직책에서 물러나는 일이 있었으므로 별로 신선하지도 않습니다. 또 조중동과 방송이 이런 선언을 크게 다뤄줄 리 만무합니다. 어디 한구석에 다룬다 하더라도 하루뿐이지요.

이런 자학적인 방식보다 제가 제안한 바 있는 포용적이고 담대한 전략 즉 대통합내각에 새누리당의 합리적 보수세력도 포괄하는 방식이 훨씬 효과적입니다. 이는 친노니 비노니 하는 국민들이 잘 모르는 과거지향적인 사안을 갖고 이야기하는 게 아닙니다. 정치구도의 혁신이라는 미래비전을 제시하는 것입니다. 또 상당한 뉴스거리도 됩니다. 새누리당 빼내기냐 대연정이냐 하면서 시끄러울 가능성이 있기 때문에 각종 매체에서 하루가 아니라 여러날 우려먹을 수도 있습니다.*

---

* (2013년 1월 12일 추가) 문재인 후보가 의원직을 사퇴했어야 하지 않는가 하는 지적들이 계속되고 있어서, 처음 글을 쓸 때 지면을 줄이려고 다루지 않았던 제 생각을 추가합니다. 법륜 스님 같은 분을 비롯해 여러 사람이 선거과정에서 이런 이야기를 했고 선거 후에도 이걸 거듭 거론하고 있습니다. 저는 앞에서 언급한 친노 공직사퇴 선언보다도 이건 더 바람직하지 않고 효과도 없는 방식이라고 생각합니다. 우선 4월 총선 때 문후보는 대선에 나가더라도 사퇴하지 않는다는 것을 공언했습니다. 대선 막바지에 몇 표 더 얻자고 이렇게 몇달 전에 지역구민과 약속한 것을 뒤집는 건 신의에 반하는 행

대선 패배는 당연히 당의 주류에 큰 책임이 있습니다. 그러나 당의 비주류에도 책임이 있습니다. 진짜 문제는 누구에게 더 책임이 있는가보다 어찌해야 당을 거듭나게 할 것인가입니다. 그 구체적인 방안을 놓고 주류와 비주류가 생산적인 경쟁을 벌이기를 기대해봅니다.**

동입니다. 이렇게 신뢰를 줄 수 없는 지도자를 누가 따를까요? 물론 정치가가 모든 약속을 다 지킬 수는 없습니다. 그러나 그건 꼭 불가피한 일이 발생할 때여야 합니다. 뭔가 내려놓는 듯한 모습(쇼)을 보이기 위해 약속을 헌신짝처럼 내던지는 것은 옳지 않은 일입니다. 법륜 스님을 비롯해 이런 주장을 하는 분들은 안타깝고 절실한 마음에서 하셨겠지만, 제가 보기엔 정치의 본질보다는 정치공학에 치중한 게 아닌가 싶습니다. 그리고 이건 득표에도 효과가 없을 것입니다. 불가피한 경우가 아니기 때문에 말을 뒤집는 것은 오히려 신뢰를 떨어뜨립니다. 충격효과도 없습니다. 이미 박근혜 후보가 의원직을 사퇴한 바 있기 때문입니다. 박후보는 비례대표의원이었기 때문에 중간에 의원직을 사퇴하지 않는다는 약속을 하지 않았습니다. 민주당 경선에 나왔던 김두관 지사는 여러 장점에도 불구하고 지사 임기를 채운다는 자신의 약속을 어겼던 게 민주당 경선에서 내내 커다란 약점으로 작용했음도 상기할 필요가 있습니다. 득표에 도움이 되는 신선함은 모방에서는 결코 나오지 않습니다. 과거 의원 노무현은 종로구를 버리고 정치적 죽음의 땅인 부산에서 출마함으로써 감동을 주고 '바보 노무현'이라는 별명을 얻었습니다. 그러나 그걸 모방해 유시민 씨나 김부겸 씨가 대구에 출마한 것은 감동을 얻을 수 없었음을 상기하십시오. 유씨 등의 행위나 문후보의 의원직 사퇴는 정치적 쇼로 받아들여질 뿐입니다. 물론 정치에는 쇼의 측면이 있습니다. 그러나 신선한 창의적 발상에 의하지 않는 쇼는 의미가 없습니다. 이런 쇼로 대중의 표를 얻으려는 자세는 대중을 너무 깔보는 태도입니다. 또한 탐욕과 공포에 의거하는 보수수구 후보와 달리 감동과 희망에 의거해야 하는 진보개혁 후보가 쇼에 지나치게 의거하면 역효과를 불러옵니다. 게다가 의원직 사퇴 역시 언론에서 하루 정도 다룰 일회용 효과밖에 없습니다. 조중동 등은 사퇴에 대해 약속을 어겼다는 점을 부각해 보도할 것이므로, 신뢰할 수 없는 후보라는 부정적 이미지마저 발생합니다. 민주당 비주류나 안캠프 쪽이었던 분 등이 기득권 포기라면서 이런 종류의 자학적 네거티브 전략을 계속 거론하는 까닭은 거국통합내각 같은 포지티브 전략에 대한 그들의 정치적 상상력이 결핍되어 있기 때문입니다. 그래서 이런 걸 비장의 무기로서 거론하는 게 아닐까 싶습니다.

•• (2013년 1월 3일 추가) 오해를 피하기 위해 추가합니다. 저는 이른바 친노를 옹호할 생각이 결코 없습니다. 선거 패배의 가장 큰 책임자는 그들입니다. 제가 실제 선거과

야권의 거듭남을 위하여

당의 거듭남을 위해 검토해야 할 문제는 많을 것입니다. 그중 하나가 당과 대중의 연계 문제입니다. 도대체 민주당은 누구를 대변하는 정당인가 하는 문제를 따져봤으면 합니다. 중산층과 서민이라고 하는데 그 연계가 취약합니다.

우선 다른 선진국과 달리 한국에서는 진보개혁을 부르짖는 정당과 노동조합의 연계가 부실합니다. 한국노총은 민주당과 연대했지만 민주노총은 마음 둘 곳을 잃었습니다. 게다가 노조 조직률이 10% 정도에 지나지 않아 양대 노총이 대변하는 노동자는 전체 노동자의 일부에 지나지 않습니다.

전체 취업자의 1/3에 해당하는 자영업자의 이익을 제대로 대변하는 정당도 딱히 없습니다. 이들은 정당 이념보다는 지역색에 더 많이 좌우되지 않나 싶습니다. 그러니 한국의 정당들은 아직도 전근대적 색깔을 탈피하지 못하고 있는 것이지요.

이처럼 사회계층과 정당의 유기적 관계를 구축하지 않는 정당 재편은 반쪼가리일 가능성이 높습니다. 그러니 야당이 노동조합을 어떻게 끌어들일 수 있을까, 그리고 조직되지 않은 다수 노동자와 야당이 어떻게 관계를 맺을까를 고민해봤으면 합니다. 그리고 이번 대선에서 거의

정에서 우연히 만난 친노 핵심인사의 경우를 보더라도 문제가 있었습니다. 그는 친노 중에서 그나마 말이 잘 통하는 인물로 알려졌는데도 선거판을 보는 능력이 그리 높지 않았습니다. 제가 강조하는 것은 친노를 비판하더라도 구체적 대안을 갖고 비판해야지, 막연하게 '물러나라' '기득권을 내려놓으라'는 따위의 비판은 별로 생산적이지 않다는 것입니다.

역할을 하지 못한 진보정의당(현 정의당)은 아예 야권 재편에 발맞춰 민주당과 통합하면 어떨까요? 그러면서 민주노총도 한국노총과 통합하든지 아니면 그전에라도 재편된 야당과 연대했으면 합니다. 어쨌든 야권의 거듭남을 위한 생산적 논의가 활발해지기를 바랍니다.

[2013.01.02.]

제2장

따뜻한 사회를 향하여

1. 신정아 씨의 억울함과 우리 사회의 치사함

신정아(申貞娥) 씨의 책 『4001』(사월의책 2011)을 독파했다. 한마디로 충격적이다.

첫째, 본인이 신씨에 대해 갖고 있던 피상적 인식에 대한 반성이 밀려들었다. 신씨 사건이 생겼을 때, 불교계에 정통한 분과 이야기하다가 그분이 신씨를 옹호하기에 아니, 교수가 학위논문을 대필했다는 게 말이 되느냐고 강하게 반박한 일이 있었다. 본인은 미술계에는 전혀 문외한이고, 신씨에 대해 신문에 난 기사조차 제대로 따라 읽지 않았으면서 그렇게 이야기를 했던 것이다.

둘째, 어느정도 알고는 있었지만 우리 사회에서 말깨나 하고 힘깨나 쓰고 돈깨나 있는 이들의 치사함을 더욱 충격적으로 느끼지 않을 수 없었다. 기자, 교수, 법조인, 재벌가의 치사한 행태가 너무나 절실히 드러나 있었던 것이다. 수백억원 이상의 재산가인 대통령도 치사하게 겨우 매달 몇백만원 빼먹자고 빌딩 관리하는 자신의 회사에 자녀들을 유령 직원으로 위장취업시킨 적이 있는 나라이니 당연하다면 당연한 세태다. 하지만 이렇게 생생하게 접하니 느낌이 다르지 않을 수 없었다.

셋째, 신씨가 학위논문을 대필한 과오를 범하긴 했지만 그가 당한 억울함은 여러 면에서 충격적이었다. 신정아 씨 같은 유명인사도 권력다툼과 선정적 언론의 희생자가 되어 저지른 과오에 비해 과도하게 억울하게 당했는데, 힘 없고 '백' 없는 서민의 억울함은 얼마나 클 것인가. 그러니 신씨의 억울함은 우리 사회의 억울함을 부분적으로 드러내는 측면이 없지 않은 것 같다. 그래서 아래에 책을 읽은 감상을 써볼까 한다. 여기서는 주로 교수들의 치사함에 대해서 따져보기로 하겠다.

신정아 씨의 책엔 자신이 억울하게 당한 데 대한 복수극, 즉 '물귀신 작전'의 측면이 있다. 신씨의 주관적 의도가 어떻든 책의 객관적 효과가 그러하다는 말이다. 그런데 책 출간 이후 여러 언론들이 이 복수극이라는 점을 들어서 또다시 신씨를 비난하고 있다. (아니, 그러면 마르쿠스 아우렐리우스의 『명상록』 같은 걸 기대했단 말인가.)

그 한풀이 복수극의 주요 대상 중 하나가 교수다. 먼저 분명히 해야 할 것은, 교수든 다음에서 다룰 기자든 신씨가 그 집단의 모든 사람을 싸잡아 비난하는 건 아니라는 점이다. 신씨가 고마움을 표한 교수나 기자도 있다. (미술에 백치인 본인이 감히 할 말은 아니지만) 미술의 명암을 대조시키는 기법이라고나 할까.

학위논문을 대필한 처지에 남의 도덕성에 시비 거는 신씨가 우습기는 하지만, 그녀의 책이 우리 사회의 치사한 면을 드러내준 의의는 있다. 신씨는 대필에 대한 후회도 털어놓고 있으므로 자기 나름으로는 '자아비판과 상호비판'을 수행한 셈이다.

책에서 대표적으로 비난받는 교수는 정운찬(鄭雲燦) 전 서울대 총장과 경기대의 박모 교수다. 정운찬 전 총장과 신씨 중 어느 쪽 주장이 더 신뢰가 가는지는 본인이 말할 형편이 아니다. 다만 신씨 주장이 진실이라면, 서울대 교수직 제안 스캔들은 아마도 다음과 같은 내용일 것이다. 국립대에서는 총장이 학과 교수를 일방적으로 임명할 수 없다. 하지만 학과 교수의 정원을 늘릴 수 있는 권한은 총장이 갖고 있다. 거기다가 정총장이 해당 학과 교수들과 친분이 있다면 신씨가 미술사 담당 교수가 되도록 적극적으로 노력해볼 수는 있고, 정총장의 제안도 그런 취지였을 것이다.

신씨 책을 계기로 교수들의 치사함을 좀더 살펴보자. 거듭 강조하지만 이는 교수집단 일부에 관한 이야기이니 쓸데없이 오해하지 않았으면 한다. 다만 그 몰지각한 일부라는 게 정확히 얼마나 되는지는 본인도 모른다.

교수들의 부적절한 행태는 『교수들의 행진』(민현기 지음, 문학사상 1996)과 『대학괴담』(김창동 지음, 북치는마을 2010) 등의 책에도 재미있게 묘사되어 있는데, 여기서는 치사한 형태에 초점을 맞추기로 한다. 학위논문 대필, 학생 성폭행·성추행·폭행, 의료기자재 및 연구기자재 리베이트 수수, 건설공사 입찰심사와 관련한 뇌물 수수, 연구비 횡령과 같이 파면 또는 구속에 해당하는 큰 사안은 논외로 한다. 그건 치사함과는 차원이 다르다.

교수들은 첫째, 질투와 시기라는 치사한 행태를 보인다. 신이 아닌 한 인간의 질시는 어쩔 수 없다고도 볼 수 있지만, 교수들에게선 그게 약간 독특하게 나타난다. 좀스럽다고나 할까. 그러니 신씨가 '밥풀데기 싸움'을 한다고 한 것이리라. 예를 들어보자.

한 명문대학 법학과에 같은 분야를 담당하는 두 교수가 있었다. 두 사람의 저서는 사법고시 준비에서 필수교재이기도 했다. 이 둘은 학계의 대가답지 않게 서로를 질시했다. 같은 시간대 상대편 교수 강의실에 학생이 얼마나 몰리는지 확인해보려고 했고, 심지어 상대편 교수의 제자가 쓴 학위논문에 가혹한 점수를 줬다는 이야기도 들었다.

선배교수들을 비판하는 글을 쓴 탓에 재임용에 탈락했다가 복직된 서울대 김민수(金珉秀) 교수, 다른 교수가 출제한 입시문제의 오류를 지적했다가 재임용에 탈락하고 석궁 사건을 일으켜 결국 옥살이까지 한 전 성균관대 김명호(金明浩) 교수, 지방대 출신으로 고려대 교수에 임명됐다가 텃세에 못 견뎌 자살했다는 소문이 있는 정인철 교수 등은 교수 사회의 질시가 야기한 대표적인 희생사례가 아닐까 싶다.

원래 교수란 쪼잔해질 가능성이 큰 직업이다. 그들이 생산하는 논문 중엔 사고틀을 뒤흔드는 엄청나게 독창적인 것도 있지만 그건 가뭄에 콩 나듯 한다. 보통은 기존 연구성과에 아주 조금 새로운 걸 보태고, 그것들이 쌓여서 학문 발전이 이루어진다. 따라서 신씨 같은 '통 큰' 사람들이 보기엔 시시껄렁한 연구를 갖고 대단한 체하는 게 교수다.

게다가 요즘 한국에서는 교수들이 더 쪼그라들고 있지 않나 싶다. 고려대를 자퇴한 김예슬 씨 말대로 대학은 기업의 하청업체처럼 변해가고 있고, 그런 분위기 속에서 교수가 고전적 의미의 스승이 되기를 바란다면 연목구어다.

업적평가가 강화되면서 교수들은 논문 편수 늘리고 SCI(과학기술논문 인용색인)급 같은 유명 학술지에 논문 게재할 길을 찾는 데 헉헉거린다. 덕분에 교수들이 열심히 연구하게 된 건 좋은 현상이지만, '시대의 지성'은 이제 옛말이 되고 말았다. 지식인이 멀리, 높이 보지 않게 되면 자기 옆사람을 질시하게 되는 건 필연적 귀결이 아닐까 싶다. 공부도 열심히 하면서 지식인으로서의 과제도 잊지 않게 하는 대학개혁 방안은 없을까.

둘째, 남의 약점을 치사하게 이용한다. 시간강사에게 논문을 수십편이나 대필시킨 교수가 그런 사례다. 그 자신 시간강사를 거쳐 교수가 된 경우가 적지 않은데도 올챙이 적 시절은 잊어버린다. 그래서 시간강사 처우 개선에 적극적인 교수는 얼마 안 되는 게 우리 현실이다. 오히려 시간강사를 치사하게 부려먹기까지 하는 것이다.

대학원생은 교수들의 '밥'이다. 학부생은 교수 앞에서 맞담배를 피우기도 하는데 대학원생의 경우엔 그러기 힘들다. 민주화 바람이 불 때는 학부생이 교수배척운동을 할 수도 있었지만, 학자의 길을 걸으려는 대학원생에겐 지도교수가 생사여탈권을 쥐고 있다. 음악 같은 분야는 사정이 다른지 서울대 음대 김교수처럼 학부생까지 우습게 보는 일도 벌어지는 모양이다.[1] 이리하여 대학원생은 교수들의 하인 처지에 놓이기도 한다. 교수의 운전기사 노릇도 하고 이삿짐도 날라준다. 심지어 교수의 부모가 세상을 떠나면 먼 시골까지 대학원생들이 상여꾼으로 동원되는 경우도 있다. 자신에게 장래를 의존하는 처지인 대학원생들의 약점을 교수가 치사하게 이용하는 것이다.

이게 학문적 도제관계 때문이 아니냐는 해석도 있다. 하지만 구미는 물론이고 어쩌면 우리보다 도제관계가 더 심한 일본에서도 이렇게 하지는 않는 것 같다. 과문한 탓인지 모르지만 한국 같은 식으로 치사한 일본 교수의 사례는 들은 바 없다. 우리는 대체로 학회 행사에서 대학원생들을 그냥 부려먹지만 일본은 그럴 경우에 댓가를 지불하는 사회다.

미국과 유럽, 일본에서도 지도교수가 대학원생의 장래에 영향을 미치지만 한국처럼 치사한 행태를 보이지 않는 걸로 볼 때, 진짜 문제는 대학문화, 나아가 사회문화가 아닌가 싶다. 사회구성원의 인격이 대등하게 취급되고 또한 친소관계보다 실력이 더 중요한 사회라면 치사한 교수가 발붙일 수 없을 것이다.

셋째, 치사하게 돈을 뜯어낸다. 재벌을 비판하는 글을 쓰더니 그 재벌로부터 강연회 연사로 초청받아 보통보다 0이 하나 더 붙은 강연료를 받고, 결국 그 재벌기업의 사외이사로까지 출세해 한몫 챙긴 경우가 있다. 특정 재벌을 비판하는 글을 쓰는 한편으로 그 재벌 비서실에 연락해 지원을 요청한 교수도 있다. (본인도 삼성그룹의 행태를 비판했더니 아마도 그런 부류의 교수에 속하는지 확인하고 싶어서인지 그 비서실 간부가 자기네 자문교수직을 제안한 일이 있다.)

학회나 연구소 운영과 관련해 재벌에게 손 내미는 건 당연하게 받아들여지는 게 우리 현실이다. 그 돈으로 비싼 호텔에서 학회를 개최하기도 한다. 이건 보수파 학회에 국한된 게 아니다. 진보를 내걸고 있는 인사들 중에도 그것의 문제점에 둔감한 경우가 없지 않다.

일본에서 놀란 게, 큰 학회인데도 학회장 교수의 학교 연구실을 학회 사무실로 쓰고 있는 경우였다. 학회 행사는 대학을 빌려서 했고, 비용은 참가한 사람들의 회비로 다 충당했다. 한국과는 꽤 다른 모습이었다. 한국처럼 교수들이 치사하게 돈을 구걸할 필요가 없는 셈이다.

돈 문제와 관련한 교수들의 치사한 행태는 재벌과의 관계 외에도 여러가지로 나타난다. 예컨대 연구 프로젝트에 참여한 대학원생들의 인건비를 자기 호주머니로 빼돌려서 문제가 되는 사례는 언론에서도 접하는 바다. 이리해서 큰 재산을 만들지는 못하더라도 검사들의 떡값처럼 그런 돈 쓰는 재미가 쏠쏠하지 않은가 싶다.

교수들이 이렇게 각종 치사한 행태를 보이게 되는 근본 원인은 무엇일까? 한국인의 종자가 나빠서 그런 건 아니다. 우선 한국사회의 개혁이 미진한 탓이 있다. 교수 채용시장의 경쟁이 불공정하며, 부패한 재벌들은 약점을 가리기 위해 말깨나 하는 교수들을 구워삶는 식이기 때문일 것이다.

역사적으로 보면 한국사회가 식민지, 한국전쟁, 압축성장을 거쳐온 점도 크게 작용한 듯싶다. 그 속에서 과거의 선비 전통이 사라지고, 사람들은 수단방법 가리지 않고 살아남고 한몫 챙기는 데 급급했다. 세상이 이렇게 돌아가니 교수들도 지성인으로서의 자긍심을 갖기 어려웠다. 치사함이란 다름 아니라 자긍심의 결여다.

말하자면 '부끄러움을 모르는 문화'가 자리 잡은 셈이다. 고위공직 임명을 위한 청문회장에서 드러나는 우리 사회 지도층의 모습들을 보라. 특히 이번 정권에서는 그런 비리와 치사함이 드러나도 막무가내로 임명을 강행한 경우가 많았다. 압축적 고도성장하의 기업들이 수단방법 가리지 않고 막가파식으로 경쟁해온 가운데서 커나온 대통령이라서일까.

*

이번 토막의 주제는 기자들의 치사함이다. 신정아 씨가 책에서 가장 격렬하게 분노를 터뜨린 상대는 바로 기자다. 그런 탓인지 책 출간 이후 많은 언론은 신씨를 짓뭉개는 편에 섰다. 아예 책을 제대로 읽지도 않고 왜곡해서 쓴 비평이 있는가 하면, 진보개혁언론을 자처하는 매체에 수구보수적 관점의 신씨 비난 칼럼이 실리기도 했다. 평소 성향에 따라 언론사끼리 치고받다가도 언론 전체를 공격하는 '돈끼호떼'에 대해선 공동의 적으로 치부하는 '패거리의식'이 발동한 셈이다. 물론 신씨가 기자들 모두를 비난한 건 아니다. 일부 몰지각한 기자들의 행태에 격분한 것이다. 대표적인 사례가 『조선일보』 C기자와 문화일보 신모 기자다.

본인이 오래전 서울대 경제연구소 조수로 근무할 때였다. 연구소에서 국제학술회의를 개최했는데 모 방송사에서 취재를 왔다. 그런데 촬영을 하고 나자 그 기자단 대표가 촌지를 요구했다. 하지만 연구소 소장님은 예산에 책정되어 있지 않다고 촌지를 주지 않았다. 그랬어도 설마 9시 뉴스에 안 나오랴 하고 텔레비전 앞에 앉았는데, 아무리 시간이 흘러도 화면에 나오지 않았을 때의 당혹함이란. 그때 처음 본인은 '기자는 사회의 목탁'이라는 말이 사실이 아닐 수 있음을 목도한 셈이다. 그 후 세월이 지나면서 기자들의 여러 치사한 모습을 접할 수 있었다. 그걸 정리해보자.

첫째, 『조선일보』를 비롯한 수구보수언론 기자들의 치사함이다. 자신들이 싫어하는 정치인이나 단체에 대해선 사실을 멋대로 왜곡한다. '데마고그(demagogue, 흑색선전)형 치사함'이라고나 할까. 소련의 KGB 책임자 베리야가 고문을 통하면 레닌까지도 스파이로 몰 수 있다고 한 것처럼, 『조선일보』 등은 언어폭력을 통해 생사람 잡는 일이 적지 않다. 이에 대해선 이미 강준만 교수의 책 『조선일보 공화국』(인물과사상 1999)과 조기숙(趙己淑) 교수의 책 『마법에 걸린 나라』(지식공작소 2007)에 잘 나와 있으니 자세한 설명은 생략하자. 다만 최근 이야기 하나만 보태면 다음과 같다.

천안함 사건에 대해 제대로 된 재조사를 요구하는 사람들을 친북좌파로 모는 건 그렇다 치자. 그런데 이런 의혹 제기자 중 한 사람인 신상철(申祥澈) 씨가 엉터리라는 걸 입증하는 근거로 『조선일보』는 신씨가 황우석(黃禹錫) 씨 편을 들었다는 점을 계속 강조한다. 아하, 황우석 씨 편을 들어 문화방송의 「PD수첩」을 물어뜯은 대표적인 신문이 과연 어디였던가. 바로 『조선일보』였다. 어찌 이렇게 치사할 수 있는가.

둘째, 군소언론의 '생계형 치사함'이다. 지방의 상당수 군소언론사 기자들은 월급이 아주 적거나 아예 없다. 이들은 과연 무얼 먹고 살까. 물만 먹고 살 수는 없지 않은가. 진보개혁세력은 『조선일보』 등 보수수구언론의 횡포에만 관심을 쏟는다. 하지만 일반인들의 일상생활에 직접적으로 더 심한 피해를 주는 쪽은 오히려 이런 '양아치' 기자들일지 모른다.

군소언론의 일부 기자들은 어떻게 서민을 등치나? 업체나 기관을 운영하다보면 법 규정을 지키지 않거나 못 지키는 경우가 없지 않다. 법 문제만이 아니라 이미지에 관련되는 사안도 있다. 이게 '양아치' 기자들의 밥이다. 치사한 일부 군소언론 기자들은 업체에 찾아가 기사와 광고를 교환한다. 혹은 법규 위반을 보도하지 않는 대신 광고를 싣게 하고, 그 광고료를 회사와 갈라먹기 한다. 광고 대신에 아예 기자가 촌지를 챙기는 경우도 있다고 한다.

셋째, 수구보수언론이나 군소언론에 국한되지 않는 기자들의 일반적 치사함이라는 것도 존재한다. 강자에게는 약하고 약자에게는 강한 치사함이다. 물적 권력이든 정치적 권력이든 지적 권력이든 진짜 힘 있는 자는 좀체 건드리지 못하거나 그에 아부하고, 만만하다 싶은 경우에만 손봐주는 기자들이 있다.

신정아 씨도 이런 치사함에 당한 셈이다. 신씨가 큐레이터 세계를 주름잡을 때는 신씨와 친해보려고 달려들던 기자들이 신씨가 추락하자 안면몰수하고 발길질을 해대지 않았던가.

광고와 관련해서는 주요 언론도, 군소언론 같은 양아치 행태는 아니더라도 치사한 행태를 벌이는 경우가 있다. 보도와 광고를 거래한다는 말은 늘 있어왔다. 대포광고라 해서 광고주 승인도 받지 않고 광고를 싣는 일도 있다. 그래놓고 돈을 나중에 청구하는 것이다. 이런 강매행위가 처벌받지 않는 건 언론사가 유일하지 않을까.

촌지는 이제 많이 줄었다지만, 신씨에 따르면 『조선일보』C기자는 촌지를 챙긴 사례다. 연예인이 성공하려면 신문사·방송사에 잘 보여야 하고(그래서 장자연張自然 씨 자살 같은 비극도 일어났다), 『조선일보』C기자는 아마도 이런 풍토 속에서 신씨를 가볍게 보고 추행하려 했을 수 있다. 그러면 이런 치사함은 어떻게 해결할 것인가? 아래에서 이를 다루면서 글을 마무리할까 한다.

*

이제 이야기를 마무리하려니, 경제학을 업으로 하는 사람이 왜 갑자기 전공과 관계 없는 주제에 달려들었는지 스스로 의아하기도 하다. 하지만 경제란 게 삶의 토대인지라 경제학을 하다보면 온갖 문제에 다 관심을 갖게 된다.

게다가 본인은 일찍부터 우리 사회에는 서구 이론으로는 접근하기가 쉽지 않은 문제가 많다는 생각을 해왔다. 재벌이라든가 남북분단 같은 사안을 보라. 신씨의 억울함에도 그런 부분이 있다. 서구에도 인종차별에 따른 억울함 같은 게 존재하지만 한국사회에서의 억울함은 성격이 상당히 다르다.

그녀의 학위논문 대필은 분명 크게 잘못된 행위이지만, 그렇다고 꽃

뱀으로 매도당하고 합성 누드사진이 게재되는 따위의 억울한 일이 무책임하게 벌어져서는 곤란하다. 이런 걸 바로잡는 건 한국의 진보파가 강조하는 복지 확대보다 더 절실한 과제다.

유신시절 한잔하고 '평양에 지하철이 있다더라'라고 했다가 북한 찬양고무죄로 옥살이를 한 이른바 '막걸리 반공법' 위반자, 소속 대학의 입시부정 문제를 제기했다가 17년간 해직생활을 해야 했던 교수, 삼성전자 반도체라인에서 열심히 일하다 백혈병에 걸려버린 노동자 등등, 신씨의 억울함에는 이들의 억울함과 일맥상통하는 면이 있으며, 나아가 이는 정규직·비정규직의 부당한 차별에 따른 억울함과도 전혀 무관하지는 않다. 이런 면은 간과하고 신씨 책에 대한 호기심을 '관음증'으로 규정하는 사람이 많은데, 똥개 눈에는 똥만 보인다고 하면 지나친 말일까.

억울함과 더불어 신씨 책이 던지는 또 하나의 화두가 치사함이다. 우리 엘리트층의 치사함 역시 다른 선진국에서는 찾아보기 힘든 한국적 현상이다. 앞에서 교수와 기자의 치사함에 대해 다루었지만, 신씨 책을 보면 다른 엘리트층의 치사함도 등장한다.

신씨의 누드사진이 합성인지 따지는 과정에서 신체촬영을 하고선 필름을 내주지 않고 나중엔 위증까지 한 삼성병원 의사, 미술관 운영을 통한 비자금을 신씨 명의로 예금하고 그게 문제되자 신씨에게 덮어씌운 재벌가 사모님, 법리적으로는 제대로 따지지 않고 신씨에게 법정에서 쓰러지는 쇼를 벌이라고 하고 그저 돈만 뜯어내려 한 변호사.

이렇게 우리 사회의 엘리트들이 '노블리스 오블리주'는커녕 무지렁이 백성보다 치사한 행태를 보이는 것은 앞에서 언급한 대로 한국의 역사에 기인하는 바 크다. 식민지치하, 한국전쟁, 압축적 고도성장 탓에 엘리트들이 부끄러움을 모르게 되었기 때문이다. 부끄러움을 모르면 자긍심이 사라지고 치사함이 자리 잡게 된다.

치사함이란 생활 속에 뿌리내린 일종의 문화현상이므로 고치기 쉽지 않을 것 같다. 하지만 한국은 단기간에 매장문화를 화장문화로 바꿔가는 역동적인 나라이기도 하므로 희망은 있다. 압축적 성장을 한 것처럼 억울함과 치사함을 바로잡는 압축적 개혁도 가능하지 않을까 싶다.

기자의 경우를 생각해보자. 생계형 치사함을 대표하는 양아치 기자를 일소한다고 전두환 독재정권처럼 언론학살을 벌이는 건 당치않다. 그러나 애당초 양아치 기자에게 돈을 뜯길 소지가 없도록 하는 개혁이 진행되면, 자연히 그런 기자는 발붙일 곳이 없어진다. 나아가 모두에게 최소한의 인간다운 생활을 보장하면 양아치처럼 살려는 사람도 줄어들 것이다.

『조선일보』를 중심으로 하는 데마고그형 치사함은 어찌해야 할까? '안티조선' 운동 같은 방식은 큰 효과를 거두지 못했다. 그런데 최근 발전하고 있는 정보통신기술이 혹시 그 해결책의 하나가 아닐까 하는 생각이 든다.

요즘 진중권(陳重權) 씨와 조국 씨 같은 인물이 트위터에 날리는 날카로운 한마디는 수십만명에게 퍼져나간다. 그리하여 웬만한 신문 못지않은 영향력을 발휘한다. 선거 국면에서 보수수구신문이 SNS에 뒤처진 건 오래되었다. 그러니까 순간적으로 치고 나가는 힘에서는 이제 보수수구신문을 크게 걱정하지 않아도 된다. 문제는 일상적으로 사람들의 사고를 물들여가는 그들의 힘이다. 『한겨레』『경향신문』〈오마이뉴스〉〈프레시안〉등이 이에 대항하지만 역부족이다. 따라서 많은 진보개혁 인사들이 직접 여론 소통에 나서면 어떨까 싶다. 그 수단도 이미 개발되었다. 블로그와 페이스북이 바로 그것이다.

아직은 시작 단계다. 하지만 서울대 경제학부 이준구(李俊求) 교수의 블로그(http://jkl123.com/)를 보라. 발전 전망은 열려 있다. 충실한 내용의 글을 많은 사람들이 발전된 정보통신기술로 주고받게 되면 여론 공간은 바뀔 것이다. 최근 본인이 블로그를 만들고 페이스북에 뛰어든 것도 그 가능성을 타진해보고 싶은 마음에서다.

1987년 민주화 이후 정치적 독재권력 대신에 새로이 강력한 권력들이 등장했다. 재벌·관료집단·검찰·언론이 바로 그들이다. 이들을 어떻게 민주적으로 견제할 것인가가 한국의 미래를 좌우한다. 사회를 감시하는 언론은 누가 감시할 것인가? 언론이 언론을 감시하는 게 가장 좋지 않을까 싶다. 자본력과 연륜에서 뒤떨어지는 마이너 언론에만 그 일을 맡겨둘 게 아니라 국민 스스로가 나서면 사정이 달라지지 않을까 싶다.

[2011.03.25~04.16]

2. 김강자 교수의 발언을 계기로 성매매처벌법을 재음미한다

2000년에 김강자(金康子) 서울 종암경찰서장은 '미아리 텍사스촌'이라고 불리던 집창촌에 대해 미성년자 윤락행위에 철퇴를 가하면서 대대적으로 단속했습니다. 그런데 그녀는 종암경찰서장으로 근무하면서 집창촌 실태를 제대로 파악하고 나자, 공창제 도입을 주장한 바 있습니다. 그 때문에 여성단체들로부터 공격을 받기도 했지요. 지금은 한남대 경찰행정학과 교수로 재직하고 있는 그녀가 '제한적 공창제'를 도입해야 한다고 최근 다시 주장했습니다.[2]

일찍이 저도 이 문제에 대해『한겨레』에 두번 칼럼을 썼고,[3] 그 때문에 여성단체와도 사이가 나빠졌습니다. 제 블로그에서도 이 문제를 상세히 다루었습니다. 그리고 제 책『한국의 진보를 비판한다』의 10장「현실과 유리된 진보파」의 초고에서도 성매매처벌법 논란을 세 꼭지 중 하나로 썼습니다. 성매매 문제를 개혁과 진보라는 우리 사회의 과제와 연결해보았는데, 출판사의 권유로 출간된 책에서는 결국 빼고 말았습니다. 관심있는 분들을 위해 제 초고에 들어 있던 부분을 아래에 옮겨놓습니다.

성매매처벌법 논란

2004년에 성매매처벌법(정식 명칭으론 '성매매알선 등 행위의 처벌에 관한 법률' 및 '성매매방지 및 피해자 보호 등에 관한 법률'이라는 두개의 법률로 구성)이 제정되었다. 제정된 직접적 계기는 2000년에 발생한 군산 성매매집결지(집창촌)의 화재사건이었다. 불이 났는데도 쇠창살 때문에 성매매 여성들이 빠져나오지 못하고 숨지는 참사가 발생했던 것이다. 이에 대한 국민의 들끓는 분노를 배경으로 여성단체들은 과거에 비해 성매매에 대한 처벌을 강화하는 법을 밀고나갈 수 있었다. 진보파 여성인사들도 이런 법 제정에 적극적으로 관여했다. 광복 이후 우리나라는 공창제도를 폐지하고, 1960년대에 성매매를 불법화했다. 그러나 여기서 말하는 불법은 기껏 교통신호 위반 정도의 의미를 갖는 것이었다. 성매매처벌법은 그런 관행을 바꾸고자 처벌을 강화한 조치였다.

법이 발효되자 성매매 여성들이 대규모 시위를 전개했다. 법 때문에 손님이 줄고 자신들도 경찰에 붙들려가게 되자, 생계가 어려워진 성매매 여성들이 업주의 지원을 받아가며 시위에 나섰던 것이다. 국회 앞에서 50일간 천막농성에 돌입하기도 했다. 그러자 진보적 여성단체들은 곤혹스런 처지에 놓였다. 예상치 못한 사태가 벌어졌기 때문이다. 그래서 시위가 업주의 강요에 의해 이루어졌다는 식으로 해석하기도 했다. 하지만 이는 사실, 진보파 여성단체가 선의에서 법 제정을 추진하긴 했지만 성매매 여성의 삶과 의식에 대해 잘 몰랐음을 드러낸 것이었다.

성매매 여성들이 강제로 동원당했고 실은 성매매처벌법을 지지한다는 건 여성단체의 자기최면이었다. 성매매 여성들은 업주와 이해관계가 많이 일치하기 때문에 업주의 지원을 받아가며 시위에 나선 것이었으며, 물론 예외적인 경우도 있겠지만 대개가 강제로 동원됐다고 보기는 힘들었다. 심지어 일부 성매매 여성들은 노조를 조직해 양대 노총에 가입하려고 하기까지 했다.

성매매 여성의 시위 이후 성매매처벌법을 지지했던 여성단체 관계자 중 일부 솔직한 인사는 "어찌해야 좋을지 모르겠다"고 고백했다. 2005년 당시 여성부장관이 법 시행 후 부산의 집창촌을 방문해 실상을 듣고서 집창촌 단속 완화를 경찰에 부탁했던 사실에서도 여성단체의 무지를 확인할 수 있다(2005년 4월 13일『국민일보』등 보도). 결국 성매매처벌법 제정은 당시 집권하고 있던 노무현정부를 비롯해 진보파가 대중의 현실과 유리되어 있음을 보여준 단적인 사례였던 셈이다.

물론 이 법에는 성매매 여성의 인권을 향상시키는 조치가 포함되어 있다. 성매매 여성이 업주에 대한 빚 때문에 강제로 성매매에 종사하고 있다고 주장하면 그 빚은 무효가 되고 해당 여성은 성매매로부터 자유로워질 수 있게 된 것이다. 꼭 법 때문만이 아니라 사회적 분위기도 작용해 성매매 여성을 감금하던 쇠창살은 사라졌다. 그리고 이 법 시행으로 성매매 거래 건수가 줄어들기는 했다.

그러나 한편, 성매매 여성들 입장에서는 부작용이 만만찮았다. 성매매 거래 건수가 줄어든다는, 사회적으로 볼 때 긍정적이라 할 수 있는 현상 자체가 그 여성들에게는 생계의 위협을 의미했다. 그리고 성매매가 불법인 상황에서는 폭력이나 부패 같은 범죄가 자라나기 쉽다. 폭력배가 불법 매춘업에 기생하며 관련 업주들이 단속공무원에게 뇌물을 상납하는 것은 누구나 아는 일이다. 집창촌 지역을 담당했던 김강자 서장이 공창제도를 주창한 것은 이런 폐해들 때문이었다.

성매매에 대한 나라마다 다른 시각

시위와 천막농성에 충격을 받아 나는 성매매와 관련해 한국을 비롯한 다른 나라들의 사정을 조사해봤다. 그리하여 신문에 칼럼을 썼다가 여성단체와 논쟁을 벌이고 또 그들로부터 기피인물이 되었다. 어쨌든 조사해보니, 미국·중국·한국·대만에서는 성매매를 불법으로 규정해 단죄하고 있었다. 반면에 일본과 유럽은 일정한 규제를 가하긴 하지만 대체로 성매매를 단죄하지는 않는다. 스웨덴은 성매수자를 처벌하되 판매자인 여성은 처벌하지 않는다. 이렇게 나라마다 차이가 나는 형편이니 어떤 게 딱 부러진 정답이라고 하기는 어렵다. 하지만 어떤 게 보수적 입장이고 어떤 게 진보적 입장인지는 따질 수 있다.

성매매를 처벌하는, 특히 판매자인 여성마저 처벌하는 법은 조국 교수가 논문 「성매매에 대한 시각과 법적 대책」(2003)에서 밝혔듯이 보수적 도덕주의에 기초한 것이다. 미국의 대표적 인권단체 미국자유시민연맹(American Civil Liberties Union)이나 COYOTE(Call Off Your Tired Ethics), 대만의 COSWAS(Collective of Sex Workers and Supporters) 등 진보적 시민단체는 성매매 처벌에 반대한다.

미국보다 평균적으로 더 진보적인 유럽 대부분의 나라에서 성매매 알선이나 조장이 아닌 단순 성매매에 대해 처벌하지 않는 것도 성매매 처벌이 보수적인 조치임을 증명해준다. 미국에서도 라스베이거스가 있는 네바다 주에서는 성매매를 합법화하고 있다. 여기서는 성매매를 처벌하는 다른 주에 비해 성매매 거래량은 많다. 하지만 시설이 제대로 갖춰진 공개장소에서 영업하며 정기검진을 실시하므로 성병 등 거래행위에 따른 위험은 현저하게 낮다. 네바다 주에는 성매매 여성 중 에이즈 감염자가 거의 없는데, 워싱턴과 뉴저지 주에선 절반가량이라고 한다.

네바다 주에서는 성매매 여성에 대한 부당한 착취도 적다. 마찬가지로 성매매가 합법인 네덜란드는 성매수를 불법화한 스웨덴에 비해 성매매 여성 비율이 높다. 반면에 스웨덴에서는 성매매 여성이 뚜쟁이에게 종속된 정도가 크고 위험에 노출되는 확률이 높다.

요컨대 성매매 여성 같은 사회적 약자를 대변하는 게 진보라는 점을 받아들인다면, 한국의 성매매처벌법을 주도한 진보파는 진보파로서는 문제가 있는 셈이다. 성매매 여성을 위해서 이 법을 제정했다고 주장할 수는 없기 때문이다. 성매매 거래를 줄이는 게 사회를 깨끗이 하는 것이라고 말할 수는 있다.

이런 보수적 입장은 '잘못된' 입장은 아니다. 가치관이 진보와 다를 뿐이다. 보수파는 법질서와 개인 책임을 강조하고, 사회질서를 어지럽히고 건전한 직업을 갖지 않는 '타락한' 성매매 여성을 처벌하는 게 당연하다고 생각한다. 한국의 어떤 여성운동가가 성매매처벌법이 "중산층 여성을 위해 한계층 여성을 희생시킨다"라고 했던 것도 성매매처벌법의 성격을 잘 드러낸다.

성매매는 술이나 마약처럼 사람들이 효용을 과대평가하고 폐해를 과소평가하는 비가치재(demerit goods)다. 비가치재의 소비에 대해서는 여러 국가가 규제를 가한다. 그런데 술은 극소수 국가만 금지하고 마약은 극소수 국가만 허용한다. 성매매는 그 중간이다. 근래에는 유엔도 모든 성매매를 범죄시하던 과거의 태도를 바꿨다. 사랑 없이 재벌가에 시집가는 것과 성매매를 하는 것은 어떤 점이 다를까. 결혼한 여성은 전속 매춘부고 성매매 여성은 프리랜서 매춘부라고 말한 과격한 여성운동가도 있다. 중요한 것은 성적 거래를 포함한 남녀관계의 실제 상태다.

경제학으로 본 성매매

진보적 입장에서 볼 때 성매매의 합법화가 불법화보다 낫기는 하지만, 그렇게 합법화하면 모든 문제가 다 해결되는가. 그건 꼭 그렇지 않다. 성매매는 성병 감염, 결혼제도에 대한 위협, 인간관계의 황금만능화라는 폐해를 갖고 있는 비가치재다. 따라서 합법화하더라도 거래량이 줄어드는 게 바람직하다. 어찌해야 그게 가능할까? 경제학의 수요와 공급 이론을 활용해보자.

먼저 성적 서비스에 대한 수요 면을 보자. 남성의 성적 욕구를 근거로 성매매가 불가피하다는 남성 본위의(?) 주장이 있다. 하지만 북유럽의 성매매 인구 비율이 우리나 미국보다 훨씬 적다는 사실을 감안하면 이런 주장은 설득력이 없다. 다만 장애인 같은 성적 소외자나 과도하게 성적 욕구가 분출하는 이들을 위한 약간의 성매매는 있을 수 있다.

한국에서 성매매, 특히 고급 성매매의 수요처는 접대다. 관료들을 접대할 때, 중소기업 납품업자가 대기업 구매담당자를 접대할 때, 홍보 책임자가 기자를 접대할 때 룸살롱에서 성매매까지 책임진다. 이런 종류의 접대가 사라지면 성매매 수요가 크게 줄어든다. 다시 말해 공정한 시장경쟁이 이뤄지고 우리 사회 지도층이 부끄러움을 알게 되면, 성매매를 매개로 한 청탁이 옛말이 된다. '개혁'이 성매매 문제의 해결책인 셈이다.

성매매에는 물론 접대 이외의 경우도 있다. 친구끼리 한잔하고 떼거리로 성매매를 한다든가 하는 일이 있다. 그런데 만약 생활이 빠듯해서 이런 식으로 돈 쓰기가 힘들어지면 수요도 줄어들 것이다. 북유럽처럼 월급에서 세금 많이 내고 나면 낭비할 돈이 그다지 남지 않는다. 이렇게 세금을 많이 낸 덕택에 교육·의료·주택·노후 문제 등에서 우리처럼 걱정을 하지 않는 것이다. 그러니 복지국가로 가는 '진보'가 개혁과 더불어 성매매를 줄이는 길이다.

다음으로 성적 서비스의 공급 면을 보자. 로마시대의 황후 메살리나 (Valeria Messalina)처럼 자신의 성욕을 주체하지 못해 사창가에 들어서는 경우를 제외하면 성적 서비스 공급의 주된 동기는 돈이다. 생계를 책임지기 위해, 또는 더 쉽게 더 많은 돈을 벌기 위해서다.

그렇다면 공급 측면의 대책은 두가지다. 전자의 생계형에 대해서는 복지를 강화하는 게 정답임은 쉽게 알 수 있다. 후자에 대해서는 우선 군이 성매매까지 해서 한밑천 잡으려는 마음이 생겨나지 않도록 하면 된다. 아무 직장이든 건전한 직장을 잡아 열심히 일하면 별걱정 없이 살 수 있는 공정하고 복지가 갖춰진 사회가 되면 꼭 목돈을 만들어야 할 이유가 없어진다. 또한 성매매 수요를 감소시켜 성매매 서비스의 가격이 떨어지면 성매매 수입과 일반 직장 수입의 차이가 줄어든다. 그러면 여성들이 성매매시장에 나올 동기가 약화된다.

결국 성매매의 수요와 공급을 감소시키는 길은 바로 우리 사회의 개혁과 진보인 셈이다. 이리하지 않고 성매매에 대한 처벌만 강화하는 지금의 방식은 성매매와 관련된 부패와 폭력을 온존하고 성매매 여성의 인권을 오히려 악화시킨다. 다만 그런 방식은 개혁과 진보가 이뤄지지 않은 지금 상황에서는 적어도 성매매 거래량을 약간 줄이는 효과는 갖는다(풍선효과 어쩌고 해도 처벌의 위험성 때문에 전체 거래량은 줄기 마련이다). 이와 달리 부패, 폭력, 여성인권 악화 문제도 해결하고 동시에 성매매 거래량도 줄이려면 개혁과 진보를 통해 북유럽 선진국과 같은 방향으로 나아가야 한다.

[2012.09.13.]

3. 진주의료원 사태를 지켜보며

홍준표(洪準杓) 경남도지사가 진주의료원을 폐업키로 결정하면서 사회적으로 커다란 논란이 벌어지고 있습니다. 당장 전쟁이 터질지도 모르는 북한문제에 비하면 그 심각성이 덜하긴 하지만, 한국의 의료 문제나 공공부문 문제와 관련된 중요한 사안입니다.

저는 의료에 문외한이지만 관심을 갖고 사태의 추이를 지켜보았습니다. 문외한이더라도 다행히 저의 가까운 친척 중에 의사가 있고 또 가까운 선배 중에 의료와 관련된 시민운동을 오랫동안 주도해온 분이 있어서, 손톱만큼의 지식은 갖고 있습니다. 제 페이스북 친구 중에도 의사들이 몇분 계셔서 진주의료원 사태와 관련한 글들을 올려주셨습니다. 그글들을 읽어도 어찌해야 할지 명확한 답이 잘 떠오르지는 않습니다. 의사들을 포함해 의료 관련 종사자들과 공공부문 연구자들의 협동연구가 필요한 영역이 아닌가 싶습니다. 물론 이 과정에서 선진 외국의 사례도 널리 참고해야겠지요.

진주의료원 사태를 어떻게 풀어가야 할지에 대해 제가 여기서 본격적인 언급은 삼가겠습니다. 의사분들의 글을 보면 볼수록 저 같은 문외한이 감히 감 놔라 배 놔라 할 사안이 아닌 것 같기 때문입니다. 다만 진주의료원 사태와 관련해 공공부문 문제에 관해서는 약간 언급을 해볼까 합니다.

오늘날 모든 사회는 크게 시장과 국가라는 두개의 기구를 통해 경제활동을 비롯한 제반 활동의 조정이 이루어지고 있습니다. 제가 한국사회의 이념과 정책의 대립축으로서 '진보·보수'와 '개혁·수구'라는 두개의 축을 설정한 것은 바로 이 시장과 국가의 문제에 해당합니다. '진

보·보수'는 시장과 국가의 상대적 양에 관한 것이고, '개혁·수구'는 시
장과 국가의 질에 관한 문제입니다. 진보파는 시장보다는 국가를 상대
적으로 선호하며, 개혁파는 시장과 국가의 질을 개선하고자 합니다.[4)

진주의료원 사태를 하나의 잣대로 바라보기 어려운 이유

진주의료원 사태는 진보·보수의 문제와 개혁·수구의 문제 둘을 다
내포하고 있는 것 같습니다. 진주의료원 같은 공공의료기관을 유지, 확
대하려는 게 진보파입니다. (민간의료기관도 의료수가 등 정부의 여러
통제하에서 움직이기 때문에 공공적 성격이 있기는 합니다만, 진주의
료원 같은 곳이 공공적인 성격이 훨씬 강하지요.)

이번 사태에는 경영의 효율성을 높이려는 개혁·수구의 충돌도 있는
것 같습니다. 의사인 의료원장의 리더십이 제대로 작동하지 않는다든
가, 불필요한 인력을 과다하게 끌어안고 있다든가 하는 걸 바로잡는 게
개혁의 과제일 것입니다.

이 문제는 우리나라의 여러 공공기관에 역시 존재하고 있습니다. 몇
년 안 되는 임기의 공공기관장들이 지나치게 노조 눈치를 보기 때문에
경영의 비효율성을 초래하고 그리하여 국민의 세금 등을 낭비하고 있
는 것입니다. 기관장들은 노조와 충돌을 일으키면 시끄러워져 대외적
으로 뭔가 경영을 잘 못한다는 인상을 줄까 걱정합니다. 따라서 정부의
강력한 뒷받침을 받지 못하는 경우라면 기관장은 '좋은 게 좋다'는 식
이 될 가능성이 농후합니다. 그래서 비효율적이 되어가는 것이지요.

한국사회에는 '고단함·억울함·불안함'이라는 세 개의 모순이 작동하
고 있다고 제가 주장해왔습니다. 그런데 이 가운데 '억울함'에는 공공
부문(및 거대기업) 종사자와 중소기업 종사자 사이의 부당한 격차 때문

에 발생하는 억울함이 있습니다. 이런 억울함을 바로잡으려면 재벌개혁을 통한 공정한 시장질서 수립과 더불어 공공부문 개혁도 필요합니다. 그런데 공공부문은 시장을 통한 제어가 이루어지지 않는 곳입니다. 진주의료원을 비롯한 많은 국공립 의료원들은 적자가 나더라도 쉽게 문을 닫지 못하지요.

결론적으로 공공부문에 대해선 시장을 통한 견제보다는 민주적 견제가 필요합니다. 그리하여 비효율이라든가 부당하게 높은 처우를 바로잡아야 합니다. 그런데 이게 쉽지 않습니다.

한국사회는 1987년 민주화를 통해 독재정권의 힘이 약화되면서 다른 세력들이 새로운 강자로 등장했습니다. 재벌·관료·수구언론이 그 대표적인 존재입니다. 하지만 이들만이 아니라 거대기업(및 공공부문)의 강력한 노조도 특수이익집단(special interests group)으로 커갔습니다. 이게 이른바 '87년체제'의 모순입니다.

노조는 경영진(총수)이나 정부의 전횡을 저지하는 긍정적 기능을 수행합니다. 노동자는 회사를 비롯한 조직체의 주요 구성원입니다. 따라서 그들의 이익을 옹호하는 권력으로서 노조의 역할을 무조건적으로 비난할 수는 없습니다. 문제는 노조가 권력을 갖고 있는 것 자체가 아니라 그 권력이 잘못 사용되는 경우이고, 또 그 경우 견제가 제대로 작동하지 않아서 발생합니다. 거대기업 노조가 중소기업과 비정규직에 비해 과도한 특권을 누리거나, 공공부문 노조가 방만한 경영을 조장하는 경우가 여기에 해당합니다.

거대기업 노조의 부당한 특권을 바로잡기 위해서는 전반적 복지 확대를 통해 실질임금 격차를 줄이는 게 현재 한국 현실에서 가장 적절한 방법입니다. 산별노조 건설로 그 문제를 해결하자는 주장도 있지만, 부당한 격차의 존재 자체가 진정한 산별노조의 건설을 불가능하게 하고 있습니다. 게다가 서구의 산별노조는 길드의 전통 속에서 생겨났지만 한국에는 그런 전통이 존재하지 않습니다.

공공부문에 대해서는 민주적 견제가 작동해야 한다고 했습니다. 하지만 그 민주적 견제의 작동이라는 게 쉽지 않다고도요. 우선적으로 필요한 것은 국민의 강력한 지지에 기초한 정권의 존재입니다. 그런 정권이 부재할 때에는 공공부문 개혁을 정부가 주도할 수 없습니다. 정치적 리스크가 너무 크기 때문입니다. 그리고 시민사회의 공감대도 필요합니다. 어쩌면 재벌개혁보다도 훨씬 강한 시민적 공감대가 필요할지도 모릅니다.

안타깝게도 우리 시민사회는 공공부문의 '공공성'만 강조했지 그 공공성이 어떻게 작동해야 하는지에 대해선 둔감합니다. 요컨대 '진보'에는 관심을 갖지만 '개혁'에는 둔감한 것입니다. 진주의료원 사태는 공공부문의 개혁이 이뤄져야 공공부문도 유지, 발전할 수 있다는 걸 보여주는 사례가 아닐까 하는 생각이 듭니다. 사태의 정확한 진상을 모르는 처지에서 단언하기는 힘들지만, 그런 느낌을 받았습니다.

다만 공공부문의 견제와 관련해, 진주의료원이 보수 면에서 그리 커다란 특권을 누리는 것 같지는 않습니다. 임금이 여러해 동결상태였고, 일부 언론이 강조한 직원진료비 특혜는 임금동결에 대한 보상 차원이었다고 합니다. 하지만 뭔가 경영 면의 문제가 존재하는 것 같기는 합니다. 그게 진주의료원만의 문제인지, 공공의료원 전체의 문제인지, 양자가 복합된 것인지는 정확히 모릅니다. 하지만 진주의료원 사태를 계기로 한국의 의료체계 문제와 더불어 공공부문 문제도 깊이 검토하게 되기를 바랍니다.

진보파는 일단 공공의료원 유지라는 차원에서 진주의료원 사태에 접근하고 있는 것 같습니다. 〔새정치민주연합〕 김용익(金容益) 의원의 단식이나 『한겨레』 보도도 그런 관점에 입각해 있습니다. 그러나 공공의료원의 유지라는 관점에서 나아가 공공의료원의 개혁 및 한국 의료체계의 개혁이라는 관점이 보태지지 않으면 그런 시도는 성공하기 어렵습니다. 비록 힘으로 저항해 성공한다 하더라도 한국 의료의 도약은 어려울 것입니다.

[2013.04.08.]

4. 한국의 서민이 살아가려면: 병원과의 한판 승부?*

오늘 점심때 60대 정도의 식당 아주머니로부터 새겨볼 만한 일화를 들어서 소개하고자 합니다. 며칠 전에 이어 오늘 두번째로 들른 식당에서 혼자서 순두부를 시켜 먹으면서 들은 이야기입니다.

저는 식당에 좀 늦게 가는 편이라, 다른 손님은 안쪽에 몇명 있다가 곧 나가고 저 혼자가 되었습니다. 밥이 나왔는데 양이 많기에 제가 좀 덜었으면 좋겠다고 했더니, 식당 아주머니가 제 근처에 앉더니 자기 남편도 소식(小食)을 했다면서 남편 이야기를 늘어놓는 것이었습니다. 이제 두번째 갔을 뿐인데 저를 말동무 삼는 게 좀 당황스럽긴 했습니다만, 그냥 들어주기만 하면 되는 일이라 잠자코 있었습니다. 그런데 들으면서 일종의 무용담, 특히 서민이 살아가는 무용담을 듣는 느낌이 드는 것이었습니다. 그래서 보통은 밥 먹고 산보를 하는데, 오늘은 산보 대신에 밥 먹고도 10여분 동안 아주머니 이야기를 계속해서 들었습니다. 들어보니 아주머니 남편이 세상 떠난 이야기였습니다.

아주머니 남편은 평소 병원 한번 가지 않던 건강한 체질이었는데, 어느날 식당에서 손님들에게 음식을 내다가 갑자기 바닥에 스르르 주저앉더랍니다. 그래서 119구조대를 불러 근처의 한국 최고 병원 응급실로

---

* 며칠 전에 페이스북에 이 글을 올렸더니 이때까지의 제 페이스북 글 중 최고로 많은 댓글(제 답글까지 포함해서 46개)이 달렸습니다. 그중에는 제 글에 공감하는 분들도 있었지만 혹시 제 글이 불러올지 모를 부작용을 걱정하는 분들도 있었습니다. 다른 한편 의료현장 사정을 알려주는 분들도 있어서, 우리 의료 현실을 이해하는 데 도움이 되었습니다. 의료현장의 실태를 소개해주신 분들 중 이화여대 권복규 교수님의 댓글을 이 글 끝에 첨부했습니다. 〔권복규 이화여대 의료전문대학원 교수의 허락을 받아 이 책에 실음.〕

옮겼습니다. 119구조대가 왔을 때 구조대원이 목을 짚어보고 눈꺼풀을 열어보더니 아직 죽지는 않았다고 했고, 아주머니 자신은 식당 일을 계속해야 하는 형편이라 우선 남편 혼자만 병원으로 보냈다고 합니다. 그런데 떠난 지 7분쯤 후에 전화가 와서 아주머니더러 병원으로 급히 오라기에 달려갔더니, 병원에서 시행한 심폐소생술도 소용없이 남편은 세상을 떠나고 만 상태였습니다. 아주머니가 억척을 발휘하는 것은 여기서부터입니다.

남편은 사고 6년 전쯤에 M보험회사의 보험을 들어놓은 상태였고 그동안 600여만원을 불입했습니다. 그 보험은 심근경색일 때 1,500만원, 간암일 때 3,000만원 하는 식으로 보상을 받게 되어 있었습니다.

여기서 문제는 '심근경색일 때 1,500만원'이라는 자구의 의미였습니다. 아주머니는 보험금을 타기 위해 병원의 진단서를 제출했는데, 그 진단서에는 119 대원의 말을 인용하여 "심근경색 추정"이라고 쓰여 있었습니다. 이걸 들고 보험회사에 갔더니 보험회사에서는 '심근경색 추정'일 때는 보험금을 지급할 수 없고, '심근경색 확정'이어야만 보험금을 지급한다고 했답니다. 아니 이런 법이 어디 있느냐고 아주머니가 항의를 했더니, 그동안 불입한 600여만원은 돌려줄 수 있고(물론 이자 없이 원금만), 꼭 보험금을 타려면 병원 진단서를 새로 발급받아오라고 했답니다. 자식들도 모두 학자금 융자로 대학을 다녀야 했을 만큼 빠듯한 살림이라 1,500만원은 아주머니에게는 큰돈이었습니다.

식당 아주머니의 활극

자, 이제부터가 진짜 본격적인 활극입니다. 아주머니는 남편이 실려갔던 병원 응급실의 담당 의사를 찾아갔습니다. 그랬더니 젊은 담당 의사(아마도 인턴 혹은 레지던트였을)는 한손으로는 컴퓨터 게임을 하면서, 또 한손으로는 볼펜을 빙글빙글 돌려가면서 아주머니를 응대했습니다. 아주머니가 사정을 설명하자 의사는 앉은 채로 아주머니 위아래를 흘낏흘낏 보면서 "우리 병원에서는 병원장 가족이 와서 새로 진단서를 발급해달라고 해도 발급해주지 않는다"고 답했습니다. 더군다나 진단서를 새로 발급하려면 부검을 해야만 한다는 것이었습니다. 하지만 이미 남편을 매장한 지 일주일이 지난 터였습니다. 그러지 않아도 시신에 칼을 대는 건 한국에서 기피하는 판인데, 묻은 시신을 다시 파서 부검을 한다는 건 아주머니로선 도저히 받아들일 수 없었습니다.

아주머니에 따르면 여기서 진짜 문제는 그 답이 아니라 답할 때의 태도가 사람을 깔보는 자세였다는 것입니다. 그렇잖아도 남편을 잃어 제정신이 아닌 아주머니는 시쳇말로 '뚜껑이 열렸습니다'. 그래서 갖고 갔던 서류로 그 의사의 '귀싸대기를 갈겼'습니다. 그러자 의사는 웬 이런 미친 여자가 있는가 하고 벌떡 일어나 "아니 여기가 어딘데 이런 짓을 하느냐"고 소리쳤습니다. 아주머니는 이렇게 일갈했다고 합니다. "의사란 게 찢어진 곳 꿰매고 피나는 것 막으면 다인 줄 아느냐. 아픈 사람 마음을 달래줘야 하는데 넌 뭐하는 의사냐!"

이 대응은 주목할 만합니다. 병원에 가면 으레 주눅이 들기 마련인데, 의사가 마음을 달래는 일도 해야 한다면서 이렇게 '되치기'를 한다는 건 보통이 아닙니다. 어찌 이런 순발력 있는 표현을 할 수 있는지 그저 놀랍기만 합니다. 저는 이런 식으로 못합니다. 병원에서 의사나 직원과 고함 지르며 싸우는 사람들은 꽤 있겠지만, 의사가 예상치 못한 방식으로 공격하는 것은 쉬운 일이 아닐 것 같습니다. 조금 뒤에 덧붙인 좀 높은 의사와의 일화까지 감안할 때, 아주머니는 대단한 싸움꾼입니다.

제가 아주머니에게 "대단한 싸움꾼이다"라고 했더니, 사실 부모가 여자라고 자기를 학교에 보내지 않아서 그렇지, 학교 공부만 제대로 했으면 한가락 했을 것이라는 이야기를 주위에서 듣는다고 했습니다.

정치에서는 의표를 찌를 줄 알아야 상대방을 당황하게 만들고 대중의 감동을 살 수도 있습니다. 만약에 2012년 대선에서 문재인 후보나 안철수 후보가 이 아주머니 정도의 정치력만 갖고 있었더라도 승리할 수 있었을 듯싶습니다. 너무 지나친 이야기인가요? (웃음)

똑똑하지 않으면 차라리 무식해야 한다

어쨌든 그러면서 다툼이 커져 30분가량이 지나자 마침내 힘깨나 쓰게 보이는 병원 직원 두명이 와서 아주머니를 들고 나갔다고 합니다. 아주머니는 들려 나가면서 정신을 잃었고, 깨어나 보니 병원 행정실이었습니다. 행정실 과장은 아주머니에게 왜 그랬느냐고 다정하게 물어보았습니다. 아주머니는 과장의 따뜻한 말씨에 감정이 북받쳐 아까 젊은 의사 앞에서와는 달리 격하게 흐느끼기 시작했습니다.

이를 보다 못한 행정실 과장은 내일 다시 오면 해결방도를 찾아주겠다고 했습니다. 그래서 다음날 찾아갔더니 그 젊은 의사보다 높은 의사의 방으로 데려가더랍니다. 그 의사 역시 예의 거만한 눈빛과 말투(아주머니의 주관적 표현이므로 반드시 그렇지 않았을 수도 있습니다)로 왜 그러느냐고 했습니다.

여기에 대해 아주머니는, 나는 돈 따위 필요 없다, 나를 응대한 젊은 의사를 쫓아내라, 그런 의사는 한국 최고의 이 병원에 있을 자격이 없다고 했답니다. 이것도 의표를 찌르는 대응이지요. 보통은 사정을 하면서 돈에 집중하기 마련인데, 상대의 약점, 즉 젊은 의사의 태도를 '최고의 병원'과 결부해 문제 삼은 것입니다.

이런 의외의 대응에 놀랐던지, 그 의사의 태도가 달라졌다고 합니다. 그러면서 "돈을 받게만 해주면 되는 것 아니냐"고 하며 진단서에다 몇 자 추가하는 방식으로 수정을 해주었습니다. 그냥 그 수정한 서류를 넘겨주기만 한 게 아니라 행정과장으로 하여금 아예 그 병원에서 보험회사로 바로 팩스를 보내게 했답니다. 아주머니가 그길로 보험회사에 갔더니, 담당 직원이 차렷 자세로 자신을 응대하면서 보험금 1,500만원에다 기존 불입금 600여만원까지 합친 금액을 내주었습니다. 병원과 보험회사의 관계가 어떻기에 병원에서 직접 팩스를 보냈다고 이렇게 보험회사의 태도가 달라질까요? 아니면 이 아주머니를 우습게 봤다간 큰코 다친다고 병원 직원이 보험회사에 말을 전해놓은 것인지 알 수 없는 일입니다.

이런 무용담을 이야기하면서 아주머니는 '똑똑하지 않으면 차라리 무식해야 한다'는 삶의 지혜를 터득했다고 말했습니다. 그런데 사실은 이 얘기에서 알 수 있다시피, 아주머니는 높은 학력이 없다뿐이지 대단한 순발력을 지닌 아주 '똑똑한 싸움꾼'이었습니다. 그러니 아주머니의 모토는 이렇게 바뀌어야 할 것 같습니다. '돈이나 백이 없으면 억척이라도 있어야 하고 머리가 잘 돌아가야 한다.'

병원과의 승부가 고단할 수밖에 없는 이유

이왕 말이 나온 김에 이 이야기에서 볼 수 있는 우리 사회의 문제점을 간단하게 짚어봅시다. 우선 가장 큰 문제는 보험회사에서 상품을 제대로 알리지 않고(또는 불완전한 상품을) 판매한 부분입니다. 심근경색으로 사망했는데 진단서에 '심근경색 확정'이면 보험금이 나오고 '심근경색 추정'이면 보험금이 안 나오는 계약이라는 건 도대체 말이 되는 계약이라 하기 힘들겠습니다.

아주머니는 당연히 계약 당시에는 그런 차이를 몰랐습니다. 그러니 보험사 내부 규정에 그런 걸 만들어놓고 정작 일이 터지면 그런 규정을 악용하는 게 아닌가 하는 의심이 드는 것이지요. 아주머니 말로는 자신에게 보험을 들게 한 보험설계사는 그런 말을 하지 않았다고 합니다. 더 놀라운 것은, 그 보험설계사의 친척도 같은 보험을 들었다가 마찬가지로 심근경색으로 죽었는데 진단서에 '심근경색 추정'이라고 쓰인 바람에 보험금을 받지 못했다는 겁니다. 그 보험설계사의 사례는 식당 아주머니 사례의 1년 전에 터진 일이었는데, 아주머니 말을 듣고 재심을 신청했지만 결국 못 받았다고 합니다.

아주머니는 잘은 모르지만 요즘 TV 등에서 많이 광고하는 보험상품 중에 비슷한 경우가 꽤 있다는 이야기를 들었다고 합니다. 만약에 아주머니 말이 사실이라면 일종의 사기성이 농후한 상품을 팔고 있는 셈인데, 우리 금융감독원은 제 할 일을 하고 있는 걸까요?

그다음으로 병원의 문제입니다. 병원 의사도 사람인지라 좋은 사람도 있고 그렇지 않은 사람도 있기 마련입니다. 게다가 응급실 의사들은 많은 스트레스를 받습니다. 답답한 환자는 고함 지르고 사람은 죽어나가니, 의사 노릇 해먹기가 만만치 않습니다. 최근 말썽이 난 '라면상무'처럼 황당한 환자 가족도 심심찮게 있을 것입니다. 조폭같이 말썽 피우는 환자(가족)도 있겠지요. 아주머니를 상대한 젊은 의사도, 좋게 해석하면 지친 근무 중에 잠깐 컴퓨터 게임을 하고 있었는지 모르며, 가끔씩 말썽 부리는 사람들을 접하다보니 아주머니도 그런 부류의 한 사람으로 보았을지 모릅니다.

아주머니가 정신이 없던 상태라 젊은 의사가 컴퓨터로 차트를 들여다보는 것을 게임을 하는 것으로 착각했을 가능성도 배제할 수 없습니다(아주머니의 뛰어난 머리를 볼 때 그런 착각의 가능성은 크지 않다고 봅니다만). 그러나 응급실, 특히 큰 병원 응급실을 포함해 병원에 가본 사람 중에는 의사가 좀더 친절했으면 하고 생각하게 되는 사람이 적지 않을 것입니다. 저도 과거에 의사와 병원의 불친절을 몸으로 여러번 경험한 적이 있습니다. 그중 한가지 사례만 소개하겠습니다. 17년 전의 일입니다.

제 인척이 교통사고를 당해 병원에 실려갔는데, 젊은 담당 의사가 너무나 불친절했습니다. 그런데 마침 병원에 도착한 또다른 환자 인척이 큰 병원의 과장의사여서, 그가 자기 신분을 밝히고 그 젊은 의사에게 따끔하게 한마디 하는 것을 제가 옆에서 목격했습니다. '백'(권력)을 쓴 셈입니다.

게다가, 의사 쪽에서 무슨 신호를 보낸 것은 아니지만, 그 과장의사의 인척 쪽에서는 수술을 담당한 교수의사에게 꽤 큰 액수의 돈을 촌지로 건넸다는 이야기를 나중에 들었습니다. 치료 잘해달라는 부탁이었겠지요. 결국 '백'과 돈이 모두 동원된 셈입니다.

이런 돈과 '백'이 없으면 몸으로 때워온 게 우리의 현실입니다. 여기서 '몸으로 때워왔다'는 것은 불친절과 무성의를 그저 겪어내거나, 아니면 식당 아주머니처럼 악을 쓰는 것을 의미합니다. 요새는 시민들의 권리의식이 강해져 옛날보다는 나아진 것 같습니다. 하지만 그래도 고칠 부분이 적지 않을 것입니다.

이렇게 돈이나 '백' 없는 환자가 괄시받는 일이 있어서는 안 됩니다. 아울러 여러 의사분들이 댓글에서 우려했듯이, 환자나 그 가족이 자기들 뜻대로 안 된다고 함부로 고함치거나 폭력을 행사하는 일도 결코 있어서는 안 됩니다.

폭력이 난무하는 현실에서 어떻게 마음 놓고 환자를 진찰할 수 있겠습니까. 버스 운전기사에게 폭력을 휘두르는 행위에 대해 가중처벌하는 법을 만든 것은 그런 폭력이 다른 승객에게도 위험을 주기 때문입니다. '라면상무'를 엄벌한 것도 그런 행동이 다른 승객의 안전에 영향을 주기 때문이지요. 마찬가지로 의사가 폭력에 노출되면 다른 환자의 치료에도 영향을 줍니다. 앞서 식당 아주머니가 서류로 후려갈긴 것도, 작기는 하지만 어쨌든 폭력이고 있어서는 안 되는 일입니다. 그러나 이걸 도덕적으로 비난할 게 아니라 근본적인 해결책을 찾아야 합니다.

의사-환자 관계의 재정립

이런 것들이 바뀌려면 어찌해야 할까요? 병원수가를 포함해 도대체 뭘 어떻게 고쳐야 할까요? 잘 모르겠습니다. 다만 올바른 의료 선진화의 방향이란 의사-환자 관계가 적어도 지금과는 달라지는 모습이겠지요.

무릇 갈등이 존재하는 상황에서 올바른 소통을 위해서는 역지사지(易地思之)가 필요합니다. 환자는 힘든 의료환경, 특히 응급실 의사들이 정신없이 시달리는 어려운 환경을 이해해야 합니다.

반대로 의사도 환자를 이해하도록 노력해야겠지요. 의사-환자의 관계에는 경제학적으로 표현하자면 '정보의 비대칭성'이 존재합니다. 전문지식을 의사가 많이 갖고 있고 환자는 그렇지 못합니다. 이게 의사-환자 관계가 승무원-라면상무 관계와 다른 부분입니다. 다만 좀더 깊이 들어가면, 의사-환자 관계와 의사-환자 가족 사이의 관계는 좀 다릅니다. 그리고 환자가 살아 있을 때와 죽고 난 뒤의 의사-환자 가족의 관계도 달라집니다. 식당 아주머니가 고함을 칠 수 있었던 것도 이미 남편(환자)이 죽어버렸기 때문일 것입니다.

요새 인터넷 덕분에 환자도 많이 똑똑해졌다지만, 근원적으로 정보의 비대칭성이 존재하는 경우에는 대등한 거래가 불가능합니다. 환자는 자기 생명이 걸려 있는 처지인지라 대체로 의사가 시키는 대로 할 수밖에 없습니다. 예컨대 의료보험이 안 되는 고가의 약처방이나 검사라도 의사가 하라고 하면 해야 하지요.

이런 정보의 비대칭성 때문에 의료와 관련해 모든 나라에서는 수가 등 여러가지를 규제합니다. 미국에서는 (지나치다고 생각될 정도로) 많은 의료소송을 통해 이런 비대칭성 문제를 해결하려 합니다. 한국에서는 돈, '백', 몸(폭력)이 동원됩니다.

오해를 피하기 위해 말씀드리자면, 한국을 포함해 어느 나라든 돈이나 '백'이나 몸을 동원하지 않아도 의사의 윤리에 따라 환자를 성심성의껏 돌보는 의사도 적지 않을 것입니다. 어쩌면 그런 의사가 압도적 다수일지도 모릅니다. 돈이나 '백'이나 몸이 동원되는 건 저 식당 아주머니처럼 원래 병원에서 해줄 수 없는 일을 억지로 하려고 하는 경우에 많을 것입니다.

소통과 공감의 힘

오래전에 읽은 책이 기억납니다. 버스회사에서 교통 사망사고가 났을 때 피해자 가족과의 분쟁을 처리하는 사람의 이야기입니다. 그 해결사는 빈소에 도착하기 전 멀리서부터 울음을 터뜨리고, 빈소에 가서는 대성통곡을 합니다. 피해자 가족은 당황해서 고인과의 관계가 어떻게 되느냐고 조심스럽게 물을 수밖에 없습니다. 그래도 그 해결사는 대성

통곡을 계속하다가, 적당한 시점에 피해보상 협상에 들어간다는 것이었습니다. 말하자면 피해자 가족과의 '소통'을 위해 공감대를 형성하는 자세를 취하는 것이지요. 마찬가지로 의사-환자(가족) 사이에도 공감대를 만드는 일이 필요합니다.

버스회사 해결사의 사례를 참고해 이렇게 해보면 어떨까요? 보험회사의 보험상품 문제가 제대로 해결되기 전까지는 일단 의사-환자(가족)가 직접 만나지 않고, 분쟁이 일어나면 앞의 행정과장 같은 해결사가 환자(가족)를 만나도록 하는 방식 말입니다. 의사가 태도를 바꾸는 데는 시간이 많이 걸릴 것이기 때문입니다.

물론 환자-의사 관계 개선을 위해서는 더 근본적인 문제가 있겠지요. 그건 전문가들이 고민해주시기 바랍니다. 저 식당 아주머니는 남다른 억척스러움(싸움꾼 기질)과 머리(순발력과 자유로운 발상)로 사태를 해결했습니다. 바람직한 선진국이란 이런 '백', 돈, 몸쓰기(악쓰기)와 무관하게 '될 일은 되고, 안 될 일은 안 되는 사회'일 것입니다. 그간 한국에선 '백'과 돈이 있으면 안 될 일도 되었기 때문에 무슨 수를 써서든 안될 일을 될 일로 만들려는 사람들이 나타나는 것이 아닐까 싶습니다.

그저 평균적인 서민이 바람직하게 살려면 어찌해야 할까요? 어렵습니다. 재력과 권력이 없어도, 남다른 억척과 머리가 없이도 억울하지 않게 사는 사회가 바람직한 선진사회일 것입니다. 제가 한국사회의 문제점으로 '고단함·억울함·불안함'을 지적한 바 있는데, 그중에서도 이 아주머니의 사례처럼 억울함이 없도록 하는 게 가장 중요하지 않을까 하는 생각이 듭니다. 이상 점심 식당에서의 에피소드였습니다.

이화여대 권복규 교수의 댓글

좋은 글 잘 읽었습니다. 그 아주머니의 심정은 충분히 공감이 갑니다. 그런데 실은 '심근경색 추정'은 이 경우에 부검 없이 의사가 할 수 있는 최대치의 진단입니다. 이미 사망하셔서 응급실에 오셨거든요.

진단서는 법률 문서고, 만약 이분이 나중에 어떤 이유로 부검을 했는데 사인이 심근경색이 아닌 뇌졸중으로 판명되었다면 의사는 '오진'을 한 것이 되어버리죠. 이 남편분은 급사하셨는데, 우리나라의 부검율은 5%에도 미치지 못해서 사전에 어떤 병인지 알고 있고 병원에서 임종한 환자가 아닌 한 대부분 '추정'으로 쓸 수밖에 없는 한계가 있습니다.

보험회사가 '심근경색 확진'이어야만 보험금을 지급할 수 있다고 하면 이런 경우에는 환자를 부검하도록 해야 했을 것입니다. 그때도 심근경색이 사인으로 판정될지는 물론 확신할 수 없고, 부검 후 만일 사인이 달리 판명나는 경우는 '사자를 두번 죽이고도 원하는 결과를 얻지 못했다'고 의료진은 또다시 원망을 듣습니다.

이런 '진단서 고치기 문제'는 제가 의료윤리 교육시간에 사례로도 쓰고 있는데, 아무리 선의라지만 그런 일은 하지 않도록 하고 있습니다. 그런 면에서 처음 젊은 의사보다는 자의로 진단서를 고쳐준 두번째 상급 의사가 더 문제일 수도 있습니다. 일반인의 상식과는 반대로 말입니다.

물론 이 아주머니에 대한 젊은 의사의 태도는 변명이 어렵습니다. 그러지 않도록 학생들을 교육하고 있지만… 실제 의료환경에서 가뜩이나 예민한 모든 분들께 친절하고 자상하기란 쉽지 않지요. 이는 의사들이 자성해야 할 부분 맞습니다.

그러나 그렇다고 해도 '아주 똑똑하지 않으면 아주 무식해야 한다'는 이 '삶의 지혜'로 인해 병원에서는 무슨 일만 터졌다 하면 멱살잡이부터 시작됩니다. 사실 보험과 관련된 부분은 정말 어려운데, 어떤 환자분은 난소암으로 판명되면(이를 위해서는 개복하여 조직검사를 해야 합니다) 보험금 3,000만원을 더 받을 수 있다며, 대장암 전이로 보이는 난소의 개복수술을 해달라고 요구하는 경우도 있었습니다. 이런 경우에는 개복하면 오히려 더 큰 문제가 생길 수 있는데도요.

저도 의대 교수지만, 병원에서 불쾌하고 불친절한 경험 많이 겪었습니다. 하드웨어에 비해 아직 의료문화와 상호신뢰 같은 쏘프트웨어는 갈 길이 멀다고 생각합니다. 그러나 이런 의료문화가 제대로 발전하려면 의사뿐 아니라 환자 쪽에서도 이해와 도움이 필요할 것입니다. 교수님과 같은 여론 주도층의 역할은 말할 것도 없구요. 그런 노파심에서 좀 길게 댓글 달았습니다. 양해해주십시오. 그리고 양해하신다면 이 사례는 제가 학생 교육용으로 좀 빌려가겠습니다.

[2013.05.05.]

5. 독일 축구영웅과 여성운동 영웅의 추락

최근 며칠간 독일은 올리 회네스(Uli Hoeneß)의 재판으로 떠들썩했습니다. 온 신문·방송의 톱뉴스였지요. 그래서 도대체 이 사람이 누구인가 했더니, 축구팀 FC바이에른뮌헨의 구단주였습니다. 저는 축구에 문외한입니다만, 이 축구팀은 꽤 유명한 모양입니다. 회네스는 1970년대에 독일 축구팀 국가대표 선수로 맹활약하면서 월드컵을 따냈고, 그의 활약상을 기리는 우표까지 발행될 정도였습니다.

그런 그가 작년에 탈세 혐의로 기소되어 엊그제 3월 14일에 3년 6개월의 실형을 선고받은 것입니다. 축구영웅이 감옥에 가게 되었으니, 축구에 열광하는 독일 국민들이 커다란 관심을 보일 수밖에 없었습니다. 그는 축구선수로서만이 아니라 구단 운영주로서도 뛰어난 사업수완을 발휘했는데, 그렇게 번 돈을 스위스은행에 비밀계좌로 예금해두었다가 들통이 났습니다. 독일정부가 몇년 전에 스위스은행 직원에게 거액을 주고 비밀계좌 리스트를 넘겨받을 수 있었던 덕분입니다.

정보화 시대라는 게 참 묘해서 개인 정보가 함부로 해킹당하기도 하지만 개인이나 국가의 어두운 치부가 쉽게 드러나기도 합니다. 몇년 전에는 한 양심적인 미군 병사가 위키리크스(WikiLeaks)의 어산지(Julian Assange)에게 미군이 아프가니스탄과 이라크에서 저지른 추악한 행태를 폭로하는 파일을 넘긴 바 있었지요. 2013년에는 미 국가안보국(NSA) 직원이었던 스노든(Edward Snowden)이 미국이 조지 오웰(George Orwell)의 소설 『1984』에 나오는 빅브라더(Big Brother)처럼 세계 각국 인사들을(심지어 우방의 지도자까지) 감시하는 실태를 드러내기도 했습니다. 이건 엄청난 분량의 문서가 CD 몇장으로 쉽게 옮길 수 있는 형태로 보관되기 때문에 가능한 일입니다.

그는 왜?

회네스는 약 2,800만 유로(약 400억원)를 스위스은행에 비밀예치함
으로써 수백만 유로를 탈세한 것으로 드러났습니다. 그는 처벌을 피하
려고 2013년 초에 탈세를 자진 신고하긴 했습니다. 하지만 법원은 검찰
로부터 기소당하기 전의 자진신고가 불완전했다고 해서 실형을 선고한
것입니다.

사건이 터지기 전에 회네스는 독일인의 롤모델이었습니다. 그는 한
국의 재벌총수처럼 회사 돈으로 생색을 내는 게 아니라 개인 돈으로 수
백만 유로를 기부했으며, 어려운 축구 구단과 선수들을 여러모로 지원
하기도 했습니다. (그에 대해 선처를 호소하며 재판정 앞에서 벌이는
시위에서 나온 문구는 "율리 회네스에 대한 선처를! 그는 많은 좋은 일
을 한다"였습니다.) 그런데도 독일 법원은 한국 법원처럼 국가 경제에
기여하고 어쩌고 하면서 봐주는 식이 아니라 추상같은 판결을 내린 것
입니다. 판결을 보면 형기 중에 쉽게 석방할 수 없도록 하는 대목까지
들어 있을 정도입니다.

더 놀라운 것은 회네스가 선고가 떨어지자 아예 항소를 포기한 사실
입니다. 항소, 상고를 통해 조금이라도 형이 줄어들기를 기대하는 게 아
니라 자신의 과오를 깨끗이 인정하고 옥살이를 감수하기로 한 것입니
다(이런 걸 영어로 쿨cool하다고 하지요). 저는 이걸 보고 독일 축구영
웅은 역시 다르다는 느낌을 받았습니다. 구질구질하지 않은 것입니다.

그나마 불행 중 다행은 그가 수감될 감옥에는 축구경기를 할 수 있는
운동장이 마련되어 있다는 점입니다. 그는 감옥에서 축구감독을 할 수

도 있겠지요.

그녀는 왜?

한편, 또다른 독일 영웅도 도마 위에 올랐습니다. 회네스의 탈세 문제가 부각되면서 작년 상반기에만도 약 8,000명의 독일인이 스위스은행 예금을 신고했는데, 독일의 유명한 여성운동가 알리체 슈바르처(Alice Schwarzer)가 그런 사례에 해당한다는 걸 독일 주간지『슈피겔』이 금년 2월에 터뜨린 것입니다. 보도에 따르면 슈바르처는 스위스은행 예금을 통해 지난 10년간 20만 유로를 탈세했습니다. 그걸 작년에 자진 납부했고, 그 사실이 언론에 드러난 것입니다.

그녀가 어느 정도로 유명한가 하면, 바로 그녀의 탈세 문제를 둘러싸고 유명한 텔레비전 프로「딱딱하지만 공정한」(Hart aber Fair)에서 토론을 진행할 정도였습니다. 당사자인 슈바르처는 출연하지 않고 그녀의 친구와 정치인 등이 나왔습니다.

저는 우연히 이 프로를 보고 그녀가 어떤 사람인지 찾아보았습니다. 잠깐 그녀의 이력을 정리해보겠습니다. 1942년생인 독일 출신의 그녀는 1970년에 씨몬 드 보부아르, 장뽈 싸르트르 같은 프랑스 유명인사들과 사귀면서 프랑스에서 여성해방운동조직을 창립해 낙태 합법화, 여성의 자유로운 성(性), 여성의 경제적 독립 등을 주창합니다. 1977년에는 독일에서 가장 주요한 여성주의 잡지『엠마』(Emma)를 창간하고, 토크쇼 사회를 보기도 합니다. 오늘날까지 저술한 책은 20여권에 이르며, 그중『아주 작은 차이』『사랑받지 않을 용기』는 한국어로 번역되기도 했습니다. 2013년에는 독일의 성매매 합법화를 비판한 책『성매매: 독일의 추문』(Prostitution: Ein deutscher Skandal)을 출간했는데, 이 출간

행사장에서는 성매매 여성들이 반대시위를 벌이기도 했습니다(시위에 나온 피켓의 문구는 "알리체는 입 닥쳐라. 내 직업은 내 것이다"였습니다). 한국에서 여성단체들이 성매매금지법을 제정하자 성매매 여성들이 여성단체로 쳐들어간 것과 비슷하지요.

그녀가 이같은 여성운동 과정에서 어떻게 스위스 비밀계좌에 막대한 예금을 넣어둘 정도로 돈을 모았는지 놀랍습니다. 그녀는 1980년대부터 스위스은행에 돈을 넣어두기 시작했다고 하는데, 이번에 자진 납세한 20만 유로는 90년대 중반 이후부터의 예금에 해당합니다(세금 추정 시효 10년). 따라서 (회네스에 비하면 작은 돈이지만) 그녀가 비밀예치한 원금은 100만 유로 이상이겠지요. 한국에서 시민운동은 배곯는 일입니다. 어떻게 독일의 여성운동은 배부른 일이 될 수 있는지 비결이 궁금해지네요. 한국의 시민운동단체에서 초청해 들어볼 만하지 않겠습니까.

정작 황당한 것은 『슈피겔』이 보도한 이후의 그녀의 태도입니다. 그녀는 그 보도를 불법이라고 비판했습니다. 좀 뻔뻔하지 않습니까. 그녀 같은 공인의 탈세 사실이 보호되어야 할 사생활일까요? 회네스와 달리 그녀는 아직 기소되지는 않았습니다. 하지만 검찰이 조사를 시작했다는 보도도 있습니다. 그녀의 자진 신고가 인정되어 기소되지 않고 그냥 넘어갈지 아니면 회네스처럼 기소될지 아직은 모르는 일입니다. 그러나 기소되지 않는다 하더라도 그녀가 탈세를 목적으로 스위스은행에 불법으로 예금했다는 사실은 지울 수 없습니다. 그런데도 그녀는 도리어 언론을 비판하고 나섰고, 심지어 자신은 성매매업자들의 복수에 희생된 것이라고까지 발언했습니다. 자신의 주장을 뒷받침하는 아무런 증거도 제시하지 않은 채로 말입니다.

사건이 터지자 그녀는 100만 유로를 출연해 여성인권재단을 설립하겠다는 계획을 발표하기도 했습니다. 우리나라 재벌총수가 처벌을 모면하려고 갑자기 사회기부를 발표하는 것과 비슷하지요. 그녀의 사례는 회네스가 깨끗하게 항소를 포기한 것과는 대조적입니다.

사실 그녀는 이 사건 이전에도 스캔들을 일으킨 바 있습니다. 쾰른 시가 비영리활동을 한다는 조건하에 무상으로 임대해준 건물을 재임대해서 임대료를 챙기고도 그걸 시에 납부하지 않았습니다. 또한 동성애 여성들로 하여금 커밍아웃을 부추기는 운동을 벌이고는 정작 자신은 2011년까지 자신의 성적 정체성을 비밀로 했습니다. 나중에 드러나기로, 그녀는 남성들과도 동거했고 여성들과도 동거했습니다.

독일은 우리가 배울 점이 많은 사회입니다. 하지만 우리보다 못한 점도 있고 우리와 비슷한 문제를 안고 있기도 합니다. 축구영웅과 여성운동 영웅의 탈세는 독일사회도 한국사회와 비슷한 문제점을 안고 있음을 드러냅니다. 하지만 독일은 한국과 달리 정부가 이런 사실을 밝혀냈습니다. 한국인들 중에도 스위스은행에 비밀계좌를 갖고 있는 사람이 적지 않을 것입니다(박정희 대통령의 스위스은행 비밀계좌에 대해서도 여러 이야기가 있지요). 그런데 한국은 이런 비밀계좌를 제대로 밝혀내지 못했습니다. 이게 독일과 한국의 차이겠지요.

알리체 슈바르처를 비판한 여성 저자의 책 중에『아무도 없는 나라의 알리체, 어떻게 독일 여성운동은 여성을 잃어버렸는가』(*Alice im Niemandsland, Wie die deutsche Frauenbewegung die Frauen verlor*, Miriam Gebhardt, Deutsche Verlags-Anstalt 2012)라는 게 있습니다. 유명한 동화책『이상한 나라의 앨리스』를 패러디해서 쓴 것입니다. 한국 시민사회운동에 대해서도 '시민 없는 시민운동' '여성 없는 여성운동' '노동자 없는 노동운동'이라는 비판이 가능할 것입니다. 위기에 처한 한국의 시민운동, 여성운동, 노동운동을 거듭나게 하기 위한 냉철한 비판이 요구되는 시점이 아닐까 싶습니다.

[베를린통신 24·2014.03.16.]

제4부

—

통일을
지향하며

통일 분야는 김기원 교수가 최근 수년간 가장 큰 관심을 기울였고 앞으로도 집중적으로 연구할 대상으로 꼽은 분야다. 2013년 하반기에 독일로 연구년을 떠난 것도 분단을 극복하고 통일을 이뤄낸 독일의 경험을 연구하기 위해서였다. 독일 생활을 거치면서 '이제 통일 연구를 본격적으로 해낼 수 있겠다'는 자신감으로 가득 찼었는데, 뜻하지 않은 병마로 그 뜻을 온전히 이루지 못한 게 너무나도 안타깝다.

여기에 실린 글들은 대부분 독일 현지에서 생활하면서 통일과 남북 문제에 대해서 쓴 글들이다. 김기원 교수는 통일은 '대박'이라는 환상에 의해서가 아니라 치밀하고 차근차근한 준비에 의해서 달성될 수 있다고 생각했다. 제1장은 통일된 독일을 살피면서 통일의 성과와 문제점들을 짚고, 그 속에서 남북한 통일을 향한 교훈을 찾는다. 「'신호등 꼬마'와 동독 향수병」은 독일 통일 후 동독의 문화적 소외 현상을, 「'북남관계'라는 표현을 우리가 써보면」은 동독과 북한 상황의 대비를 통해 북한에 대한 균형 잡힌 시각의 필요성을, 「동독 엘리트와 북한 엘리트」는 붕괴한 동독의 엘리트들이 통일 후 어떠한 모습을 보이는지를 살핀다. 「베를린 속의 평양」은 베를린에서 볼 수 있는 북한사람들의 활동 모습을, 「한반도와 독일의 관계」는 김기원 교수가 세미나와 학술모임 등에서 가진 여러 만남을 소개한다.

제2장은 북한사회를 보는 정부 및 언론의 시각, 정부의 대북정책에 대해 평가하는 글들이다. 김기원 교수는 북한사회가 아직 전근대적인 왕조체제이지만 대화와 협력으로 통일을 준비해야 한다고 보았다. 그러나 우리 언론들은 자주 '아니면 말고'라는 식으로 북한을 자극하는 보도를 해왔으며, 정부 역시 통일 이슈를 진정성 없이 정략적으로 이용하곤 한다고 비판한다. 「북한은 홍길동인가」는 남북한 간에 발생하는 사건의 책임을 북한에 미루는 남한 언론과 당국의 태도를 비판한 것이고, 「김씨왕조의 북한과 어떻게 더불어 살 것인가」는 장성택 숙청사건을 계기로 왕조적 체제라는 관점에서 북한을 살피는 글이며, 「쿠오바디스, 박근혜」는 박근혜정부 대북정책의 한계를 밝힌다.

－ 김용복

제1장
독일 통일과 한반도

1. '신호등 꼬마'와 동독 향수병

며칠 전에는 한 베를린 시의회 의원이 교통신호등을 바꾸자는 주장을 펼쳤습니다. 베를린의 보행자 신호등은 파란불일 때 남자 모습입니다. 이건 일종의 여성차별이니 치마 입고 머리 땋은 여자 모습이 등장하는 신호등을 도입하자는 것입니다. 남녀평등을 교통신호등에까지 적용해야 하는지 약간 의아하기도 합니다만, 실제 드레스덴, 츠비카우 등 일부 지역에서는 여성 모습의 신호등을 설치해놓고 있습니다.

그런데 독일의 교통신호등에는 남녀차별 문제와는 별개로 약간 슬픈(?) 역사가 깃들어 있습니다. 서독에 사실상 흡수통합된 동독에 대한 아련한 향수를 느끼게 하기 때문입니다. 통일 이후 거의 모든 제도와 문물이 서독식으로 통일된 가운데, 바로 이 동독 보행자 신호등의 '신호등 꼬마'(Ampelmännchen) 정도가 살아남은 것입니다. 어떻게 교통신호등만이 살아남을 수 있었는지 여기서 한번 살펴볼까 합니다.

원래 교통신호등은 거리에 차량이 많아지면서 등장했습니다. 최근에는 가끔 교통정체가 발생할 만큼 차량이 늘어나긴 했다지만, 여전히 통행 차량이 얼마 안 되는 북한에서는 젊은 여성 교통경찰이 신호등을 대신하지요. 서구에서는 대체로 1950년대 이후에 신호등이 도입되었습니다. 도입 초기에는 나라마다 디자인이 달랐는데 점차 표준화의 길을 걸었습니다. 그런데 그 신호체계는 자동차, 자전거, 보행자에 대해 모두 동일했습니다.

이후 동독에서는 페글라우(Karl Peglau)라는 교통심리학자가 빈발하는 교통사고에 대처하기 위해 1961년에 보행자만을 위한 교통체계를 고안했습니다. 자동차 신호와 다른 보행자 고유의 신호에 보행자들의 반응이 빠르다는 점과 색맹에 대한 배려도 작용했습니다.

이리하여 만들어진 게 '약간 거만하고' '발랄하고' '소부르주아적 분위기를 느끼게 하는 모자를 쓴' 신호등 꼬마였습니다. 머리통이 크고 다리가 짧은 꼬마 모습으로, 종교 지도자의 느낌도 준다고 합니다. 여기에 등장하는 모자는 오랫동안 동독 지도자였던 호네커(Erich Honecker)의 여름 밀짚모자에서 영감을 얻었답니다.

혹시 지도자에게 아부하기 위해 호네커의 밀집모자에서 영감을 얻었다고 한 게 아닌가 하고 생각하실 분이 있을지 모르겠습니다. 하지만 1961년 당시의 최고지도자는 울브리히트(Walter Ulbricht)였습니다. 김일성 주석과 박정희 대통령 동상을 세우는 한반도와 독일은 다르다는 점을 염두에 두십시오.

'신호등 꼬마 살리기'의 출발점

1990년 동서독이 통일되면서 모든 제도와 문물은 서독식으로 통일되어갔습니다. 신호등도 서독식으로 통일하려 했지요. 그런데 이런 흐름에 대한 하나의 작은 반발로 나타난 것이 1995년 초에 시작된 '신호등 꼬마 살리기' 캠페인이었습니다.

통일에 뜨거운 기대를 가졌던 동독인들은 시간이 지나면서 환멸을 겪게 됩니다. 공장들이 대거 문을 닫고 실업자가 폭증하니 불만이 커질 수밖에 없었지요. 게다가 동독체제에 대한 부정이 자신들의 과거 삶에 대한 부정으로 연결되니 견디기가 쉽지 않았습니다. 이런 분위기 속에서 동독인들의 과거에 대한 향수(Ostalgie)가 피어오릅니다. Ostalgie는 Osten(동독)과 Nostalgie(향수)의 합성어입니다. 그리고 신호등 꼬마는 바로 그 동독 향수병의 하나의 상징이 된 것입니다. 1996년에 설립된 암펠만 사(Ampelmann GmbH)는 동독 향수병을 이용해 신호등 꼬마의 이름으로 동독시절 용품들을 만들어 판매하기까지 했습니다.

고등학교 때 배운 유치환(柳致環)의 시 「깃발」에는 "이것은 소리 없는 아우성/저 푸른 해원을 향하여 흔드는/영원한 노스탤지어의 손수건"이라는 유명한 구절이 있습니다. 신호등 꼬마는 통일 이후 동독인들의 현실적 어려움을 외치는 '소리 없는 아우성'이라 할 수 있을지 모르겠습니다.

원래 인간은 세월이 지나면 과거에 대해 아름다운 면만 상기하기 쉽습니다. '구관이 명관'이라는 말도 그래서 나온 것입니다. 박정희 향수도 그런 종류이지요. 동독인들의 경우도 마찬가지입니다. 생활수준은 서독에 크게 뒤떨어지고 재정은 파탄지경에 이르고 정치적 자유는 억압받고 환경은 오염되었던 과거의 어두운 면은 곧잘 잊어버립니다. 대신에 치열한 경쟁에 시달리지 않고 일자리 걱정을 하지 않고 이웃 간의 우애도 돈독했던 과거의 아름다운 면을 떠올리게 된 것입니다.

신호등 꼬마를 유지하려는 캠페인이 벌어지는 가운데, 실제로 보행자에 대한 효과 면에서 서독 신호등보다 동독 신호등이 우월하다는 연구도 나타났습니다. 독일의 권위있는 주간지『슈피겔』은 신호등 꼬마에 대해 미(美)와 효율성을 겸비하고 있다고 칭찬하기도 했습니다. 그리하여 동독의 신호등 꼬마는 살아남았고, 이는 서베를린은 물론 자르브뤼켄, 하이델베르크의 교차로에까지 확대되었습니다(신호등 표준화정책으로 인해 더이상의 확대는 중단되었다고 합니다). 이런 우여곡절 끝에 현재 독일의 보행자 신호체계는 동독식·서독식·범독일식의 세 방식이 혼재합니다.

자신들의 과거 삶의 양식 중 겨우 신호등 하나 살아남은 동독인들이 소외감을 느끼는 건 당연합니다. 서독놈(Wessie), 동독놈(Ossie) 하는 말도 그래서 나온 것이지요. 하지만 젊은이들 사이에서는 그런 차별이 사라져가고 있는 것으로 보입니다. 이미 서독의 제도와 문물 속에 동화되었으니까요. 동독 향수병은 나이 든 세대의 시한부 문화라고 볼 수 있지요. 독일 좌파당(Die Linke, 민주사회당PDS과 사회민주당SPD의 좌파 연합당) 같은 합법정당이 동독인들의 이해를 어느정도 대변하고 있는 상황에서 동독인들의 불만이 예멘에서처럼 폭발할 가능성은 없어 보입니다.

한반도의 '신호등 꼬마' 찾기

한반도는 어떨까요? 만약에 남북한이 통일된다면 북한의 제도와 문물 가운데 과연 어떤 게 유지될 수 있을까요? 북한사람들은 '생활총화' 등을 통해 말하는 훈련이 잘되어 있는데, 그게 계속될까요? 북한에서 러시아어를 가르쳤던 한 탈북자에 따르면 북한의 교수법은 남한보다 우월하다는데, 그게 이어질까요? 핵무기 제조나 로켓 발사 기술은 전수될 수도 있겠지요.

예전에 한반도의 통일은 남한체제와 북한체제를 변증법적으로 지양한 보다 나은 체제로의 통일이어야 한다고 생각한 분들이 있었습니다. 두 체제의 장점을 살리고 단점은 극복한 체제를 의미하는 것이었습니다. 그런데 동서독 통일의 경우를 보면 그런 아름다운 가능성은 극히 희박해 보입니다. 아니, 오히려 두 체제의 단점이 증폭될 가능성도 없지 않습니다.

다른 나라의 통일, 예컨대 베트남이나 예멘이나 수단의 경우는 더 말할 필요도 없고, 그들보다 훨씬 나은 독일 통일에서조차 변증법적 지양은 이루어지지 않은 것입니다. 서독보다 물질적·문화적 수준이 낮은 남한과 동독보다 물질적·문화적 수준이 크게 낮은 북한이 통일되면 아마도 독일보다 훨씬 심각한 문제에 직면할 것입니다. 일례로, 북한 향수병은 동독 향수병보다 더 심하지 않을까요? 탈북자들 중에 남한사회에 적응하지 못해 유럽이나 미국으로 재차 망명하는 사람이 늘고, 심지어 북한으로 되돌아가는 사람들조차 나타나고 있는 현실이 그걸 웅변합니다.

동독의 엘리트들은 통일 이후 상당히 소외되기도 했지만 좌파당이라는 정당을 통해 나름대로 지위를 보존했습니다. 하지만 이런 식으로 북한을 통합할 가능성이 낮은 남한은 우선 이른 시일 내에 통일을 달성하기가 어렵지 않을까 싶습니다. 아울러 장차 통일이 된다 하더라도 북한 향수병이 심각해지지 않도록 제대로 준비를 하지 않으면 커다란 사회적 곤란을 겪게 될 것입니다. 아직도 영호남 차별이 지속되는 남한의 사회·문화수준에서 그런 곤란을 헤쳐나갈 수 있을지 큰 의문입니다.

이상 베를린의 신호등 꼬마를 둘러싼 가벼운 논란을 보면서 느낀 감상이었습니다.

[베를린통신 34·2014.07.03.]

2. '북남관계'라는 표현을 우리가 써보면

이산가족 상봉행사가 이번주에 금강산에서 개최됩니다. 남북한 정권이 각각 무슨 꿍꿍이속으로 합의에 이르렀건 간에 어쨌든 좋은 소식입니다. 분단으로 찢어졌던 혈육을 세상 떠나기 전에 얼굴 맞대게 해주는 일은 정상적인 나라라면 당연히 수행해야 할 의무에 해당하겠지요. 이를 계기로 남북한이 이명박정부 이후 끊어졌던 대화와 협력의 물꼬를 틀 수 있으면 더욱 좋겠습니다. 물론 1974년 7·4남북공동성명 이후 남북한 정권 모두가 그걸 악용해 독재체제를 강화해나갔던 전철(남한의 유신체제, 북한의 주석체제)을 밟지 않게끔 우리 모두 조심은 해야겠지요.

이렇게 남북한관계를 기술할 때면 항상 목에 걸리는 표현이 있습니다. 남한은 항상 '남북○○'라고 쓰고, 북한은 항상 '북남○○'라고 쓰는 부분입니다. 먼저 나오는 단어에 더 무게가 실린다고 생각해서 각자가 이런 식으로 표현하는 것이겠지요.

'북남한'을 제안한다

독일에서는 남북한을 표현할 때 일반적으로 '북한과 남한'(Nord-und Südkorea)이라고 표현한다는 사실을 최근에 알게 되었습니다. 통일된 독일은 당연히 남한과 훨씬 더 가까운데도 그렇게 쓰고 있는 것입니다. 그래서 동서독은 독일어로 어떻게 썼는지 찾아보았습니다. 예컨대 '동서독 관계'라는 독일어는 Ost-Westverhältnis입니다. West-Ostverhältnis라는 단어는 구글 검색에서 아예 나오지 않습니다. 참고로 '동서독'에 해당하는 말로 Ost-und Westdeutschland도 있고, West-und Ostdeutschland도 있기는 합니다.

어쩌면 독일어는 한국어와 달리 뒷부분을 강조하는 미괄식인지도 모르겠습니다(독일어 전공자의 조언을 부탁합니다). 하지만 이런 독일어 표현을 알게 되면서, 예전부터 갖고 있던 생각을 다시 떠올렸습니다. 남한은 '북남관계'나 '북남정상회담'이라고 쓰고, 북한은 '남북관계'나 '남북정상회담'이라고 쓰기로 합의하면 어떨까 하는 것입니다.

우리 풍습에 손님은 상석(上席)으로 모십니다. 양쪽이 서로 손님을 모시는 마음으로 남한은 '북'을 먼저 쓰고, 북한은 '남'을 먼저 쓰기로 하면 어떨까요? '말 한마디에 천냥 빚을 갚는다'는 우리 속담이 있습니다. 말 한마디에 분단 70년 가까운 '원쑤'(북한식 표현) 사이를 다소 부드럽게 할 수도 있는 것 아닐까요? 2000년 김대중-김정일 정상회담을 계기로 북괴라는 표현 대신 북한이라는 표현을 쓴 것과 마찬가지입니다.

표현을 이렇게 바꾸자고 누가 제안해야 할까요? 이런 부분에서는 강자가 아량을 보여야 하는 법입니다. 겨우 자존심 하나 남은 약자가 이런 제안을 할 수는 없지요. 따라서 앞으로 언젠가 정상회담이 열릴 때 남한 대통령이 이런 것을 곁들여 제안하면 어떨까 싶습니다. 그리고 그때까지 저라도 먼저 가벼운 글에서는 '북남한'이라는 표현을 써볼까 합니다.

이 북남한문제와 관련해 새해 들어 박근혜 대통령은 이른바 '통일대박론'이라는 것을 내놓았습니다. 이 표현 자체는 예전에 신창민(申昌旻) 교수 등이 사용했던 것입니다만, 대통령이 던진 화두인 만큼 무게는 훨씬 많이 실린 셈입니다. 닉슨 대통령이 중국과의 화해를 이끌었던 것처럼, 보수파인 박근혜정부가 북남한관계를 개선한다면 사회적 저항을 덜 받고도 일을 해나갈 수 있어 좋을 것입니다. 진보-남북화해파 쪽에서 볼 때는 일종의 '손 안 대고 코 풀기'이지요.

물론 박근혜 대통령의 '통일대박론'은 통일로의 '과정'에 대한 고민이나 전략이 결핍된 정략적 통일론일 가능성이 높습니다. 아버지 박정희 대통령이 통일 화두를 유신체제 수립에 악용했듯이, 박근혜 대통령은 지방선거나 보수정권 안정화에 통일론을 써먹고는 나중엔 나 몰라라 할 위험이 있습니다. 따라서 진보-개혁-평화 세력은 박근혜 대통령의 통일대박론에 현명하게 대처해야겠습니다.

만에 하나 한반도가 독일처럼 급작스럽게 통일이 이루어진다면 정말로 그 통일은 대박일까요? 이에 대해서는 많은 논란이 있습니다. 다만 적어도 일부 계층, 예컨대 부동산 투기꾼이나 건설업자에게는 분명히 대박이 아닐까 싶습니다. 반면에 급작스런 통일로 쪽박을 차거나 상대적으로 적은 이익밖에 누리지 못할 계층도 있을 것입니다. 이와 관련해 독일의 여성문제가 통일 이후 어떻게 변했는지에 대해 가볍게 언급해볼까 합니다.

독일 통일의 패자는 여성?

며칠 전에 동독에서 연구원으로 지내다 통일을 맞이했던 부부를 만났습니다. 그런데 그 동독 출신 부인은 통일에 대해 그리 만족스럽게 생각하는 것 같지 않았습니다. 김누리 교수 등의 인터뷰 모음 『나의 통일 이야기: 동독 주민들이 말하는 독일 통일 15년』(한울아카데미 2006)에도 이런 여성들의 사례가 여럿 나옵니다. 그 때문에 "독일 통일의 패자(敗者)는 여성이다"(Frauen sind die Verliererinnen der Einheit)라는 말까지 나오게 된 것입니다.

15~65세 동독 여성들의 90%는 통일 이전에 일자리를 갖고 있었습니다. 이건 사회주의의 남녀동등 이념 때문이기도 했고, 노동력 부족을 타개하기 위해서이기도 했습니다. 비록 높은 임금을 받는 일자리보다 저

임금 일자리에 여성이 많았지만, 어쨌든 같은 일자리에서는 남녀가 동등한 대우를 받았습니다. 또한 직장과 가족(모성Mutterschaft)이 양립할 수 있도록 보육시설이 잘 갖추어져 있었습니다. 동독 공장들은 규모가 컸고 보육시설을 갖추고 있었으므로 이게 가능했습니다. 부모가 원하면 하루 종일 애를 봐주는 체계가 거의 완비되어 있었던 것입니다. 게다가 비록 가부장주의가 남아 있기는 했지만 남편들이 가사활동을 많이 도와주었고, 이혼 시에는 부부가 재산 등에 관해 동등한 권리를 가졌습니다. 어떤 조사에 따르면 동독 여성들의 생활 만족도가 서독 여성보다 훨씬 높았다고 합니다. 여기에는 성적 만족도도 포함됩니다(우스개지만, 남자들이 서독처럼 치열한 경쟁 속에서 일하지 않으니 아내에게 성적으로 서비스할 에너지도 더 많이 남아 있었던 게 아닌가 하는 해석도 있습니다).

이래저래 찾아보니 서독의 여성 지위가 동독에 비해 낮았던 것은 분명합니다. 서독 민법에 따르면 1958년까지 결혼생활의 최종결정권은 남편이 갖고 있었습니다. 그리고 1976년까지는 아내가 직장을 가질 경우에 남편의 동의가 필요했습니다. 심지어 1958년까지는 남편이 사전예고 없이 아내의 직장활동을 그만두게 할 수 있는 권리도 존재했습니다. 가장 보수적인 바이에른 주에서는 1950년대까지 여교사는 결혼하면 사직하도록 되어 있었습니다. 또 여성은 이혼하고 싶어도 쉽게 할 수 없었습니다.

서독의 이런 제도를 '1인 취업자 모델'(Einverdienersmodell)이라고 합니다. 남편은 돈을 벌고, 아내는 가사와 육아를 책임지는 모델입니다. 이게 1970년대 중반까지 통용되었다는 게 놀라운 일이지요. 서독이 이 점에서는 한국보다도 후진국이었다고 말할 수 있을까요. 사실 선진국이라고 해서 모든 점에서 다 선진적이지는 않습니다. 스위스에서는 1971년이 되어서 비로소 여성의 참정권이 인정되었습니다. 〔1945년〕 해방되자마자 참정권을 누린 한국 여성과 비교해보십시오.

그런데 이렇던 동독 여성의 지위는 통일로 급전직하했습니다. 우선 일자리를 많이 상실했습니다. 많은 동독 남성들도 실업상태에 처했지만, 동독 여성이 더 심각했습니다. 동독 여성들이 많이 일했던 섬유공업 등 경공업공장들이 더 많이 문을 닫았기 때문입니다. 게다가 공장 내에 보육시설을 갖추고 있던 동독 씨스템이 해체되면서 동독 여성들은 과거보다 더 많이 보육을 스스로 책임져야 했습니다. 동독에서는 여성들이 자유롭게 낙태를 할 수 있었는데, 통일 이후엔 그것에도 제한이 가해졌습니다. 육아휴가도 줄어들었습니다.

이리하여 많은 동독 여성들은 실업자로 전락하고, 결혼과 출산을 기피하게 되고, 직장 내 남녀 불평등도 심각해졌습니다. 새로 갖게 된 직업은 예전보다 열등하고, 사회적 안정감도 감소했습니다.

물론 메르켈 총리처럼 통일 이후 높은 지위를 누리고 성공한 사례도 많습니다. 그리고 민주주의와 물질적 풍요의 수준은 과거에 비해 압도적으로 높아졌습니다. 따라서 동독 여성들이 모든 점에서 쪽박을 찼다고 말하기는 힘듭니다. 하지만 통일의 비용(cost)과 이익(benefit)이 모두에게 공평하게 나눠지지는 않는다는 점을 우리 통일과 관련해서도 기억해두면 좋을 것입니다.

북한 내부의 부패 그리고 폐쇄

앞서 소개한 동독 부부로부터 들은 이야기를 하나 더 소개하겠습니다. 그들은 자신들이 통일 전에 각각 1,000마르크 정도를 월급으로 받왔다고 했습니다. 이건 당시 일반 노동자들의 월급 500마르크보다 훨씬 높은 수준입니다(요즘 독일 연구자들의 상대적 보수보다도 높은 셈입니다).

식량 등 생필품은 아주 쌌다고 합니다. 다만 컬러TV는 4,000마르크, 자동차는 1만 마르크로 상당히 비싼 사치품에 속했습니다. 그러나 생필품 비용이 적게 들어 자동차 수요는 넘쳐났습니다. 자동차를 구입하려면 10년 정도 기다려야 하는 형편이었습니다. 그래서 동독인들이 통일을 바란 동기는 "자유롭게 서방세계를 여행하고"(동유럽은 자유롭게 여행할 수 있었음), "자동차를 빨리 사고 싶었기" 때문이라는 말이 있을 정도였습니다.

그 동독 부부에게 자동차를 몰았는지 물었더니 그렇다고 했습니다. 그러면 사는 데 얼마나 오래 기다렸냐고 물었더니 재미있는 답이 돌아왔습니다. "다 길이 있었다"는 것입니다. 궁하면 통한다는 식이지요. 자기들은 결혼하자마자 당장 구매할 금전적 여력이 없으면서도 미리 구매신청을 했다고 합니다. 그러면 돈이 모일 때쯤 차례가 돌아오는 것이지요. 심지어 자동차를 몰 생각이 없는 할머니까지 자식들을 위해 자동차 구매신청을 해두었다고 합니다. '고난의 행군'을 거친 오늘날 북한 사회의 인민들이 살아가는 모습도 바로 이런 방식이 아닐까 싶습니다.

여기서, 구입 순서가 제대로 지켜졌는지가 궁금했습니다. 그래서 물었더니 일부 연고가 작용하기는 했지만 대체로 지켜졌고, 동독 공무원들이 그와 관련해 뇌물을 받는 경우는 별로 없었다고 했습니다. 그 동독 부부는 이런 청렴함을 옛 프러시아 관료의 전통이라고 해석했습니다. 반면에 체제 전환 이전의 루마니아와 불가리아는 부패가 심했다고 합니다. 어쩌면 이건 문화적 차이인지도 모르겠고, 이런 문화적 차이가 경제·정치 발전에 영향을 미치기도 할 것입니다.

옛날 북한에서도 부패가 그리 심각하지 않았지만, '고난의 행군' 이후 생존이 힘들어지고 시장이 비합법적으로 발전하면서 부패가 만연하고 있습니다. 장성택(張成澤, 전 국방위원회 부위원장, 김정은 위원장의 고모부)을 처형한 이유 중의 하나도 부패 문제인데, 지위 고하를 막론하고 많은 관리가 부패한 게 오늘 북한의 현실입니다.

북한을 다녀온 사람이 전하는 이야기입니다. 수행한 안내원이 자기 아들이 좋은 고등중학교에 입학하려면 월급만 갖고 살기 힘든 교원에게 뇌물을 바쳐야 하니, 혹시 달러 가진 것 있으면 몇푼 주고 갈 수 있겠느냐고 노골적으로 요구했다고 합니다. 이런 직접경험 말고도 부패에 관한 탈북자들의 증언은 수두룩합니다. 이에 비춰보면 관료의 청렴이라는 역사적 전통 외에, 동독인들이 기본 생활에서는 애로를 겪지 않았고 시장도 별로 발달하지 않은 게 부패가 별로 없었던 요인이 아닐까 싶습니다.

동독은 정보기관 슈타지에서도 육체적 고문은 가하지 않았던 나라입니다. 1987년 민주화 이전 한국보다도 여러 면에서 앞선 나라이지요. 그런 동독과 오늘날 북한의 차이를 고려하면서 통일과정을 생각했으면 좋겠습니다.

북한도 경제 면에서 과거와 많이 달라졌습니다. 시장경제가 인민의 삶에서 차지하는 비중이 상당히 높아졌습니다. 그러나 정치적 독재의 문제는 별로 달라지지 않았습니다. 장성택 처형이 그 한 사례인데, 몇년 전 평양에서 여러달 연구기간을 보낸 유럽인을 최근에 만나서 들은 일화를 소개하겠습니다.

그는 김일성대학에 머물렀습니다. 그런데 그는 김일성대학 교수와 만나서 이야기할 기회를 제대로 갖지 못했습니다. 만나고 싶다고 하면 대학 당국은 왜 만나려는지 물으면서 자꾸만 미적거렸습니다. 그러다가 마침내 어떤 교수를 한번 만날 수 있었는데, 그 교수는 도대체 대화할 생각을 하지 않더랍니다. 혹시라도 자신의 발언이 나중에 문제가 될까 걱정해서겠지요. 평양을 방문한 그 외국인 연구자의 전공은 정치적으로 민감할 수 있는 분야가 아니라 고대·중세 한국문학인데도 이 모양이었습니다.

더욱 심각한 것은 김일성대학 도서관을 이용하려 할 때 생겼습니다. 연구자이니 북한의 소장자료를 보고 싶어 하는 게 당연한데, 열람증 발급 자체를 차일피일 미루더라고 합니다. 처음에는 아예 안 된다고 하더니 따지니까 겨우 발급을 해주긴 했습니다. 그런데 그 열람증으로 도서관에 들어가려 하니 아예 출입을 막고서 보고 싶은 자료 목록을 제출하라고 하더랍니다. 그래서 일곱권의 도서를 요청하니 이미 그 책들은 대출이 되어버려서 이용할 수 없다고 답하더랍니다. 또다시 항의를 했더니 겨우 한권만 갖다주더라네요.

자신이 머무는 건물에서 다른 층으로는 가볼 수도 없었다고 합니다. 층마다 군인들이 지키면서 출입을 통제했기 때문입니다. 대학에서 건물의 층마다 군인들이 지키고 있다는 게 상상이 잘 안 됩니다. 저도 김일성대학에 가본 적이 있는데 그때는 안내원을 따라 다녀서 총을 든 군인은 보지 못했습니다만. 어쨌든 이렇게 심하게 통제를 할 것 같으면 아예 사정상 받아줄 수 없다고 하는 게 나을 터입니다.

균형 잡힌 시선으로 북한을 바라보기

한편, 1980년대 말에 북한에 머물렀던 외국인에게서 당시 사정을 들은 게 있어서 곁들여 소개합니다. 1988년에 남한에서 88서울올림픽이 개최되자 북한은 경쟁의식에서 1989년에 평양 세계청년학생축전을 개최합니다. 임수경(林秀卿) 씨가 입북해 북남한을 떠들썩하게 했던 바로 그 행사입니다. 그런데 그 행사비용이 엄청났다고 합니다. 46억 달러라는 추정금액이 남한 문헌에 나옵니다. 그런 무리한 지출은 1990년대 북한이 애로를 겪은 하나의 원인으로 이야기되고 있습니다.

저는 어떻게 46억 달러라는 추정이 이루어졌는지 모르고, 그래서 그 추정치의 신뢰성에 의문을 갖고 있었습니다. 그런데 이번에 그 외국인으로부터 북한이 당시 평양축전을 위해 동독으로부터 선박 5척의 물량을 수입했다는 이야기를 들었습니다. 선박이라는 것이 엄청나게 많은 물품을 수송하는 것이라 5척이라는 데서 북한이 축전 행사에 얼마나 많은 자원을 썼는지 짐작할 수 있었습니다. 46억 달러라는 수치의 정확성 여부와 별개로 생각할 수 있는 문제이지요.

남한도 4대강 사업 따위의 헛돈을 많이 씁니다만, 그러지 않아도 어려운 북한이 헛돈을 쓰는 걸 보면 체제의 문제점을 새삼 느낍니다. 북한 체제의 기본적인 문제점은 자원을 적절하게 배분하지 못하고, 경제주체에 동기 부여를 제대로 하고 있지 못하다는 점입니다. 평양축전이 바로 그런 사례이지요.

과거 최은희(崔銀姬), 신상옥(申相玉) 씨가 200만 달러를 갖고 북한을 떠나온 일이나, 1990년대 초반 북한이 어려워지던 무렵 남한의 김낙중(金洛中) 씨에게 공작금 200만 달러를 전한 일도 그런 예입니다(김낙중 씨는 북한의 지령대로 움직인 간첩은 아닙니다만, 남파간첩으로부터 그 돈을 수령해 민중당 사람들에게 일부 나누어주었습니다). 최근 김정은 위원장이 스키장이나 물놀이장을 만든 것은 어떨까요.

북한당국은 왜 이리 어리석게 행동하는지 답답하지요. 아마도 급변하는 현실 속에서 갈피를 못 잡고 있는 게 아닌지 모르겠습니다. 물론 중국도 공산당독재하에서 개혁·개방의 길로 나아갔으니, 북한도 정치적으로는 과거 체제를 거의 그대로 고수하면서도 경제적으로 개혁·개방의 길로 나아갈 수 있을 것 같기는 합니다.

북한에 관해서는 균형을 잡고 진실을 제대로 파악하는 게 힘이 듭니다. 어찌하면 '주사파' 같은 느낌을 주고 또 어찌하면 '가스통 할배' 같은 느낌을 줍니다. 북한과 관련해 올바른 입장을 갖는 것은 마치 써커스의 외줄 타기와 비슷합니다. 앞으로의 분단체제 극복과 통일 과정에서도 그런 점을 명심했으면 좋겠습니다.

[베를린통신 21·2014.02.16.]

3. 동독 엘리트와 북한 엘리트

지난달에는 동독정권 말기에 수상을 역임했던 모드로프(Hans Mod-row)를 면담했습니다. 86세의 고령임에도 정정했고 눈빛도 날카로웠습니다. 특히 동독 말기를 회상할 때는 날짜까지 일일이 밝히는 놀라운 기억력을 보여주었습니다. 오늘은 그로부터 들은 이야기 중 흥미로운 부분을 소개하고 한반도 문제에 주는 시사점을 짚어볼까 합니다. 다만 이번 인터뷰는 제가 조직한 게 아니라 다른 분들의 인터뷰에 갑작스럽게 합류하는 형식이었기 때문에, 제가 알고 싶은 내용을 충분히 들을 수는 없었습니다.

모드로프는 1989년 11월 베를린장벽 붕괴 이후 잠시 수상을 지내다가 1990년 3월 동독 최초의 민주선거 이후 데메치에르(Lothar de Maizière)에게 자리를 넘겨주었습니다. 독일 통일 이후에는 동독 집권당이던 사회주의통일당(SED)의 후신 민주사회당(PDS)의 명예의장을 거쳐 지금은 좌파당의 원로회 의장을 맡고 있습니다.

그의 사무실은 좌파당 본부 건물 내에 있었는데, 3평이 채 되지 않을 것 같은 크기로 6명의 인터뷰팀이 들어서니 제대로 앉을 자리가 없었습니다. 모드로프는 이렇게 여러 사람이 올 줄 몰랐다며 미안해했습니다. 독재정권의 고위직을 지낸 인물답지 않게 겸손했습니다. 자기가 강연하듯이 말을 길게 해서 미안하다는 말을 중간에 몇차례나 했으니까요.

그는 고르바초프의 개혁·개방노선에 가까운 SED 개혁파였던 것으로 알려져 있습니다. 하지만 드레스덴의 민주화시위를 저지하려 했다는 비판을 받기도 합니다. 통일 이후 그는 동독 시절의 정치행위에 대한 재판에서 집행유예 선고를 받았습니다.

모드로프와 김일성의 만남

그의 이야기 가운데 먼저 그가 김일성 주석을 만난 내용부터 말씀드리겠습니다. 1984년 김일성 주석은 동독을 방문했고 모드로프가 책임자였던 드레스덴에도 사흘이나 머물렀습니다. 김주석의 동독 방문에 대해서는 예전에 한국 기자들이 모드로프에게 질의한 적이 있고, 그때 모드로프는 다음과 같이 답했습니다.

1984년에 김일성 주석이 유럽여행 중이었다. 김주석은 어느 역에서도 받을 수 없을 정도로 긴 열차를 타고 왔고, 모든 필요 물품을 다 싣고 왔다. 또 정권 내 거의 모든 사람이 타고 왔다고 보면 된다.

당시 동독 정치가들은 이를 두고 "김정일만 평양에 남겨뒀고, (혹시라도 있을지 모를 쿠데타 등에 대비하기 위해) 반대자들을 모두 데리고 왔다"는 우스갯소리를 하기도 했다. 김주석은 드레스덴에서 사흘을 묵었고, 당시 드레스덴 지역 책임자였던 내가 대접을 했다.

김주석이 아침에 산책할 때는 모든 수행자가 수첩을 들고 김주석의 한마디 한마디를 다 적었다. 김일성 주석은 엘베 강에서 유람선을 타기도 했고, 산악지대를 방문하기도 했다. 당시 김주석은 인상적이었다는 말과 함께 마음에 들어 했다. 김주석이 나의 북한 방문을 요청해 나는 같은 해 방북했다.

1956년 김일성 주석이 동유럽을 순방할 당시 북한에서는 그를 축출하려는 움직임이 있었으니 1984년의 행태도 이해할 만하지요. 그러고 보면 김정은 위원장의 수행자들이 수첩을 들고 다니는 행태는 할아버지 때부터의 일인 셈입니다. 박근혜 대통령의 국무회의 모습이 유사한 것도 한반도 문화의 한 모습으로 보아야 하지 않을까 싶네요.

모드로프에게 그의 평양 방문에 대해 물었습니다. 그랬더니 다음과 같은 이야기를 해주었습니다.

평양에 가서 북한인들을 만났더니, 김일성 주석의 동독 방문은 TV에서 16번이나 방영되었는데 그 45분짜리 방영분 중 30분가량이 드레스덴에서 모드로프 당신과 같이 다니던 모습이었다고 하더랍니다. 드레스덴과 모드로프에 대한 김주석의 인상이 아주 좋았던 모양입니다. 김일성 주석은 자신과의 면담에서 "한반도에 앞으로 전쟁이 있어서는 안 된다. 통일은 어디까지나 평화적이어야 한다. 한국전쟁이 끝나고 1950년대엔 중국과 소련이 힘이 있었는데, 그때 북한이 남한에 대한 정치적 영향력을 제대로 발휘하지 못해서 아쉽다"고 말했다고도 했습니다.

김주석이 평화통일을 강조한 것이 눈여겨볼 부분이지요. 다만 김주석이 말한 '남한에 대한 정치적 영향력 발휘'가 뭘 의미하는지는 불분명했습니다. 아마 모드로프도 그걸 캐묻지 않았을 것이고, 또 우리 인터뷰에서 그걸 따지고 물을 시간적 여유도 없었습니다.

인터뷰의 주요 주제였던 독일 통일 문제에 대한 그의 견해를 정리해보겠습니다. 그는 독일 통일 이후 동독에 대한 차별을 먼저 언급했습니다. 같은 경력자인 경우 동독인은 서독인보다 약 10% 적은 연금을 받으며, 통일 이전에 태어난 아이들도 차별을 받았다고 했습니다. 힘 없는 노인과 아동 차별이라니요.

이런 차별이 존재하는 가운데서는 "아직 통일은 완성되지 않았다"라고 그는 말했습니다. 이 문제는 여러 사람이 지적한 사안이라 특별히 새로운 것은 아닙니다. 하지만 그는 1989년 베를린장벽 붕괴 이후부터

1990년 통일 사이에 다른 선택이 전혀 불가능하지는 않았다는 점을 강조했습니다. 기존의 서독 기본법(헌법에 해당하는)을 그대로 둔 채 통일이 이루어졌는데, 새로운 헌법을 제정해 동서독이 대등한 지위로 통일했어야 한다는 것이었습니다. 그게 과연 정치적으로 가능했을지 의문이지만, 그의 회한을 엿볼 수 있는 대목이었습니다.

평양시장 왈, "주석님의 교시에 따라"

남북한 통일 시에는 새로운 헌법이 필요할까요? 이와 관련해 생각나는 재미있는 일화가 있습니다. 남북한에 관한 다큐멘터리 「코리아: 영원히 분단되었는가?」를 제작한 프랑스인 감독이 평양시장과 인터뷰했을 때의 일입니다.

사전 질문지에 없던 "통일이 되면 수도는 어디로 해야 할 것인가"라는 물음을 그에게 던졌습니다. 그랬더니 시장 주위의 북한인들은 당황해하면서 그런 곤란한 질문을 하면 어떡하느냐는 표정과 몸짓을 취했습니다. 하지만 정작 평양시장은 태연자약하게 "그 문제에 대해선 일찍이 주석께서 교시를 내리신 바 있다. 평양과 서울 두곳을 동시에 수도로 해야 한다"고 말했습니다. 노무현정부 무렵 수도 이전에 대해 위헌 판결이 내려진 바 있습니다. 따라서 만약에 통일 이후 북한 주민을 배려하는 차원에서 서울과 평양 두곳을 수도로 정하거나 서울도 평양도 아닌 제3의 장소를 수도로 정한다면 그 때문에라도 헌법을 개정해야겠지요.

한편, 모드로프는 1990년 1월 수상으로서 고르바초프를 방문했을 때 연방제 등을 거치는 3단계 통일방안을 제시했다고 합니다. 그런데 고르바초프는 이를 관철하지 못했고, 특히 통일독일의 군대는 중립적이어야 하고 NATO에 가입하지 않게 한다는 모드로프 자신과의 합의사항도 지키지 못했다고 고르바초프를 비판했습니다. 고르바초프는 독일이 군사적으로 중립적이면 오히려 더 위험하다는 미국 측 주장에 넘어갔다는 것입니다. 고르바초프는 동독에 주둔한 소련군의 철수비용을 독일이 부담케 하는 문제에만 집중했습니다. 이리하여 NATO의 일원이 된 독일이 지금 군사적·외교적으로 오류를 범하고 있다는 게 그의 생각이고, 이는 좌파당의 입장이기도 합니다.

그에게 SED 개혁파로서 과연 무엇을 개혁하려 했는지도 물었습니다. 그랬더니 이런 질문을 받은 적이 별로 없었던 듯 눈에 생기를 띠면서, 이건 긴 설명이 필요한 "큰 문제"라고 했습니다. 하지만 시간이 없었으므로 짧은 답밖에 들을 수 없었습니다.

그는 동독이 재정적으로 어려웠고 그것은 월세, 교통비, 식료품비 등이 너무 낮게 책정되어 있었기 때문이므로 이를 바로잡았어야 한다고 했습니다. 예컨대 동독인의 월세는 월급의 8~10%에 지나지 않았다고 합니다. 월세가 가처분소득의 40~50%인 지금 상황과 비교해보면 동독의 월세가 얼마나 낮게 책정되어 있었는지를 알 수 있습니다. 그런 낮은 월세를 유지하기 위해 정부가 재정적으로 부담을 떠안을 수밖에 없고, 이는 재정파탄을 초래했다는 것이었습니다.

동독 엘리트와 북한 엘리트

재정개혁과 더불어 모드로프가 강조한 것은 기업의 국제경쟁력 확보였습니다. 동독 기업들이 통일 이후 대거 파산에 내몰린 이유 중의 하나가 국제경쟁력 상실이었음을 상기한다면, 그의 지적은 주목할 만합니다. 서독과 일본의 기업을 연구해 박사학위를 받은 경제학자이기도 한 모드로프여서 이런 개혁방안을 생각할 수 있었는지도 모르겠습니다.

모드로프에 따르면, 동독 기업은 단지 동유럽권 내에서의 경쟁력이 아니라 세계무역에서의 경쟁력 확보가 필요했고, 이를 위해서는 기업에 대한 국가의 간섭을 대폭 줄여야 했습니다. 중국은 공산당 독재하에서도 국제경쟁력을 갖춘 기업들로 세계시장을 휩쓸고 있는데, 북한이 만약 개혁·개방노선을 취한다면 어느 정도로 획기적으로 변화할까 하는 생각이 들었습니다.

모드로프는 어찌 보면 통일독일에 대한 반동적 '불평분자'로 치부될 수도 있을 것입니다. 그는 1950,60년대만 하더라도 서독의 인권침해가 동독보다 더 심했다고 평가하기도 하니까요. 그리고 독일사회에서 지나치게 좌편향이라는 평가가 지배적인 좌파당의 주요 멤버이니까요. 하지만 그는 공산독재정권의 지도자였다고 생각하기 힘들 정도로 소박한 모습을 보여주었습니다. 옷차림과 말투가 그러했고 사무실 크기도 그러했습니다. 통일 이후 부정축재 혐의를 받은 바도 없습니다. 악명 높은 슈타지 책임자 에리히 밀케도 이런 면에선 마찬가지입니다.

이게 동독 엘리트들의 수준이 아니었던가 싶습니다. 그들은 시장경제와 민주주의를 부정하는 낡은 이데올로기에 사로잡혀 있기는 했습니다. 그러나 시장경제와 민주주의를 인정하는 속에서도 온갖 지저분한 행태를 보이는 후진국, 아니 이딸리아·프랑스 같은 선진국 지도자들보다 동독 엘리트는 높은 직업윤리를 보여주었던 것 같습니다. 이게 제가 요즘 계속 강조한 '문화수준' 문제입니다.

서독은 이런 높은 문화수준을 유지하던 동독을 흡수했는데도 통일 이후 많은 고통을 겪었습니다. 한반도는 어떨까요? 남한의 문화수준이 서독에 비해 형편없다는 점을 우선 염두에 두어야겠지요. 요즘 정치판을 보시고 재벌들을 보시고 고위직 물망에 올랐던 교수나 법조인의 행태를 보시면 알 수 있습니다.

북한은 어떨까요? 북한에는 모드로프처럼 나름대로 직업윤리에 충실한 엘리트가 뿌리를 내리고 있나요? 김정은 위원장 같은 세습왕조의 후손은 제외하고 생각해봅시다. 장성택이 개혁파 지도자로서 외부 세계의 주목을 받은 바 있었지만 돈과 여자 문제에서 별로 자유롭지 않았고, 결국 권력투쟁에서 패배해 형장의 이슬로 사라졌습니다.

사업차 북한 고위층을 접촉했던 분들에 따르면, 김달현(金達鉉, 전 부총리)과 연형묵(延亨默, 전 총리)이 북한 경제의 현실과 어려움을 그나마 제대로 이해했던 엘리트였다고 합니다. 이들은 이미 세상을 떠났습니다. 그들 말고 지금 북한에 어떤 엘리트들이 있는지 궁금합니다. 현재 내각 총리인 박봉주(朴奉珠)는 어떤 인물일까요?[1]

분단된 두개의 나라가 통합될 때에는 대중의 통합과 아울러 엘리트들의 통합도 중요합니다. 통일 후 동독의 엘리트들은 많이 소외되긴 했지만 그래도 SED의 후신인 좌파당을 비롯해 나름대로 그들을 통합할 수 있는 장치가 작동해왔습니다. 일방적인 군사정복으로 통일된 베트남의 경우 남베트남의 엘리트들은 숙청되거나 망명했습니다. 하지만 일방적 점령이 아니었던 예멘의 경우에는 통일되었다가 다시 분단되었다가 무력정복이 행해지는 어려운 과정을 밟아왔습니다.

독일 통일을 염두에 두고 '통일대박론'을 박근혜 대통령이 제창했습니다. 대박이라는 말에선 갑자기 넝쿨째 굴러드는 복이 연상됩니다. 하지만 통일은 결코 그리 만만한 게 아닙니다. 애당초 별 고민 없이 정치적 쇼를 벌인 박대통령이 이런 중차대한 문제를 감당할 수 없음은 두말할 필요가 없습니다. 그러니 지금 남북한관계가 지지부진하지요.

엘리트 통합 문제 하나만 생각해보아도 알 수 있습니다. 동독의 정치

엘리트가 집결했던 SED는 변신을 거듭해 좌파당으로 자리 잡아 동독 대중의 이해를 대변하면서 버텨가고 있습니다. 조선노동당 간부들도 어쨌든 북한의 엘리트입니다. 통일 이후 한반도에서 이들을 얼마나 용인할 수 있을까요? 용인하지 않을 경우 북한 엘리트들이 그냥 참고 있을까요?

그렇다고 통일을 아예 포기하자는 이야기는 아닙니다. 하지만 이명박·박근혜정부는 남북한문제를 너무 쉽게 생각하는 경향이 강했습니다. 그러면서 정작 남북관계 개선을 위한 실질적 조치는 취하지 않거나 오히려 후퇴시켰습니다. 그들은 통일을 말할 자격조차 없는 것이지요. 그렇다면 진보파는 어느 정도나 심각하게 통일문제를 고민하고 있을까요? 아, 어렵습니다.

[베를린통신 33·2014.07.06.]

4. 베를린 속의 평양

며칠 전에는 친구인 이윤봉(李允鳳) 사장이 베를린에 들렀습니다. 프랑크푸르트의 지사도 둘러보고 뉘른베르크에서 열리는 국제전시회 '임베디드월드'(Embedded World)에 참석하는 길에 저에게 잠깐 들른 것입니다.

이사장은 한국에서 저의 일요일 등산 친구로, 기업을 운영하고 있습니다. 직원이 30명 정도로서 그리 큰 회사는 아니지만 인터넷통신 칩을 제작해 중국, 유럽, 미국 등 세계 각국에 수출하는, 말하자면 유망 벤처기업입니다.

참고로 이사장 회사가 독자 부스를 마련해 참가한 '임베디드월드' 전시회에 관해서 한말씀 드리겠습니다. 여기에는 주로 전자부품 중소기업 1,500개사 정도가 참가한다고 합니다. 그런데 과거에는 이런 전시회에 한국관이 별도로 설치되어 있었지만 작년부터는 한국관이 사라졌습니다. 참가하는 한국 회사들이 급격히 줄어들었기 때문입니다.

이사장에 따르면 2014년 1월 라스베이거스에서 열린 CES(Consumer Electronics Show)에서도 삼성과 LG 같은 한국의 거대기업들은 기세를 올렸지만, 한국 중소기업들은 찾아보기 힘들었다고 합니다. 반면에 거기에 참가한 중국계 회사는 1,000개가 넘었다네요.

한국경제에서 삼성과 현대차 같은 거대기업은 잘나가고 있습니다. 하지만 거기에 납품하는 중소기업은 쥐어짜이면서 겨우 버티고 있습니다. 그래서 독자적으로 국제경쟁력을 갖춘 중소기업이 쑥쑥 자라나지 못하고 있는 현실이 바로 이런 국제전시장에서도 드러나는 게 아닌가 싶습니다. 안타까운 노릇입니다.

어쨌든 이사장이 베를린에 온 김에 같이 베를린을 둘러보았습니다. 브란덴부르크 문을 비롯해 국회의사당, 유럽유대인학살추모관(Denkmal für die ermordeten Juden Europas) 등을 다녔습니다.

북한대사관과 씨티호스텔 베를린

베를린 시내 중심에는 약간 의외의 건물도 자리 잡고 있었습니다. 바로 북한대사관입니다. 서울 중심에는 미국대사관과 일본대사관처럼 한국과 관계가 깊은 대사관들이 위치하고 있는데, 독일과 별로 관계가 깊지 않은 북한대사관이 베를린 중심에 떡 버티고 있는 것입니다.

여기에는 사연이 있습니다. 브란덴부르크 문을 비롯한 지금 베를린의 중심은 원래 동베를린 지역에 속해 있었습니다. 따라서 북한대사관이 거기에 소재했던 것입니다. 독일이 통일되면서 북한대사관은 일단 철수했다가 통일독일과 북한이 2001년 다시 외교관계를 수립하면서 예전 동독 시절의 북한대사관을 그대로 쓰게 된 것입니다.

특이하게도 북한대사관 건물의 대부분은 '씨티호스텔 베를린'(City Hostel Berlin)이라는 유스호스텔로 이용되고 있습니다. 저희가 지나갈 때도 외국인들이 들락거리고 있었습니다. 북한대사관 측이 이 유스호스텔에 임대를 해준 것입니다.

과거 동독 시절에는 북한대사관에 100명 이상이 근무했지만 지금은 15명 정도만 일하고 있다고 합니다. 따라서 예전의 큰 건물 전체가 필요 없고 임대료 수입도 챙길 수 있으니 유스호스텔에 임대를 해준 것이지요. 참고로 독일의 한국대사관 직원은 50명 정도라고 들었습니다.

그리하여 북한대사관은 예전 건물 한귀퉁이를 쓰고 있습니다. 호스텔 오른쪽 옆에 별도 입구가 있고, 그 입구 옆에는 북한정부의 홍보사진들이 붙어 있습니다. 그걸 살펴보니 가장 최근 사진이 2010년의 김정일 위원장 사진이었습니다. 김정은 위원장 사진은 하나도 없었습니다. 업데이트를 제대로 하지 않은 셈이지요. 아마도 정부 홍보에 별 관심이 없나 봅니다.

베를린 여행할 때 이 북한대사관 건물의 유스호스텔(http://www.cityhostel-berlin.com)을 한번 이용해보는 것도 색다른 느낌을 주지 않을까 싶습니다. 약간 겁나기도 하겠지만 그게 오히려 독특한 느낌을 줄 것입니다. 시내 관광 중심지를 걸어서 살펴볼 수 있고, 비교적 안전한 지역이며, 호스텔이므로 숙박비도 헐할 듯싶습니다(1인실, 2인실, 다인실 등이 있습니다).

호스텔 측으로부터 몇푼 받고 소개하는 것은 아니니까 오해하지는 마십시오. 저는 그 호스텔에 들어가보지도 않았습니다. 그리고 행여라도 북한대사관 건물에서 머물다가 북한대사관을 거쳐 망명할 생각도 삼가야겠지요. 옛날에는 남한의 독재체제가 싫어 이 북한대사관을 거쳐 북한을 방문하거나 아예 북한에 망명해버린 인사도 없지 않았지만 지금은 사정이 다르지요. 얼마 전에 보도되었지만, 두만강을 건너 북한에 들어갔던 남한사람들을 북한당국이 판문점을 통해 남쪽으로 돌려보낸 일이 있지 않습니까(남한에선 감옥행). 사실상 남북한 사이의 체제 경쟁이 끝난 판에 남한사람들이 먹고 살게 해달라고 들어오는 걸 북한은 이제 반기지 않습니다.

리시홍 북한대사의 인터뷰

북한대사관 게시판의 홍보는 성의가 없었지만, 최근에 약간 다른 움직임이 있었습니다. 리시홍 북한대사가 『자르브뤼커차이퉁』(*Saar-*

brücker Zeitung)이라는 독일 언론과 인터뷰를 한 것입니다. 잘란트(Saar-land)라는 작은 주(州, Land)의 언론사이기는 하지만 이때까지 없던 일입니다. (독일어가 가능한 분은 다음 싸이트를 방문해보십시오. http://www.saarbruecker-zeitung.de/aufmacher/Berlin-Saarbruecken-Ri-Si-Hong-Botschafter-Nordkorea-Interview;art27856,5125887.)

기사에 따르면 2014년 1월 중순에 여러 나라에 주재하는 북한대사들이 평양으로 불려가서 지시를 받았고, 그게 이번 인터뷰로 이어졌습니다. 즉 북한 국방위원회가 공표한 남북한 긴장완화노선(Entspannung-sinitiativ)을 대외적으로 적극 홍보하라는 지침에 따른 것입니다.

런던과 베이징에서 먼저 북한대사들이 언론과 인터뷰를 자청했습니다. 이어서 베를린에서도 인터뷰가 성사된 것입니다. 인터뷰 내용은 색다른 것이 없습니다. 남북한 사이의 긴장완화 필요성, 북한이 긴장완화를 위해 먼저 취한 조치, 장성택을 숙청한 이유, 해외투자 유치 자세, 미국에 대한 불신 등을 리대사가 말했습니다. 독일 언론의 다소 공격적인 질문에 대해서도 비교적 무난하게 답한 것으로 보입니다. 참고 삼아 인터뷰 중에서 몇대목을 소개하겠습니다.

문 장성택과 그 일파의 숙청은 조심스런 경제개혁노선의 몰락을 의미하는가?

답 그의 주요 범죄는 국가전복 시도였다. 그는 인민과 군대 속에 불만을 조장했다. 이리하여 나라의 발전과 인민생활에 커다란 장애가 초래되었다. 장성택의 처형을 통해 상황은 다시 정상화될 수 있었다. 우리는 이제 경제재건과 인민생활 개선에서 다시금 중요한 진전을 이룩할 수 있을 것으로 생각한다.

문 그러기 위해서 당신네들은 외국인투자를 필요로 한다. 이 외국인투자에 대해 어떠한 보장을 제공할 수 있는가?

답 우리는 외국으로부터의 투자와 기술에 깊은 관심을 갖고 있다. 우리는 이미 유럽 11개국과 투자보호협정을 체결했다. EU와도 이런 문제에 대해 협상할 것이다. 그리고 2013년 5월 이후 경제특구법이 시행되었고, 이를 통해 외국인투자가 보호받을 것이다. 그 기업들은 국유화되지 않을 것임을 보장하며, 외국인투자자들은 안심하고 우리나라에 투자할 수 있다.

인터뷰 내용보다 더 흥미로운 것은 인터뷰 말미에 첨부된 뒷이야기입니다. 인터뷰를 위한 사전접촉에서 북한대사관 측은 몇가지 조건을 제시했습니다. 첫째, 국방위원회의 긴장완화노선과 관련된 질문만 할 것. 둘째, '독재'나 '고립국가'라는 단어가 질문 속에 등장해서는 안 됨. 셋째, 사전에 질문지를 제출할 것.

꽤 딱딱하지요. 하지만 실제 인터뷰는 훨씬 자유롭게 진행되었고(그래서 장성택 숙청에 관한 질문도 가능했겠지요), 리대사는 편하게 인터뷰에 응했다고 합니다. 박근혜 대통령이 예전에 손석희(孫石熙) 씨가 진행하던 MBC 라디오 프로 「시선집중」에 출연해 손석희 씨가 사전 질문지에 없는 질문을 던졌다고 화를 냈던 사례와 비교해볼 만합니다.

통역은 독일어가 유창한 공사 격 인물이 담당했다고 합니다. 독일 주재 대사가 왜 독일어를 잘 못할까 하고 생각할 수도 있는데, 독일 주재 한국대사도 독일어가 유창하지 않습니다. 외교관은 여러 나라를 돌아다니면서 근무하기 마련이고, 그 나라들 언어 모두에 유창할 수는 없겠지요. 리대사는 2012년에 베를린의 하펠(Havel) 강에서 면허 없이 낚시를 하다가 경찰에 적발되었다는 언론보도가 있었습니다. 아마도 독일어가 유창하지 않아 그 당시 의사소통에 문제가 있었을지도 모를 일입니다.

왕조체제 북한의 유연함

이번 인터뷰에서 통역과 관련해 흥미로운 대목은 다음과 같습니다. 언론사에서 인터뷰 녹음을 풀어 기사화하기 위해 정리한 내용을 미리 북한대사관에 보내서 검토를 받겠다고 했더니, 당신네 언론사를 믿으므로 그럴 필요가 없다고 했다는 것입니다. 어째 리대사는 한국 인사들보다 더 유연하다는 느낌이 듭니다. 그리고, 대부분의 한국 언론사는 이렇게 사전검토를 부탁하는 예의(?)를 갖추지 않습니다.

왕조체제의 북한이라 해서 모든 게 다 엉망은 아니고, 왕조 나름의 논리도 있고 때로는 이렇게 유연한 대목도 있을 수 있겠지요. 아니면 리대사는 북한정권의 강력한 신임을 받고 있는지도 모르겠네요. (하지만 김정은 위원장의 고모부도 처형당했다는 점을 감안하면 아무리 실세라도 조심할 것 같은데 어쩐 일인지 모르겠습니다.)

한편, 제가 베를린에서 평양(Pjöngyang, 독일어로는 이렇게 씁니다)과 접한 것은 대사관 건물이나 인터뷰 기사를 통해서만은 아닙니다. 제가 베를린에서 평양을 처음 접한 것은 백화점에서였습니다. 점퍼를 하나 사러 백화점에 갔더니 옆에서 북한 말씨가 들려왔습니다. 비록 김일성 또는 김정일 배지를 가슴에 달지는 않았지만 말씨나 옷차림이 분명히 북한인이었습니다. 두 사람이었는데, 대사관에 근무하는 듯한 북한인이 고위간부를 모시고 백화점에 와서 쇼핑을 돕고 있었던 것입니다.

그 하급관료는 비록 하급일지라도 외국에 나온 만큼 출신성분과 경력이 괜찮은 엘리트일 텐데도 바싹 마른 얼굴에 깡마른 몸집으로, 아직도 '고난의 행군'을 계속하는 게 아닌가 싶을 정도였습니다. 반면에, 평양에서 출장 왔는지 대사관에 근무하는지 모르겠으나 고위간부는 풍채가 좋고 얼굴에 살도 올라 있었습니다. 북한에서는 엘리트 사이에도 이렇게 차이가 큰 것인지 아니면 원래 그들의 체질이 다른 것인지는 모르겠습니다.

한반도 사람을 만났다는 반가운 마음에 말을 한번 걸어볼까 어쩔까 망설였습니다. 하지만 그들이 저의 한국말을 듣고도 가만히 있는데 굳이 말을 걸기가 어색했습니다. 딱히 할 말도 없었고요. 게다가 박근혜정부의 '유신 흉내내기'로 인해 정부의 사전 허락 없이 북한인과 접촉했다고 국가보안법에 걸리지 않을까 하는 약간의 걱정도 작용해 결국 서로 그냥 지나치고 말았습니다.

베를린에는 15명의 대사관 직원 외에도 가끔씩 북한인들이 들른다는 이야기를 들었습니다. 독일어를 가르치는 독일문화원에도 북한인 두명이 와서 잠깐 공부했다고 합니다. 그 두명은 독일어 고급과정(거의 독일인 수준)에서 공부했는데, 쉬는 시간에도 도서관에서 열심히 공부했다고 합니다.

북한인 몇몇이 독일 대학에서 공부하고 있다는 이야기도 들었습니다. 가급적 많은 북한인들이 서양으로 나와 선진기술, 시장경제와 민주주의, 그리고 서양문화를 보고 배울 수 있으면 좋겠습니다. 한국이 그걸 직접 지원하는 것은 오히려 북한의 반발을 살 수 있겠지요. 그러니 유엔 같은 국제기구나 EU가 담당하고 한국이 거기에 자금을 보태는 방식이 어떨까 싶습니다. 이런 일은 박근혜정부 같은 보수정권도 할 수 있는 일입니다.

한편, 저와 이사장은 베를린을 둘러보는 가운데 알렉산더 광장에서 다시 한번 평양과 만나게 되었습니다. 광장의 세계시계(Weltzeituhr)가 바로 그것입니다. 세계 150개 이상 도시의 현재 시각이 표시되어 있고, 베를린에서 '만남의 장소'로도 널리 활용된다고 합니다.

그 시계에는 평양이 맨 위에 있고, 그 밑에 토오꾜오, 그리고 맨 밑에 서울이 있습니다. 이 세계시계는 동독정권이 만든 것이라 서울은 원래 표시되어 있지 않다가 독일 통일 이후에 추가되었다고 합니다. 지리적으로 볼 때 서울이 아래쪽에 있고 평양은 위쪽에 있으니 이게 어쩌면 자연스런 모습이라고 할 수도 있겠지요(그러면 토오꾜오가 맨 밑에 가야겠지요). 이상 오늘은 베를린 속에서 본 평양의 이모저모를 말씀드렸습니다.

[베를린통신 22·2014.02.28.]

5. 한반도와 독일의 관계

지난주에는 여기저기 참석하느라 바빴습니다. 한독 수교 130주년 기념행사가 여러곳에서 열렸기 때문입니다. 한국과 독일은 1883년 11월 26일에 한독우호통상항해조약을 체결했으니, 지난주에 바로 그 130주년 기념일이 있었던 셈입니다.

먼저 독일연방의회를 방문해 하르트무트 코시크(Hartmut Koschyk) 연방재무성 차관을 만났습니다. 그는 기독교사회당(CSU) 소속 국회의원으로 한독의원친선협회장을 지낸 인물입니다. 한국을 여러번 방문한 지(친)한파이자 2007년부터 북한을 방문한 지북파이기도 합니다. 그는 조선-독일의원협회를 이끌고 평양에서 북한의 이종혁(李種革, 전 아시아태평양평화위원회 부위원장) 등을 만나기도 했습니다.

아직 짧은 저의 독일어 실력으로 그의 말을 많이 알아듣지는 못했습니다만, 적어도 그는 '북한은 괴물'이라고 생각하는 대부분의 외국인(및 한국 극우파)들보다는 북한을 상당히 객관적으로 바라본다는 느낌을 주었습니다. 참석한 독일 학생들의 북한방문 문의에 대해서도 한번 가보라는 식이었으니까요. 재미있는 것은 질문 시간에 베를린자유대학 학생들이 한국에 관한 질문은 않고 북한에 관한 질문만 던졌다는 것입니다. 한국의 '소녀시대'가 왔다면 그러지 않았을지 모르지만 말입니다.

사실 독일인의 한반도에 대한 관심은 일부의 케이팝(K-pop)에 대한 열광을 제외하면(독일 학생에 따르면 그런 열광은 주류는 아니라고 합니다) 남한보다는 북한에 대한 관심이 압도적으로 높다는 인상을 받습니다. 남한과 관련해서는 삼성의 휴대폰이나 현대자동차에 대한 관심이 있을 뿐이지(어쩌면 두 제품이 한국산인 줄 모르는 독일인도 많을 것입니다), 남한사회 자체에 대해선 별 관심이 없습니다. 이에 비해 북한의 움직임은 가끔씩 세계에 충격을 주기 때문에 적어도 남한사회보다는 북한사회에 관심이 많아 보입니다. 그렇다고 북한사회를 잘 아는 것은 아닙니다.

코시크 차관을 만난 날 저녁에는 베르텔스만(Bertelsmann) 재단과 베를린자유대학이 공동주최하는 좌담회에 참석했습니다. 누가 주제발표를 하는 게 아니라 사회자가 질문을 던지면 패널들이 각각 자기 의견을 제시하는 방식의 좌담회였습니다. 한국 측에선 정세현(丁世鉉) 전 통일부장관(현 원광대 총장)과 최대석(崔大錫) 이화여대 교수(박근혜정부의 인수위원이었다가 국정원에 의해 밀려난 분)가 패널이었고, 독일 측에선 『디차이트』(Die Zeit)에서 한국에 관한 기사를 가끔 썼던 테오 조머(Theo Sommer) 박사와 동독 출신으로 브란덴부르크 주지사를 지낸 만프레드 슈톨페(Manfred Stolpe) 등이 참석했습니다. 슈톨페 씨에 대해선 이미 김누리 교수팀이 2006년에 펴낸 책 『변화를 통한 접근: 통일 주역이 돌아본 독일 통일 15년』(한울아카데미)에서 '동독 민권운동의 대부'로 소개되어 있고 상세한 인터뷰가 이루어졌으니, 관심있으면 참고하십시오.

정세현 총장과의 대화

토론의 제목은 '접촉을 통한 접근: 독일 통일과정에서 비공식적 과정의 의미와 한국문제'였습니다. 1970년대 빌리 브란트(Willy Brandt) 수상의 동방정책(Ostpolitik)에서 내건 구호가 '접근을 통한 변화'(Wandel durch Annäherung)였는데, 그 말을 응용한 제목인 셈입니다.

이 좌담회는 여러명이 발언해야 했고 시간도 제한되어 있어서 깊이 있는 토론은 이루어지지 않았습니다. 그리고 '비공식' 접촉을 '비밀' 접촉으로 오해하기도 하는 등, 토론에 관한 사전준비도 부족했던 듯싶습니다. 차라리 그 전날 정세현 총장이 혼자서 베를린자유대학에서 발표한 것이 더 내용이 알찼습니다. 정총장은 북한과의 협상과정에 관료로서 오랫동안 참가한 경험을 갖고 있어 일반인이 잘 모르는 내막을 많이 알고 있었습니다.

물론 그런 내막을 그 자리에서 다 들을 수는 없었습니다. 하지만 그의 재미있는 표현에 따르면, 북미협상은 속된 말로 '맞고 할래, 그냥 할래'라는 선택인데 그중 미국은 거의 항상 맞고 하는(북한의 핵실험) 선택을 해왔고, 그것이 북한의 핵무장 강화를 초래해왔다는 지적은 음미해볼 만했습니다. 이런 관점에 따르면 현재 미국과 한국이 사실상 거부하고 있는 6자회담은 북한의 핵무장 능력이 더욱 발전하면서 강화된 핵실험을 거친 후에 재개될 가능성이 높습니다. 별로 바람직하지 못한 상황인 것이지요.

정총장은 북한 핵무기 문제의 해결은 북미관계의 정상화, 평화협정 체결, 대북경제지원을 통해서만 이루어질 수 있다고 했습니다. 저도 대체로 동의합니다. 하지만 과연 이런 조건이 갖추어진다 하더라도, 북한 핵무장능력의 발전과 핵기술의 해외 이전은 막을 수 있겠지만 이미 보유하고 있는 핵무기를 포기할 수 있을지는 의문입니다.

리비아의 까다피(Muammar al Qaddafi)는 미국과의 협상을 통해 핵무기를 포기하는 대신에 둘째아들의 권력승계를 약속받았습니다. 그러나 내란이 발발하면서 까다피 정권은 몰락했습니다. 그걸 목격한 북한은 까다피의 선택이 어리석었다고 한 적이 있습니다. 이라크도 대량살상무기를 포기하면서 정권이 무너지고 후세인(Saddam Hussein) 자신은 살해당했습니다.

따라서 북한이 비록 미국과 관계를 정상화한다 하더라도 상당 기간은 핵무기 보유를 포기할 가능성은 희박하지 않은가 하는 게 제 생각입니다. 식사 자리에서 제가 이 문제를 지적했더니, 정총장은 우크라이나식으로 미국이 북한 핵무기를 돈을 주고 사면 된다고 답했습니다. 하지만 우크라이나는 미국과 적대적인 관계도 아니었으며, 또한 북한정권이 돈 몇푼에 자신의 안위를 위태롭게 하는 일을 할지는 의문입니다. 본격적인 토론 자리는 아니었으므로 더이상 논의를 전개하지는 않았습니다만, 이 문제는 보수파는 물론이고 진보파도 깊이있게 고민해야 할 과제임은 틀림없습니다.

정총장은 1977년 이래 통일부에서 일해왔으므로 북한과의 정치·외교 문제에 탁월한 식견을 갖고 있습니다. 저도 그의 글과 인터뷰에서 배우는 바가 많습니다. 다만 경제문제는 그의 전공분야가 아니므로 다소 미흡한 구석이 있었습니다.

우선 그는 발표에서 독일 통일과정에서 서독이 동독과 일대일의 화폐통합을 실시함으로써 동독 산업을 망가뜨리는 오류를 범했다고 말했습니다. 이런 견해는 슈미트 전 서독 총리를 비롯해 많은 독일인은 물론 한국인들도 갖고 있는 생각입니다. 하지만 이런 해석은 경제학적 소양이 부족한 탓에 발생한 오류입니다. 당시 서독과 동독 사이의 인적 이동이 자유로운 상황에서 화폐통합을 미룰 수도 없었거니와, 화폐통합 비율이 어떠했건 시간이 지나면 동독의 임금수준은 서독에 접근해가기 마련입니다. 그걸 막으려면 인구이동에 대한 강력한 통제가 필요한데, 베를린장벽의 붕괴는 그걸 불가능하게 만든 사건이었습니다.

한반도 통일비용에 대해서도 신모 박사의 연구를 토대로 예상수치를 말했는데, 토요일 심포지엄에서 모박사가 말했고 저도 이전 논문에서 지적했듯이 그건 가정에 따라 수치가 엄청나게 달라집니다. 어쨌든, 정 총장의 그런 경제학적 사고의 불충분함에도 불구하고 정치·외교 분야에 대한 인식은 참고할 부분이 적지 않았습니다.

한반도 문제에 독일은 어떤 도움을 줄 수 있을까

금요일과 토요일에는 베를린자유대학 한국학연구소와 서울대·고려대·서강대·이화여대·연세대가 체결한 파트너 네트워크인 FU-KoreaNet의 제1회 국제학술대회가 개최되었습니다. 한국에서 여러분이 오시고 한국을 연구하는 독일인들도 여럿 참석했습니다. 한국의 지인들도 여럿 있었습니다. 저는 금요일에는 인터뷰 일정과 겹쳐서 참석하지 못했고, 토요일에만 참석했습니다. 그런데 독일인이건 한국인이건 정식으로 논문을 준비한 발제자는 별로 없었습니다. 저 자신 그들의 발표를 통해서 직접 특별한 지식을 얻지는 않았지만 특정 주제에 몰입하는 과정에서 영감을 얻기도 했습니다. 참석자 중에는 10여년 전 장성택, 박봉주 등이 한국에 왔을 때 동행했던 인물이 있어서, 장성택에 관해 흥미로운 이야기를 접할 수 있었습니다.

또한 발표 중에는 북한과 동독의 관계에 대한 역사적 고찰이 있었습니다. (독일어 해독이 가능하신 분들은 www.wikipedia.org에 들어가서 'Deutsch-nordkoreanische Beziehungen'을 검색하면 꽤 상세한 정보를 접할 수 있습니다.) 발표자는 주로 동독과 북한의 관계에 대해 말했는데, 통일 이후 독일은 한동안 북한과 공식적인 관계를 단절했다가 2001년에 정식으로 국교를 맺고 현재 평양에 독일대사관, 베를린에 북한대사관이 주재하고 있습니다. 하지만 아직까지 장관급의 상호방문은 없었고, 독일 의원들이 평양을 찾은 정도에 머물고 있습니다. 북미협상이 베를린에서 열리기도 하지요.

앞으로 한반도 문제와 관련해 독일에 어떤 역할을 기대할 수 있을지는 중요한 주제입니다. 제가 베를린에 머무는 동안 계속 이 문제에 대해서도 생각해볼까 합니다.

[베를린통신 13·2013.11.10.]

제2장

북한사회의 변화와 대북정책

1. 북한은 홍길동인가

검찰이 농협의 전산망 마비를 북한 소행으로 발표했습니다.[1] 검찰 말대로라면 북한은 동에 번쩍 서에 번쩍하는 '신출귀몰 홍길동'입니다. 2010년에는 엄중한 한미연합군사훈련의 경계망을 뚫고 천안함을 격침시키더니, 이번엔 싸이버 공격으로 한국 중요 금융기관의 보안망을 망가뜨린 셈입니다.

이게 만약 사실이라면 북한은 새로운 외화벌이 수단을 개척했다고도 볼 수 있습니다. 중동 등지로 미사일 따위를 수출하는 게 미국의 제재로 어려워진 판에, 싸이버 무기는 해상에서 미국에 압수당할 염려도 없으니 살길(?)이 열린 건지도 모르겠습니다. 그런데 천안함 사건 때와 마찬가지로 이번 정부 발표에도 고개가 갸웃해집니다. 이에 대해서는 나중에 언급하고, 북한의 싸이버 기술, 다시 말해 IT기술에 대해 먼저 살펴보겠습니다.

여러해 전 처음 방북했을 때의 일입니다. 당시 평양의 5·1경기장에서

'아리랑축전'을 관람했습니다. 이 축전은 북한이 자랑하는 세계 최대 규모의 집단체조-카드섹션(북한말로는 배경대背景臺) 공연으로 참으로 장관이었습니다(고생하는 학생들이 안쓰럽긴 했지만). 그 카드섹션에서는 아름다운 그림도 만들고 선전구호도 펼칩니다. 그중 경제와 관련된 구호를 보면서 놀란 대목이 있었습니다. 감자 재배와 관련된 '종자혁명'을 말하더니 갑자기 정보기술 시대 이야기로 넘어가는 것이었습니다.

공업과 공장에 관한 구호는 어디로 사라진 걸까요? 참 이상했습니다. 하지만 곰곰이 생각해보니 이해가 가기는 했습니다. 공장 가동률이 20~30%인 상황이었으므로 내세울 게 없었던 때문이 아닌가 싶습니다. 전기가 제대로 공급되지 않고 기계부품도 구하기 힘들어 공장 설비를 고철로 중국에 몰래 팔아먹기도 하는 형편이었으니까요. 그래서 '농업혁명 → 공업화 → 정보화'라는 일반적 발전단계에서 공업화를 대충 건너뛰고 정보화 사회로 '단번도약'('개구리 도약'이라고도 합니다)하는 걸 김정일 위원장이 강조한 셈입니다. 하지만 공업화의 충분한 기반 없이 정보사회가 가능할지 의문이었습니다. 게다가 주민들에게 정보를 차단하는 독재사회에서 IT산업이 제대로 발전할 수 있을까 하는 생각이 들었습니다.

당시 일행 중에는 북한의 IT 인력을 활용해보려는 사업가가 있었습니다. 그에게 본인은 북한이 무리한 시도를 하는 게 아닌가 하고 회의적인 반응을 보였습니다. 그런데 북한에 대해 차츰 공부를 해보니 북한의 IT 수준은 처음 생각했던 것보다 높았습니다. 옌벤과 베이징에 북한의 쏘프트웨어 전문인력을 고용하고 있는 회사들이 있는데, 꽤 수지가 맞아 고용규모를 확대하려 한다는 것이었습니다. 그 회사들의 북한 인력은 고르고 골라 뽑힌 수재들이 가는 대학의 졸업생이라 했습니다. 세계 최강의 바둑 프로그램인 '은별'이 북한에서 개발되었다는 건 잘 알려져 있지요. 음성인식·문자인식·지문인식 등 각종 인식기술에서도 상당한 수준이라 합니다. 다만 IT 중 자본이 필요한 하드웨어는 형편없이 뒤떨어져 있습니다. 반도체산업 같은 건 말할 필요도 없고, 컴퓨터 보급률도 매우 낮습니다. 휴대폰도 최근 급격히 늘고는 있습니다만 아직 가입자가 50만명 미만입니다.

북한 안내원에게 북한에서는 이산가족 소재를 확인하는 데 왜 그렇게 많은 시일이 소요되는지 물은 적이 있습니다. 그랬더니 대답을 우물쭈물했는데, 아마도 주민들에 대한 정보의 전산입력이 제대로 되어 있지 않은 것 같았습니다. 그러니까 북한은 물적 하드웨어보다는 인적 자원으로 승부하는 쏘프트웨어에서 IT의 돌파구를 찾아보려는 듯싶습니다. 다만 그렇다고 아직 그걸로 큰돈 벌고 있다는 이야기는 없습니다. 그저 인건비 약간 따먹는 정도지요.

정부의 말을 어디까지 믿어야 하는가

이런 북한이 농협 전산망을 마비시킬 수 있을 만큼의 실력을 갖추고 있을까요? 물론 뭐라고 단정적인 결론을 내리기는 힘듭니다. 탈북자들 덕분에 사정이 좀 달라지긴 했지만 북한은 여전히 외부에서 알기 힘든 부분이 너무 많으니까요.

북한문제에서는 무식한 돌쇠처럼 일단 내지르고 보는 『조선일보』는 북한의 싸이버 공격조직이 1,000여명에 이르고 미국 CIA에 뒤지지 않는 능력을 갖고 있다고 했습니다.[2] 그런데 북한이 CIA와 맞먹는다는 건 상식에 너무 어긋나지 않는가요? 또 북한 전체에서 쏘프트웨어 기술 인력이 1,200명 정도로 알려져 있는데, 싸이버 공격조직에만 1,000명이 활동한다는 것도 역시 아귀가 맞지 않는 느낌입니다.

그러면, 실력과는 별개로 북한이 농협 전산망을 공격하려는 의도는 있었을까요? 이 역시 정확히 알 수 없습니다. 비민주적이고 비효율적인 북한체제는 한국정부와 같은 행동규범을 갖고 있지는 않으니까요.

그렇다고 한국정부의 발표는 충분히 믿을 만한가요? 해킹에 관한 전문가가 아닌 본인이 그걸 판단하기는 어렵습니다. 아니, 전문가라 하더라도 한국정부가 천안함 사건 때처럼 안보 운운하면서 정보를 숨기고 있어서 진위를 가리기 힘든 상황입니다. 그래서 좀 일반론적으로 접근해보겠습니다. 도대체 정부란 걸 얼마나 믿어야 할지요.

9·11테러 이후 사정이 나빠지긴 했으나 그래도 미네르바를 잡아넣고 G20 정상회의 포스터에 (이명박 대통령을 상징하는) 쥐를 그려넣었다고 처벌하는 우리보다야 더 민주적이고 더 투명한 미국정부 사례를 한번 보십시다.

며칠 전 미군은 오사마 빈라덴(Osama bin Laden)을 사살했습니다. 사살 직후 미국정부는 그가 무장하고 있었고 아내를 인간방패로 이용했다고 발표했습니다. 하지만 이는 곧 거짓으로 드러났습니다. 현장에 있던 그의 딸 등을 통해 진실이 밝혀졌기 때문입니다. 오사마 빈라덴을 법정에 세우지 않고 멋대로 처단한 미군의 행동을 정당화하고 오사마 빈라덴의 이미지를 더럽히려고 미국정부가 거짓말을 한 것이지요.

혹시 이건 어쩌다 저지른 미국정부의 실수일까요? 그렇지 않습니다. 미국이 이라크를 침공할 때는 더 심각한 일이 있었습니다. 비교적 온건파로 알려졌던 콜린 파월(Colin L. Powell) 미국 국무장관이 유엔에서 발언하는 모습을 TV에서 시청한 바 있습니다. 그때 그는 알루미늄 통 같은 걸 찍은 사진을 보여주면서 이라크가 핵무기 따위의 대량살상무기를 갖고 있다고 단언했습니다. 하지만 막상 침공해놓고 보니 그건 사실이 아니었습니다. 잘못된 정보에 기초해, 아니 어쩌면 잘못된 정보만 일부러 부각해 전쟁을 일으킨 것입니다. 그리하여 수십만명의 무고한 이라크인이 살상되었지요.

그렇다고 본인이 결코 독재자 후세인을 옹호하는 건 아닙니다. 그러나 인명을 살상하는 폭격 대신에 햇볕정책으로, 그리고 이라크인 스스로의 힘에 의해 이라크를 변화시키게 했어야 하지 않을까 싶습니다. 1960년대 북베트남의 통킹만 사건도 미국 정부가 날조한 일이었지요.[3]

결국 미국 같은 민주정부도 얼마든지 거짓말을 할 수 있다는 걸 분명히 인식해야 합니다. 미국은 알카에다든 이라크든 베트남이든 모두 악한 집단이므로 이들을 때려잡으려면 수단과 방법을 가릴 필요가 없다는 생각에서 거짓말도 불사하는 것 같습니다.•

뒤떨어진 북한, 무책임한 남한

미국정부도 이럴진대 한국정부, 특히 수구보수적인 이명박정부를 과연 얼마큼 신뢰할 수 있을까요? 북한정권은 악마의 무리이므로 나쁜 일은 다 그들 소행으로 뒤집어씌워도 괜찮다는 생각을 하지 않는다는 보장이 있나요?

물론 거듭 강조하지만 북한정권은 비민주적이고 비효율적입니다. 또

• 이라크의 대량살상무기 보유 여부에 대해 미국이 잘못 판단한 데에는 이라크 피난민들이 제공한 허위과장 정보가 작용했습니다. 피난민들이 뻥튀기를 해서라도 자신들의 존재가치를 인정받고자 한 결과지요. 그러니 탈북자의 증언도 걸러서 들어야 합니다. 『조선일보』는 탈북자 이야기를 제대로 걸러서 보도하지 않는 대표적 언론인데, 일부러 그렇게 하는 건지 무식해서 그런지는 모르겠습니다.

일본인 납치에서 보듯이 국제적으로 범죄로 인정되는 일도 저지른 사례가 있습니다. 따라서 천안함 사건이건 농협 전산망 마비건 북한이 저질렀을 가능성을 무시할 수는 없습니다. 그러나 비민주적이고 비효율적이라는 건 낙후해 있다는 뜻이지, 범죄자라는 뜻은 아닙니다. 조선왕조가 비민주적이고 비효율적이었지만 범죄집단이 아니었듯이 북한왕조도 늘 범죄를 일삼는 집단이라 하기는 곤란합니다.

우리는 양쪽이 다투고 있을 때 과거에 나쁜 일을 한 쪽이 또 잘못했을 거라고 판단하기 쉽습니다. 하지만 이런 선입견은 틀릴 수 있습니다. 과거 행적을 참고는 해야겠지만 당시 상황에 대한 검토가 더 중요합니다. 마찬가지로 북한정권과 나쁜 사태를 연관짓는 데도 조심해야 합니다. 세계가 납득할 만한 아무런 결정적 증거도 제시하지 못한 채 그저 나쁜 일은 다 북한 탓으로 돌린다면 북한이 그냥 있지 않을 것입니다.

가령 북한이 천안함을 침몰시킨 게 아니라 칩시다. 그러면 연평도 포격은 천안함 침몰 누명을 덮어씌운 데 대해 북한 측이 분노한 탓일 수도 있습니다. 그러지 않아도 살기 힘든데 억울한 누명까지 씌우면 보통 사람이라도 가만있을까요.

북한을 무조건 겁낼 필요는 없지만 쓸데없이 자극해서는 안 되겠지요. 그런데 이명박정부는 마치 어린애가 불장난하는 듯한 행태를 보이고 있습니다. 그러니 국민들이 불안하지요. 근대 시민사회에 이르지 못한 낙후한 북한정권, 그리고 아무런 전략·전술도 없이 밀어붙이기만 하는 남한정권. 아, 참으로 우려스럽습니다.

남한정권이 아무런 전략·전술도 없다는 표현은 좀 지나칠지도 모르겠습니다. 북한정권의 붕괴만을 기다리는, 하지만 만약 붕괴한다면 뒷감당을 어떻게 할지는 모르는 그런 전략·전술은 있는 것 같으니까요.

그나마 약간 위안이 되는 일이 있기는 합니다. 검찰이 농협 전산망 마비를 북한 소행으로 발표했는데도 『조선일보』 『중앙일보』와는 달리 『동아일보』는 전문가들의 의견을 빌려 검찰 발표의 의문점을 지적했습니다.[4] 수구보수의 한덩어리로 여겨지던 조중동에 균열이 생긴 걸까요? 종편TV 출범을 앞두고 너무 '수구꼴통'으로 굴다간 시청자 확보에 문제가 있을 수 있다는 판단을 한 걸까요? 어쨌든 이성을 도외시한 광기에서 우리 수구보수세력, 특히 조중동의 일부라도 벗어날 수 있다면 그건 참으로 기쁜 일입니다.

천안함 사건 때 일입니다. 주한 CIA지부장과 주한 미국대사를 지낸 도널드 그레그(Donald Gregg)는 러시아 측 조사를 근거로 천안함이 북한 어뢰가 아니라 원래 바다에 깔려 있던 기뢰에 의해 침몰했을 가능성이 크다고 『뉴욕타임스』에 기고한 일이 있습니다. 고위인사이고 정보통이던 그레그의 이 발언은 대단히 중요한 의미를 지녔는데도 당시 조중동은 자기들 입맛에 맞지 않는다고 이에 대해 아예 소개조차 하지 않았습니다. 시간이 한참 흐른 다음에 그레그가 도대체 무슨 발언을 했는지는 제대로 밝히지 않은 채 다짜고짜 그를 비판하는 칼럼만 게재했습니다. 그에 비하면 이번의 『동아일보』는 언론 본연의 모습을 되찾은 듯한 느낌입니다. 계속 그럴 건지는 아직 두고 봐야겠지만요. 바람직한 선진국에서는 합리적 진보파와 합리적 보수파가 서로 생산적 경쟁을 합니다. 하루빨리 조중동의 일부라도 합리적 보수파로 거듭났으면 합니다.

한편, 검찰 발표 다음날 국군 기무사령부 고위관계자는 전산망 마비를 북한의 소행으로 단정할 수는 없다는 말을 했습니다. (『동아일보』와 『경향신문』 등은 이 발언을 보도했지만 『조선일보』는 역시 수구보수의 '오야붕'답게 이를 보도하지 않았습니다). 요컨대 검찰 발표가 섣부르다는 건 분명해 보입니다. 그렇다면 그냥 '북한의 소행이 아닐까 의심스럽지만 단정할 수는 없다'는 정도로 했으면 훨씬 신뢰가 가지 않았을까요?

개인 차원에서도 아는 걸 안다고 하고 모르는 걸 모른다고 하는 게 쉽지는 않습니다. 정부 차원에서는 이게 더 어려울지 모르겠습니다. 그러나 연평도 포격이라는 일종의 전쟁상태까지 이른 남북관계에서는 함부로 단정하지 않는 신중한 자세가 절대적으로 필요합니다. 정부든 언론이든, 아니면 말고 식으로 북한 관련 발언을 해서는 안 되겠지요. 그런데도 이명박정부는 막가파식 대북정책을 계속하고 있는 듯싶습니다. 국민의 안위 대신에 정권의 안위만 고려하고 있는 게 아닌지 모르겠습니다. 하지만 소위 '북풍'의 효과는 과거와 다릅니다. 천안함 침몰 때는 오히려 정권에 역풍이 불었습니다. 제발 그걸 교훈 삼아 앞으로는 남북한 정권 모두가 막가파로 치닫는 일이 없기를 기대합니다.

[2011.05.06]

2. 김씨왕조의 북한과 어떻게 더불어 살 것인가

우선 글의 제목에 대해서 말씀드리겠습니다. '김씨왕조'라는 표현을 사용한 게 거슬리는 분들도 있을 것입니다. 이는 이른바 '수구꼴통'들이 즐겨 사용하는 표현이니까요. 하지만 사실은 사실로서 일단 인정할 필요가 있습니다. 이 문제는『한국의 진보를 비판한다』에서도 다룬 바 있습니다.[5]

제가 이런 표현을 사용한다고 해서 수구꼴통들과 생각이 다 같은 것은 결코 아닙니다. 특히 북한과 우리가 어떻게 더불어 살아야 할까 하는 문제에서는 그들과 제 생각이 크게 다릅니다. 그러니 제목이 마음에 들지 않아도 참고 읽어주시면 좋겠습니다.

2013년 12월 12일 장성택이 처형되었습니다. 최고재판소도 아니고 국가안전보위부의 재판소에서(우리로 치면 국정원에서 재판한 셈입니다) 3심제도 아닌 단심제로 판결을 내리고, 곧바로 처형을 집행하는 모습은 남한은 물론 전세계 를 경악시켰습니다. 더욱이 처형 이후『로동신문』에 거론된 그의 죄목들은 "김정은 추대 시에 건성으로 박수를 쳤다"는 등 민주주의 사회의 상식으로는 도저히 이해할 수 없는 내용이었습니다. 북한에서 이른바 종파 또는 스파이 사건에 대한 처형은 과거에도 있었지만, 이번은 참으로 어처구니없다고밖에 말할 수 없을 것입니다.

1950년대 박헌영(朴憲永)이나 연안파를 숙청할 때는 스탈린의 정적 재판 때와 마찬가지로 공개재판이라는 절차를 거쳤고, 박헌영은 사형판결 이후에 1년 이상 지나서 형을 집행했으니 이번과는 사뭇 양상이 다르지요. 그러나 중요한 것은 '도덕적 비판'이 아니라 '비판적 도덕'입니다. 송두율(宋斗律) 교수처럼 '내재적 접근법'이라는 말로 북한사회에 대한 비판을 회피하는 것도 곤란하지만, 거꾸로 개탄만 하고 북한사회의 작동논리를 이해하려 하지 않으면 올바른 해결책이 나올 수 없습니다.

장성택의 숙청(처형 포함)이라는 사태를 어떻게 해석해야 할까요? 앞으로 북한사회는 어떤 길을 걸어갈까요? 우리는 이런 북한과 어떻게 더불어 살아야 할까요? 참으로 어려운 문제들입니다. 오늘 글에서는 이런 문제를 제 나름대로 간단하게 정리해볼까 합니다.

장성택 숙청 이후 한국과 세계 여러 나라에서는 많은 기사와 해설이 쏟아져나왔습니다. 그중에는 신뢰하기 힘든 추측 기사 또는 허위·과장 정보도 많았습니다. 예컨대 장성택이 정치국 회의에서 끌려나가는 일이 벌어지기도 전에 장성택이 이미 처형당했다는 보도가 중앙일간지에 실렸을 정도니까요. 리설주(李雪主)와 장성택의 염문 운운도 마찬가지 차원이겠지요.

전문가들 사이에도 해석이 엇갈렸습니다. 장성택 숙청 원인을 비롯해 장래 전망도 정반대로 나오는 경우가 적지 않았습니다. 원래 전문가를 지나치게 숭상하는 '전문가주의'를 항상 경계해야 합니다만, 특히 정보가 제한된 북한과 관련해서는 전문가들의 의견에도 한계가 많습니다.

예컨대 1990년대 중반 북한이 '고난의 행군'을 겪고 많은 사람들이 굶어죽어가자, 한국을 비롯한 세계의 전문가들 대부분은 북한체제가 곧 붕괴한다고 예측했습니다. 아마도 그런 예측을 근거로 미국의 클린턴정부는 1994년 북미 제네바협상에서 약속한 경제지원 및 경수로 건설을 제대로 이행하지 않았을 것입니다. 이리하여 미국에 대한 북한의 불신이 커진 것이지요.

다만 1990년대와는 달리 탈북자가 많이 생기고 북한체제가 이완된 지금은 과거보다는 북한에 관한 정보 획득이 용이해졌습니다. 그래서 국정원도 장성택 숙청을 며칠 일찍 파악할 수 있었던 것이지요(그렇다고 국정원 개혁을 방기하자는 것도 어이없는 일입니다만). 전문가들의 신뢰성도 과거보다는 약간 높아졌습니다. 따라서 전문가들을 무시하지는 말되 지나치게 신봉하지도 말아야겠지요.

북한체제의 정의, 그들을 이해하는 첫번째 방식

먼저 북한체제를 어떻게 정의할 것인가부터 시작해봅시다. 이게 다른 문제를 이해하고 풀어가는 실마리이니까요. 이씨왕조는 천황제 국가 일본의 침략으로 몰락했습니다. 그러다가 일본의 패전으로 천황제 지배가 물러나자 새롭게 김씨왕조에 의해 지배되고 있는 것이 북한체제입니다. (이씨왕조란 표현은 일본이 조선왕조를 폄하하기 위해 사용한 것입니다만, 여기서는 현재의 북한체제와 비교하기 위해 사용했습니다.)

북한은 이처럼 근대 시민사회의 세례를 받을 기회가 없었습니다. 북녘에서는 그냥 왕조가 계속되고 있는 것이지요. 사우디아라비아의 왕정이나 아프리카의 부족장 지배와 근본적으로 다르지 않습니다. 그리고 이 왕조는 왕이 그저 상징적 존재인 영국이나 북유럽 나라들과는 달리 강력한 독재권력을 행사하므로, 저는 "왕조적 독재체제"라고 불러오고 있습니다.

왕조체제에서 왕권의 크기는 시기에 따라 달랐습니다. 이건 유럽에서도 그랬고 한반도도 마찬가지입니다. 그런데 김씨왕조의 왕권은 적어도 이씨왕조 후반 세도정치 시기의 왕권보다는 훨씬 강력합니다. 현재의 김정은정부가 1인지배체제인지 집단지도체제인지는 불분명하지만, 왕조체제란 사실에는 변함이 없습니다. 그리고 김정은 위원장이 점점 자신의 권한을 강화하려고 할 것도 분명합니다. 장성택의 숙청도 그런 작업의 일환이겠지요.

맑스-레닌주의 이념정당인 조선노동당이 지배하고 있지 않느냐고요? 원래 한반도에서 공산주의 이념은 일제시대 항일투쟁의 하나의 '방편'이었다고 볼 수 있습니다. 이는 1980년대의 NL과 PD 노선도 따지고 보면 민주화투쟁의 방편이었던 것과 비슷합니다. (남한사회가 그런대로 민주화된 오늘날도 일부 사람들은 아직도 그 방편에 사로잡혀 있기는 합니다. 석가가 "강을 건너면 뗏목을 버려라"라고 말한 것을 참고하십시오.)

맑스-레닌주의는 김일성 집권 이후에는 그 왕조체제의 포장물 즉 '걸치고 있는 옷'에 지나지 않았습니다. 어찌 보면 김일성정부가 단행한 산업 국유화와 지주 토지의 무상몰수도 '천하에 왕의 땅이 아닌 곳이 없다'(普天之下 莫非王土)는 왕토사상과 일맥상통하는 것입니다. 세습이 이어지고 북한체제의 왕조적 성격이 강화됨에 따라, 맑스-레닌주의 이념은 점점 그 영향력이 사라져갔습니다. 오늘날 맑스나 레닌의 저작을 읽는 북한인은 아마도 거의 없을 것입니다. 도서관에서도 그들의 책을 찾기 힘들다고 합니다. 최근엔 김일성광장에 걸려 있던 맑스와 레닌의 대형사진도 치워졌지요. 그 대신에 주체사상이니 선군사상이니 하는 북한왕조에 걸맞은 대체물이 생겨났습니다. 근년에 동명왕릉과 단군왕릉을 건립한 것도 북한체제가 왕조로서의 성격을 노골적으로 드러낸 사례입니다. '백두혈통' 운운도 마찬가지입니다.

물론 김씨왕조 북한이라는 것은 정치 차원에서의 규정입니다. 경제 면에서는 오랫동안 계획경제적 요소를 강하게 갖고 있다가 90년대 중반 이후 시장경제적 요소가 상당히 침투해 있는 일종의 '복합경제체제'입니다. 그러니 왕조체제하의 계획경제(+시장경제)라는 복잡하고 특이

한 사회가 되었는데, 이것이 갖는 의미는 더 따져봐야겠지요. 이런 북한 체제 같은 왕조적 성격을 남한 역시 초기에는 갖고 있었습니다. 국부(國父) 이승만 운운 하면서 영구집권체제를 구축하려 했던 게 그 예입니다. 그러나 여러 어려운 과정을 거쳐 남한은 이제 근대적인 사회로 변모했습니다.

4·19혁명, 5·18광주항쟁, 6·10항쟁 같은 민중의 투쟁이 바로 그런 변화를 이끌어낸 동력입니다. 게다가 남한은 서구의 문물과 제도를 도입함으로써 왕조체제가 자리 잡을 수 없는 사회로 거듭났습니다. 그래도 그 잔재는 남아 있습니다. 재벌의 세습독재를 보십시오. 그리고 박정희 대통령을 반신반인(半神半人)으로 숭상하는 모습들도 바로 그런 잔재의 일부입니다.[6] 어쨌든 이처럼 북한체제를 김씨왕조로 전제한 위에서 장성택 숙청사태를 파악해보기로 하겠습니다.

장성택 처형의 숨은 뜻

장성택 숙청에 대해서는 전문가에 따라 해석이 약간씩 다릅니다. 안드레이 란꼬프 국민대 교수는 제2인자가 피할 수 없는 숙명 같은 걸로 파악하고 있습니다.[7] 중국의 역사를 보면, 유방(劉邦)을 옹립한 장자방(張子房)이 조용히 은둔해서 목숨을 보존한 반면에 설치고 다닌 한신(韓信)은 죽음을 당했습니다. 장성택은 한신처럼 김정은 옹립에 큰 기여를 한 것도 아니면서, 설마 고모부인 나를 어쩌겠느냐는 심산인지 2인자로서의 처신에 조심성이 결여되었던 것은 분명해 보입니다.

한편, 이권을 둘러싼 군부와의 갈등이나 강경파와 장성택 등 개방파 간의 대립으로 보는 시각도 있습니다. 직접적인 계기로는 11월 장성택 일파의 술자리에서 일부 인물이 "장성택 만세"를 외쳤다든가, 장성택이 자기 관할의 수산 부업기지를 특정 군대(무도방어대)에 넘기라는 김정은 위원장의 지시를 무시했다든가, 장성택 계열의 일부 인물들이 망명하려고 했다든가 하는 설들이 제시되고 있습니다.[8]

하여튼 『로동신문』에 보도된 죄목으로 보건대, 모월 모시에 장성택이 쿠데타를 결행할 모의를 했다는 내용은 없습니다. 그저 장차 나라 상황이 극도로 나빠지면 그때 가서 쿠데타를 하겠다는 막연한 내용뿐입니다. 이것도 고문을 통해 날조되었을 가능성이 큽니다. 장성택이 위세를 부렸고, 혹시 장성택과 가까운 인물 중에 남한이나 미국과 내통한 인물이 있을 수는 있겠습니다. (그런데 국정원 등은 어디서 정보를 빼냈을까요? 오직 통신감청에만 의해서?) 하지만 쿠데타를 모의했다는 결정적 증거도 없는데 처형당한 것입니다. 이건 (제가 페이스북에 썼듯이) 어느 독일인의 해석대로 김정은 위원장이 시리아에서 내전이 일어나는 것을 보고 미국(및 남한)이 자신을 제거하고 장성택을 옹립할 생각조차 아예 하지 못하도록 "거추장스럽고 불안한" 존재인 장성택을 미리 제거했다고 봐야 하지 않을까 싶습니다.

왕조사회에서는 이런 일이 쉽게 일어납니다. 예컨대 조선조 태종이 자신이 왕권을 잡는 데 결정적으로 기여한 민무구(閔無咎), 민무질(閔無疾)을 왕비의 동생들인데도 처형해버린 것이 그렇지요. 심지어 처형의 죄목에도 비슷한 부분이 있습니다.[9] 태종이 세자에게 왕위를 넘기겠다는 뜻을 표명했을 때 이 민씨 형제들이 적극적으로 반대하지 않았다는 게 죄목 중의 하나였습니다. 김정은이 추대될 때 건성으로 박수 쳤다는 것과 어찌 이리도 비슷할까요.

태종은 18년 재위기간 중 네차례나 왕위를 넘기겠다는 파동을 일으켰습니다. 이에 신하들은 난감했을 것입니다. 적극적으로 반대하면 세자에게 밉보여 장차 후환이 두렵고, 소극적으로 반대하면 태종에게 밉보일 테니까요. 이런 식으로 해서 태종은 신하들의 충성을 시험하고 아울러 정적을 숙청한 셈입니다. 도대체 건성으로 박수 쳤는가 열성적으로 박수 쳤는가, 소극적으로 반대했는가 적극적으로 반대했는가는 정말 주관적인 해석이고 코에 걸면 코걸이, 귀에 걸면 귀걸이 식입니다. 왕조적 독재란 이런 사회를 말합니다. 참고로 태종의 세자였던 양녕대군이 왕자의 난을 피해 목숨을 부지한 방식과 양녕대군과 비슷한 스타일의 김정남(金正男)이 목숨을 부지하고 있는 방식도 비슷하지요.

장성택을 숙청하게 된 좀더 구체적인 북한 사정에 대해서는 정창현 박사가 〈통일뉴스〉에 쓴 글을 참고해보십시오.[10] 장성택을 판결 후 곧바로 처형한 데에는 아마도 다음과 같은 사항이 고려된 것 같습니다.

첫째, 북한은 왕조체제이면서 동시에 그들이 전시상황에 있다고 생각하고 있는 것 같습니다. 따라서 전시의 즉결처분과 같은 식으로 일을 처리한 것으로 볼 수 있습니다. 둘째, 박헌영 때와는 달리 장성택 세력은 박헌영 일파보다 뿌리가 깊고 반대로 김정은 위원장의 권위는 김일성 주석보다는 훨씬 취약하기 때문에 '강자의 (약간의) 여유'조차 없었던 것 같습니다. 셋째, 처형을 미루면 과거에 중국과 소련이 박헌영을 살려둘 것을 요구한 것처럼 혹시 중국이 압력을 행사할까봐 시간적 여유를 두지 않은 것으로 보입니다.

이상 북한체제의 성격과 장상택이 왜 숙청되었는가에 관해 정리해보았습니다. 글이 이미 길어졌습니다. 장차 북한사회가 어디로 갈 것인가와 이런 북한사회와 우리는 어떻게 더불어 살아야 할지에 관해서는 다음 기회에 정리해보겠습니다.

[베를린통신 16·2013.12.20.]

3. 쿠오바디스, 박근혜

지난주에는 박근혜 대통령이 독일을 방문했습니다. 네덜란드에서 개최된 핵안보 정상회의에 참석한 데 이어 독일의 베를린, 드레스덴, 프랑크푸르트를 찾은 것입니다. 베를린에서는 가우크(Joachim Gauck) 독일 대통령과 메르켈 총리를 만났습니다.

박대통령의 동정은 여기 독일에서는 별로 화제로 오르지 않았습니다. 독일의 골든타임인 저녁 8시부터 15분간 방영되는 뉴스 「타게스샤우」(Tagesschau)는 박대통령 방독에 관해 단 한번도 보도하지 않았습니다. 신문기사도 찾기 힘들었습니다.

박대통령 방독 바로 이틀 후에 중국의 시 진핑(習近平) 주석도 독일에 왔습니다. 그에 대해서는 「타게스샤우」에서 톱뉴스로 보도하고 여러 신문에서 한면 이상을 통째로 할애하기도 했습니다. 너무나 대조적입니다. 국력의 차이를 반영한 것이겠지요.

다만 『타게스슈피겔』(Der Tagesspiegel)이라는 신문에서는 박대통령 방독과 관련해 한국 특집을 실었습니다. 그리고 언론의 온라인판에서 일부 보도가 있었습니다. 한국의 KBS에 해당하는 아에르데(ARD)는 박대통령과 가벼운 인터뷰를 진행했고,[11] 『빌트』(Bild)『디차이트』『베를리너차이퉁』(Berliner Zeitung)의 온라인판 등에도 간단한 동정 보도가 있었습니다.

물론 한국 언론은 박대통령 동정을 대대적으로 보도했습니다. 드레스덴 연설은 공중파 세곳을 비롯해 종편 네곳과 YTN, 뉴스Y 모두가 생중계했다고 하네요. 김대중·노무현 대통령 시절에 이렇게 한 적이 있을까요? 국정원과 언론을 꽉 움켜쥔 박대통령의 정치 모습입니다.

송두율 교수에 관한 단상

재독 한인들도 이에 발맞춰 '환영행사'를 개최했습니다. 박대통령에게 박수 치는 환영행사야 한국 언론에서 충분히 보도했을 터이니 비판하는 '환영행사' 장면을 두어개 소개할까 합니다. 하나는 『한겨레』와 〈오마이뉴스〉에서도 보도한 토론회입니다.[12] 독일 금속노조(IG-Metall)에서 장소를 제공해 마련된 행사입니다. 토론회 제목은 '위험에 처한 민주주의?: 한국의 현 정치상황'이었습니다. 저도 이 자리에 가보았습니다. 우선, 청중이 150명가량으로 적지 않은 숫자였고, 그들의 절반 가까이가 독일인이어서 놀랐습니다. 독일인의 글로벌한 연대의식은 존경할 만합니다. 요즘엔 아시아나 아프리카 오지에서 자원봉사하는 한국인도 늘어나고는 있습니다만, 대개는 지척의 동포도 외면하는 한국인이 아닌가요.

행사장에는 송두율 교수 부부도 왔던 모양입니다만, 그 자리에서 알아차리지는 못했습니다. 송교수는 박정희·전두환 군사독재가 낳은 반체제 인사로서 노무현정부 초기에 감옥에 들어가기도 하는 등 고초를 치른 분으로 한반도 분단의 비극을 상징하는 인물이지요.

그는 이른바 '내재적 접근법'이라고 해서 북한체제는 그 내재적 논리로 이해해야 한다는 주장을 펼치기도 했습니다. 하지만 북한을 내재적 논리로 '이해'할 필요는 있겠으나 그게 북한체제를 '옹호'하는 논리가 되어선 곤란한데, 송교수는 그 부분을 분명히 하지 않았습니다. 이해와 옹호는 같은 게 아니지요.

박정희·전두환 군사독재체제에 대한 반감으로 그는 한동안 북한체제 편에 기울어 있었습니다. 북한을 방문해 김일성 주석과 직접 만나기도 했지요. 하지만 그는 남북한의 변화를 따라잡지 못했고, 과거의 사고에서 크게 벗어나지 못했습니다. 게다가 남북한의 엄중한 대치현실도 심각하게 받아들이지 않았습니다. 그런 나이브한 사고를 가졌기 때문에 한국 귀국을 너무 안이하게 생각했습니다. 한국에 들어오지 말든가, 들어오려면 자신의 조선노동당 입당 사실을 미리 털어놓았어야 했는데 그렇게 하지도 않았습니다. 이리하여 자신뿐만 아니라 한국의 진보개혁진영에 엄청난 타격을 안겨주었지요.

송교수만이 아니라 한국의 많은 진보적 지식인들도 한국 현실과 상당히 유리되어 있습니다. 지난달 베를린에서 만난 박노자 교수도 별로 다르지 않습니다. 자신을 사회주의자라고 공공연하게 커밍아웃한 용기는 대단하지만, 한국 현실에 대한 꼼꼼한 조사 없이 구체적인 기업상황에 대해서까지 발언하는 무책임한 자세는 그리 바람직하지 않지요.

다만, 통념에서 벗어난 괴짜들을 포용할 수 있는 사회라야 창조적 사고나 박대통령이 말만 앞세운 '창조경제'가 실제로 발전할 수 있습니다. 게다가 송두율 교수 같은 분의 부정적 영향은 이제는 무시할 수 있을 정도로 미미해졌습니다.

이곳 독일에는 송교수만이 아니라 한때 북한과 가까웠던 전력 때문에 한국에 돌아오고 싶어도 발을 들여놓지 못하는 분들이 여럿 있는 것으로 들었습니다. 북한과의 통일을 주창하려면 먼저 이들부터 포용할 수 있어야 하지 않겠습니까. 이들의 포용 여부는 통일에 대한 진정성을 보여주는 하나의 시금석입니다. 김대중·노무현정부는 수구보수언론의 공세로 인해 이들에 대한 포용적 조치를 취하기가 쉽지 않았습니다. 박대통령은 그런 공세로부터 자유로울 수 있는 처지입니다. 〔박대통령이 이들에게 포용적 자세를 취한다면〕 '종북'이라고 공격받는 게 아니라 '통 큰 대통령'으로 박수를 받겠지요. '드레스덴 선언'에 그런 내용이 들어갔더라면 아마도 그녀의 진정성도 인정받고 선거전략에도 도움이 되었을 것입니다. 새누리당에는 선거전략가가 없나요? 아하, 그렇군요! 새민련이 기초단체 정당공천 폐지라는 자살골을 고집하는 형편없는 수준이니 선거전략 따위가 굳이 필요없군요. 게다가 인혁당 사건이나 정수장학회 문제에서 보여준 박대통령의 속 좁은 심성에서 그런 통 큰 행보를 기대하는 게 애당초 무리이기도 하겠습니다.

박대통령을 환영하는 또다른 방식

이야기가 약간 옆길로 샜습니다만, 박대통령의 베를린 방문에 진행된 또다른 '환영행사'는 바로 현지 한인들의 시위였습니다. 하지만 대통령의 작년 프랑스 방문 당시 에펠탑을 배경으로 벌어진 시위에 비하면 그리 자극적인 장면은 없었던 것 같습니다. 재독 한인들은 재불 한인들보다 멋을 잘 모르는 군요. 멋은 역시 프랑스입니다.

박대통령 역시 독일에서는 별로 멋이 없었습니다. 옷차림으로 한껏 멋을 냈는지 어떤지는 모르겠습니다만, 발언은 그저 밋밋했고 '한방'과는 거리가 멀었습니다. 아니, 독일 이전에 네덜란드에서부터 기대를 접게 만들었습니다. 일본의 아베 수상이 자기 딴에는 많이 연습했을 한국어로 인사를 건넸는데도 아무 대꾸도 하지 않고 한미일 정상 사이의 대화에서도 눈도 마주치지 않았다는군요.[13]

물론 극우파 아베 수상의 이때까지의 소행은 괘씸하기 짝이 없습니다. 종군위안부와 야스꾸니 신사에 관한 그의 발언과 행보는 이웃나라들을 무시하는 짓거리이지요. 그런 정치가가 나라를 지도하고 있으니 일본이 잘될 턱이 있겠습니까.

브란트 등의 독일 정치지도자들은 동독을 비롯한 동구권과의 관계를 잘 꾸려나감으로써 독일의 정치경제권을 확대 발전시켰습니다. 일본 지도자들이 그렇게 하지 못하고 있는 게 아마도 일본사회가 정체하고 있는 하나의 요인일 것입니다. 하지만 아무리 그런 아베 수상이라 할지라도 인사에 대꾸도 하지 않는 실례를 범하는 것은 일국의 지도자가 취할 행태가 아니지요. 아니, 일개 범부에게도 용납되지 않는 일입니다. 야단칠 때는 따끔하게 야단치더라도 예의는 예의대로 갖추어야지요. 이러니 일본 네티즌들로부터 박대통령에게 비난이 쏟아지는 것입니다.

몸살기가 있었기 때문이라고도 하는 모양입니다. 하지만 회담에 참석하지 못할 정도라면 모르지만, 이왕 회담에 참석한 판에 그건 변명이 안 됩니다. 한국에서 맘에 안 드는 아랫사람 대할 때 이른바 '레이저'라는 차가운 눈길을 던지거나 아예 무시하던 습성이 그대로 드러난 게 아닌가 싶습니다. 그런 자세로 앞으로 북한과는 제대로 대화할 수 있을지 의심스럽습니다. 메르켈 총리는 박대통령과 만나서 북한사람들을 이해하도록 노력할 것을 조언했습니다. 역지사지하라는 것이지요. 이런 게 결여된 '통일대박론'은 정략적인 '통일한탕주의'에 불과합니다.

박대통령은 드레스덴에서 통일에 대한 자신의 입장을 발표했습니다. '남북 주민의 인도적 문제 해결' '남북 공동번영을 위한 민생인프라 구축' '남북 주민의 동질성 회복'을 주창했습니다. 하나같이 다 좋은 이야기입니다. 김대중·노무현정부가 추구했던 노선과 별로 다르지 않습니다. 그런데 문제는 실천, 그것도 꾸준한 실천입니다. 얼마나 진정성을 갖고 지속적으로 밀고나갈 것인가 하는 것이지요.

통일대박론의 기원을 찾아서

역사를 거슬러올라가 봅시다. 박대통령의 아버지 박정희 대통령은

1972년 역사적인 '7·4남북공동성명'을 발표했습니다. 그때 사람들은 곧 통일이 오는 것처럼 들떴습니다. 그런데 결과는 어땠나요? 남한은 그걸 이용해 '10월유신'이라는 친위쿠데타를 단행하고 민주주의를 말살했습니다. 국민의 대통령 선출권을 박탈하고 영구총통제로 나아간 것이지요. 통일을 빙자해 '통일주체국민회의'를 만들어 그 허수아비 기구를 통해 대통령을 선출하는 시늉만 했습니다. 북한도 주석제를 신설해 1인독재체제를 강화했습니다.

북한은 주석제 이전에도 이미 노동당-김일성 독재체제였습니다. 따라서 7·4공동성명의 영향은 남한에 비해 그리 크지 않습니다. 반면에 10월유신은 남한에서 불완전하지만 그런대로 작동하던 민주주의를 질식시켰습니다. 7·4공동성명이 북한에서 정치체제의 양적 악화로 이어졌다면 남한에서는 질적 악화로 이어진 셈입니다. 그러므로 7·4공동성명의 악용은 박정희정부가 더 심했다고 해야 할 것입니다. 남북한 대화도 얼마 안 가 중단되고 말았습니다.

그런 징조는 사실 7·4공동성명 직후에 이미 나타났습니다. 박정희 대통령은 성명 발표 직후 직접 지시를 내려 전향하지 않고 수감되어 있던 남파간첩들에 대해 무슨 수를 써서라도 전향시키라고 했습니다. 남파간첩들 중에는 사상이 투철해서 전향하지 않은 사람들도 있었지만 북녘에 두고 온 가족들을 생각해 전향하지 않고 있던 사람들도 있었을 것입니다. 그리고 남한에 와서 무슨 공작을 벌이기도 전에 체포된 경우도 많았습니다. 일종의 미수범에 불과한데도 감옥에서 고생하고 있는 그 사람들에게 또다시 무지막지한 고문을 가해서 심지어 목숨을 잃게 만든 일도 있었습니다. 이건 법치국가에서는 있을 수 없는 끔찍한 범죄행위였습니다. 세계 어느 나라에서 이런 일이 자행되었을까요?

통일을 내걸었다면 북녘 사람들을 이해하는 마음을 가져야 할 것입니다. 그런데 그러기는커녕 북쪽을 상대해야 하므로 먼저 우리 쪽을 순수하게 만들어야 한다는 명분으로 이런 만행을 저질렀다고 합니다. 7·4공동성명의 화해정신에 따른다면 오히려 북한으로 돌려보내야 할 사람들에게 불법적으로 살인적 고문을 가했으니, 이게 도대체 말이 됩니까. 물론 그 희생자가 수백명 수천명에 달하는 것은 아니지만, 이건 박정희 대통령이 7·4공동성명에 임한 자세를 잘 보여줍니다.

쿠오바디스, 박근혜

그런 아버지의 딸인 박근혜 대통령은 어떨까요? 드레스덴 선언 내용은 김대중·노무현 노선을 따른 것이라 별로 탓할 게 없습니다. 하지만 아베와의 대화 태도를 보면 역지사지하는 자세를 전혀 보여주지 않지요. 또한 드레스덴 선언 전날의 ARD 인터뷰에서는 북한의 핵을 비판하는 데 초점을 맞춤으로써 이명박정부의 노선을 답습하고 있습니다. 도대체 갈피를 잡기 힘듭니다. '쿠오바디스, 박근혜'란 말이 문득 떠오르지요.

박정희만이 아니라 그후의 수구보수 대통령들 역시 통일 이슈를 들고 나오는 걸 좋아했습니다. 예컨대 전두환 대통령은 1981년에 북한 방문 용의를 표명했고, 1985년에 또다시 남북정상회담을 제안했습니다. 그에 따라 북쪽의 허담(許錟, 조선노동당 중앙위 비서)이 서울을 방문했고, 남쪽의 장세동(張世東, 안기부장)·박철언(朴哲彦, 안기부 특별보좌관)이 평양을 찾았습니다. 그 과정에서 전두환 대통령은 다음과 같은 친서를 전달하기까지 했습니다.

김일성 주석께서 말씀하신 내용을 경청해보니 내용 하나하나가 내 생각과 거의 동일합니다. 김주석께서 공개적으로 말씀이 계셨지만 40년 전에는 민족해방투쟁으로, 그리고 평생을 조국과 민족을 위해서 애써오신 충정이 넘치는 그런 말씀을 하셨습니다. 또 남북한 최고책임자들의 회담이 이와 같은 분위기라고 할 것 같으면 시기가 빠르면 빠를수록 좋다 하는 것도 나의 의견입니다.[14]

놀랍습니까? 명분에 집착하는 진보개혁파들과는 달리 보수수구파들은 실리를 중시하기 때문에 이런 놀라운 발언이 나오기도 하는 것이지요. 그리고 실리적으로 충분히 써먹었다 싶으면 내가 언제 그랬냐 하는 식으로 쉽게 표변합니다.

박정희·전두환·김영삼 대통령 모두 정략적인 '통일한탕주의'에 입각해 있었습니다. 그러니 조금 추진하다가 정략적 목적을 달성하거나 수틀리면 금방 폐기해버렸습니다. 박근혜 대통령은 그러지 않기를 바랍니다만, 결국에 과거 수구보수 대통령들과 별반 다르지 않을 것 같아 걱정입니다.

옛말에 며느리가 미우면 버선발 뒤꿈치도 밉다고 했습니다. 2012년 대선에서 박대통령에게 투표하지 않은 저로선 옛말의 이런 마음자세를 벗어나지 못했을 것입니다. 따라서 박대통령이 잘하는 것도 애써 폄하하고 있는지도 모릅니다. 여러분이 그걸 감안하면서 읽어주시면 좋겠습니다.

박대통령이 '통일대박론'을 내걸자 거기에 내용과 과정이 없다는 비판이 일었습니다. 그러자 이번에 내용이랍시고 김대중·노무현 노선을 일부 도입했습니다. 하지만 역시 '과정'은 빠져 있습니다. 이런 형편에서는 몇가지 북한 관련 사업을 벌일 수는 있을지 모르지만 꾸준히 추진할 것 같지가 않습니다.

북한이 합리적이고 바람직한 체제라면 남쪽 정권에 문제가 있더라도 남북한관계는 그럭저럭 발전할 수 있습니다. 그러나 북한은 그 나름의 논리를 갖추곤 있지만 시대착오적인 왕조체제입니다. 그들과 상대하려면 진정성과 참을성이 필요합니다. 지금 정부에 그런 게 있을까요?

19세기 말 독일의 보수파 지도자 비스마르크는 오늘날 독일의 토대가 되는 사회보장제도를 창설했습니다. 미국의 보수파 대통령 닉슨은 이른바 '핑퐁외교'를 통해 중국과의 관계를 극적으로 개선했습니다. 보수파가 진보적·화해적 정책을 취한 유명한 역사 사례들이지요. 마찬가지로 박대통령이 북한과의 관계개선을 적극적으로 추진하는 걸 상상해볼 수 있습니다. 그 경우에는 '퍼주기'라는 식의 반발도 훨씬 적을 것입니다. 그러면 모두에게 좋은 일입니다. 진보파가 의제를 빼앗겼다고 한탄할 필요가 없습니다. 일부 진보정치세력의 설 자리가 좁아지더라도 남북한 7,500만 인민의 삶이 나아지면 더 좋은 일이지요.

하지만 그럴 가능성은 희박해 보입니다. 진정성이 없어 보이니까요. 선거 때 써먹은 경제민주화·복지 공약도 당선되고 얼마 안 되어 내던져버렸습니다. 기초단체 정당공천 공약 폐지 같은 건 이에 비하면 사실 아무것도 아니지요.

진정성이 없으면 제대로 된 비전이 있을 리 없고, 그 정책을 일관되게 밀고나갈 수 없습니다. 북한과의 대화, 협력이 자기 뜻대로 되지 않으면 언제라도 내던질 것입니다. 벌써 그렇게 일이 어긋날 징조가 보이고 있습니다. 북한이 박대통령의 독일 발언을 '아낙네' 어쩌고 하면서 원색적으로 비난하는 걸 보십시오. 이건 남북한 사이의 대화 채널이 요즘 제대로 작동하지 않고 있다는 증거입니다. 북한에서 이산가족 상봉에 동의해주었는데, 그뒤에 뭔가가 꼬이고 있는 것 같습니다. 이리되면 이명박정부 때처럼 '북한정권 붕괴'만을 기다리면서 세월을 낭비할 가능성이 커지지요. 혹시 정치적 효과를 노리고 앞으로 몇가지 사업을 벌인다 하더라도 남북의 협력기조가 오래 지속되기는 힘들 것입니다.

통일대박론은 통일에 대한 관심을 불러일으키는 긍정적 기능을 수행하기는 했습니다. 하지만 박정희 대통령의 7·4공동성명이 일단 그와 비슷한 긍정적 기능을 수행한 이후에 유신으로 이어지고 남북한관계가 중단된 역사를 간과해서는 안 되겠지요. 지금 박대통령은 그런 아버지의 후광으로 대통령이 되지 않았습니까.

물론 박대통령은 아버지와 달리 유신체제 같은 쿠데타를 일으킬 수는 없을 것입니다. 1987년 민주화를 겪은 국민의 민도가 이미 박정희 시대의 부활을 꿈꿀 수 없게 만들었기 때문입니다. 다만 통일 이슈를 적당히 정략적으로 이용하고서 내팽개칠 위험성은 존재합니다. 그걸 제가 "유신시대 흉내내기"라고 표현한 바 있습니다.

만약에 박대통령이 아버지의 부정적 유산을 극복하고 진정으로 남북한 인민의 삶을 개선하는 방향으로 나아간다면 어찌 될까요? 대통령의 당면한 정치적 입지가 좋아지는 것은 물론이고 한반도 역사에 길이 남을 지도자가 될 것입니다.

그러나 취임 이후 국정원 불법 선거개입, 간첩조작 사건 등에 대해 나 몰라라 하고, 또 한편으로 자신의 중요한 선거공약들을 깔아뭉개는 반민주적 정치행태를 보십시오. 이런 정부에서 통일대박론이나 드레스덴 선언이 통일한탕주의를 벗어날 수 있을까요? 사실 '대박'이라는 표현 자체가 '한탕' 해먹고 튀는 도박의 느낌을 주는 단어지요. 쿠오바디스!

[베를린통신 25·2014.03.31.]

사람을 사랑한 경제학자 김기원

김기원 교수는 엄정한 경제학자이자 실천적 지식인으로서 한국경제의 과거로부터 현재를 거쳐 미래로 이어지는 업적을 남겼다. 먼저, 그의 서울대 박사학위 논문인 「미군정기 귀속재산에 관한 연구」는 그 자체로 한국 자본주의의 '원시적 축적'에 관한 기념비적 성과로 평가받는다. 나아가 귀속재산의 불하를 통해 태동한 천민자본으로서의 재벌과 열악한 조건에서도 건강함을 잃지 않는 노동운동이라는 두가지 열쇳말은 그의 평생에 걸친 연구와 실천의 토대가 되었다.

그렇지만 그는 과거의 굴레에 얽매이지 않았다. 천민자본으로 출발한 재벌이 근대적 독점자본으로 성장하는 과정을 시차 없이 추적하면서 실증분석했고, 그 특수성과 보편성이 분출하는 현실의 모순을 해결하기 위한 합리적 대안을 제시하는 데 주력했다. 그랬기에 가장 신랄한 재벌개혁 주창자였지만 재벌을 타도하기 위해서가 아니라 재벌의 거듭남을 위해서 목소리를 높일 수 있었다. 또한 노동자 전체의 대표로 출발한 노동조합이 조합원만의 대표로 퇴화하는 과정을 그 누구보다도 안타까워하면서, 개별 기업과 국민경제에 대한 엄밀한 분석 속에서 노동운동의 현실적 대안을 모색했다. 그랬기에 가장 열렬한 노동조합 지지자였지만 화석화된 노동조합의 슬로건에 대해서는 쓴소리를 아끼지 않았다. 요컨대 김교수는 '보수 대 진보의 축'에 '수구 대 개혁의 축'을 더한 입체적 분석틀을 제시했고, 그것을 적극 실천했다.

한편, 김기원 교수는 한국경제를 분석할 때 '체제적 요인'(신자유주의 또는 시장만능주의, G2체제 등)과 '동아시아적 요인'(일본·중국·아세안과의 분업구조 변화)과 '국내적 요인'(재벌 중심의 낙수효과 모델)을 구분하고 종합하는 일의 중요성을 끊임없이 강조했다. 각각의 요인이 초래하는 효과를 구분하지 못하거나 또는 그 상호작용을 종합적으로 고찰하지 못할 때, 보수와 진보 모두가 같은 한국말을 쓰더라도 의사소통 자체가 불가능해지고 결국은 개혁이 아닌 수구의 길로 빠지게 된다는 것이다. 보수진영이 이미 낡아버린 재벌 중심의 낙수효과 모델에 집착하는 것이나, 진보진영이 모든 문제를 신자유주의 탓으로 돌리는 경직된 모습을 보이는 것도 그 때문이다. 우리 모두가 배워야 할 김교수의 탁월한 한국경제 분석 방법론이다.

김기원 교수가 인생의 마지막 순간에 통일 연구에 매진했던 것도 여기에서 연유한다. 과거 한국경제의 고도성장을 이끌었던 낙수효과 모델이 이미 수명을 다한 반면 이를 대체할 새로운 경제질서는 여전히 오리무중인 현상황에서, 체제적 요인과 동아시적 요인과 국내적 요인이 야기하는 모순들이 총집결하는 지점이자 그 돌파구가 될 지점이 바로 남북한 분단체제의 극복이라고 보았기 때문이다. 그는 지금이 통일문제를 정치·외교·안보의 관점에서만이 아니라 경제적 관점에서 접근해야 할 시점이며, 이를 방기하는 것은 경제학자의 역사적 직무유기라고 판단했다. 그리고 독일 체류 1년이 지난 시점에 이제 통일 연구의 틀을

360

잡았다며 기뻐했다는 소식을 들었는데, 그 성과를 우리 사회의 공공재로 만들 시간을 갖지 못하고 저토록 급하게 떠나다니, 너무나 한스러울 뿐이다. 누구보다 김교수 자신이 가장 안타까워했을 것이다.

그럼에도 김기원 교수를 아는 모든 사람의 기억 속에 가장 또렷이 남아 있는 것은 그의 맑고 따뜻한 영혼이다. 병약하다 할 수밖에 없는 당신의 육신을 간신히 곧추세우면서 천진한 미소로 사람들을 위로했다. 당신의 육신을 무너뜨릴 만큼 자신에게는 엄격했으나 선량한 눈빛으로 사람들에게 용기를 주었다. 엄정한 경제학자이기 이전에, 행동하는 지식인이기 이전에, 그는 진실로 사람을 사랑하는 사람이었다.

1980년대 말 사회구성체 논쟁으로 뜨겁게 달아올랐던 한국의 진보학계 전체가 베를린장벽의 붕괴와 함께 미망을 헤매고 있을 때였다. 당시 정치경제학을 공부하던 내 또래의 대학원생 모두는 극도의 좌절감을 느끼지 않을 수 없었다. 그때 후배들을 다독이면서 세미나를 함께 하고, 정치경제학 연구의 핵심이 실사구시임을 몸소 일깨워주던 분이 김기원 교수다. 한번은 김교수의 연구실에서 세미나를 갖게 되었는데, 책상 위에 여기저기 밑줄이 쳐진 아리스토텔레스의 철학 원전과 함께 깨알 같은 글씨로 정리된 현대그룹 노사관계 인터뷰 자료가 놓여 있는 것을 보고 큰 깨우침을 얻었던 기억이 아직도 생생하다. 그는 후배들의 벗이자 정신적 지주였다. 김기원 교수는 그런 분이다.

2000년 초쯤이었을 거다. 장하성 교수, 곽노현 교수, 김기원 교수 등 1953년생 동년의 기라성 같은 세분이 함께 모인 자리가 있었다. 당시 장하성 교수가 주도하던 '소액주주운동'과 곽노현 교수가 준비 중이던 '스톱삼성(Stop-Samsung)운동'의 연대방안을 모색하기 위한 모임이었는데, 두분의 재벌개혁 방법론에 일정한 차이가 있어 쉽게 결론을 내리지 못했었다. 그럼에도 김기원 교수는 두 운동의 긍정적 의미를 모두 인정하면서 절충점을 찾기 위해 끝까지 노력했다. 결국 두 운동은 한데 모아지지 않았지만, 김교수는 두 운동 모두에 그 누구보다도 열성적으로 참여했다. 그는 사회운동의 시작이 사람이며 그 끝도 사람임을 몸소 보여주었다. 김기원 교수는 그런 분이다.

근래에 이르러 김기원 교수는 통일 연구에 자신의 모든 것을 쏟아부었다. 문헌 연구와 국내 인터뷰에 기울인 철저함이야 두말할 필요도 없고, 심지어 사비를 들여 수차례 북한 '관광'을 다녀오면서 개성공단과 금강산, 묘향산 '안내원들'의 일상생활을 조각조각 인터뷰한 내용을 들려주며 환한 웃음을 지을 때는 경외의 마음을 갖지 않을 수 없었다. 그에겐 통일 연구도 사람의 문제였다. 김기원 교수는 그런 분이다.

김기원 교수의 성과와 인품을 한권의 책에 담는 것은 애초에 불가능한 일이다. 더구나 당신 스스로가 출판을 원치 않던 글들을 세상에 내놓는 것은 죄를 짓는 일이다. 그럼에도 김교수가 너무나 사랑했고 김교수를 너무나 그리워하는 남겨진 사람들은 그를 그냥 그렇게 보낼 수 없었다. 그래서 용기를 내어 죄책감을 떨치고 이 유고집을 준비했다. 이 책이 김기원 교수의 모든 것을 보여줄 수는 없겠지만, 그가 이루고자 했던 진보의 세상을 조금이나마 앞당기기를 소망하는 마음으로 이 책을 세상 사람과 김기원 교수 영전에 바친다.

2015년 11월

김상조

하늘에서도 아내를 걱정하고 있을 당신에게

아내가 없는 그곳에서 어떻게 보내고 있나요, 당신?
당신이 없으면 한발짝도 혼자 못 다니고,
집에서도 갑자기 당신이 보이지 않으면 아무 일도 못하던
당신의 아내입니다.
그래서 출장도 늘 데리고 다니던 당신이,
이렇게 긴 여행은 왜 혼자 떠나셨나요?

사돈 결혼식에서 처음 당신을 소개받던 날
유난히도 수줍어하던 당신을 지금도 기억합니다.
그래서 당신을 좋아했는지 모릅니다.
늘 순수했던 당신은
언제나 날 부끄럽게 했습니다.
다른 사람들에게는 너그럽고
자신에게는 늘 엄격하던 당신
부부는 일심동체라서 아내＝자신이라면서

당신의 아내에게도 엄격하던 당신

그래서 많이 힘들었던 당신의 아내도

어느덧 그 생활이 당연하게 여겨지게 되었습니다.

이제야 겨우 당신과 일심동체로 느끼게 되었는데

당신은 제 곁을 떠나 벌써 수개월이 흘렀습니다.

공부하는 것을 너무도 좋아한 당신

공부하는 시간을 아끼기 위해

밥 먹는 시간과 산책하는 시간만 대화를 나누자던 당신

잘 때도 머리를 비우지 못하던 당신

자다가도 아이디어가 떠오르면 메모를 해두고 자던 당신

여행도 쉬러 가질 못하고

늘 사회를 공부할 수 있는 나라들만 선택하던 당신이었습니다.

그럴 때도 언제나 당신은 가이드 옆에 바짝 붙어앉아

틈나는 대로 질문을 했습니다.

당신 덕분에 당신의 아내도 공부 많이 했습니다.

독일에 가서도 20대 입시생처럼 공부했던 당신,

그래서 당신이 떠난 직후에 그렇게 자주

당신 아내의 꿈에 찾아왔었나요?

병이 다 낫게 되면 공부할 거라고

많은 자료를 저에게 주면서 책상에 갖다놓으라고 했답니다.

그런 꿈을 꾸고 나면

전 언제나 당신을 지켜주지 못한 죄책감에

많이 울었습니다.

364

당신은 정말 따뜻한 사람이었습니다.

재벌과 싸웠고, 진보와 싸웠던 당신

그러나 당신은

재벌의 거듭남을 바랐고

진보가 더 진보다워져 세상이 따뜻해지기를 바랐습니다.

TV 드라마에서조차 싸우는 장면을 싫어한 당신,

슬픈 영화를 보면서 자주 울던 당신,

따뜻한 음악을 CD에 담아 나눠주던 당신,

그 음악이 너무 따뜻해 지금도 들으면 눈물이 나옵니다.

인간적인 세상을 만들려고

부단히 애쓴 당신,

그래서 당신의 아내는 당신을 사랑했고

당신을 존경했습니다.

당신은 늘 비판에 앞서 합리적 대안을 찾으려고 고민했습니다.

무모한 투쟁과 대안 없는 비판은 무의미하다며

우리 사회의 합리적인 대안을 찾는 것이 우리 지식인의 임무라고 했습니다.

그런데, 대안이 필요한 일들이 아직 이렇게 산적해 있는데,

왜 그렇게도 빨리 우리들 곁을 떠나가셨나요?

너무나 소시민으로 살고 싶어 한 당신,

신림동 산자락에서 살고 싶어 했고

동대문시장에서 산 만원짜리 티셔츠를 좋아했습니다.
그런 당신이 아내를 위해
지금의 집에서 살아주었고,
백화점 아울렛에서 산 옷을 입어주었지요.

아내와 한 약속을 그렇게도 잘 지키던 당신
석달에 한번은 무슨 일이 있어도
함께 예배에 참여했고,
주 세번 아내와의 저녁약속도
꼭 지키던 당신이었습니다.
그런데
이제까지 산 만큼
암과 함께 살자고 약속했던 당신이,
왜 그 약속은 지키지 않고
내 손을 놓아버렸나요?
지킬 수 없는 약속은 절대 하지 않던 당신이…
이 현실이 믿어지지 않는 당신의 아내는
당신이 퇴근해 올 시간이 되면
아직도 넋 나간 사람처럼
문을 바라보며 눈물을 흘립니다.

아직도 독일에서 돌아오면서 말하던
당신의 목소리가 들려옵니다.
"이제 겨우 내가 바라는 통일경제 연구의 방향이 잡혀가는데…"

지금도 그 목소리가 들릴 때면

지켜주지 못해서

미안해서

자주 눈물을 흘립니다.

당신,

앞으로 살아나가는 동안

비록 학문적 과제는 이어받을 수 없지만,

인간적인 사회를 만들기 위한 당신의 뜻은

조금이라도 이어받으려 노력하겠습니다.

2015년 11월

당신과 만날 날을 손꼽아 기다리는

아내

제1부 경제민주화란 무엇인가

제1장 경제민주화의 과제들

1) 원제는 '동독의 사랑은 다른가?'(Liebte der Osten anders?)로 안드레 마이어(André Meier) 감독의 2006년 다큐멘터리다(https://www.youtube.com/watch?v=Fl_r7rIcds8).

2) 김기원 교수의 페이스북 2013년 5월 10일자 포스팅(http://on.fb.me/1Jkb1Ai).

3) 「현대차 사무직 170여명 생산직 전환신청」, 『중앙일보』 2012.11.28.

4) 현행 근로기준법상 사용자는 근로자를 해고하고자 할 때 적어도 해고일로부터 30일 전에는 해고하겠다고 예고해야 한다. 또한 관련 판례는 해고의 정당성에 대해 "해고처분은 사회통념상 고용관계를 계속할 수 없을 정도로 근로자에게 책임 있는 사유가 있는 경우에 행해져야 그 정당성이 인정"된다고 명시하는 등 전반적인 해고의 경위와 제반 사정 등을 종합적으로 살필 것을 밝혀놓았다. 이를 '해고예고'라고 하는데, 만일 사용자가 30일 전에 해고예고를 하지 않을 시에는 30일분 이상의 통상임금을 지급해야 한다.

5) 「남양유업 강매 횡포… 대리점은 봉?」, 〈연합뉴스〉 2013.01.13.

6) 「김용철 "삼성, 참여정부 장관인사까지 논의"」, 『조선일보』 2007.11.14.

7) 노무현은 2005년 5월 16일 청와대에서 주재한 '대·중소기업 상생협력 대책회의'에서 이건희 회장을 비롯한 대기업 총수들과 국무총리를 비롯한 정부의 정책간부들 앞에서 다음과 같이 말했다. "우리 사회를 움직이는 힘의 원천이 시장에서 비롯되고 있다. 이미 권력은 시장으로 넘어간 것 같다. 정부가 시장을 공정하게 잘 관리하느냐가 중요하다." 유시민 『국가란 무엇인가』, 돌베개 2011, 277면.

8) 「獨 '독특한 분권구조+국제화' 기업활동 밑거름으로」, 『매일경제』 2013.07.20.

9) 파흐호흐슐레는 한국의 전문대학과 유사한 독일의 고등교육기관이다. 더 자세한 설명은 다음의 링크를 참조. http://bit.ly/1Ii6b4Z

10) 「30代(78%)·野성향(67%)·화이트칼라층(68%), 세제개편안·증세에 가장 큰 불

만」, 『조선일보』 2013.08.17.

11) 「부자감세 철회로 복지재원 마련? 어처구니없다」, 〈오마이뉴스〉 2013.10.07.

12) 「진보개혁진영, '세금의 정치학' 논쟁 불붙었다」, 『경향신문』 2013.08.19.

13) 「산별노조 강화·비례대표 확대로 제도개혁 먼저」, 『한겨레』 2013.08.19.

14) 1970년 12월 15일 제주에서 부산으로 향하던 남영호(南榮號)가 거문도 동쪽 해상에서 침몰한 사고. 326명의 인명 피해와 1억 700만원 가량의 재산 피해를 냈다. 상습적인 화물 과적, 항해 부주의, 사고 후 대처 부실, 선장 미승선 등 관리 소홀로 인한 전형적인 인재로 평가된다.

15) 「김명수 교육부 장관 후보자도 제자논문 표절 의혹」, 〈연합뉴스〉 2014.06.17.

16) 2013년 프랑스 국영방송 아르떼(Arte)의 TV 다큐멘터리로 원제는 '코리아, 불가능한 재통합?'(Corée, l'impossible réunification?), 삐에르 올리비에 프랑수아(Pierre Olivier François) 감독 작이다. 두 편으로 구성되어 있으며 유튜브(https://www.youtube.com/)에서 검색해 볼 수 있다.

제2장 재벌개혁은 재벌 거듭나기

1) 「이재용 부회장 아들 영훈국제중학교 자퇴」, 『조선일보』 2013.05.29.

2) 「하도급법상 징벌적 손해 배상 제도 확대 시행」, 공정거래위원회 홈페이지(www.ftc.go.kr) 2013.05.08.

3) 「검찰, 이재현 CJ 회장 '횡령·배임' 조사」, 『경향신문』 2013.06.25.

4) 「환상의 나라서 벌어질 환상적 승계 시나리오」, 『한겨레21』 제1015호, 2014.06.09.

5) 지난 2012년 대선 당시 '경제민주화' 공약이 공론화되면서 대기업 총수 등의 횡령·배임과 관련한 재판에서 '징역 3년 집행유예 5년' 판결이 공식처럼 되어 있는 기존 관행을 근절해야 한다는 목소리가 컸다. 이에 재산 이득액이 300억원을 넘는 경우 최소형량을 7년 이상으로 함으로써 집행유예 선고가 불가능하도록 하는 '특정경제범죄 가중처벌 등에 관한 법률' 개정안(일명 '집행유예방지법')이 국회에서 계류 중이다. 「'경제민주화'와 동반실종 '집행유예방지법'… 부활할까?」, 〈입법국정전문지 더리더〉 2014.04.15.

6) 대표적으로 「'이중 독재체제' 삼성, 술 취하지 않도록 하고 나쁜 마음 먹지 않게 해야」, 새언론포럼 주최 토론회 '삼성 그리고 대한민국 사회와 언론' 발제문(2005.06.

28.) 등이 있다.

7) 김기원 「나훈아를 본받자」, 『한겨레』 2009.01.28.

8) 이 문장에 이어서 김기원은 다음과 같이 적었다. 해당 내용이 추측성이므로 여기에 그 내용을 옮기고 독자들의 판단에 맡기고자 한다. "이것도 어이없는 일이지만 그래도 2시간씩이나 차가 꼼짝 못했던 건 좀 이상합니다. 아무리 삼성 VIP가 많더라도 그들이 다들 곧바로 빠져나왔으면 그렇게 시간이 많이 걸릴 리 없습니다. 공연장을 찾았던 지인의 판단으로는, 삼성 VIP들이 공연이 끝난 후 자기들끼리 또는 지휘자 등 연주자들과 함께 특별 다과회(와인 파티) 같은 걸 하지 않았나 합니다. 저는 이런 데 문외한이지만 공연장 옆에는 그런 특별 장소가 있다고 하네요. 결국 삼성 VIP들이 파티를 끝낼 때까지 다른 관람객들은 차를 빼지 못한 게 아닌가 싶습니다. 적어도 파티를 할 때는 차를 뺄 수 있게 하면 될 텐데, 파티 후에 곧바로 자기들 차를 뺄 수 있게 하려는 극도의 배려(?) 때문에 다른 관람객들은 2시간 가까이를 바보처럼 기다릴 수밖에 없었던 셈입니다."

9) 「이건희 삼성 회장 스키장 전세 '국제 망신' 비화」, 〈오마이뉴스〉 2005.03.22.

10) 언론에서 다루진 않았지만 해당일에 올라온 여러 건의 트윗으로 이 사실을 확인할 수 있다. 평론가 진중권의 트윗(https://twitter.com/rockcjw/status/137009345778 036736) 등 참조.

11) 본서 1부 2장의 「이재용 씨 아들과 경제민주화」와 2장 주 5)를 참고할 것.

12) 김기원은 한국의 재벌과 일본의 기업집단을 구분한다. 일본의 기업집단은 한국의 재벌과 다음과 같은 차이가 있다. 첫째, 일본의 기업집단은 특정 가문에 의해 지배되지 않는다. 즉 총수 일가가 존재하지 않는다. 따라서 일감 몰아주기나 부당 내부거래 등과 같은 총수 일가의 사익 추구행위가 발생할 여지가 없다. 둘째, '사장회'나 계열은행 등을 통해 각 계열사들이 느슨하게 연결되어 있을 뿐이다. 즉 총수나 그 관련 조직에 의해 획일적인 경영이 이루어지는 우리나라 재벌과는 달리, 일본 기업집단의 계열사들은 경영의 자율성이 상당 정도 보장된다.

13) 김기원이 언급한 "금융업과 산업자본의 분리라든가 골목상권 침해 방지는 다른 방식으로도 이뤄질 수 있"다는 것은 다음의 조치를 가리킨다. 우선, 금산분리를 위해서는 금융회사 대주주의 적격성을 주기적으로 심사하여 부적격 대주주의 의결권을 일정기간 제한하거나 아예 주식을 매각하게 명령할 수 있고, 대주주에 대한

대출 등을 엄격하게 제한하여 사(私)금고화의 폐해를 막고, 중간금융지주회사 설치를 의무화하여 같은 그룹 내에서도 금융 부문과 산업 부문 간의 연결고리를 최대한 약화시키는 등의 조치를 취할 수 있다. 또한 골목상권 침해 방지를 위해서는, 중소기업 적합업종제도를 강화하여 대기업의 진입을 일정기간 제한하거나, 대기업의 횡포로 피해가 발생한 경우 징벌적 손해배상제도(손해액의 3배를 배상)를 통해 책임을 엄격하게 묻고, 보다 근본적으로는 협동조합과 클러스터 활성화를 통해 중소기업·소상공인의 경쟁력을 키우는 방법 등이 있다. 결론적으로, 강력하고 선명한 정책수단을 도입하는 것만이 능사는 아니다. 다양한 정책수단들의 상호보완성을 높이는 것이 필요하다.

제2부 노동, 그 진실을 찾아서

제1장 '노동귀족' 문제의 해결을 위하여

1) 임금격차의 해법에 관해서는 본서 2부 1장의 「철도 민영화 및 노동귀족 논란을 보면서·하」에서 좀더 구체적으로 다룬다.

2) 「현대차노조, 정규직 자녀 '채용 특혜' 요구」, 『한겨레』 2011.04.18.

3) 「금속연맹, 현대중공업 노조 제명」, 『한겨레』 2004.09.15.

4) 엥겔스의 '노동귀족' 관련 언급에 대해서는 노동자 전자도서관 〈노동자의 책〉 싸이트(www.laborsbook.org)를 참조.

5) 「'신의 직장' 현대차 생산직 연봉 1억 넘는 이유」, 『서울신문』 2012.12.10.

6) 진보-보수, 개혁-수구의 구분에 대해서는 김기원 『한국의 진보를 비판한다』, 창비 2012의 제11장을 참조.

7) 내시균형(Nash Equilibrium)은 1950년 수학자 존 내시(John Nash)가 고안한 게임의 균형 개념으로, 각 플레이어가 자신의 이득을 최대화하기 위해 합리적 선택을 한 경우에 생기는 결과를 말한다. 내시균형으로 보면 각자가 최적의 합리적 선택을 한다 해도 그것이 각각의 플레이어에게 최적의 귀결을 의미하지는 않는다.

8) 「휴일근무 줄면 현대·기아차 채용 5000명 늘지만…」, 『중앙일보』 2012.01.26.

9) 「현대車 사내하청 근로자 평균연봉 5400만원」, 『문화일보』 2013.07.23.

10) 「한진중공업 사태의 올바른 해법은」, 〈창비주간논평〉 2011.08.04.

11) 구체적으로 어떻게 그 격차를 해소하는가에 대해선 본서 2부 1장의 「박노자 교수에 대한 아쉬움과 노동귀족 문제의 해법」을 참조.

12) 「'자회사 설립은 결국 철도민영화' 코레일 내부문서 입수」, 『한겨레』 2014.06.20.

13) 김균 「민영화 아니다? 그렇다면 수서발 KTX 정체는?」, 〈프레시안〉 2014.01.09; 오건호 「수서발 KTX주식회사의 문제점과 한국철도」, 철도 민영화 방지 해법 마련 토론회, 2013.12.26.

제2장 살맛 나는 노동을 그리며

1) 김낙년의 논문은 다음을 참조. 김낙년 「한국의 소득불평등, 1963-2010: 근로소득을 중심으로」, 『경제발전연구』 제18권 No. 2, 한국경제발전학회 2012; 김낙년·김종일 「한국 소득분배 지표의 재검토」, 『한국경제의 분석』 제19권 No. 2, 한국금융연구원 2013.

2) 「행정자료를 활용한 '2011년 임금근로일자리 행정통계'」, 통계청 2012.12.28 참조.

3) 이와 관련해서는 다음의 기사를 참조. 「26년 2개월 근무한 공무원은 월 220만원, 국민연금 가입자는 월 84만원」, 『경향신문』 2014.08.30.

4) 이것은 통상적인 사업장 근로자의 경우이고, 10인 미만의 소규모 사업장 저임금 근로자의 경우에는 일정 부분을 국가가 지원한다. 지역가입자 국민연금은 소득의 9% 전액을 본인이 부담하며, 그중 농·어업인은 일정 부분을 국가가 보조한다.

5) 유연안정성에 관해서는 덴마크의 사례를 다룬 다음의 기사를 참고할 것. 「덴마크선 유연성·안정성 결합 '해고 안심사회'로」, 『한겨레』 2009.08.27.

6) 칼 마르크스 『독일 이데올로기 I』, 박재희 옮김, 청년사 2002, 64면. 미래 공산주의 사회를 묘사하는 구절로 자주 인용되는 해당 내용의 정확한 문장은 다음과 같다. "각 개인은 자신이 하고 싶은 대로 오늘은 이 일을, 내일은 저 일을, 즉 아침에는 사냥하고, 오후에는 낚시하고, 저녁 때는 소를 몰며, 저녁 식사 후에는 비평을 하면서, 그러면서도 사냥꾼으로도, 어부로도, 목동으로도, 비평가로도 되지 않는 일이 가능하게 된다."

7) "최근에 시작된 평생판사제"라는 본문 내용은 김기원이 2011년 9월 취임한 양승태(梁承泰) 대법원장의 '평생법관제' 발언을 오해한 데서 비롯된 것으로 보인다. 한국

판사의 정년은 65세로 보장되어 있는데, 과거에는 후배 법조인이 고등법원 부장판사(차관급)로 승진하면 선배가 판사직을 그만두는 관례가 있었다. 그런데 10여년 전부터는 이 관행이 없어지면서 후배가 먼저 승진하더라도 선배 법조인이 판사직을 유지하는 경우가 점점 많아졌다. 양대법원장이 이와 같은 상황에 대해 '평생법관제'라고 표현하긴 했지만, 그것이 어떤 새로운 제도를 도입했다는 의미는 아니다.

8) 이 글이 쓰인 2013년 12월 당시 영화 스태프 임금에 관해서는 「2012 영화 스태프 근로환경 실태조사」, 영화산업협력위원회 2012를 참고할 수 있다. 이 조사자료는 총 598명의 영화인을 대상으로 했고, 그들의 평균소득은 1,107만원으로 2012년 기준 2인 가구 최저생계비(1,131만원)에 비해 낮고 조사대상 중 팀장급 정도만 평균소득을 상회하는 것으로 나타났다.

9) 일례로 1974년 7월 11일자 『LA타임스』는 당시 쌘프란시스코와 뉴욕의 청소부 연봉이 각각 17,059달러, 12,886달러로 경찰(15,000달러), 도서관 사서(12,500달러) 등에 비해 오히려 상회한다고 적었다. 참고로 2015년 8월 27일 현재 뉴욕의 청소차 운전사의 연봉은 45,000달러이다.

10) 김기원이 인용한 강령의 실제 문구는 "일하는 사람이 주인이 되는 세상"이다. 2013년 11월 당시 박근혜정부가 문제시한 통합진보당의 강령 전문은 「정부가 문제삼은 통합진보당 강령 전문」, 『한겨레』 2013.11.06에서 확인할 수 있다.

11) 박창기 『혁신하라 한국경제: 이권공화국 대한민국의 경제개혁 플랜』, 창비 2012, 13~30면 참조. 박창기는 자신이 10년 넘게 몸담은 설탕업계의 현황을 통해 이권경제가 어떻게 굴러가는지를 보여준다. 그에 따르면 "CJ제일제당, 삼양사, 대한제당 등 제당 3사는 원료인 원당을 3%의 관세로 수입하고 완제품은 35%의 관세로 막아놓은 후, 국내에서 국제가격보다 30% 정도 비싸게 팔아서 폭리를 취해왔다. 또한 시장점유율을 담합하고 관세율을 높게 유지하며 법망을 피하기 위해 정관계 인사들을 로비 대상으로 삼은 결과, 소수의 집단이 부당한 이익을 취하고 나머지 대다수 국민들은 피해를 입게 되었다".

12) 키코(KIKO, Knock-In, Knock-Out)란 일종의 파생금융상품으로 환율변동으로 인해 발생할 수 있는 환율 리스크를 줄이기 위해 주로 수출기업들이 가입한다. 2008년 키코사태에 대해서는 「마침내 드러난 '키코'의 진실」, 『시사IN』 제236호, 2012.03.28. 참조.

13) 2011년 당시 저축은행 부실 관리 등을 계기로 금융감독원의 소비자보호 기능에 대한 의문이 제기되었고, 이를 보완하기 위한 금융소비자보호원 설치 관련법이 2012년 다수 제출되었다. 이는 당시 박근혜 대선후보의 공약이기도 했다. 그러나 부여 권한과 조직형태에 대한 논란 속에서 2015년 현재도 관련 법안은 표류 중이다.

14) 「"삼성전자가 동네 단란주점도 아니고… 고객들은 우리가 삼성 직원인 줄 압니다"」, 〈오마이뉴스〉 2013.06.18.

15) 하르츠(Hartz) 개혁은 2002년 독일 슈뢰더정부가 고용노동청의 고용알선비리를 계기로 노동시장을 재편하고자 내놓은 정책이자 법안이다. 2008년 전후 세계금융위기에서 독일이 안정적인 고용시장을 유지하는 토대가 됐다는 것이 중평이다. '하르츠'라는 말은 폴크스바겐 노동이사 출신으로 위원장을 맡았던 페터 하르츠의 이름에서 따왔다. 관련해서는 「獨 노동시장 기적을 이끈 '하르츠 개혁'」, 『머니투데이』 2012.02.02.을 참조.

16) 독일 대학들은 몇몇 주에 한해 2006년부터 등록금 제도를 도입했다가 각계의 반발에 따라 2013년 말 다시 전면적으로 등록금 폐지를 결정했다. 「독일 대학 등록금 '0원'… 배경은?」, YTN 2014.02.01.

제3부 한국 정치와 사회의 새로운 프레임을 찾아서

제1장 한국 정치개혁의 과제와 전망

1) 「사설표절 한겨레 논설위원 의원면직」, 〈한국기자협회보〉 2001.04.14.

2) 2012년 2월 중국의 대표적 정치계파의 유력자이던 보 시라이(薄熙來) 충칭시 당서기의 심복 왕리쥔(王立軍)이 미국 총영사관에 망명을 시도하면서 보 시라이의 비리들이 드러난 사건. 이로써 보 시라이는 당서기에서 해임되었으나 이후 그의 직권남용과 뇌물 수수, 여성편력 등이 드러나면서 파문이 확산되었다. 이 사건은 단순한 정치인 일가의 부패 사건이 아니고 정치계파 간 권력투쟁의 산물이라는 시각이 지배적이다.

3) 「직격 인터뷰: 송호근 묻고 백낙청 답하다」, 『중앙일보』 2014.04.09.

4) 김기원 『한국의 진보를 비판한다』, 창비 2012, 23면.

제2장 따뜻한 사회를 향하여

1) 서울대 음대에 재직 중이던 김인혜 전 교수가 2010년 12월 제자들을 상대로 상습적인 폭행·폭언을 일삼고 직무 태만, 금품 수수 및 티켓을 강매한 사실이 드러났다. 2011년 서울대 징계위원회는 김 전 교수를 파면하고 징계부과금 1,200만원을 처분했다.

2) 「성매매척결 앞장섰던 김강자 前서장, 제한적 공창제 도입주장」, 『중앙일보』 2012. 09.13.

3) 『한겨레』 칼럼들은 다음의 기사들을 참고. 「성매매처벌법의 허와 실」, 『한겨레』 2006.07.27.; 「성매매 여성의 인권」, 『한겨레』 2006.08.17.

4) 더 상세한 내용은 김기원 『한국의 진보를 비판한다』 제11장을 참고.

제4부 통일을 지향하며

제1장 독일 통일과 한반도

1) 북한 경제개혁에 친화적인 인물로 평가받는 박봉주는 2003년부터 2007년까지 북한의 내각총리를 지냈고 이후 당 경공업부장을 역임했다. 2013년 4월 1일 다시 내각총리로 임명되면서 2015년 11월 현재까지 직책을 수행하고 있다. 「북한 김영남 최고인민회의 상임위원장, 박봉주 내각총리 유임돼」, 『조선일보』 2014.4.9.

제2장 북한사회의 변화와 대북정책

1) 「검찰, '농협 전산망 마비' 북한 소행 가능성 수사」, 〈오마이뉴스〉 2011.04.26.

2) 「[韓·美 핵심기관 사이버 테러] AP·폭스뉴스 "美 독립기념일(7월 4일) 맞춰 공격… 북한이 배후 조종"」, 『조선일보』 2009.07.10.

3) 1964년 8월 4일 미국의 존슨 대통령이 미국 구축함 매독스 호가 북베트남 어뢰정의 공격을 받았다고 발표함으로써 미국이 북베트남에 대대적인 폭격을 개시, 베트남전 참전의 계기가 된 사건. 그러나 72년에 미국 언론은 통킹만 사건이 미군이 북베트남 영토를 먼저 공격해서 벌어진 일임을 폭로했다.

4) 「["농협 해킹은 北소행] 전문가들이 보는 검찰 발표 의문점」, 『동아일보』 2011.05.04.

이 기사 외에도 의문을 제기한 기사들이 있다. 「농협 전산망 마비 사태 '북한 소행' 결론, 그래도 남는 의문점들…」, 〈CBS 노컷뉴스〉 2011.05.04.

5) 이와 관련해서는 김기원 『한국의 진보를 비판한다』 제9장 '진보파의 족보를 더듬으며'를 참고.

6) 「"박정희 대통령은 반신반인" 구미시장의 신격화 찬양」, 『한겨레』 2013.11.14.

7) 장성택 숙청의 원인에 대한 안드레이 란꼬프의 관련 글 중 다음의 기고문을 참고할 것. 「김정은, 장성택 처형 이유는?」, 〈자유아시아방송〉 2013.12.19.

8) 장성택 숙청의 원인에 대해서는 여러 다양한 설을 인용한 기사들이 있다. 대표적으로 「"장성택 만세!" 술자리 측근들의 외침이 결정타」, 〈노컷뉴스〉 2013.12.09. 등을 참고.

9) 조선조 태종의 인척 숙청근거와 숙청방식 각각에 대해서는 다음의 기사들을 참고. 「민무구·민무질의 직첩을 거두고 신극례는 논하지 말라고 명하다」, 『조선왕조실록』 태종 14권 7년 11월 11일 첫째 기사; 「제주에 있는 민무구·민무질에게 자결하게 하다」, 『조선왕조실록』 태종 19권 10년 3월 17일 첫째 기사.

10) 정창현 「'장성택 판결문'을 어떻게 읽을 것인가?」, 〈통일뉴스〉 2013.12.17.

11) ARD 인터뷰 "Interview mit Südkoreas Präsidentin Park: 'Ich würde mich mit Kim treffen'", 〈Tagesschau〉 2014.03.26.

12) 「베를린 사람들, 한국의 '안녕'을 묻다」, 『한겨레』 2014.03.26.; 「매맞는 박근혜… 독일 교민들은 왜?」, 〈오마이뉴스〉 2013.3.28.

13) 「日언론 "아베 한국말에 朴 굳은 표정… 不信 표출"」, 『조선일보』 2014.03.27.

14) 〈통일뉴스〉 통일역사자료실 「허담 일행과 전두환과 대담」. http://www.tongil-news.com/pds/pdsView.html?pdsNo=3961&pdsType=5&page=1&startYear=1985; 박철언 『바른 역사를 위한 증언: 5공, 6공, 3김시대의 정치비사』, 랜덤하우스중앙 2005, 171~73면에서도 유사한 내용을 찾을 수 있다.